I0816901

Los irresponsables
(Careless People)

Los irresponsables (Careless People)

Una historia de poder, codicia y falso idealismo

Sarah Wynn-Williams

Traducción de Gemma Deza Guil y Ana Camallonga

Ariel

Obra editada en colaboración con Editorial Planeta - España

Título original: *Careless People: A Cautionary Tale of Power, Greed, and Lost Idealism*

Primera edición publicada en Estados Unidos en 2025 por Flatiron Books, un sello de Macmillan Books
Primera edición publicada en el Reino Unido en 2025 por Macmillan, un sello de Pan Macmillan

Realización Planeta - fotocomposición

Bajo el sello editorial ARIEL M.R.
Avenida Presidente Masaryk núm. 111,
Piso 2, Polanco V Sección, Miguel Hidalgo
C.P. 11560, Ciudad de México
www.planetadelibros.com.mx
www.paidos.com.mx

Primera edición impresa en España: julio de 2025
ISBN: 978-84-1100-400-8

Primera edición impresa en México: noviembre de 2025
ISBN: 978-607-639-133-4

Algunos nombres han sido cambiados.

Impreso en los talleres de Litográfica Ingramex, S.A. de C.V.
Centeno núm. 162-1, colonia Granjas Esmeralda, Ciudad de México
Impreso en México - *Printed in Mexico*

Para Tom.
Siento haberte arrastrado a todo esto.
Y para mi abuela Eileen,
que de tanto en cuanto me recuerda
que lo mejor es «vivir una vida normal»
y «disfrutar de los buenos momentos».

Eran gente descuidada* Tom y Daisy: hacían pedazos las cosas y a las criaturas, y después se replegaban y se cobijaban en su dinero o en su inmensa despreocupación, o en lo que fuera que los mantenía juntos, dejando que otras personas se encargaran de recoger los destrozos que ellos habían causado...

F. Scott Fitzgerald, *El gran Gatsby*

* El título original, *Careless People*, es una referencia a este fragmento de *El gran Gatsby* que en cada una de sus traducciones al español se ha traducido de forma distinta. Gente 'descuidada', 'desconsiderada' o, por qué no, 'irresponsable' o 'negligente'. *(N. del e.)*

Índice

Prólogo

Nos encontramos en unas ruinas arqueológicas en algún lugar de la costa panameña. Estamos dos compañeros de trabajo, grupitos de personas prácticamente en cueros, yo... y Mark Zuckerberg. Mark no parece contento. Es la Cumbre de las Américas de 2015, un encuentro internacional de líderes mundiales. Este evento en concreto es una cena de Estado a la que, además de Mark, supuestamente solo asistirán los máximos mandatarios de varios países: Brasil, Colombia, Cuba, Canadá, Estados Unidos..., más de treinta en total. Le he mendigado una invitación a Mark porque llevo tiempo intentando convencerle de que tiene que relacionarse con esta gente.

Pero, por algún motivo, somos los únicos presentes en esta fiesta.

Bajo un cielo oscuro con nubes bajas, una alfombra roja se extiende en la distancia, ruinas adentro, iluminada por el tenue resplandor de unas hogueras. La flanquean guardias ataviados con trajes tradicionales con cuellos con volantes y bombachos de seda de colores, blandiendo espadas y artilugios con forma de hacha. También están las personas en cueros, que, vistas de cerca, en realidad van semidesnudas, cubiertas con una exigua vestimenta de color carne. A un lado, un grupito de ellas vestidas únicamente con taparrabos diminutos sostienen fustas. Más adelante, hay otro grupo vestido como miembros de un Ku Klux Klan primitivo. Todos están frente a estas fortificaciones ancestrales, en el lugar del primer asentamiento europeo en la costa pacífica de América.

—¿Por qué hay gente desnuda en una cena de Estado? —murmura Mark.

—Pues la verdad es que no lo sé —contesto, intentando dar con una respuesta razonable—. Es la primera cena de Estado a la que asisto con gente desnuda.

Caminamos fatigosamente por la alfombra roja infinita, dejando atrás inquietantes escenas de rituales, comercio, lucha y quién sabe qué más. Los hombres de Facebook con quienes voy desvían la mirada para evitar tanta desnudez. Y porque cada vez que miras a los ojos a uno de los extras sin ropa, se te queda mirando fijamente. Y es inquietante.

Cuando llegamos a la desértica zona del comedor, compruebo la distribución de los asientos y me horrorizo. Al no ser jefe de Estado, a Mark lo han colocado en una mesa entre dos personas que parecen ser parientes lejanos del presidente de Panamá. Como es posible que también sean ministros, intento buscar en Google de quiénes se trata, al tiempo que finjo que todo en esta velada parece estar en orden. Por supuesto, no tengo señal de internet, porque estamos en unas ruinas arqueológicas en la costa de Panamá.

Consciente de que no tengo demasiadas opciones, intercambio la tarjeta con el nombre de Mark por la de un presidente poco importante sentado en una mesa mejor. Hago el trueque de las tarjetas discretamente en mi bolso de mano para que el personal que ha aparecido de la nada y trajina a nuestro alrededor no se dé cuenta y, tras intercambiarlas, suelto un suspiro de alivio y le comunico al equipo lo que acabo de hacer.

—Quiere sentarse al lado de Castro —me dice Javi.

—Pues ya se puede ir olvidando... —le respondo yo.

Javi es mi favorito de entre los colegas que me acompañan esa noche. Su nombre completo es Javier Oliván y se encarga del «crecimiento» de Facebook, lo cual significa que es la persona responsable de conseguir que los miles de millones de personas que aún no son usuarias de la plataforma se registren en ella. Javi es español, un tipo relajado y uno de los pocos que ocupa un alto cargo directivo y tiene sentido del humor.

Cuando finalmente empiezan a llegar los jefes de Estado, mi trabajo consiste en gestionar los *apartes*. Antes trabajaba en una embajada, y *apartes* es, en la jerga diplomática, exactamente lo que estás pensando: llevarse aparte a una persona para conversar a solas con ella. Mark espera un poco al margen de la multitud, no parece muy convencido con nada de lo que está pasando. Mi trabajo en Facebook consiste en encargarme de la política internacional y, para hacerlo, necesito que Mark se implique en los asuntos y los problemas políticos que Facebook encuentra y origina en el mundo. Algunas de las cosas que una empresa debe hacer en la esfera internacional solo puede hacerlas su director ejecutivo, el CEO. Lo que pasa es que este CEO se niega a ello. Mark es muy escéptico con respecto a todo esto. Y está claro que no lo disfruta.

Mi primer objetivo es el primer ministro de Canadá, Stephen Harper. Cojo aire, me armo de valor y me acerco a él.

—Hola, primer ministro Harper —lo saludo—. Soy Sarah Wynn-Williams, de Facebook. Se acordará de mí por todo aquel asunto del centro de datos y la privacidad.

Ya sé que no es ninguna entrada triunfal, pero no se me ocurre otra, aunque admito que ese «se acordará de mí» quizá sea pasarse un poco de la raya. No nos conocemos en persona y, si recuerda nuestras negociaciones sobre el centro de datos, tal vez piense que se la jugamos a su Gobierno. Facebook consiguió que dieran su aprobación a un puñado de concesiones y al final construimos el centro de datos en Iowa.

Se me queda mirando impertérrito, como si fuera una verruga en el pie. Por el rabillo del ojo diviso a Javi, que parece aliviado al verme en busca de jefes de Estado para que hablen con Mark.

—El caso es que he venido con Mark Zuckerberg. —Hago una pausa. Su expresión es inescrutable—. Y me preguntaba si le apetecería conocerlo.

—No —responde con firmeza el primer ministro Harper—. No me apetece.

Oigo un «ohhhhh» desinflándose a mi lado y caigo en la cuenta de que Javi se nos ha acercado trayendo a Mark y de que está junto a mí para hacer las presentaciones. El primer ministro Harper se larga a relacionarse con otros mandatarios. Mark y yo nos quedamos ahí plantados, mirándonos. Me vuelvo para mirar a Javi, quien anuncia:

—Voy a por mojitos para todos. —Y pone pies en polvorosa hacia el bar, dejándonos a Mark y a mí en un silencio incómodo.

—¡Que sean dobles! —le grito.

Durante el resto de la hora del cóctel, los dirigentes políticos nos evitan. Nadie se acerca a Mark. Y Mark no está acostumbrado a que lo ignoren. Lo normal es que lo atosiguen personas que creen que es la persona más interesante de la estancia. Y ahora está ahí de pie, incómodo, en medio de una elegante fiesta, como un pez fuera del agua. Los tres nos bebemos los mojitos que nos ha traído Javi en un santiamén y lo envío a por una segunda ronda.

Voy a comprobar que el asiento de Mark en la mesa esté seguro y veo que me han descubierto y han vuelto a cambiar los nombres. Vuelvo a intercambiar la tarjeta con la de un presidente todavía menos conocido y me quedo montando guardia, pero a los pocos minutos alguien vuelve a poner cada identificación en su sitio. Las luces empiezan a atenuarse, señal de que se acaba el momento de las bebidas y empieza la cena. Me apresuro a exponerle la situación a Mark.

—¿Tengo que quedarme? —me pregunta muy serio.

—No —le contesto, consciente de que ya ha tenido una velada suficientemente particular.

—Pues vámonos de aquí.

Justo en ese momento se apagan las luces, salvo un foco solitario que alumbra un túnel cerca de donde estamos. Por él aparece una columna de caballos engalanados con sedas de colores y montados por jinetes con elaborados trajes.

¿Cómo nos las apañamos para escabullirnos? No podemos desandar la alfombra roja infinita, porque al final toparíamos con un gran contingente de medios de comunicación y no podemos permitirnos que la prensa internacional capte a Mark Zuckerberg huyendo de una cena de jefes de Estado. Sin embargo, no hay ninguna otra salida discernible. Solo hay ruinas y fortificaciones por todas partes, salvo en dirección a la alfombra roja y el túnel por el que siguen emergiendo caballos.

El presidente de Panamá se pone en pie y apremia a los comensales a tomar asiento. Echo un último vistazo a mi alrededor y tomo una decisión temeraria.

—¡Corred! ¡Seguidme! —les digo a Mark y al equipo de Facebook.

Corro a toda velocidad hacia el túnel del que salen los caballos. Imagino que de donde sea que procedan esos caballos al galope tiene que haber una salida. No soy consciente de mi error hasta ver las caras de terror de Javi y Mark al adelantarme, mientras yo aprieto el paso con mis tacones. Los caballos responden con una acción evasiva a nuestro alrededor, con aspecto de estar igual de aterrorizados que nosotros. Seguramente no se esperaban que un joven CEO de una tecnológica arremetiera contra ellos a través del túnel de un castillo, una iglesia, un fuerte o lo que quiera que sean esas ruinas por las cuales corremos. Es una locura. Hay repiqueteo de pezuñas, balanceo de colas, sedas, mamíferos cálidos, miedo, aliento caliente y expresiones de sorpresa en español. Y luego, de repente, el túnel se acaba. Es un milagro. Al otro lado, emergemos a la oscuridad.

Me doblo por la cintura, en parte para recobrar el aliento, en parte porque no me atrevo a mirar a Mark a la cara, y en parte porque no tengo ni idea de cuáles son las medidas de seguridad para tal cantidad de dirigentes mundiales y me temo que en cualquier momento vamos a caer como moscas, derribados por francotiradores.

Cuando me obligo a levantar la mirada, veo que nos encontramos en medio de un gigantesco campo contiguo a una muralla antigua, a escasa distancia de unos cuantos caballos rezagados, también engalanados con unas sedas que resplandecen bajo la luz de la luna. Mark me sonríe lánguidamente. Sin saber bien qué hacer, nos adentramos en la negrura, campo a través, vestidos con nuestros trajes formales para una cena de Estado, sin cobertura en el móvil y sin tener ni idea de dónde estamos, más allá de saber que es Panamá. Avanzamos tortuosamente por el tenebroso bosque durante lo que se nos antojan kilómetros y kilómetros, con la esperanza de encontrar una carretera. Finalmente veo que tengo una raya de cobertura en el teléfono y pido un coche por teléfono. Cuando me preguntan a dónde tienen que enviarlo, respondo:

—Si le soy sincera, no tengo ni idea.

Al oírlo, Mark se echa a reír, y los otros se le suman, con cautela.

Así fueron, más o menos, mis primeros años en Facebook. Básicamente consistieron en lanzarnos a varias situaciones que no acabaron de salir como habíamos previsto. Trabajé allí durante siete años y, si tuviera que resumirlos en una sola frase, diría que empezó siendo una farsa esperanzadora y acabó en una tragedia llena de oscuridad y arrepentimiento. Yo era una de las personas que asesoraban a la cúpula de la empresa, Mark Zuckerberg y Sheryl Sandberg, mientras ellos ingeniaban cómo negociaría Facebook con los Gobiernos del planeta. Al final contemplé desesperanzada cómo se plegaban ante regímenes autoritarios como China y engañaban a la opinión pública como si nada. Volaba en el jet privado de Mark el día en que por fin entendió que probablemente Facebook había colocado a Donald Trump en la Casa Blanca y extrajo de ello sus propias conclusiones sombrías. Ahora bien, la mayoría de los días, trabajar en temas políticos para Facebook tenía mucho menos de interpretar capítulos que parecían redactados por Maquiavelo y mucho más de cuidar de una pandilla de chavales de catorce años a los que les habían dado superpoderes y una suma impía de dinero mientras volaban alrededor del mundo intentando comprender qué les había otorgado y comportado ese poder.

Y esa es la historia que he venido a contar.

1

Una esperanza ingenua

Fue el idealismo lo que inicialmente me condujo a Facebook. Visto en retrospectiva, me avergüenza un poco admitirlo. Corría el año 2009, cuando aún era posible ser optimista con respecto a Facebook, aquellos días inocentes en los que todavía podían albergarse esperanzas sobre internet.

Cuesta confesar que querías «salvar el mundo» sin ponerlo entre comillas, pero eso es lo que yo creía haber estado haciendo desde mediados de mi veintena. Durante aquellos años, fui diplomática por Nueva Zelanda en las Naciones Unidas.

Me crie en Christchurch, una población de servicios agrícolas, la ciudad más grande de la Isla Sur, aproximadamente del tamaño de Lincoln, Nebraska. Para que te hagas una idea de cómo es vivir allí, cada noviembre hay un festivo que todos llamamos el Día del Espectáculo, durante el cual toda la ciudad sale a ver ovejas y hortalizas y se organiza una fiesta con perros y carreras hípicas mientras el alcohol corre a raudales. Me encantaba el Día del Espectáculo.

Éramos cuatro hermanos. Yo era la mayor. Y la responsable. Tuve una infancia bastante normal, supongo, salvo por la vez que me atacó un tiburón.

Tenía trece años cuando pasó. Estábamos de vacaciones en una playa en la que mi familia acampaba cada año. Estaba en el agua, de pie, con una amiga. No lo vi. Lo noté: una fuerza poderosa e inesperada. El ataque de un tiburón es como si te clavaran un cuchillo acoplado a un tren de mercancías. Nunca he notado un dolor tan punzante como el de sus dientes hundiéndose más y más en mi carne.

Cerró las mandíbulas alrededor de mi torso, justo por encima de mi cintura, por el lado derecho. Parecía querer meterse dentro de mí, clavarse cada vez más hondo, como si pretendiera arrancarme el estómago, llevarse ese trozo de mí. Estaba atrapada. Empezó a zarandearme como un perro a un peluche, adelante y atrás, intentando meterme bajo el agua. Me sumergió una vez, luché por hacer pie, luego me hundió una segunda vez, y una tercera. Esa última vez empecé a tragar agua del océano y me vino a la mente un pensamiento: «Ah, está intentando ahogarme. Podría ahogarme». Me refiero a que yo pensaba que, cuando te ataca un tiburón, mueres por el ataque, pero entonces se abrió ante mí una nueva manera de morir que no había contemplado. Me tenía en su boca, apretada entre sus dientes, bajo el agua. Necesitaba tomar aire desesperadamente.

Entonces se me activó el instinto animal. Lo arañé, le di patadas, puñetazos, intenté apartarlo con los brazos, hice todo lo que pude para escapar. Era como un combate mano a mano. Intenté con todas mis fuerzas sacar la cabeza del agua.

No sé lo que hice, pero bastó para asustar al tiburón. Me soltó y se fue.

Me dirigí como pude a la orilla y envié a mi amiga en busca de ayuda. Tenía el traje de baño hecho jirones. Miré hacia abajo y vi dos grandes heridas punzantes y que me faltaba un trozo de piel. No estaba ahí. Me salía sangre. Me preocupó que la sangre atrajese otra vez al tiburón, o a otros tiburones, así que caminé a trompicones por el agua lo más rápido que pude. Una vez que llegué a la orilla, me desplomé y me quedé allí tirada, sola, notando cómo manaba la sangre, el escozor del agua salada, el agujero en mi cuerpo.

No sé cuánto tiempo llevaba ahí cuando aparecieron unos pescadores.

—¿Estás bien?

Saltaba a la vista que no. Pero el otro problema es que se me veía todo; el tiburón me había arrancado un trozo de bañador y estaba prácticamente desnuda. Y tenía trece años. Así que intenté decirles que sí, que estaba bien, con la esperanza de que se fueran. Pero me respondieron con un...

—Vaya, pues no lo parece.

A lo que yo respondí:

—Estoy bien. No se preocupen, ya me las apañaré. Ustedes sigan a lo suyo.

Quizá fuera por la sangre, o por el bañador hecho trizas, pero no los convencí.

—Vamos a sacarte del agua.

Yo seguía diciéndoles que estaba bien, pero, en un momento dado, sencillamente dejaron de negociar conmigo, levantaron mi cuerpo semidesnudo y me llevaron a la orilla. Me moría de vergüenza. Me habría gustado que me tragara la tierra. Para mi espanto, empezó a formarse una muchedumbre en la playa. Llegaron mis padres y me metieron en el asiento trasero del coche. La playa está en un lugar remoto de Nueva Zelanda y no hay ningún hospital cerca. Nos dirigimos a la población más cercana, a unos veinte minutos por carretera.

No había hospital, de manera que tuvimos que llamar al doctor local para que abriera su consulta, un edificio pequeño de una sola planta. Una vez dentro, todo el mundo parecía aliviado, como si el problema hubiera pasado. Casi se respiraba un ambiente jovial mientras mi padre y el médico hablaban de críquet y de los planes para el fin de semana. Mi padre le explicó emocionado que el día anterior intentamos reflotar a unas ballenas que habían quedado varadas en una playa cercana, y que yo me hice cargo de dos ballenatos a los que apodamos Moby y Maybe, aunque no sabíamos si el más pequeño conseguiría sobrevivir. Nadie parecía tener prisa. Nadie me preguntó qué había pasado. El doctor limpió la herida, estiró la piel de alrededor de las marcas de las mandíbulas y la cosió, de manera que ya no parecía que me faltaba un trozo. Me puso la inyección del tétanos y advirtió a mis padres de que esa noche podría montar un poco de drama porque podría estar en *shock*, pero les aseguró que me pondría bien. Era evidente que soy una luchadora. Todo el mundo se rio.

Regresamos al campamento. Me permitieron dormir en la furgoneta en lugar de con mis tres hermanos bajo el toldo que tenía acoplado porque sentía dolor, cosa previsible, según nos había dicho el médico a mis padres y a mí, un dolor leve a causa de los puntos. Enseguida me di cuenta de que no era un dolor leve. Era mortificante. Empecé a vomitar sangre y unos coágulos densos, oscuros y pegajosos que parecían granos de café y que supongo que eran de la pared del estómago, pero no sé nada acerca del cuerpo humano. Saqué un gran cubo de plástico rojo para vomitar en él y no ensuciar la autocaravana.

Nos fuimos todos a la cama, pero yo no conseguía dormir. Cada vez estaba peor. Tenía la sensación de esta quemándome. Esperé, procurando no hacer ruido para no despertarlos a todos. Al cabo de un rato, el cubo rojo estaba lleno y vomité en otro. El dolor era insoportable.

Al final, desperté a mis padres.

—Me quemo. Noto que me quemo por dentro.

—Venga, vuelve a dormirte. Te pondrás bien.

La situación se repitió a lo largo de la noche: despertaba a mis padres y ellos me respondían que el médico había dicho que me pondría bien. Todos averiguamos más tarde lo que me estaba pasando. El tiburón me había perforado los intestinos en varios puntos, como si me hubieran dado varias puñaladas. La sangre y el contenido de mi intestino se estaban filtrando en mis tripas, y, básicamente, me estaba envenenando. Tenía sepsis, una peritonitis aguda. Al final, había tanto líquido sanguinolento tóxico que se desbordaba por el interior de mi cuerpo y me penetró en los pulmones, lo cual hizo que cada vez me resultase más difícil respirar. Tenía la sensación de estar asfixiándome.

Volví a despertar a mis padres.

—No puedo respirar. No puedo respirar. No me entra el aire.

Mi madre, cansada de que la despertase, me respondió con voz autoritaria:

—La mente sobre la materia. Deja de hiperventilar.

Su frase se ha convertido en una especie de chiste familiar. Ahora, cada vez que alguien menciona algo, un resfriado, un corte o una apendicitis, todos respondemos: «La mente sobre la materia. Deja de hiperventilar».

Después sabremos que se me había colapsado el pulmón izquierdo debido a un edema pulmonar. Y que tenía el derecho dañado.

Por la mañana, me di cuenta de que estaba perdiendo la capacidad de seguir adelante.

Desperté a mis padres otra vez y les dije:

—Me estoy muriendo.

Pero no conseguí convencerlos. Y mi vida dependía de hacerlo. No tenía ningún plan B. No sabía conducir. Y no tenía teléfono propio. Estábamos en 1993.

A la mañana siguiente, cuando mi familia se despertó y empezó a preparar el desayuno, yo apenas conseguía inhalar aire suficiente para respirar. Los ojos se me quedaban en blanco. Mi madre me explicó después que cuando me ve el blanco de los ojos tiene la sensación de que la tierra se la está tragando. Entonces sí que me creyó. Y quiso llevarme corriendo al médico.

El problema era que mi padre había desaparecido en combate. Completamente ajeno a lo mal que lo estaba pasando, se había llevado el coche para enseñarles a unos pescadores los restos de mi bañador con la esperanza de poder identificar qué tipo de tiburón era y, sospecho, con la esperanza también de que fueran a cazarlo.

Cuando regresó, nos subimos al coche. Para entonces, con un pulmón colapsado y fluido acumulándose rápidamente en el otro, tuve que poner toda mi concentración en inhalar y exhalar suficiente aire. Iba tumbada bocabajo en el asiento trasero mientras nos abríamos camino hacia la población más cercana. Por primera vez, dudé de si iba a poder seguir haciendo lo que estaba haciendo para mantenerme con vida.

Por su parte, mi padre no parecía tener ninguna prisa. Le encanta pescar. Juro que cada vez que atravesábamos un puente notaba que aminoraba la marcha para escrutar el río en busca de peces, como hace siempre. Desde el asiento de atrás, mi madre lo apremiaba.

Nos quedamos parados detrás de un granjero que estaba arreando a sus ovejas en un pequeño puente, algo bastante común en Nueva Zelanda. No había tenido en cuenta este factor en mis cálculos de «cuánto tiempo voy a tener que seguir así hasta llegar al médico» y perdí el control por completo. Empecé a perder la consciencia. Era como despegar en un avión. Me sentía bien, ingrávida, sin dolor. Caí flotando en la inconsciencia, donde no hay sufrimiento. Pero luché por volver en mí. Yo pensaba: «Tengo que regresar».

Finalmente llegamos a la población. Volvimos a la misma consulta del doctor que les dijo a mis padres que me pondría bien. Para entonces ya no era capaz de hablar ni de moverme, y mi consciencia iba y venía. Mi padre me trasladó al interior y el médico del día anterior se nos acercó. «Este tipo no», pensé mientras me colocaban sobre una mesa. Él y otros dos médicos se agolparon a mi alrededor para examinarme, me punzaron por aquí y por allá y, de repente, se alejaron abruptamente para hablar con mis padres en un rincón. Uno de ellos dijo algo que no fui capaz de discernir con claridad, pero que sonaba a «se está muriendo» o «está muerta».

Mi padre aulló:

—Era mi hija favorita.

Saboreé sus palabras por un momento. Tengo dos hermanas. Me moría de ganas de decírselo. Siempre lo había sospechado. Entonces mi madre se lamentó:

—¡Como el gato!

Porque nuestro gato, Winkels, se había muerto recientemente, de manera prematura. Como el gato. Brutal.

Después de eso, mi padre se enfadó muchísimo y empezó a gritarles a los médicos que hicieran algo, que averiguasen qué había salido mal.

Lo siguiente que recuerdo es que el médico regresó. Sacó una cuchilla muy grande, como un hacha en miniatura, y empezó a golpearme con ella, a trincharme el brazo izquierdo. Luego hizo lo mismo en el derecho. Como si yo fuera un filete de carne que estuvieran abriendo a machetazos. Sin anestesia. Sin advertencias. Ya había superado el punto en el que tenía cualquier control sobre mi cuerpo. No podía moverme ni hablar. No podía dar ninguna alarma.

Pensaba que el ataque del tiburón era el dolor más intenso que una persona podía soportar, lo peor que podía sucederte. Me equivocaba.

El médico se recolocó cerca de mi tobillo y dejó caer la cuchilla con fuerza, escindiendo la piel y clavándome la hoja hasta el hueso. ¿Por qué me abría los tobillos el médico? La única explicación que se me ocurría es que creyese que yo ya estaba muerta. Estaba experimentando mi propia autopsia. Reviví el terror mortal que había sentido durante el ataque del tiburón, la sensación de que podría morir en cualquier momento. Y con dolor. Muerta a machetazos. ¿Es más raro morir de un ataque de tiburón o por una autopsia? ¿Llegarían a saber siquiera que me habían matado? El miedo me asfixiaba mientras anticipaba que el siguiente hachazo sería en mi cuello, en el cráneo, o en cualquier otra parte vulnerable, el golpe definitivo.

En lugar de eso, el siguiente machetazo impactó en el hueso de mi tobillo. Era tan doloroso que mi cuerpo empezó a sufrir espasmos. Eso suscitó un cambio en la sala, como si volvieran a verme como una persona, en lugar de como un objeto inanimado. Se dieron cuenta de que estaba viva. Alguien llamó a un helicóptero para que me trasladase a un hospital.

Más tarde supe que no era una autopsia. Sabían que estaba viva. Había perdido tanta sangre que los médicos creían que si no me transfundían sangre intravenosa de inmediato, moriría. En casos de trauma severo en los que es imposible encontrar una vena porque la presión sanguínea es mínima, el procedimiento de emergencia estándar consiste en rajar los brazos o los tobillos. Por eso tengo cicatrices de dos centímetros y medio en brazos y piernas (son relativamente sutiles, en comparación con las cicatrices que me dejaron los dientes del tiburón en la barriga). No había tiempo para ponerme anestesia ni para explicaciones. No creo que los médicos esperaran que sobreviviera. De hecho, cuando me subieron al helicóptero, no creo que nadie lo esperara. Más tarde, tras horas de cirugía, los doctores del hospital les dijeron a mis padres que tenía muy pocas probabilidades de sobrevivir. Y empezaron los preparativos de mi funeral.

Días después me desperté del coma en una unidad de cuidados intensivos (UCI). Oí a una enfermera llamar a mi madre mientras asimilaba lentamente dónde estaba.

Mi madre se inclinó sobre mí, me miró a los ojos y me dijo:

—¡Qué suerte has tenido de que los médicos te hayan salvado, ¿no?!

No podía hablar porque estaba conectada a un sistema de soporte vital y tenía puesto un ventilador que me ayudaba a respirar. De manera que le indiqué con mímica que me acercase un papel y un boli. Establecí contacto visual con ella para asegurarme de que me estaba mirando mientras escribía de manera lenta y deliberada, subrayando con una raya negra gruesa cada palabra para darle más énfasis:

ME HE SALVADO YO SOLITA.

Creo que no soy capaz de explicar en cuántos sentidos me cambió esta experiencia, pero como mínimo pienso que me hizo más atrevida. Al menor atisbo de una posible aventura, me pregunto: «¿Me lanzo?». Y me lanzo.

Volví a obligarme a entrar en el mar, en la misma playa, a la misma hora del día, un año después. No quería renunciar a nadar en el océano durante el resto de mi vida. Me gustaba demasiado. En suma: me repuse.

Me pasé los años de la adolescencia divirtiéndome, cantando en grupos de música, saliendo con otra gente a quien le gustaba la música, pero, por algún motivo, no dejaba de preguntarme por qué me pasó a mí. Si había sobrevivido contra todo pronóstico, seguramente tenía que haber un motivo. Cada vez que alguien me decía que era afortunada de haber sobrevivido, yo pensaba: «¿No debería estar haciendo algo con esta vida? ¿Dedicarme a cambiar el mundo de alguna manera? ¿Cómo se hace eso?».

En la Facultad de Derecho, las materias que más me atraían eran los derechos humanos y los tratados ambientales internacionales, posiblemente porque estaba convencida de que de ese modo podía aportar mi granito de arena. En Nueva Zelanda es fácil tener la sensación de estar en el fin del mundo. Vamos un huso horario por delante del resto del planeta, pero, en cierta manera, estamos rezagados. Todo lo definen otros países. Es fácil sentirse a la deriva en un mar que crean otras personas. Tras licenciarme como abogada, acabé incorporándome al Servicio de Extranjería, porque me parecía una manera de cambiar el mundo, y me apetecía vivir una aventura. Y acabé en las Naciones Unidas porque creía sinceramente que eran la sede del poder mundial, el lugar al que se va cuando se quiere cambiar el mundo. Todo lo cual revela que era joven, neozelandesa y muy ingenua.

¿De qué me ocupaba en las Naciones Unidas? De proteger muchas cosas: la biodiversidad, los océanos, las ballenas y las especies en peligro de extinción. Del cambio climático.

Al principio, lo disfruté muchísimo. Me encantaba indagar en los grandes problemas mundiales que traspasan fronteras, asuntos en los que solo puede hacerse mella mediante la cooperación internacional. Pero tras años de negociaciones infinitas y de debates que no parecían derivar en demasiados cambios en el mundo real, me descubrí en las entrañas de la sede de las Naciones Unidas en Nueva York, un laberinto sin ningún encanto de salas de reuniones estrechas, con mobiliario barato y decoración pasada de moda, soportando otra sesión extenuante hasta altas horas de la noche sobre la conservación de la vida en los océanos. Estábamos esbozando el informe anual sobre la ley del mar, decenas de abogados sentados en círculo, y los delegados debatían, literalmente, sobre la puntuación. Sé que es un cliché, pero lo es por un motivo. Los abogados noruegos, rusos y chinos discutían acaloradamente sobre si había que insertar un punto y coma o una coma después de una palabra en un párrafo del meollo de un documento que nadie se leería nunca.

Había entablado una amistad improbable con el diplomático argentino de edad avanzada que tenía sentado al lado. Durante una pausa en el procedimiento, se inclinó hacia mí y me dijo como si tal cosa:

—¿Sabes qué es lo que más impacto ha tenido en la protección de los océanos durante la última década?

—No es fácil responder a eso —repliqué yo—. ¿Se refiere a una reunión de las Naciones Unidas? —aventuré.

Se rio.

—No. Nemo.

Pensando que «Nemo» era una palabra en español que yo desconocía, me reí también, para seguirle la corriente, sin acabar de entender a qué se refería.

—El pez —añadió—. Ese pececillo que tienen que encontrar.

—¡Ah! —Finalmente caí en la cuenta—. *Buscando a Nemo.*

Tuve que conceder que tenía razón. El sistema no funcionaba. Estaba malgastando mi veintena trabajando durante largas horas con una colección de burócratas cincuentones en el ocaso de su carrera, discutiendo por la puntuación mientras nos decíamos que estábamos salvando el medioambiente. Cuando te das cuenta de que el dibujo animado de un pececillo puede conseguir más que las Naciones Unidas, es momento de marcharte.

Yo conseguí un empleo en la embajada neozelandesa en Washington D.C., con el que esperaba estar más cerca del lugar en el que se toman decisiones importantes concernientes al mundo entero. Washington me parecía el epicentro del mundo. Lo más divertido de aquel trabajo fue la cantidad de veces que varios funcionarios estatales me comentaron: «¡Caramba, hablas muy bien inglés!». Nunca tuve ánimo para confesarles que era mi lengua materna. Me limité a aceptar su cumplido.

La embajada era una delegación minúscula, de solo ocho diplomáticos, y yo era responsable de todo lo que el Congreso o cualquier organismo gubernamental estadounidense pudiera hacer que afectara a Nueva Zelanda, salvo lo relacionado con el Ejército o los servicios de inteligencia. No tardé en averiguar que los políticos y las autoridades estadounidenses consideran Nueva Zelanda un lugar inofensivo al que les gustaría ir de vacaciones, pero irrelevante para los asuntos internacionales. Así era como nos veía todo el mundo. En 2008, después de que el presidente de Zimbabue Robert Mugabe se negara a abandonar su cargo tras una derrota electoral, el Departamento de Estado convocó a diplomáticos de muchos países a su sede en Foggy Bottom para coordinar una respuesta. Mientras me dirigía a aquella reunión, le leí en voz alta las instrucciones a mi homóloga sudafricana; estaban escritas en un telegrama que mis jefes me habían enviado indicándome que Nueva Zelanda debía adoptar una postura de liderazgo en la oposición a Mugabe. Mi colega casi se ahoga de la risa.

—¡Claro! Seguro que, tras décadas de gobierno despótico, Mugabe estará temblando de miedo... ¡Nueva Zelanda va a adoptar una postura de liderazgo en la oposición!

Más tarde, a principios de 2009, tuve lo que solo puedo describir como una epifanía de Facebook. Empezó siendo poca cosa. Facebook fue una tabla de salvación para mí, una manera de conectar con las cosas que yo consideraba importantes. En Washington D.C., seguía sintiéndome como una forastera y, además, me sentía un poco perdida. Iniciar sesión en Facebook era como ir a un lugar nuevo pero familiar en el que mis amigos, mi familia y retazos de mi vida anterior continuaban. Facebook existía desde 2004 y, en aquel momento de 2009, unos 400 millones de personas lo utilizaban en todo el mundo. Todavía era un traje a medio hacer y muchos seguían considerándolo un lugar en el que los universitarios perdían el tiempo..., precisamente eso fue lo que lo convirtió en una locura. Apremié a mis hermanas, a mi hermano y a mis amigos que aún no tenían cuenta a registrarse. Pasaba cada vez más tiempo en Facebook, viendo la evolución de los bebés recién nacidos de mis amigos, cómo se entablaban nuevas relaciones y viejas fotos de mi hogar en Christchurch. Observé que algunos políticos asomaban la nariz. Recuerdo ver las fotografías de vacaciones de un político neozelandés, imágenes de él con sus hijos de recreo, y también recuerdo lo novedoso que me parecía todo aquello. Y luego vi a mi amigo en la vida real Chris Hipkins, que acababa de ser elegido miembro del Parlamento, respondiendo a sus votantes directamente en su perfil de Facebook.

A mediados de 2009, mientras desempeñaba mi trabajo en la embajada, mi fascinación por Facebook evolucionó en una creencia inquebrantable en que aquella plataforma iba a cambiar el mundo. Pero siempre que intentaba explicar por qué estaba convencida de ello, fracasaba. Y lo que es aún peor, sonaba como una majadera.

La red se estaba abriendo al mundo. Parecía evidente que la política iba a ocurrir en Facebook y, cuando lo hiciera, cuando migrara a este nuevo y enorme punto de encuentro, Facebook y las personas que lo dirigieran estarían en el epicentro de todo. Ellas serían quienes dictarían las reglas de esta conversación global. Me anonadaba aquel potencial inenarrable.

La vastedad de la información que Facebook recopilaba no tenía precedentes. Datos sobre todo. Datos de lo que hasta entonces había sido completamente privado. Datos de ciudadanos de todos los países. Una cantidad histórica de datos con un valor incalculable. Y la información es poder.

Llegado el momento, los Gobiernos querrían controlarlo. Yo había visto en las Naciones Unidas cómo todo aquello que traspasa las fronteras, que es valioso y afecta a muchos países suscita preguntas como «¿quién se lleva el gato al agua?». Lo había visto, sobre todo, en relación con la tecnología. Cuando los organismos genéticamente modificados se generalizaron, las Naciones Unidas quisieron imponer reglas a escala mundial para regular esta nueva tecnología que tanto miedo daba. Trabajé en tratados que intentaban fijar esas normas, determinar quién obtenía los beneficios, quién se encargaba de gestionar los riesgos y quién pagaría si algo salía mal.

Y Facebook iba a ser algo mucho más grande, sobre todo para las vidas de los políticos —y las de su electorado— que unos cultivos alterados genéticamente. Imaginaba la escala de la batalla mundial que estaba convencida de que iba a librarse para fijar sus límites.

Tras años buscando algo que fuera a cambiar el mundo, tenía la sensación de haber hallado lo más relevante. Como una evangelista, veía el poder de Facebook confirmado en cada aspecto de mi vida diaria. Lo que fuera que Facebook decidiera hacer —lo que hiciera con las voces que se estaban congregando allí— cambiaría el curso de los acontecimientos humanos. Estaba convencida de ello.

Esto es una revolución.

¿Y qué se hace cuando se ve venir una revolución? Yo decidí que nada me impediría formar parte de ella. Quería estar en el meollo de la acción. Una vez que la ves venir, no puedes quedarte al margen. Me moría de ganas de formar parte de ella. No recuerdo haber deseado nunca nada tanto.

Pero había un problema. Nadie en Facebook parecía pensar así. Por lo que pude ver, Facebook se había concebido como un modo de hacer perder el tiempo a los usuarios en internet. Facebook no era consciente de ser una fuerza explosiva a punto de destrozar y rehacer las políticas en todo el mundo. Ni siquiera parecía tener a gente trabajando en temas políticos, en legislación o en relaciones con Gobiernos fuera de Estados Unidos, ni en ninguno de los temas que me a mí me carcomían. No parecían saber que la revolución estaba en camino y que Facebook era esa revolución.

Así que, ¿cómo los convencía de ello? Nunca había estado en Silicon Valley. Nunca antes había identificado una revolución o una nueva forma de hacer política, y yo era lo que solo puede describirse como una neozelandesa del montón. Así que..., ¿cómo me las ingeniaba para contactar con la gente de dentro de Facebook y convencerla de que siguiera mi consejo? ¿Cómo los persuadía de que me dieran un empleo?

Esa fue la meta que me marqué.

2

Vender la revolución

Conseguir un empleo en Facebook no habría sido posible sin Facebook. E interpreto este hecho como otra confirmación más de su relevancia. A ello se suma que nunca antes me he presentado como candidata a un puesto y no tengo ni idea de cómo se hace, sobre todo para un puesto que no existe.

El primer impedimento es que Facebook se vanagloria de ser una empresa de difícil acceso. Tiene centenares de millones de usuarios y se asegura de que ni uno solo de ellos pueda contactar con su exigua plantilla mediante correos electrónicos o llamadas telefónicas al azar. De manera que, en mi tiempo libre, empiezo a acosar por internet a todos los posibles contactos: números de teléfono que aparecen listados en la web y cualquier dirección de correo electrónico de cualquier miembro del personal, aunque no esté más que remotamente conectado con los temas que me consumen.

En un principio, no encuentro ninguna puerta a la que llamar. El único personal político que tienen está enseñándole al Congreso de Estados Unidos cómo usar Facebook, y esa no es la revolución que estoy buscando. Luego descubro que Facebook ha contratado a Marne Levine como vicepresidenta mundial de políticas en el verano de 2010. No sé quién es, pero sí sé que su contratación implica que Facebook está empezando a pensar seriamente en política por primera vez. Y me emociono.

El problema es que es imposible averiguar cómo comunicarse con ella. No hay información de contacto en la web, por descontado. De manera que me paso horas buscando el número de teléfono y la dirección de casa de Marne y me planteo llamarla sin más. Afortunadamente, en esta batalla de la guerra entre el deseo y la realidad, los pocos ápices de sentido común que aún me quedan y los últimos vestigios de comportamiento acorde a las normas sociales, además de esa última guardiana, la vergüenza, me frenan de telefonearla.

En el tiempo que he pasado en Estados Unidos he aprendido suficiente como para tener claro que aquí se funciona a base de contactos. Armada con ese conocimiento, busco a alguien relacionado con Marne y, a la vez, conmigo. Rastreo hasta la última persona de su lista de amigos en Facebook, que, gracias al cielo, es pública (me cuesta creer que Facebook proporcione una lista detallada de las relaciones sociales de todo el mundo... a cualquiera). Tenemos un amigo en común. Ya está. Me lo juego todo a una sola carta.

Ese amigo mutuo, Ed Luce, está perfectamente dispuesto a presentarme a Marne. Ambos trabajaron para Larry Summers en el Departamento del Tesoro. Se ofrece a ponerme en contacto también con otra excolega de aquel empleo, Sheryl Sandberg, la número dos de Facebook, pero, tras horas de investigación, estoy convencida de que Marne es la persona indicada.

Mi conversación con Ed tiene lugar en su casa en Washington D. C. Me doy cuenta de que le divierte la idea de recomendar a alguien para un empleo que no existe. Mientras tomamos una cerveza fría, me interroga acerca de por qué me obsesiona tanto trabajar para esa empresa, qué sé sobre su liderazgo y por qué estoy tan convencida de que Facebook va a cambiar el mundo. En retrospectiva, también veo que me estaba sondeando para averiguar si sabía dónde me estaba metiendo. En cuatro palabras: no tenía ni idea.

Ed le envía a Marne un email de una generosidad embarazosa en el que insinúa que yo podría tener algo muy valioso que ofrecerle a Facebook, y lo remata con un «¡te divertirá saber que se ha enterado de que te conozco repasando con detenimiento tus amistades en Facebook!».

Al no tener noticias de Marne de inmediato, me pongo a redactar el borrador de una especie de manifiesto subrayando cómo debería estar implicándose políticamente Facebook en todo el mundo. Mi novio me persuade de que no lo envíe, argumentando que solo convencerá a Marne de que estoy loca.

Pasan los meses después de que Ed le envíe ese correo electrónico a Marne y mi creencia evangélica en que tengo que trabajar en aspectos geopolíticos en Facebook no hace más que consolidarse e intensificarse. Esto se manifiesta en diligentes mensajes de seguimiento que son ignorados con idéntica diligencia. Por fin, cuando 2010 está a punto de tocar a su fin, justo antes de fin de año, me encuentro de pie a las puertas de una tienda de ropa Loft en Connecticut Avenue. Marne ha accedido finalmente a escuchar mi propuesta, pero, a tenor del momento que ha escogido para hacerlo, durante las vacaciones y meses después de aquel primer email, estoy convencida de que lo hace como un mero favor a Ed y no porque sienta ningún interés en lo que yo tenga que exponerle.

La minúscula oficina de Facebook se encuentra en la cuarta planta de un edificio que parece más una vivienda que la sede de una empresa. Vivo a unas tres manzanas de distancia, así que llego con tiempo de sobra. El penetrante viento invernal me obliga a refugiarme en el interior de Loft, donde examino con detenimiento un amplio abanico de trajes de americana y pantalón —la indumentaria para cualquier mujer que anhele poder— que la tienda ha seleccionado para su clientela de Washington. Diez minutos antes de la hora a la que hemos quedado, introduzco el código de acceso en el ascensor y segundos después este me expulsa a una oficina abarrotada.

La diferencia entre las elegantes embajadas a las que estoy acostumbrada y esta oficina es aplastante. Nunca antes he visto una oficina así. Hay cables, monitores, comida, *merchandising* y armas Nerf de juguete esparcidos por todo el diminuto espacio de planta abierta. Una amable chica morena con acento de Texas se presenta como la ayudante de Marne, Meredith, y me conduce a unos sofás colocados contra una columna interior. Faltan solo unos días para Año Nuevo, de manera que la oficina está tranquila, pero sí hay algunos empleados repartidos por el espacio trabajando ante sus escritorios con grandes auriculares de diadema puestos.

Mi mente oscila como un péndulo entre «lo que voy a hacer es una locura» y «Facebook me necesita..., me necesita mucho», cada pocos segundos. Estoy nerviosa.

Cuando tuve la revelación sobre Facebook, me pareció tan obvia que di por supuesto que tendría que imponerme a una cola de estadounidenses brillantes y con buenos contactos que intentaban abrirse camino en esta empresa para formar parte de la misma revolución. En cambio, lo que tengo que hacer es venderle la revolución a Facebook.

Al conocer a Marne, sus intensos ojos de color avellana me dejan perpleja. Es rubia y lleva el pelo cortado en una melenita con raya en medio. Me he pasado tanto tiempo devorando todo lo que he encontrado sobre ella en internet que casi me sorprende estar sentada delante de esta mujer en la vida real.

Consigo pronunciar el principio de mi frase inicial, «Facebook necesita a un diplomático...», antes de que Marne me interrumpa con su primera pregunta:

—¿A qué te refieres cuando dices «diplomático»? —Seguida rápidamente por la segunda—: ¿Por qué iba a necesitar Facebook a alguien así? —Y luego—: ¿En qué posición situarías esa necesidad frente a las otras necesidades que tiene Facebook en este preciso momento?

Al cabo de pocos minutos, me tiene aterrorizada. Ni siquiera hemos acabado de diseccionar mis cinco primeras palabras. Está claro que Marne sabe hacer preguntas, y las hace de manera implacable. Flaqueo. Se me queda mirando con esos ojos avellanados, parece que ni pestañea. De hecho, cubrimos gran parte de mi presentación, pero en sus términos. La disecciona clínicamente.

—Cuando estuve en las Naciones Unidas, los países colaboraban intentando llegar a acuerdos acerca de la normativa relativa al movimiento global de organismos modificados genéticamente —le digo—. Se trataba de una nueva tecnología que, por un lado, daba miedo y, por el otro, representaba todo un desafío. Lo mismo sucederá a medida que los Gobiernos empiecen a acordar normas para regular datos, contenidos y todo aquello sobre lo que está construido Facebook. Se redactará un reglamento. Facebook tiene que decidir cuál es su postura en todos estos aspectos. Tiene que colaborar en su escritura.

—¿Por qué?

Es como un detector de metales humano que escanea mis palabras en busca de algo de valor.

—Porque Facebook es una fuerza política mundial que cambiará internet y el mundo, y esas cosas importan.

—¿A quién le importan? —No me lo compra.

—A la gente que decidirá las reglas que podrían obstaculizar el crecimiento de Facebook.

Ahora sí que consigo captar su atención. Me doy cuenta de que he dado en su punto débil. Yo estoy poniendo el foco de atención en la fuerza política internacional que es Facebook, mientras que a ella le interesa Facebook como una fuerza comercial mundial. Lo que más le interesa a Marne acerca de otros países es si ayudarán a Facebook a prosperar o le pondrán trabas para hacerlo. Me había creído todo eso que Mark

Zuckerberg había dicho sobre que Facebook no se creó para ser una empresa, sino para cumplir la misión social de «hacer un mundo más abierto y conectado». No me había dado cuenta de que Marne lo veía de otra manera.

Mientras expongo mi argumento de que para el mundo es importante que Facebook se comprometa políticamente y de cómo, por el hecho de haber sido diplomática al servicio de un país, entiendo la necesidad de proteger, promover y defender Facebook, caigo en la cuenta de lo ingenuo e innecesario que todo eso le suena a ella. Sobre todo viniendo de una joven neozelandesa con un currículum lleno de referencias a las Naciones Unidas que descansa lánguidamente entre ambas. Facebook aún no ha experimentado ninguna de las consecuencias normativas reales ni ha colaborado con Gobiernos, más allá del estadounidense. Y le va bien. Con todo lo que queda por hacer en Estados Unidos para establecerse, ¿por qué preocuparse por algo que no ha tenido ningún impacto en la empresa?

Hablo cada vez más rápido, consciente de que Marne puede poner fin a nuestra reunión en cualquier momento, dictar su veredicto y ponerme de patitas en la calle. Mi parloteo atropellado, mi acento neozelandés y mis nervios se combinan para dar lugar a algo que seguramente no es del todo comprensible. De ahí que no me sorprenda que me corte.

—Mira —me dice—. Ha sido fascinante. He aprendido mucho y tienes algunas ideas realmente interesantes —y aquí hace una pausa, respira hondo y su tono cambia de una cortesía brusca al de alguien que ha tenido que aguantar sentada una presentación sobre la multipropiedad por una casa que no tiene ninguna intención de adquirir—, pero el equipo ahora mismo está con el agua al cuello en todos los sentidos que puedas imaginar. Yo apenas llevo aquí unos meses y ya he conseguido que Mark se reúna en Washington con el Grupo de Trabajo de Altas Tecnologías republicano del Senado y con otros dirigentes en el Congreso, y nuestro nuevo jefe de seguridad, Joe Sullivan, también está manteniendo una ronda de reuniones en el Capitolio. He recibido cartas de Franken, Bennet, Rockefeller y Schumer, y preguntas de Markey y Barton. El equipo trabaja las veinticuatro horas del día y ahora mismo necesita muchas cosas, pero permíteme que te diga que una diplomática de Facebook neozelandesa no es una de ellas.

Por el tono de exasperación con el que dice «diplomática de Facebook» me queda claro que tengo que renunciar a esa descripción de mi función de inmediato, e intento interrumpirla para aclararlo, pero Marne prosigue:

—Ahora mismo somos un equipo minúsculo, tan solo un puñado de personas. Y necesito que todas y cada una de ellas estén centradas en el Capitolio, en lo que está sucediendo aquí. Tienes razón en que necesitamos a más gente, y probablemente ampliemos el equipo con el tiempo, pero lo que necesito son personas expertas en el proceso regulatorio de Estados Unidos, que conozcan bien la Comisión Federal del Comercio, el Capitolio o cualquiera de los organismos con capacidad para regularnos. Somos una empresa estadounidense que se rige por la normativa estadounidense. Y sé que eres consciente de ello. Lo que dices es fascinante, pero no es donde tenemos puesto el foco ahora mismo. Muchas gracias por tu tiempo. Ha sido genial. ¿Tienes planes para fin de año? Seguimos en contacto.

Antes de que me dé cuenta, vuelve a azotarme el frío penetrante de Connecticut Avenue. Me quedo inmóvil en la acera, intentando con todas mis fuerzas que no me invada la ola de derrota aplastante que noto que está a punto de arrasarme. Pero no llega. Mientras recorro a pie las pocas manzanas hasta mi apartamento, cruzándome con personas que han salido a almorzar temprano, siento una extraña paz. He perdido, me digo. Pero he aprendido algunas cosas nuevas que era imposible saber desde fuera. He confirmado que nadie dentro de Facebook está pensando en estos asuntos. No se están planteando los problemas a los que van a tener que enfrentarse en todo el mundo. Y también he averiguado que la manera de conseguir que se lo planteen es hacerlo girar en torno a la expansión de su negocio. Ese sería el tipo de discurso de presentación al que responderían.

El rechazo sin paliativos solo me insufla más seguridad en que necesito redoblar mis esfuerzos y convencerlos de que creen ese puesto.

De ahí que me sorprenda gratamente recibir, unas semanas después, una llamada no programada de Marne en la que me lanza un salvavidas... formulándome más preguntas.

—Mira, algunas de las cosas que apuntaste que podrían suceder en Oriente Medio están empezando a ocurrir, la gente está hablando de Facebook y nos preguntábamos si deberíamos decir algo. Mark ha preguntado si convendría atribuirse el mérito de los acontecimientos y estamos intentando determinarlo.

—¿Me estás preguntado si creo que Mark debería atribuirse el mérito por la Primavera Árabe?

En ese punto de enero de 2011 han hecho erupción en Túnez, y se han propagado a Libia, el Yemen, Siria y Egipto, varios alzamientos y protestas en las calles organizados a través de Facebook. Cuando nos reunimos un mes antes, mencioné que la gente estaba usando Facebook para organizarse en países totalitarios de Oriente Medio. Le anticipé que eso acabaría comportando conflictos con los Gobiernos, que intentarían cerrar las comunicaciones y poner a Facebook en una situación incómoda.

—Sí, bueno, es una de las cosas que han pasado; los medios de comunicación están mostrando bastante interés.

—Bueno, yo creo que tenemos que hablar de China.

Se produce un silencio incómodo, seguido de una oferta brusca, no muy educada y claramente hipócrita de hablar sobre China más adelante, e intenta colgar la llamada, lo cual me recuerda que lo único que quiere saber es si Mark debería atribuirse el mérito por la Primavera Árabe.

—Sí —digo—. La respuesta que deis al tema de la Primavera Árabe dependerá de cuál sea vuestra estrategia en China. Si os jactáis de haber impulsado la Primavera Árabe, es decir, una revolución popular, es menos probable que China vuelva a permitir que Facebook se use en su territorio nacional.

—Creo que lo que estamos planteándonos es más bien cómo responder al interés de los medios de comunicación de aquí, los estadounidenses.

Aprovecho la coyuntura para volver a plantear la necesidad de crear un puesto de trabajo que se encargue de la estrategia global, en todas las regiones, que evalúe los riesgos geopolíticos para que Facebook no adopte ese tipo de decisiones de manera aislada. Descarta enseguida la idea, pero, como si se lo repensara, me lanza un anzuelo: me informa de que han creado un puesto de comunicaciones en Australia que se encargará de algunos asuntos políticos, ya que Facebook está sometido a mucha presión política allí, porque «no sabemos por qué, pero parece que lo peorcito de internet siempre acaba en Facebook Australia». Le digo que no me sorprende.

Me aclara que se trata de un empleo muy distinto al que yo proponía. Y añade una apostilla poco halagüeña:

—Ya sabemos a quién queremos para el puesto, es una persona australiana y creo que conseguiremos contratarla, pero si quieres, puedo enviar tu currículum a ver qué pasa. Con todo, tiene que quedar muy claro que no hay nada seguro, para que luego no haya decepciones. No querría darte falsas esperanzas.

Por supuesto, mis esperanzas están por las nubes. No me contactan. No pasa nada. Es devastador.

En febrero, para intentar sacarme del bajón en el que he caído por Facebook, mi novio, Tom, me sugiere que lo acompañe en un viaje de trabajo a Atlanta. Llevamos saliendo menos de un año. Hasta la fecha, Tom sigue diciendo que nos conocimos en un bar. Y yo digo que nos conocimos en una fiesta. Lo que me fascinó cuando nos conocimos en una fiesta que daban en un bar fue que era la única persona que parecía pensar exactamente lo mismo que yo. Y la que decía exactamente lo que yo quería decir, aunque él se las apañaba para hacerlo de una manera seductora e ingeniosa que yo nunca he dominado. A estas alturas, tiene llaves de mi apartamento y prácticamente nunca está en el suyo. Es británico, moreno, con ojos verdes y periodista del *Financial Times*.

Vamos corriendo por el aeropuerto de Atlanta para intentar llegar a nuestro vuelo de regreso cuando me suena el teléfono. Es un número neozelandés, pero no lo reconozco. Respondo la llamada mientras corro y me sorprende oír la voz de mi hermana.

—Creo que voy a morir.

—Espera, ¿qué? ¡Estoy en Atlanta!

Dejo de correr y Tom aminora el paso delante de mí y me hace un gesto preguntándome qué hago, porque no quiere gritarme en medio del aeropuerto.

—No consigo contactar con mamá ni con papá ni con nadie. Me han prestado un teléfono...

—¿De qué hablas?

—Diles a todos que los quiero mucho —dice—. No creo que salgamos...

La llamada se interrumpe.

Tom me apremia hasta la puerta de embarque. Subimos al avión por los pelos antes de que cierre el vuelo. Me dirijo a mi asiento e intento telefonear a mi hermana. Nada. Ni siquiera reconozco el tono al otro lado de la línea.

—¿Qué pasa? —me pregunta Tom.

—Era Ruthie.

Tom me mira expectante.

—Pues... me ha dicho que pensaba que iba a morir y que no conseguía contactar con mi madre y algo de que no iban a poder salir... Y no era su número... Todo ha sido muy raro.

El vuelo entre Atlanta y Washington D.C. tarda menos de dos horas, pero se me hace interminable. La voz de Ruthie sigue reverberando en mi pensamiento. Noto oleadas de pánico ascendiéndome por el cuerpo. ¿Por qué no he llamado a nuestros padres? ¿Por qué he subido al vuelo y ya está?

Mientras descendemos al aeropuerto internacional de Dulles, empiezan a llegarme notificaciones al móvil y veo mensajes de amigos y familia. «¿Alguien ha podido contactar con Ruthie?» «Ruth no contesta.» «¿Está bien tu familia?»

Tom busca en Google.

—Ha habido un terremoto en Christchurch. Tiene mala pinta, Sarah, de un 6,3 o un 6,5, o incluso más. Los números van cambiando.

Mi ciudad natal. Donde Ruthie y mis padres viven aún. Vuelvo a intentar contactar con el número desde el que me ha llamado mi hermana. Nada. Pruebo en su móvil. Salta el buzón de voz. Pruebo a llamar a mis padres. No me contestan.

Tom me ayuda a desembarcar del avión.

Cuesta asimilar los informes iniciales que llegan de Christchurch. Algunos bloques de viviendas se han derrumbado con gente atrapada en su interior. Es evidente que hay víctimas mortales, pero cuesta hacerse una idea de la magnitud de la tragedia. Las líneas telefónicas no funcionan o están saturadas. Mi hermana es reportera de televisión para TVNZ, pero tanto su canal como casi todos los demás medios de comunicación en Christchurch han sufrido daños. De manera que Facebook parece el mejor lugar para buscar información: la gente comparte noticias, fotos, actualizaciones personales, vídeos. Reviso todas las amistades de mi hermana y me concentro en sus colegas de trabajo y sus mejores amigos para comprobar si alguien tiene noticias de ella. Lo único que encuentro es a gente preguntando si está bien, pero ninguna respuesta. Al final consigo contactar con mis padres. Están ilesos, pero ninguno de los dos sabe nada de mi hermana.

Pasada la medianoche le digo a Tom que se vaya a dormir mientras yo me apalanco en el sofá y compruebo de manera obsesiva tanto Facebook como las webs de noticias neozelandesas. Facebook me conecta al desastre de un modo que previamente era impensable.

Finalmente, cuando empieza a amanecer en Washington D. C., aparece un mensaje... en Facebook, por supuesto: «Os quiero, lo he perdido todo... Casi muero en ese edificio... Tengo muchísimo miedo y no tengo ni idea de dónde dormiré esta noche. Estoy cansada..., viviendo minuto a minuto, pero agradecida de tener un trabajo que hacer. Escapar de ese edificio ha sido una pesadilla... No sé ni cómo explicarlo... Solo había polvo y cosas que caían por todas partes..., unas grietas inmensas. Tengo muchísima suerte de seguir con vida... Y suena a cliché, lo sé, pero estoy viva... Uno de los empleados me acaba de decir que han sacado a un hombre sin cabeza..., y he visto cadáver tras cadáver... Han instalado una morgue al lado de nuestra furgoneta del directo. Esto da mucho miedo... Mientras os escribo, una réplica zarandea la furgoneta. Será mejor que os deje... Os quiero y os echo de menos».

Contemplo los estragos del terremoto en directo en Facebook. La gente usa la plataforma para informar a sus amigos y familiares de que está bien, para compartir información sobre cierres de carreteras, coordinar la distribución de provisiones, publicar advertencias acerca del agua potable, ofrecer consejos para gestionar la licuefacción (un concepto nuevo para mí que, básicamente, significa que la tierra se funde), ofrecer habitaciones libres y ayudar a quienes han experimentado lo inconcebible. La comunidad cuya infraestructura física ha resultado dañada ha encontrado una nueva infraestructura en línea.

Facebook funciona a todos los niveles, de amigo a amigo, de vecindario a vecindario. Sirve de canal para que el Gobierno difunda mensajes entre la ciudadanía y, además, cohesiona a las comunidades. Y todo ha sucedido de manera orgánica.

Lo tengo. Al ver todo esto en acción, contemplo Facebook y las posibilidades que ofrece desde una nueva perspectiva. El punto de encuentro que Facebook ha creado *online* podría usarse como herramienta política práctica en la acepción más antigua del término. Una herramienta política digital. Los neozelandeses se han volcado en la plataforma para determinar qué pasará después, para distribuir recursos e información, y para conectar a las personas con sus necesidades. Se trata de algo nuevo, y de vital importancia.

Mientras me desplazo de página en página por Facebook, sé que tengo que contárselo a Marne. Quiero hacerla partícipe de lo que he entendido, de manera que redacto un guion para la llamada. Quiero demostrarle lo poderoso que es Facebook. Apuntar cómo podría colaborar Facebook con los Gobiernos tras un desastre natural para comunicar información esencial. Señalar que la conexión que Facebook proporciona se percibe como una cuerda de salvamento tras una catástrofe.

Y más de lo que quisiera admitir, el hecho de que Ruthie haya desaparecido temporalmente también me ha recordado lo corta que es la vida y que no merece la pena morir con arrepentimiento. Aunque estoy segura de que Marne no quiere saber nada de mí y no tiene ninguna intención de contratarme para trabajar en Facebook, ¿qué es lo peor que puede pasar? Puede seguir ignorándome y yo estaré exactamente donde estoy ahora.

Al no recibir respuesta por correo electrónico, decido llamarla directamente al móvil sin concertar una cita. Oír mi voz la pilla por sorpresa, y no en el buen sentido. Pero la educación y la curiosidad suavizan su irritación inicial cuando le explico que el motivo de mi llamada es el terremoto de Christchurch.

Sé que dispongo de poco rato para hacer mi exposición. Pero mientras que en nuestras conversaciones previas me había costado articular la potencia que le veía a Facebook, ahora todo fluye, sin adornos, de manera personal. Casi demasiado personal. Me pongo como la grana de vergüenza cuando se me quiebra la voz al relatar cómo he estado buscando a mi hermana. Le explico lo aterrada que estaba de que mi familia hubiera muerto y que Facebook me ha servido de cuerda de salvamento.

Al final de esa llamada, creo que finalmente Marne ha conseguido ver Facebook a través de mis ojos. Ver cómo va a cambiar el mundo.

Cuando le confieso a Tom que la he llamado otra vez para postularme para trabajar en Facebook, me sonrojo de la vergüenza. Tom parece mortificado. Me ha advertido de que no lo haga por activa y por pasiva, y está convencido de que me he humillado. Tom es británico y, como tal, le incomoda —y le horroriza— cualquier interacción personal embarazosa.

No vuelvo a tener noticias de Marne. Tom me sienta y me dice que ya es hora de que abandone todo el tema de Facebook y me enfoque en otra cosa. Busco consuelo en mi mejor amiga, con quien también me quejo de Tom, pero descubro que está de acuerdo con él y con su rechazo. Mi amiga me recuerda con delicadeza que, tras más de un año intentando conseguir el trabajo de mis sueños, ese empleo todavía no existe.

Una semana después del terremoto, recibo un correo electrónico de Recursos Humanos acerca del puesto en Australia. Se trata de un empleo relacionado con comunicación que no me interesa, no del ámbito político, pero aun así acepto postularme, con la esperanza de aprovechar las entrevistas para convencerles del puesto que creo que deberían crear para mí. Tengo que conseguir que todas las personas que me entrevistan vean el problema, el potencial y la solución: yo. En cada una de las entrevistas, defiendo ese empleo en política internacional con un fervor que los empleados de Facebook parecen encontrar sorprendente. En resumidas cuentas, muchas entrevistas y tres meses después, Marne llama sin venir a cuento.

—Me gustaría ofrecerte el puesto.

—¿Cuál?

—Pues no sé, ¿cuál quieres? ¿El puesto para el que te entrevistaron o el que tú propusiste crear? —responde con un tono de recriminación más que notable.

—El que yo propuse crear —contesto sin titubear.

—No estoy segura de cómo funciona esto, pero el puesto es tuyo.

No me puedo creer que tenga la oportunidad de trabajar en la herramienta política más importante del mundo contemporáneo. No doy crédito a mi suerte: voy a formar parte de Facebook y de los cambios positivos que estoy convencida que va a comportar. La mayor aventura que soy capaz de imaginar está a punto de dar comienzo y no hay nada que me apetezca más hacer en todo el planeta.

Mi título será el de directora de Políticas Públicas Internacionales.

—De todas maneras —añade Marne—, sigo sin estar segura de que esto pueda ser un trabajo.

Me deja atónita. Me limito a quedarme sentada al otro extremo de la línea telefónica, en silencio.

—Quiero decir que es genial, y tú eres genial, y seguro que encontrarás una manera de aportar valor. Pero no estoy segura de que haya suficiente trabajo que hacer en esta materia, me refiero a las cosas que te interesan a ti, como para crear un empleo con cara y ojos, pero ya nos las apañaremos.

La verdad es que no tenía ni idea de dónde me estaba metiendo.

3

Esto va a ser divertido

Mi primer día en Facebook: 5 de julio de 2011. La oficina en Washington D. C. se ha trasladado al centro de la ciudad desde mi última entrevista y, una semana después, me muero de los nervios al entrar en la funcional recepción. Como las oficinas de Facebook en California, en la sede de Washington las cañerías y los conductos de ventilación están expuestas; las paredes son de hormigón visto y están pintadas en tonos estridentes. Además, están decoradas con falsos grafitis. Si todo esto ya puede ser llamativo en Silicon Valley, en este edificio de oficinas de Washington tan moderno, con grandes ventanales que dan a un inmenso atrio y permiten ver los lujosos despachos de los bufetes de abogados y grupos de presión colindantes, queda directamente ridículo.

La asistente de Marne, Meredith McCollum, que se encargó de la logística en muchas de mis entrevistas, viene a recogerme y me siento aliviada al ver una cara familiar. Tras una visita rápida por las oficinas, me conduce a un escritorio blanco vacío en una sala llena de mesas. He llegado temprano y, aparte de nosotras dos, en la oficina no hay nadie más.

—Vale, si me das tu portátil, te lo configuro todo antes de que lleguen los demás.

—¿Mi portátil? —Miro a Meredith de hito en hito, confusa.

—Sí. ¿No te dieron un portátil al hacer la orientación en California?

Entonces caigo en la cuenta de que he cometido un error terrible.

—Pues sí —le respondo con toda la naturalidad de la que soy capaz—. Pero pensaba que era para usarlo como portátil doméstico.

—¿Qué es un portátil doméstico? —Meredith parece desconcertada.

—Esto..., pues, ya sabes, un portátil para utilizar... en casa —balbuceo para intentar darle una explicación.

—¿Y por qué íbamos a darte un portátil para que lo tuvieras en casa?

—No lo sé. Supongo que esperaba encontrar un ordenador aquí, en mi mesa. Al ser una empresa tecnológica y todo eso...

—Bueno, lo habría si hubieras traído el tuyo.

Aunque suene incoherente, le intento explicar que, en mi empleo previo para la embajada de Nueva Zelanda, solo usábamos portátil cuando teníamos que trabajar en el de nuestra propiedad, el que teníamos en casa. De hecho, la embajada era tan lenta en la adopción de tecnologías que el personal ni siquiera tenía acceso a internet en el trabajo, salvo en el «ordenador con internet» que todos compartíamos. Por cuestiones de seguridad, nos decían. Por incompetencia, sospechábamos nosotros.

Durante el chiflado programa de orientación impartido por Facebook, más propio de una secta, todo el mundo hablaba sin parar de lo generosa que era la empresa, así que supuse que me entregaban aquel portátil para que lo usara en casa. Pero me equivocaba. Meredith me dice que vaya a cogerlo.

—Marne llegará de un momento a otro y ya te anticipo que esperará verte aquí con tu ordenador.

Atravieso la zona de recepción por la que he entrado hace nada corriendo con torpeza porque llevo unos tacones puestos; bajo a la calle y cojo el metro. Cuando estoy cerca de casa, me tropiezo con un amigo que va de camino al trabajo.

—¿Qué pasa? ¿No te ha ido bien el primer día? —me pregunta con una sonrisa.

Cuando regreso a la oficina de Facebook, Marne ya está sentada ante su escritorio. Me da la bienvenida y vuelve a presentarme a Meredith, que me guiña el ojo en el momento en que Marne se va a hablar con otros miembros del equipo. Es evidente que Marne no tiene ni idea de que he estado en la oficina una hora antes. En cuanto nadie puede oírnos, le suplico a Meredith:

—Por favor, no le digas a nadie que he venido a trabajar sin el ordenador.

—Esto va a ser divertido —responde ella, antes de girar sobre sus talones para ir detrás de Marne.

Sé cómo quiero que sea este trabajo. Tengo claro que, en los próximos años, Facebook y Gobiernos de todo el mundo van a establecer las reglas del juego para estas gigantescas empresas de internet con alcance mundial. Y lo que convengan determinará cómo se utilicen las redes sociales durante las décadas venideras. Afectará a las elecciones, a la privacidad, a la libertad de expresión, a los impuestos y a muchas otras cosas. Y yo quiero participar. En los debates, en la modulación, en las decisiones. Imagino el tipo de discusiones que solíamos tener en las Naciones Unidas. Nos sentaremos con Gobiernos para descifrar qué es mejor, las ventajas y desventajas, los conflictos de intereses, las formas de compartir el botín, todo. Tenemos que hacerlo bien, por los centenares de millones de personas que seguramente utilizarán estas plataformas cada día, durante años.

Así que..., ¿por dónde empezar? Me siento ante mi mesa nueva y caigo en la cuenta de que no tengo ni idea de qué hacer a continuación.

Empiezo a redactar una nota interna dirigida a mis jefes, sugiriéndoles que creemos un «consejo mundial»: entre quince y veinte expertos de todo el mundo que puedan asesorarnos sobre los asuntos políticos y estratégicos de sus países, según sea necesario. Consulto a un amigo que trabaja en Goldman Sachs y me confirma que tienen algo parecido. Otras empresas internacionales también. A los pocos días, desestiman mi idea.

—Somos nosotros quienes tomamos las decisiones —me dicen.

Los jefes no quieren a un puñado de consejeros externos metiendo las narices en nuestros negocios de esa manera.

Ese primer día me asignan una tarea. Marne me dice que tengo que encargarme de una de las primeras visitas de un jefe de Estado extranjero a la oficina de Facebook en California. Da la casualidad de que se trata del primer ministro de Nueva Zelanda, John Key. ¡La colisión perfecta entre mi viejo y mi nuevo mundo! Facebook aún no ha recibido muchas visitas de esta índole y yo había hablado de la necesidad de entablar relaciones con jefes de Estado al postularme para este empleo con Marne. Se trata de cultivar relaciones antes de que Facebook las necesite.

Pregunto si Mark Zuckerberg recibirá al primer ministro. En mi antiguo trabajo en la embajada, dábamos por sentado que así era como debía ser. Nuestra persona de más alto rango se reunía con su persona de más alto rango. El primer ministro va a verse con el presidente Obama en esta visita, por lo que no considero que sea una pregunta insensata.

No se ríen en mi cara, pero poco les falta. Me dejan muy claro que Mark no tiene absolutamente ningún interés en la política (ese es el mundo de Sheryl) y, desde luego, no tiene ningún interés en reunirse con el primer ministro de Nueva

Zelanda. A él lo que le interesa es la ingeniería, y se enorgullece del desdén que siente por la política.

A mí me parece raro, teniendo en cuenta que ha creado una de las herramientas políticas más potentes de todos los tiempos. ¿Cómo puede ser que no le interese la política? Y, además, me decepciona, porque las implicaciones de su postura son evidentes. Supongo que esperaba que, sencillamente, no se lo hubiera planteado. Pero, si de verdad el CEO no tiene ningún interés en la legislación ni en la política, me va a resultar difícil hacer gran parte del trabajo con el que he soñado, porque, precisamente, gira en torno a la legislación y la política de Facebook.

Me insinúan con delicadeza que Mark es tan ingenuo en temas políticos que a la empresa no le conviene que se reúna con jefes de Estado.

Lo que pasa es que yo sé que lo único que quiere John Key es aparecer en una foto con Mark Zuckerberg. Informo al equipo neozelandés de que no será posible, pero añado que espero encontrar a alguien con un cargo importante para reunirse con el primer ministro. El primer ministro ha anunciado a la prensa neozelandesa que va a verse con «los peces gordos» de Facebook y hago malabares para asegurarme de no ser yo. He sabido a través de otros neozelandeses que trabajan en Facebook que Sheryl tiene previsto ir a Nueva Zelanda de vacaciones a finales de año. Agarrándome a un clavo ardiendo para que sea un cargo ejecutivo quien se reúna con el mandatario, utilizo esa información como baza para que acepte hacerlo. Accede con cierta vacilación, pero me deja claro que a quien hay que presentar como anfitrión es a Elliot Schrage y que ella es una persona muy ocupada. Debo limitarme a mencionar que es posible que Sheryl «se deje caer».

Elliot es el jefe de Marne. Le rinde cuentas directamente a Sheryl, quien, por supuesto, le rinde cuentas a Mark. Es una de las personas con quienes hablo casi a diario. Lo describiría como un intelectual con aspecto de oso. Carismático. Paternal. De una inteligencia apabullante. Lleva el pelo alborotado, la ropa arrugada y gafas. Elliot dirigió el Departamento de Comunicaciones y Asuntos Públicos de Google en sus primeros tiempos, antes de incorporarse a Facebook para hacer lo mismo. Es un hombre familiar, casado y con tres hijos. Me cae bien. Es cálido, afable y encantador. Pero también tiene un lado rígido. Cuando alguien mete la pata, no duda en despedazarlo, punto por punto. Parece estar tomando la medida a todo el mundo, todo el tiempo, y se le da bien. Te conviene caerle bien.

A los neozelandeses no les entusiasma la idea de reunirse con Elliot, en lugar de con Mark o Sheryl, pero tal como me ha enseñado mi puesto en el Servicio de Asuntos Exteriores de Nueva Zelanda, nos conformamos con lo que sea. De manera que se programa la reunión.

El siguiente reto es averiguar qué va a suceder a continuación. No hay un conjunto de puntos de discusión sobre lo que Facebook quiere comunicar a los Gobiernos extranjeros, ni tampoco una estrategia definida. No hay nada.

De manera que preparo una presentación para Sheryl y un puñado de ejecutivos de alto nivel acerca de la visita del primer ministro en la que recojo algunos de los temas legislativos y normativos que creo que iría bien que discutieran con él. Con ello, espero suscitar en ellos el interés en definir una estrategia más amplia.

El único problema que encuentro durante los preparativos es la cantidad de empleados neozelandeses de Facebook que dan por sentado que participarán en la visita del primer ministro de una u otra forma. Aplicando el protocolo que aprendí en la embajada, los disuado de ello. Los jefes de Estado no tienen que reunirse con un grupo caprichoso de personas de diversos departamentos sin motivo.

Entonces recibo una llamada de Marne, que me dice que todas esas personas son «amigos de Sheryl» y debería mostrarme lo más flexible posible. «De acuerdo», pienso. Esto es el sector privado. Los protocolos gubernamentales aquí no importan. Los amigos de Sheryl, sí.

Les comunico tanto a Sheryl como al resto de los ejecutivos sénior que les conviene modular sus expectativas en cuanto a formalidad porque los neozelandeses somos muy informales. Les explico el ejemplo de lo sucedido cuando la antigua primera ministra de Nueva Zelanda, Helen Clark, visitó las Naciones Unidas. Al funcionario del Departamento de Estado norteamericano que preguntó cuántos vehículos compondrían su comitiva le costó creerse mi respuesta cuando le expliqué que probablemente cogería un taxi o iría caminando. Dando por sentado que yo era lerda, me repitió la pregunta, y tuvo a bien darme ejemplos de otros países —«por ejemplo, la delegación del jefe de Estado noruego estará formada por dos vehículos»—, antes de aceptar finalmente que la comitiva neozelandesa estaría integrada por cero automóviles.

Cuando se lo explico a los ejecutivos de Facebook, se muestran incrédulos. Y algunos hacen comentarios cínicos, en especial la directora de comunicaciones globales de la empresa, Debbie Frost. Debbie acaba por convertirse en una de mis mejores amigas en Facebook; empezamos a caminar por esa senda durante mi entrevista laboral, cuando me cortó mientras intentaba explicarle el trabajo que había desempeñado en las Naciones Unidas sobre un tratado regulatorio de los organismos genéticamente modificados. Alargó la mano, me tocó el brazo y me dijo:

—Si hablar de esas puñeteras semillas tan aburridas te pareció interesante en las Naciones Unidas, te va a encantar trabajar aquí, donde sí que pasan cosas interesantes.

Y me encantó que me lo dijera. Además, enseguida aprendí que era algo típico de ella. En una sola frase había humillado mi historial laboral, me había dicho que la aburría y me había hecho un guiño cómplice. Debbie, australiana, teñida de rubia, se crio en Hong Kong, estudió en el Reino Unido y es una de las pocas extranjeras que ocupan posiciones sénior en Facebook.

—Entonces, ¿qué? ¿Deberíamos esperar que este primer ministro venga caminando o en bici, quizá? —pregunta Debbie, impasible.

Insisto en que sé de lo que hablo y, dados mis años como diplomática, los ejecutivos me conceden el beneficio de la duda.

Al día siguiente, el primer ministro aparece con toda una comitiva integrada por múltiples furgonetas blindadas y muchas motos de la Patrulla de Carreteras de California que van despejando el tráfico. Llegan a toda velocidad a la entrada de la modesta sede de Facebook en University Avenue. Mientras el primer ministro, su escolta y un enjambre de miembros de la seguridad emergen de grandes vehículos negros a prueba de balas al cegador sol de California, Debbie se vuelve para mirarme y comenta:

—Parece que el primer ministro se ha dejado la bicicleta en casa hoy...

El personal de seguridad se muestra sorprendentemente agresivo, sobre todo teniendo en cuenta el nivel de amenaza que atañe a un jefe de Estado de Nueva Zelanda. Apartan a los empleados de Facebook a empellones para despejar el camino al primer ministro. Quizá no estén acostumbrados a abrir paso a un mandatario en un edificio en el que mujeres con pantalones ultracortos sobre monopatines articulados adelantan a toda velocidad a tipos barbudos sobre neveras para cerveza motorizadas.

La delegación de Nueva Zelanda llega al menos con treinta minutos de antelación. Es posible que no tuviera nada más que hacer. Antes de dirigirnos a la sala de reuniones que hemos reservado, el primer ministro se vuelve hacia mí y me pregunta:

—Eres la hermana de Ruthie, ¿verdad? Me han dicho que te acabas de comprometer: felicidades.

—¡Gracias! Volvemos a Nueva Zelanda para casarnos, pero aún no hemos preparado nada concreto. Nos quedan menos de seis meses para organizarlo todo.

—Sí, me lo ha contado Ruth. La vi la semana pasada. Es dama de honor, ¿verdad?

Mientras charlamos, llegan algunos de los ejecutivos del equipo de comunicación de Facebook, que se suman tarde a nuestra conversación. Uno de ellos señala al primer ministro y dice:

—Pues parece verdad que en Nueva Zelanda todo el mundo se conoce o conoce a la hermana de... ¿Sois familia?

—Permitidme presentaros al primer ministro de Nueva Zelanda —digo yo.

—No hace falta —responde él.

—No, en serio —replico.

—En serio —insiste el primer ministro neozelandés.

Y empieza a explicar que conoce a mi hermana porque es reportera en televisión, que todos somos de la misma ciudad y que se hizo amigo de Ruthie mientras supervisaba los desperfectos causados por el seísmo. Mi hermana informó sobre el terremoto apenas horas después de haber sufrido el trauma de quedar atrapada entre los escombros del edificio donde trabajaba.

Los empleados de Facebook se quedan inmóviles, mudos y avergonzados.

Mientras el primer ministro y yo charlamos, Mark Zuckerberg sale de una de las salas de reuniones cercanas. Nunca lo he visto en persona. Hasta el momento, todas nuestras interacciones han sido por videoconferencia. Es más bajito y más pálido de lo que creía, y en ese momento también está más enfadado de lo que preveía. Vestido con una camiseta que le va pequeña y tejanos, y con el pelo alborotado, se parece a cualquiera de los ingenieros que pululan por el edificio, con la salvedad de que él está más agitado. Para ser justa, estamos en medio de un confinamiento que afecta a toda la empresa —es decir, de varias semanas en las que se alienta a todo el personal a quedarse en el trabajo día y noche— desencadenado por el lanzamiento de Google Plus, que todo el mundo anticipa que «acabará con Facebook».

Mark no tarda en identificarme como la persona responsable del imparable circo de agentes de seguridad, funcionarios consulares, personal del primer ministro y empleados de Facebook Nueva Zelanda que participan en esta bienvenida. Se encamina hacia mí, haciendo caso omiso del caos que reina entre ambos. Todos nos miran. Más que ver, noto que el primer ministro neozelandés yergue la espalda a mi lado.

—Hola, Mark, ¿querías conocer al primer ministro de Nueva Zelanda?

—No. Ya he dicho antes que no tenía ningún interés en hacerlo —contesta, mirándome fijamente a los ojos.

—Ah, bueno, vale... De todos modos, ya que está justo aquí, John Key, primer ministro de Nueva Zelanda, este es Mark Zuckerberg, el CEO de Facebook.

Les hago un gesto para que se den la mano. Mark parece afligido y da un salto atrás. Key aprovecha el momento para dar un paso al frente con la mano tendida. Un mandarín con iniciativa de la delegación neozelandesa levanta un voluminoso iPad, en sintonía con las capacidades técnicas amish de la embajada de Nueva Zelanda, y saca una foto justo en el momento en el que el primer ministro toma la mano de Mark en la suya: eso era lo único que Key buscaba con su visita a Facebook.

Mark sonríe automáticamente a la cámara y luego vuelve a mostrarse irritado e incómodo, cosa que ni siquiera se molesta en ocultar. Se desembaraza de la mano del primer ministro y se vuelve hacia mí:

—¿Qué diantres pasa? Están apartando a empujones a algunos de mis ingenieros y... —Hace un gesto señalando la gran presencia de agentes de seguridad que nos rodean a los cuatro.

Esa es la cultura de Facebook. Los ingenieros consiguen lo que quieren. Todos los que estamos en «el lado de Sheryl» somos simples mortales que hacemos cosas que los ingenieros no se molestan en hacer. Y no debemos ser un engorro para ellos.

Me acerco a Mark y le digo tan rápido como puedo:

—Sé que estás muy ocupado, pero ¿te importaría intercambiar solo unas palabras con el primer ministro?

La súplica en mi tono de voz no se le escapa a nadie. Ni siquiera al primer ministro. Mark me lanza una mirada que intento descifrar y luego se vuelve hacia el primer ministro, que sonríe de oreja a oreja mientras revisa las fotos del iPad y discute con sus asesores cuál publicar.

Mark mantiene lo que podría describirse como una conversación educada con el primer ministro si su fastidio no fuera tan transparente. Todo el mundo nota su esfuerzo. El primer ministro, con su foto en mano, se muestra afable y contento de mantener una breve charla trivial antes de que Mark se escabulla de nuevo a la sala de reuniones abarrotada de ingenieros, todos hombres.

Conduzco enseguida al primer ministro y a su equipo de seguridad a la sala de reuniones para presentarles a Elliot. Cuando Sheryl llega, apenas unos minutos después de que haya dado comienzo la reunión, el contraste con Mark resulta llamativo. Saluda al primer ministro como si fuera un viejo amigo. La profesional adusta a la que informé justo ayer se ha transformado en una celebridad. De todas las veces en que he coincidido con Sheryl, tengo la sensación de que esta es la primera en la que la veo tal como es. Despliega su carisma, que la transforma de una cuarentona en una persona que derrocha glamur. Juro que de repente toda ella resplandece, su pelo, sus ojos, su maquillaje, su piel... Brilla. Es como si fuera la estrella de su propio espectáculo: irradia seguridad en sí misma y encanto.

El primer ministro, que intuye que está ante una política con ideas afines, enseguida se relaja. El encuentro tiene más de café para ponerse al día que de reunión con el dirigente de un país. Hasta este momento, no se me había ocurrido ver a Sheryl como una celebridad, ni me había sentido apabullada por ella. La verdad es que no sabía bien quién era antes de empezar a investigar Facebook. Pero ahora la veo esparciendo motas de su polvo de estrellas, exhibiendo esa cualidad mágica que tiene que te hace olvidarte del quid de la reunión que tienes entre manos y preguntarte qué está haciendo de una manera distinta que la hace mejor que tú. Miro a mi alrededor y veo que todos estamos deslumbrados, nada que ver con cómo estábamos en presencia de Mark o Elliot.

Antes de la reunión, el despacho del primer ministro había publicado una declaración en la que insinuaba que se debatiría una posible colaboración en temas de tecnología e innovación, pero lo que se desarrolla ante nosotros parece más una charla entre amigos en la que sale a relucir el tema de las tecnologías de la información. Sheryl invierte la mayor parte del tiempo asesorando al primer ministro acerca de cómo usar su página de Facebook, intentando apaciguar la irritación de este por la limitación de cinco mil amigos por persona, y lidiando con su voluntad de seguir usando su perfil en lugar de su página de Facebook para sus comunicaciones. A partir de ahí, presupongo que la conversación virará a la regulación, una cooperación potencial, temas de privacidad, seguridad o alguno de los otros asuntos que he incluido diligentemente en el informe previo que he preparado para el encuentro. En lugar de eso, la conversación deriva en mi futura boda y en los planes de Sheryl de ir de vacaciones a Nueva Zelanda a finales de año. Y se vuelve aún más surrealista cuando el primer ministro empieza a implorarnos que vayamos a visitar a su amigo Choppy en Queenstown, que regenta un negocio de vuelos panorámicos en helicóptero, y le digamos que nos envía él a «hacer el *tour* de verdad». Casi sin darme cuenta, la reunión ha concluido y me encuentro despidiendo con la mano a la descomunal comitiva motorizada, sin dejar de preguntarme qué acaba de suceder.

Me desconcierta la absoluta falta de contenido.

No había imaginado para nada que esto fuera a salir así.

4

Auf Wiedersehen a todo eso

Estoy decidida a que la visita del próximo mandatario extranjero, una semana después, salga mejor. Se trata de la ministra alemana de Protección del Consumidor. La mayoría de los países ven Facebook con buenos ojos. Alemania es un caso aparte. Los alemanes desaprueban todo aquello que Facebook representa.

No hace tanto que los alemanes convivían con redes de espías e informantes en su país, la Stasi en la Alemania del Este, y antes de eso la Gestapo. Como resultado, sienten un recelo fundamental por cualquiera que aspire a recopilar muchos datos personales, precisamente el modelo de negocio de Facebook. Allí donde otros ven un sitio web para pasar el rato, los alemanes ven una herramienta de vigilancia global que requiere una potente supervisión. Esta desconfianza instintiva y profundamente arraigada en una empresa tecnológica que centraliza y procesa cantidades ingentes de información plantea preguntas que Facebook nunca ha tenido que responder, sobre todo ante un Gobierno. Alemania, clarividente debido a su pasado, tiene la capacidad de leer entre líneas. Está a punto de aprobar leyes e iniciar investigaciones sobre Facebook; es uno de los primeros países en hacerlo.

Por todo ello, la primera vez que veo a Marne preocupada por tener que rendir cuentas es durante los preparativos de la reunión con la ministra alemana. Me sorprende que esté tan nerviosa, dada su extensa experiencia tratando con Gobiernos. La reunión tendrá lugar en nuestras oficinas en Washington, y sugiero empezar con una visita guiada.

La ministra y su delegación fruncen el ceño en cuanto les muestro la oficina de planta abierta. Doy por supuesto que les desconciertan los grafitis, el desorden general o las múltiples pistolas Nerf y armas de juguete que hay por todas partes.

—¿Va todo bien? —pregunto con educación.

—No parece muy práctico —responde la ministra, señalando el techo de hormigón visto, un barullo de conductos de ventilación y tuberías a la vista, con sencillos portalámparas colgando—. ¿Esta infraestructura cumple con la normativa? Porque no lo parece. Quiero decir que podría infringir la legislación...

El resto de los funcionarios alemanes asienten con determinación para expresar su acuerdo con el comentario. Algunos murmuran «infringe la legislación» para recalcar su observación.

—Pues..., esto..., el objetivo es reflejar la trayectoria de Facebook. Mostrar que solo hemos recorrido un 10 por ciento del camino. Por lo que tengo entendido, antes de alquilar este espacio, tenía los mismos acabados que los despachos de abogados y de grupos de presión que pueden ver por las ventanas. Y decidieron despojarlo de dichos acabados lujosos. Desprenderse de las moquetas y todo eso.

—¿Desmantelaron el equipamiento de una oficina bien acabada para que quedara así? ¿Como si estuviera en construcción? —pregunta uno de los funcionarios, incrédulo.

—Es un gesto simbólico —empiezo a decir.

Todo esto sonaba mucho más convincente en California, cuando Sheryl se lo explicó al primer ministro neozelandés. Me asalta el pensamiento de que las oficinas de Facebook refuerzan la idea de que se trata de una empresa descuidada e irresponsable, y me doy cuenta de que no vamos a sacar nada bueno de continuar con la visita guiada. Mientras los miembros de la delegación alemana me miran con incredulidad y algunos de ellos chasquean la lengua sonoramente, tomo la decisión ejecutiva de encaminarlos a la sala de reuniones lo antes posible. Será mejor que pasen rápido por delante de todos los pósteres que proponen cosas como «PIENSA MAL, MUÉVETE RÁPIDO Y ROMPE CON TODO» o «¿ESTO ES UNA EMPRESA TECNOLÓGICA?».

Tan pronto como la delegación alemana se acomoda en la sala de reuniones, empiezan las presentaciones formales. Marne explica su formación, que es relativamente nueva en Facebook y que su último empleo ha sido en la Casa Blanca bajo las órdenes de Larry Summers. Tras enumerar sus estudios en Harvard y credenciales gubernamentales, concluye con un «y soy judía».

Se hace el silencio en la estancia.

—Pero no lo digo por el Holocausto.

Silencio absoluto. Es como si toda la vida en la sala de reuniones se hubiera congelado. Estoy atrapada en una parodia espantosa de diplomacia.

—Solo lo digo porque pensaba que ya lo sabían —continúa—. Podemos hablar de ello, si lo desean.

La tensión en la sala es insoportable. Me imagino largándome de allí y regresando a pie a casa. Dar carpetazo a mi paso por Facebook.

—Creo que podríamos centrarnos en la parte sustantiva del orden del día que hemos acordado, ahora que ya hemos terminado con las presentaciones —propongo, a la desesperada.

La conversación da comienzo. La delegación no tarda en sacar a colación el tema de la moderación de contenidos. Quieren que Facebook vigile mejor los discursos de odio, que los minimice. Marne explica que Facebook se sustenta en el derecho a la libertad de expresión que garantiza la Primera Enmienda de Estados Unidos, por lo que, en general, no intervenimos en los contenidos. Prosigue con un ejemplo de las diferencias culturales entre Estados Unidos y Alemania. Explica que, mientras que a ella no le importa tomar el sol en toples o compartir imágenes sin la parte de arriba del bikini, a los alemanes parece que sí. No creo ser la única en la habitación que intenta ahuyentar la imagen mental de Marne en toples. Y la generalización exagerada de que a los alemanes no les gusta compartir imágenes en toples tampoco ayuda demasiado. La ministra se eriza, y se le nota. Le lanzo a Marne una mirada con la que le digo: «¿Qué haces?».

A partir de ahí, caemos rodando pendiente abajo. La discusión sobre la regulación no va mucho mejor.

Después de escoltar a la delegación fuera de nuestras oficinas, me siento abatida. Ha sido horroroso en todos los niveles. Hemos fallado precisamente cuando más importante era no hacerlo. Con el país al que más necesitamos para ganar esta batalla. No había contemplado la posibilidad de este fracaso. Por primera vez, creo que esto puede no salir bien.

Marne, percibiendo mi descontento, me dice:

—No se parece mucho a trabajar para el Ministerio de Exteriores, ¿eh? ¿Te arrepientes de haberte postulado?

No respondo. Si hay algo que una aprende al ejercer la diplomacia, o quizá simplemente siendo adulta, es que a veces es mejor guardarse los pensamientos y los sentimientos para una misma.

A nadie le pilla por sorpresa que el Gobierno alemán abra una investigación en relación con Facebook al cabo de pocas semanas.

5

El libro rojo

Este sitio es muy diferente a cualquier otro en el que haya trabajado. Y no es solo la tecnología lo que lo hace diferente. También está el dinero.

Una de las ventajas de la descomunal carga de trabajo que me cae encima en cuanto me incorporo a Facebook es que se decide que Meredith, la asistente de Marne, también empezará a ayudarme a mí. Meredith es el alma de la oficina de Washington D.C., y, además de ser cariñosa y divertida, tiene un estilazo increíble. Una noche se queda hasta tarde para ayudarme y me doy cuenta de que lleva unos zapatos que llevo semanas admirando.

—Me encantan. Esa suela roja me tiene loca. No había visto nunca algo así. ¿Dónde te los has comprado? —pregunto.

Meredith se acerca a mi mesa y me pone las manos sobre los hombros. No esperaba ese tipo de contacto físico de nuestra ayudante, pero en Facebook el ambiente es más informal que en el resto de los lugares en los que he trabajado y me resulta agradable ese gesto íntimo, que espero que sea un preludio a la historia de dónde puedo conseguir semejantes tacones.

—Cielo, jamás podrás permitirte unos zapatos como estos —dice con voz suave pero amable.

Tras buscar en Google «zapatos de suela roja» y descubrir a Christian Louboutin, me queda claro que tiene razón. Me muero de vergüenza.

Pronto descubro que me faltan referentes para la opulencia obscena que corre por Facebook. Lo que la hace curiosa es que se basa en la antigüedad en el puesto, más que en el cargo. Así que hay asistentes y miembros del personal subalterno que ganan muchísimo más que sus jefes, según cuándo los contrataran. Como quien se compra una casa en un barrio justo antes de que empiece a gentrificarse. Al cumplir un año en la empresa, todos los empleados empiezan a recibir opciones sobre acciones. La empresa aún no ha salido a bolsa —estamos en 2011—, así que no hay acciones de Facebook, pero hay un mercado próspero de inversores privados que pagan grandes sumas de dinero por esas opciones.

En las reuniones de trabajo, me distraigo con los anillos de compromiso que llevan las mujeres, tan grandes que parece que les cueste teclear, y las pulseras de diamantes que proyectan pequeños arcoíris en la pared y repiquetean contra los portátiles. He aprendido la lección y me abstengo de preguntar por todos los bolsos a juego; resulta que son Louis Vuitton y cuestan miles de dólares. Las oficinas de Facebook están repletas de símbolos de estatus femenino y me avergüenza darme cuenta de cuántos se me escapan. No estoy ni en la línea de salida de esa sutil carrera armamentística por los complementos de lujo.

¿Otra señal de riqueza en Facebook? Las cosas tan raras que dice la gente. Sam Lessin, director de producto, se describe un día como alguien «insensible al precio» e «insensible a la economía». Me veo obligada a preguntarle a Marne qué quiere decir. ¿La respuesta? Tiene tanto dinero que le da igual lo que cuesten las cosas.

Lo mismo me ocurre cuando Debbie declara ser una «voluntaria económica, como la mayoría de los extrabajadores de Google en Facebook». Frente a un café, me explica que ha ganado tanto dinero con la salida a bolsa de Google que el sueldo que gana en Facebook es calderilla si se compara con todo lo que ya tiene. Está en Facebook porque espera su salida a bolsa.

Mi situación es otra. No me sobra el dinero. No negocié nada cuando entré en Facebook, me sentí agradecida porque me ofrecieran el puesto. Solo igualaron mi salario anterior (que nada tenía que ver con el de las tecnológicas). La mayor parte se va en el alquiler, porque tanto Tom como yo tenemos pisos en dos ciudades caras (él acaba de aceptar un puesto en Nueva York). Una vida sin preocupaciones de dinero me resulta incomprensible, y esa línea divisoria es una presencia constante.

La otra moneda que corre por Facebook es la resistencia. Marne, Elliot y Sheryl gestionan su productividad de manera despiadada y le sacan a cada día todo el trabajo humanamente posible. Esperan, además, que sus equipos hagan lo mismo. El esfuerzo, la productividad y el sacrificio de la vida privada son cosas que se valoran y se fetichizan.

La ética laboral de Marne marca el ritmo de mi vida, y no se parece a nada que yo haya vivido antes, ni siquiera en los bufetes de derecho corporativo en los que he trabajado. A diferencia de los diplomáticos de alto rango, que, por mi experiencia, son más bien próceres dedicados a bendecir el trabajo realizado por el personal subalterno, Marne es una verdadera estajanovista de Facebook. Su resistencia y su ética laboral son feroces y me dejan con la boca abierta. Tengo la sensación de que sublima sus emociones, instintos y necesidades físicas en el trabajo. La suya es una eficiencia embotada regida por una autodisciplina y una autonegación que la absorben por completo. Tras un día entero sin descanso, muchas veces sigue trabajando desde casa hasta altas horas de la madrugada, y se levanta a las cinco para empezar a trabajar otra vez antes de hacer un poco de ejercicio. Raras veces la veo comer. De su cuerpo tonificado deduzco que cada caloría es despiadadamente registrada, calculada, evaluada y eliminada de la manera más eficiente. La ha dejado con un cuerpo que recuerda al trabajo duro.

Como subordinada suya, siento que no me queda más remedio que adaptarme a su ritmo, así que me machaco a trabajar y descanso solo de una a cinco de la madrugada, que son las horas en que ella duerme, para asegurarme de estar disponible para contestar a sus emails en cuanto los envía. A veces me gusta recordarle, de madrugada, que hace solo unos meses dijo no estar segura de que hubiera bastante trabajo como para crear mi puesto.

Un día le pregunto por todo lo que estamos sacrificando por nuestro trabajo: familia, aficiones, amigos, todo lo que no es trabajar. Parece sorprenderse.

—Pero no hay nada más. Esto es lo que hago —dice—. No voy a aprender a tocar el piano ni a empezar a correr maratones ni a estudiar otro idioma. No busco *hobbies*.

—Pero ¿y los amigos? —respondo, dándome cuenta de que preguntar por la familia queda descartado.

—No me falta nada, Sarah. Tengo grandes amigos. Pero también están metidos en esto. No busco hacer amigos nuevos. Estoy bien.

Años después, tras unos vinos en Davos, Sheryl me cuenta que la carga de trabajo es descomunal a propósito. Una decisión de los responsables de Facebook. Hay que darles a los empleados mucho más trabajo del que pueden hacer, porque es mejor que nadie tenga tiempo libre. Entonces es cuando empiezan los problemas y las territorialidades. Cuantos menos empleados tienes, más trabajan. La respuesta al trabajo es más trabajo.

Para fomentarlo, en las oficinas de Facebook hay compensaciones de todo tipo. Me parece que esa parte de la vida laboral de Silicon Valley es algo de lo que ya todo el mundo ha oído hablar a estas alturas. Hasta se parodia en los programas de televisión. Las oficinas son una especie de interminable cumpleaños infantil. Están todas las comidas incluidas, hay tanto picoteo gratis como quieras, por no hablar de las máquinas recreativas. Si te traes la ropa sucia al trabajo, alguien te la lavará. Te pagarán los viajes de ida y vuelta a casa, si no tienes acceso al transporte gratuito de Facebook. Todos esos beneficios me generan un enorme conflicto; pongo los ojos en blanco y a la vez me encantan.

Pero el *quid pro quo* está claro. Nada de esto es gratis. Como declara Mark en el libro rojo que se le entrega a cada empleado al incorporarse a la empresa:

> Nuestra filosofía en materia de beneficios laborales es que queremos proporcionar servicios que sean prácticos y que ayuden a nuestros empleados con aquello que necesitan. Eso contribuirá a que se centren en nuestros objetivos a largo plazo. Todo el mundo necesita comer. Todo el mundo necesita lavar la ropa. Todo el mundo necesita asistencia sanitaria. Todo el mundo necesita desplazarse al trabajo. Si podemos hacer que esos aspectos de la vida sean más fáciles, nos costará menos concentrarnos en lo que intentamos conseguir en el trabajo y seremos todos más productivos.

Igual que el de Mao Zedong, el libro rojo de Facebook está lleno de citas, imágenes y principios fundamentales de su líder supremo, aunque en este caso sea Mark y no Mao; otro hombre con las iniciales M. Z. que canaliza su peculiar forma de fervor maoísta. En la primera página se lee: «Facebook se creó para cumplir una misión social: hacer del mundo un lugar más abierto y conectado».

A los empleados se los anima a creer que lo que hacen es cambiar el mundo, más que trabajar en una empresa. «Cambiar el modo en que las personas se comunican siempre cambiará el mundo —señala—. Esperamos de ti que cambies el mundo.»

La verdad es que Facebook, sin duda, está cambiando el mundo. Eso es lo que primero me atrajo de este sitio. Pero también es una empresa. El libro rojo dice que lo que hacemos es más que capitalismo: es justicia social. Facebook es cambio social, cambio humanitario. Y somos una familia. La familia Facebook.

Muchos parecen tomárselo en serio. Tanto la idea de la familia Facebook como la misión de Facebook. Quizá el hecho de que la mayoría tengamos entre veintimuchos y treinta y pocos años nos haga particularmente susceptibles a los mensajes morales y sociales con los que nos adoctrina el equipo directivo. O al menos yo lo soy. Yo me lo creo. Trabajar en Facebook no es un trabajo: es tu vida. No lo discuto. Me encanta el trabajo. Es un honor para mí formar parte de todo esto.

Y me cae bien Marne. Me cae bien Sheryl. Me cae bien Elliot. Quizá parezca lo de menos, pero es agradable trabajar con personas tan inteligentes. Y el trabajo parece importante. Como si Facebook fuera una fuerza del bien en el mundo. Es una empresa con una misión, y yo comparto ese sentido de misión. Siento que tengo la suerte de poder ayudar a Facebook a hacer del mundo un lugar más abierto y conectado.

A las pocas semanas de incorporarme a la empresa, empezamos, de hecho, a establecer algunas de las normas iniciales de funcionamiento de las redes sociales, tal como yo esperaba. Es emocionante. Trabajo con otros equipos para crear las primeras directrices comunitarias públicas de Facebook, que explican a los usuarios lo que se puede y lo que no se puede publicar en la página. Presentamos el primer informe de transparencia de Facebook, impulsado por Marne. Recoge todas las peticiones que nos hacen Gobiernos de todo el mundo de eliminar contenidos. Elaboramos las reglas de Facebook para el trato con las fuerzas del orden. ¿A qué información personal les daremos acceso? ¿En qué circunstancias?

Cuando una de las pocas mujeres mayores del equipo me dice que dedico demasiado tiempo a trabajar y que esto no es más que un empleo, pienso de corazón que es ella la que no lo entiende.

6

¿Qué defendemos?

Cada día en el equipo de políticas públicas de Facebook trae un nuevo caos. Un proveedor en Vietnam envía un correo en el que menciona como si nada que se ha reunido con la cúpula del Gobierno vietnamita y les ha hecho una serie de promesas que ni explica ni son factibles del todo. Un asesor de Facebook declara ante un comité gubernamental australiano que Facebook elimina veinte mil cuentas de usuarios menores de edad al día, lo que es sencillamente falso. La página del presidente mexicano recibe un aluvión de emojis de caca y se nos ruega que los eliminemos de inmediato. Sheryl pregunta si debería apoyar una campaña viral para detener a Joseph Kony, el militante ugandés responsable del secuestro de miles de niños para su ejército. El Estado Islámico publica en Facebook el vídeo de una decapitación. Un grupo de mujeres organiza una sentada de madres lactantes para protestar por la política de la plataforma en relación con los pezones. Un rabino publica que está tomándose un café y una magdalena en Israel, pero los mapas de Facebook dicen que está en Palestina. Los problemas son incesantes y variados. Averiguar cómo resolverlos es un poco como encajar las piezas de un puzle sin saber cuál es la imagen que se supone que debe salir al final, pero parece importante trabajar para solucionar todas esas cosas de forma responsable, si es que queremos ser una fuerza del bien en el mundo.

Y Marne y yo formamos un buen equipo. Yo confío en su criterio, y ella me escucha. Avanzamos con paso firme en la configuración de este nuevo futuro.

A principios de 2012, algunos de los hombres de la oficina empiezan a mostrar su incomodidad por el modo en que vamos dando tumbos de una crisis a otra. Hablamos de hombres contratados para cubrir el Congreso y las Administraciones estatales. Son criaturas de Washington D. C. combativas y obstinadas. Han formado una pequeña camarilla, y quieren entender qué es lo que defiende la empresa. No es una pregunta descabellada. Estamos en la era Obama, una época en la que Mark y Sheryl aparecen en las portadas de las revistas dando entrevistas con titulares llamativos sobre cómo están cambiando el mundo. Los chicos acorralan a Marne, y le exigen que les diga cómo se supone que vamos a cambiar el mundo. Se quedan de piedra cuando la respuesta es... «de ninguna manera, en realidad».

A Marne, por su parte, le desconciertan sus preguntas. Para sus jefes —Mark y Sheryl— y para ella está todo muy claro. Hemos creado una página web que conecta a las personas. Creemos en ello. Queremos más. Queremos que sea rentable y que crezca. ¿Qué más hace falta decir?

No hay ninguna gran ideología detrás. Ninguna teoría sobre lo que Facebook debería ser en el mundo. La empresa reacciona a las cosas a medida que ocurren. Somos gestores, no creadores de mundos. La aspiración de Marne es que no se le desborde la bandeja de entrada del correo, no crear un nuevo orden mundial.

No hay forma de salvar esa diferencia de perspectivas. Los chicos quieren algo en lo que creer. Principios. Visión. Liderazgo. Para Marne, no hay nada de malo en seguir haciendo como hasta ahora y capear cada crisis en el momento en el que viene. Así son los negocios.

Pero hay que hacer algo para tranquilizar a las tropas. Y así es como acabamos organizando una cumbre en la oficina central de California de todos los que trabajan en cuestiones de normativa y en asuntos políticos. Para decidir qué es lo que defendemos.

Yo entiendo a los chicos. Desde el principio, cuando nos conocimos, Marne ha reaccionado con una cierta incomodidad ante mis discursos de «Facebook es una revolución» y «Facebook es una fuerza política». Ignoró educadamente toda esa parte de mi alegato inicial, y desde entonces ha manifestado más de una vez que eso no es lo que hacemos aquí, que ni siquiera estamos seguros de que el tipo de temas en los que yo estoy interesada puedan formar parte del trabajo y que, por favor, deje de hablar así. Entiendo que ella lo ve de este modo, pero para mis adentros estoy convencida de que, a medida que Facebook vaya creciendo, la empresa se verá envuelta en conflictos y polémicas en el extranjero que me darán la razón. Mi fe en Facebook y en su importancia histórica están por encima de cualquier preocupación pasajera sobre la actitud de Marne. La empresa va a necesitar desarrollar una teoría sobre cómo quiere estar en el mundo. Y yo contribuiré a darle forma. Marne, Mark y todos los demás acabarán viéndolo como yo.

Y esta cumbre es un primer paso en esa dirección. Estoy encantada.

Será la primera vez que estemos todos juntos en una misma sala. La primera vez que hablemos de cómo podemos utilizar Facebook para hacer el bien en el mundo. Esto podría ser el principio de algo importante. Un nuevo comienzo.

La primera pista que tengo de que aquello podría no ser todo lo que yo esperaba llega cuando todo el equipo de políticas se reúne en la recién inaugurada oficina central de Facebook en

Menlo Park, California. Seguimos siendo un equipo bastante pequeño, apenas una docena de personas, y cabemos todos alrededor de la mesa de una sala de conferencias normal y corriente. En lugar de sumergirnos de lleno en los muchos temas importantes que necesitamos solucionar, jugamos a dinámicas para romper el hielo y respondemos a test de personalidad. No es hasta el final del día cuando abordamos la razón por la que estamos todos allí: encontrar un tema que Facebook pueda liderar. Coincidimos en que tiene que ser algo en lo que colaboremos con Gobiernos de todo el mundo para generar confianza. Los integrantes del equipo ponen sobre la mesa diversas iniciativas muy queridas para ellos: promover Facebook como un medio para buscar un nuevo hogar a mascotas abandonadas o hacer bandera de Peace.Facebook.com, un panel rudimentario que muestra sobre un mapa las conexiones de amistad establecidas «ayer mismo» entre personas a un lado y al otro de tres zonas en conflicto: Israel/Palestina, Rusia/Ucrania y la India/Pakistán.

Para mi sorpresa, todo el mundo se pone de acuerdo enseguida en apoyar la sugerencia de Joel Kaplan de lanzar una iniciativa desde Facebook en apoyo a las fuerzas armadas. Joel se incorporó a Facebook más o menos en la misma época que yo. Es un exmarine que, tras pasar por la Facultad de Derecho de Harvard, trabajó para el juez Antonin Scalia y fue jefe adjunto de gabinete de George W. Bush. Pero, igual que en el caso de Marne, sospecho que lo que en realidad hizo que lo contrataran fue su relación con Sheryl. Los dos se conocieron la primera noche de las jornadas de orientación de Harvard, estuvieron saliendo un tiempo, ella lo mencionó en los agradecimientos de su tesis y han seguido siendo buenos amigos desde entonces. El aterrizaje de Joel, tras su etapa como agente político y lobista, en el mundo tecnológico no ha estado libre de contratiempos. Estuvo apareciendo durante semanas en las oficinas de Facebook con el uniforme de Washington D. C., compuesto de pantalones chinos y americana azul con botones dorados, antes de darse cuenta de que desentonaba con los demás trabajadores de la oficina, vestidos con tejanos, camisetas y sudaderas. Fue rebajando poco a poco la formalidad con una serie de tejanos y americanas, antes de transigir y quedarse solo con los tejanos y las camisas. Es un hombre de rutinas. Todos los días su asistente le pide la misma ensalada y todos los días acaba sacando las aceitunas una a una en medio de alguna reunión. Cuando le pregunto por qué no pide una ensalada sin aceitunas, me lanza una mirada de «eres incapaz de entenderlo» y no dice nada.

El equipo se pone a pensar en qué podría consistir exactamente una iniciativa en apoyo de las fuerzas armadas y cuánto costaría.

—Mmm... Estamos hablando de una iniciativa circunscrita a Estados Unidos, ¿verdad? —pregunto indecisa.

Soy la única no estadounidense del equipo de políticas y a veces me siento un poco sola. Muchas de nuestras decisiones del día a día están atravesadas por un sistema de valores subyacente que aún estoy aprendiendo.

—No, global —responde Marne.

—Ya... Pero es que la gente y los Gobiernos aún están tratando de averiguar qué es Facebook y no creo que queramos alinearnos con las fuerzas armadas nada más empezar.

—Te equivocas —responde Joel—. Todo lo relacionado con las fuerzas armadas y con los veteranos del Ejército gusta siempre. Aquí y en todas partes.

—¿Queremos que la primera acción política de Facebook tenga que ver con las fuerzas armadas? ¿Con las fuerzas de seguridad del Estado? Quizá tenga sentido en Estados Unidos, pero hay países que tienen una relación con su Ejército muchísimo más complicada. Países donde ha habido dictaduras militares, por ejemplo...

—¿No apoyas a nuestras tropas, Sarah? —me interrumpe Joel.

—¿Yo, personalmente? Mmm, sí. Claro. Pero lo que quiero decir no tiene nada que ver conmigo. Lo que estoy diciendo es que, incluso dejando fuera a los países en los que los militares han apoyado dictaduras, hay lugares muy poco favorables al Ejército de Estados Unidos. Sobre todo en algunas de las regiones de las que soy responsable, como América Latina y Asia. Vietnam, por ejemplo. ¿Hace falta que explique por qué los vietnamitas no tienen la mejor opinión de las fuerzas armadas estadounidenses?

A falta de un acuerdo claro, la iniciativa se abandona. Al menos hasta que semanas después Marne deja caer en medio de una conversación que la primera iniciativa proactiva de Facebook para establecer relaciones con los Gobiernos de todo el mundo será la donación de órganos.

Las partes del cuerpo y las decisiones personales sobre lo que hacer con ellas tras la muerte no serían el tema que yo habría elegido —como tampoco las fuerzas armadas— para mostrar liderazgo y forjar relaciones con los Gobiernos extranjeros, pero aquello no se discute. Como muchas cosas en Facebook, da igual lo que el equipo de políticas discuta o decida: lo que importa es lo que Sheryl piense. En este caso, lo que ha ocurrido es que se ha encontrado por casualidad con uno de sus amigos de Harvard, un director quirúrgico de trasplantes de hígado, en una reunión de antiguos alumnos, y se ha ofrecido a ayudarlo a conseguir donantes.

Me indican que me ponga a trabajar con los ingenieros para ponerlo en marcha. Yo no sé cómo poner en marcha una iniciativa mundial de donación de órganos. Y los obstáculos empiezan a amontonarse de inmediato. La donación de órganos no es una práctica universal. Algunas religiones la rechazan, hay países donde no se lleva a cabo en absoluto, y en otros es imposible distinguir la donación de órganos de la venta ilegal. En algunos hay situaciones aún más turbias de robo y tráfico de órganos.

En una de las primeras reuniones con Sheryl para mantenerla al corriente del proyecto, queda claro que tenemos visiones distintas sobre el alcance de la iniciativa y el marco regulatorio de la donación de órganos en general.

El equipo de diez personas que trabajan en la iniciativa de donación de órganos está reunido en la sala de conferencias de Sheryl de la oficina central de Facebook. Estoy nerviosa. Sé que Sheryl está a punto de poner a prueba tanto mi empeño por que Facebook defienda algo en el mundo como lo que yo aporto a la empresa. Le explico mi idea, que consiste más bien en una especie de «campaña para registrarse como donante», para animar a la gente a acudir a sus centros de donación locales. Facebook no pondrá en contacto a donantes y pacientes, ni transportará órganos por todo el mundo; no crearemos nuestro propio registro de órganos y pacientes, ni recopilaremos información médica detallada. De hecho, trataremos de limitar la información que Facebook recoge y almacena. Sheryl parece desconcertada por todo aquello e insiste en preguntar por qué no hemos diseñado la iniciativa de forma que permita a Facebook desempeñar un papel más significativo en la recopilación de datos, el mercado de órganos, etcétera. Empiezo a explicarle la complejidad legal, cultural y religiosa en torno a la donación en todo el mundo y lo sensible que es la información que recogen los registros de órganos. Me mira como si fuera imbécil y se me estuviera escapando lo más evidente, como supongo que ha ocurrido. Yo no he estado viendo esto como una oportunidad de negocio, como una forma de empezar a recopilar datos médicos de los usuarios. Presintiendo el peligro, cambio de tema y empiezo a hablar del riesgo del tráfico de órganos. Le cuento que hay países que han dedicado muchos esfuerzos a salvaguardar la información sobre la donación de órganos y a evitar su transporte transfronterizo.

Se vuelve hacia mí indignada. Su voz tiene un filo inconfundible.

—¿Me estás diciendo que si mi hija de cuatro años se estuviera muriendo y lo único que pudiera salvarla fuera un riñón nuevo yo no podría ir a México, hacerme con uno y metérmelo en el bolso?

Miro al resto de las personas de la sala pidiendo ayuda. No sé si Sheryl está desinformada o confundida. Normalmente es muy lista. Pero tengo la sensación de que habla en serio y de que es una persona acostumbrada a conseguir lo que quiere. Todo el mundo evita cruzar la mirada con nosotras, incluso Marne y Debbie, que son quienes suelen salir en mi defensa. Voy a dar malas noticias, así que me doy cuenta de soy la presa a la que se ha separado de la manada.

—No, no podrías —digo de la forma más solícita que soy capaz de conjurar—. Los países suelen tener regulaciones estrictas para evitar el mercado negro de órganos o el robo o la extracción ilegal, en general, de partes del cuerpo. Es algo que viene determinado por las políticas gubernamentales, no por quién puede pagar más.

Sheryl me fulmina con la mirada. Noto desplomarse la estima que me tiene, al tiempo que aumenta su indignación. Se crea un silencio largo y tenso.

Marne acude al rescate.

—Por lo general, cuando Facebook lanza nuevas funciones, una vez que se ha introducido el código, no se piensa mucho en las consecuencias en el mundo real. Pero la donación de órganos nos exige que pensemos en las leyes y normas relevantes en cada país, además de que tendremos que crear alianzas con los registros de órganos de todas partes. No tenemos los recursos necesarios para hacer ese trabajo en todos los países del mundo.

De hecho, los instintos naturales del equipo de Facebook —recopilar datos, utilizar un enfoque uniforme en todos los países y no desviarse de él por ningún motivo— no van a funcionar con la donación de órganos. Marne se lo señala a Sheryl, que accede a regañadientes a reducir el lanzamiento mundial a solo cuatro países.

No está contenta.

Pero no se deja amilanar. Quiere hacer todo lo posible para que esto sea un éxito, para que sea el primer proyecto que ponga de relieve los valores de Facebook. Así que pocas semanas después ordena a los ingenieros de la empresa que añadan «registrado(a) como donante de órganos» a la lista de «acontecimientos importantes» de los perfiles de Facebook de la gente, junto a otros tradicionales como «casado(a)» o «esperando un hijo(a)». Sheryl también nos da instrucciones a mí y al equipo del proyecto para que incluyamos un megáfono —un elemento emergente que ocupará la pantalla de cualquiera que entre en Facebook— que informe del funcionamiento de la herramienta de donación de órganos. A los ingenieros no les convence la idea.

No creen que Facebook deba utilizar la plataforma para incitar a la gente a nada: donar sus órganos, votar, comer más verduras, usar hilo dental, adoptar cachorros abandonados..., lo que sea. Estoy de acuerdo con ellos. Si entramos en el negocio del activismo, vamos a tener que tomar todo tipo de decisiones acerca de las causas que Facebook apoya y las que no. Nos veremos de repente en un mundo de decisiones imposibles. Todo este asunto de la donación de órganos parece estar maldito. Y no parece el lugar adecuado desde el que afrontar esas cuestiones. Cuando nos reunimos para decidir qué defendía Facebook, desde luego no era esto lo que esperaba.

Y todos los que estamos aquí sabemos lo que está en juego. Sabemos que, cuando Facebook anima a la gente a hacer cosas, parece que funciona. Durante las elecciones de mitad de mandato de Estados Unidos de 2010, Facebook hizo un experimento para impulsar la participación. Se puso un mensaje en la parte superior de la página de inicio animando a la gente a ir a votar, con un enlace a los colegios electorales y un botón de «He votado» que los usuarios podían clicar, como parte de un gigantesco ensayo aleatorio (con un grupo de control). Un estudio publicado más adelante en la revista *Nature* mostró que 61 millones de personas vieron el botón, y que modificó el comportamiento de la gente: llevó a votar a trescientas cuarenta mil personas más.

Sheryl espera que ocurra lo mismo con la donación de órganos. Pero los ingenieros le han hecho llegar sus inquietudes a Mark y aseguran que él está de acuerdo con ellos. Teniendo en cuenta la jerarquía en Facebook, donde los ingenieros siempre se salen con la suya —son mucho más importantes que los equipos de Sheryl—, deduzco que eso es el fin del proyecto de donación de órganos sobre el que Mark nunca ha parecido estar muy convencido. Ahora que los ingenieros lo tienen de su lado, le pondrá freno.

Y así, por primera vez, dirijo un proyecto en el que participan tanto Mark como Sheryl. Es también la primera vez que Mark se involucra en un plan del equipo de políticas, y no está yendo bien. Me come la ansiedad. Facebook, como cualquier empresa, es un entramado de relaciones, y me gustaría tener una relación sólida tanto con Mark como con Sheryl. Quiero caerles bien. Quiero convertirme en una de sus asesoras de confianza. Y así no voy a conseguirlo. Todo esto ha sido una mala idea desde el principio. Así que es un alivio para mí ver que agoniza.

Pero las cosas dan un giro a peor. Sheryl quiere sí o sí el megáfono, pese a saber que Mark no. Y tiene la solución. Me ordena enviar un email a todo el equipo, incluido Mark, anunciando que vamos a seguir adelante con el megáfono, y explicando el punto de vista de Sheryl como si fuera el mío. Intento convencerla de que no es buena idea, pero sin éxito.

No quiere oír hablar del tema. Enviar ese correo es mi trabajo. Si no puedo escribirlo, ¿de qué le sirvo?

La situación alcanza su punto crítico con Sheryl atravesando el país en un avión privado. Embarca a primera hora de la mañana. Siguiendo sus instrucciones, envío un email en el que explico obedientemente argumentos con los que no estoy de acuerdo y que defienden el uso del megáfono para la donación de órganos. Mark responde con una serie de ataques fulminantes, basados en su firme convicción de que Facebook debe ser una «plataforma neutral» y que no debemos utilizar nunca «la voz de Facebook» para interrumpir la experiencia de los usuarios en la plataforma. Yo defiendo, a mi pesar, la posición de Sheryl. Mark es despiadado, y no quiere saber nada al respecto. Sheryl no dice nada. Más tarde me cuenta que no ha visto el intercambio de mensajes en directo porque no tenía wifi.

Nunca sabré si eso es verdad —algunos de los que viajaban con ella me dijeron que claro que el avión privado tenía wifi— o si me pidió que enviara el correo esa mañana sabiendo que tendría una razón plausible para no participar del intercambio de emails con Mark.

Todo lo que sé es que recibí mi primer email directo de Mark Zuckerberg ese día, el primero que me enviaba solo a mí. Había solo tres palabras:

> Voy a desautorizarte.

7

Haz que lo pase bien

Poco antes de abril de 2012, Elliot me encarga una misión: llevarme a Javier Oliván a Cartagena y hacer que lo pasara bien. Se espera que lo haga con ocasión de un acto que no es precisamente conocido como una fiesta desenfrenada: la Cumbre de las Américas, una reunión de presidentes y primeros ministros. Yo había propuesto que fuera Mark, para que conociera a jefes de Estado y empezara a establecer relaciones con ellos. Elliot descarta esa idea y me pide que me lleve en su lugar a Javi. Facebook saldrá a bolsa el mes siguiente. Muchos empleados de la empresa ganarán millones. Algunos ya han anunciado su marcha (no estoy simplificando demasiado si digo que se dividen en dos bandos: los que quieren crear sus propias *start-ups* y los que quieren hacerse DJ). Cuando trabajas en una empresa que no fabrica nada ni tiene activos tangibles, la amenaza de que lo más valioso que tienes —el talento de tus empleados— pueda desaparecer con su marcha no es un problema menor. Al equipo directivo le preocupa que determinadas personas en puestos clave decidan irse, y una de esas personas, la principal seguramente, es Javi.

Le presento a Elliot mi estrategia política para la cumbre. Apenas me escucha; le baila una sonrisa en los labios todo el tiempo.

—Asegúrate de que Javi se lo pasa bien. Asegúrate de que vuelve de Cartagena con ganas de quedarse en Facebook.

No queda claro qué es lo que quiere que haga con Javi para que esté tan contento. Vamos solo nosotros dos a Colombia. Todo el asunto tiene un tufillo raro. Aunque opto por ignorarlo.

Javi es una de las personas más importantes de Facebook. Es uno de los lugartenientes principales de Mark, y tiene casi tanto poder como Sheryl, aunque sin su perfil público. La gente no lo conoce.

No se parece a nadie del equipo directivo. Para empezar, no es estadounidense. Está cerca de los cuarenta, lleva el pelo rapado y habla con un marcado acento español. Surfista entusiasta, desarrolló en su tiempo libre un rival de Facebook en su España natal. Era tan bueno como para que Mark decidiera contratarlo, en lugar de tenerlo de competencia. Es un tipo enérgico y que no está para tonterías, pero con sentido del humor.

Y tiene un trabajo importante. Está a cargo del crecimiento mundial de Facebook. Su equipo es la locomotora capitalista de todo el proyecto. El modelo de negocio de Facebook depende de la conquista de nuevos territorios. De que se expanda exponencialmente.

El equipo de crecimiento está a cargo de forjar esas nuevas fronteras y, como la mayoría de los colonizadores, Javi y su equipo no se andan con chiquitas. Son agresivos y rápidos a la hora de reclamar un espacio como propio, y están siempre a la búsqueda de oportunidades en la zona gris creada por la ausencia de regulación.

El equipo de Javi es el que tuvo la idea de que se importaran tus contactos a Facebook, para que así Facebook pudiera presionar a los no usuarios para que lo fueran. Al principio no se pedía permiso para hacerlo. Era posible decirle a Facebook que no cogiera tus contactos, pero luego, al abrir Messenger, lo hacía igualmente por defecto. Y el equipo de Javi fue decisivo en el desarrollo de la herramienta «Personas que quizá conozcas», que Mashable describió como «la función de Facebook que pone los pelos de punta» por su capacidad para hacer recomendaciones de lo más incómodas, como cuando a un donante de esperma le recomendaron hacerse amigo de un hijo biológico al que no había conocido nunca.

Es un enfoque de crecimiento a toda costa. A mí me resulta muy estadounidense. Cuando Alexis de Tocqueville viajó a Estados Unidos en el siglo XIX, lo hizo a bordo de un destartalado barco de vapor que chocó contra un banco de arena y volcó, y estuvo a punto de ahogarse. Con el tiempo, localizó a los constructores y les preguntó por qué no hacían sus embarcaciones más seguras. Le explicaron que la innovación tecnológica en Estados Unidos se producía a tal velocidad que no tenía sentido; para cuando hubieran hecho los cambios necesarios, los barcos ya estarían obsoletos. Era mejor correr el riesgo con los que tenían. Si alguno se hundía, no había de qué preocuparse, porque sabían que había algo mejor a la vuelta de la esquina. Esa alegre temeridad combinada con pasividad, ese movimiento hacia delante sin introspección, es lo que tiene el equipo de Javi.

Cuando empezamos a toparnos con políticos que ponen trabas a nuestra expansión, el equipo de crecimiento no tarda en proponer que «exprimamos» el algoritmo para ayudarlos a impulsar su presencia en Facebook. ¿Su forma de expresarlo? «Subámosle el volumen al algoritmo y démosles un poco de amor a esos políticos.» Cuando me lo proponen a mí, siempre les digo que no, porque creo que a largo plazo es mejor para nosotros que permanezcamos estrictamente neutrales. No sé lo que los demás miembros del equipo de políticas les dicen. Pero esa es la mentalidad del equipo de crecimiento. Como dicen los carteles que hay por toda la oficina: «Muévete rápido y rompe con todo».

Antes de empezar a trabajar en Facebook, yo no podía imaginar que la verdad sobre este lugar es que el equipo de crecimiento es el corazón de la empresa. Sus valores son los valores de la empresa. Para contestar a la pregunta de aquellos chicos de la oficina que querían saber qué defendíamos, esto es lo que defendemos. Crecimiento y más crecimiento.

Soy consciente, por supuesto, de que en la historia del mundo esa mentalidad de conquista en general no ha beneficiado a todo el mundo. Y sé que al equipo de Javi no le supone ningún problema saltarse las reglas, en caso de que existan. Pero pienso que somos muy nuevos, y que las cosas se solucionarán solas. Cualquier exceso acabará frenándose. Y el producto que Javi promociona de forma tan agresiva, Facebook, parece benigno. Estamos contribuyendo a que la gente se relacione, no vendiendo misiles o gas nervioso.

Javi, a diferencia de Mark, tiene calle. Fue él quien llamó la atención de Mark sobre una nueva aplicación llamada Snapchat. Tal como lo cuenta Javi, al aparecer se la enseñó a Mark y le preguntó: «¿Sabes para qué va a utilizar esto la gente?». Le pareció que la respuesta era obvia, pero Mark no tenía ni idea. Javi tuvo que explicárselo: para hacer *sexting*.

Este es el hombre que mis superiores quieren retener en Facebook, y se supone que debo asegurarme de que este viaje a Colombia contribuya a la causa.

Pocas semanas después recorro las calles empedradas de Cartagena de camino a recoger a Javi para llevarlo a la gran cena inaugural con todos los jefes de Estado que se celebra en una fortaleza imponente del siglo XVI. Javi está encantado de estar allí. Se siente importante. Le encanta que lo hayan enviado, le encanta la pompa y circunstancia, le encanta que todo el mundo hable español. Le encanta todo.

Pero cuando llegamos a la gran cena no hay asientos asignados a Facebook.

No es inusual esa clase de tratamiento. Durante esta época, vayamos donde vayamos, la mayoría de los funcionarios gubernamentales no saben lo que es Facebook o no lo utilizan o no les importa. No quieren reunirse con nosotros. Facebook no es lo bastante importante. Yo aún estoy adaptándome a la vida fuera de los círculos diplomáticos y me he preparado para la cumbre como si Facebook fuera a recibir el mismo trato que un Gobierno. Lo cual es un error.

Así que pasamos toda la velada de pie junto a donde se prepara la comida, viendo comer a los políticos, paseándonos entre los ayudantes, los responsables de prensa y los de seguridad. Desesperada por tener éxito en mi misión de tener contento a Javi, de vez en cuando dejo de dar vueltas y persigo a personas que tienen entre poco y ningún interés en hablar con alguien de Facebook. Las incómodas conversaciones subsiguientes definitivamente no ayudan. A favor de Javi hay que decir que está relajado. No ha asistido nunca antes a una cena de jefes de Estado y tiene ganas de empaparse de todo. Consigo unas cervezas y nos pasamos el resto de la velada charlando, interrumpiéndonos solo cuando divisamos a políticos o famosos.

Al día siguiente, durante un paseo en bicicleta que organizo como parte de la campaña de hacérselo pasar bien a Javi, él —sin que yo le saque el tema en absoluto— se pone a hablar de su futuro. Como sospechaba Elliot, la salida a bolsa le está dando que pensar. Él, igual que yo, ve las posibilidades que tiene Facebook y le entusiasman. Pero algunas de las personas que más respeta están yéndose de la empresa. Siempre le ha gustado emprender, y le apetece probarse a sí mismo en sus propios términos. Poner en marcha algo. Quiere hacer las dos cosas: quedarse e irse. Pero lo segundo parece más probable. No son buenas noticias para mí, si tenemos en cuenta que mi misión es que se quede en Facebook.

Pedaleamos todo el día entre playas y cafeterías, y lo único que empaña la jornada es mi creciente temor a no poder hacer nada para convencer a Javi de que no se vaya. Pronto toca volver al trabajo. He conseguido que la intervención de Javi se programe justo antes de la sesión más importante, en la que participan los jefes de Estado de Colombia, Brasil, Canadá y Estados Unidos, por aquel entonces Barack Obama. Es mi golpe maestro. Javi también está entusiasmado. A diferencia de Mark, disfruta de estar frente a una multitud. Pero cuando está a punto de subir al escenario, el público abandona nuestra sala para pasar a la de al lado, para no quedarse sin sitio en la sesión con los jefes de Estado. Javi acaba hablando frente a una sala semivacía en la que solo hay un puñado de personas interesadas en esa cosa tan extraña llamada Facebook.

Al acabar el discurso le pido disculpas. Ambos sabemos que he metido la pata al planificar su intervención justo antes de la sesión de los jefes de Estado. Pero Javi no me lo echa en cara. Por encima de todo, está contento de haber acabado. Se encoge de hombros y me propone que, en lugar de ir a otra cena oficial a que nos ignoren, salga de fiesta con él y sus amigos.

Me reúno con ellos en un restaurante pocas horas después. Me lleva un rato descifrar quién es quién; la mayoría son directores ejecutivos de empresas tecnológicas de la región. Un hombre alto y llamativo de piel morena se sienta a mi lado y empieza a ejercer de anfitrión. Se llama Juan del Mar. La agradable brisa del mar, las cervezas frías, la deliciosa comida y la conversación animada pasan a un segundo plano en el momento en que Juan sube al escenario y se pone a cantar con la banda de *jazz*. Es toda una sorpresa, teniendo en cuenta que yo pensaba que el anfitrión era el consejero delegado de una tecnológica, pero Javi me explica que Juan es el dueño del restaurante. Es entonces cuando me doy cuenta de que el nombre de «Juan del Mar» aparece en los menús, y en todas partes.

—En realidad, es torero —dice Javi, escudriñando mi cara para registrar mi reacción—. Y ha hecho sus pinitos en otras cosas.

—Tiene los atributos necesarios para ello —dice uno de los directores misteriosamente. Soy la única mujer del grupo, salvo por la esposa de uno de los altos directivos, que parece que también sabe de qué va la cosa.

—Creo que Juan tenía ganas de demostrártelo —apunta alguien, y todos se ríen. Todos menos yo.

La noche avanza, el alcohol circula y Juan sube a cantar al escenario de vez en cuando. Los hombres vuelven todo el rato a la misma broma, incomprensible para mí. Me preguntan si de verdad voy a casarme, porque mi anillo de compromiso es «tan pequeño que no es fácil distinguirlo». Lo que es una forma de hablar del anillo y también, de alguna forma, de sexo, dinero, poder y disponibilidad, aunque no podría decir exactamente de qué forma. Los hombres disfrutan de mi desconcierto y se pasan al español cuando quieren comentar algo sobre mí. Una de las cosas que sin duda alguna parecen estar diciéndole a Javi es algo así como «menuda suerte tienes en tu trabajo, que te envían a esta chica para que te haga compañía en Cartagena».

Mi mente, entretanto, funciona a toda velocidad intentando averiguar si algo de esto va a hacer que Javi se quede en Facebook. ¿Es para esto para lo que me han enviado aquí? ¿Tiene alguna posibilidad esta misión? ¿Cómo voy a conseguirlo?

Pasada la medianoche, alguien sugiere que vayamos a un club de salsa. Aparecen de la nada junto a nosotros varios vehículos grandes y negros, de los que he visto utilizar a jefes de Estado. Nos metemos dentro y bordeamos los callejones de Cartagena en medio de la noche. Nos adentramos a toda velocidad en barriadas cada vez más descarnadas. Tras tanto alcohol, las cosas empiezan a estar un poco borrosas.

Nos detenemos ante una puerta como cualquier otra. Salir al aire cálido de las callejuelas sin iluminar de Colombia tiene algo de temerario. Dudo entre la excitación y el recelo. El equipo de seguridad de alguien nos arrastra hasta una sala atestada en la que hace mucho calor y suena una música de salsa atronadora. Me ponen en la mano una bebida fuerte e inidentificable, y me veo empujada a la pista de baile, aunque no sé si lo hace uno de los directores ejecutivos o el torero o quién. Tras unas cuantas canciones, Javi se acerca a mí. Se inclina para decirme algo en el oído que creo que he entendido mal, porque me parece haber oído: «Hillary Clinton está aquí».

—Oh, Javi —sonrío. Está claro que el alcohol en combinación con la emoción de la cumbre, el hecho de estar junto a todos esos jefes de Estado, se le ha subido a la cabeza—. Hillary Clinton no está aquí. Estamos en un club de salsa de mala muerte. Es pasada la medianoche, el suelo está pegajoso, hay una mujer medio desnuda ahí mismo y te prometo que no existe la menor posibilidad de que la secretaria de Estado de Estados Unidos esté aquí. Hillary Clinton está durmiendo a pierna suelta en algún sitio...

Javi me interrumpe cogiéndome de la mano y llevándome hacia uno de los laterales.

Y allí está. Hillary Clinton. Con una cerveza en la mano, junto a la banda, bailando con un grupo de personas de su equipo. Su escolta llama la atención con los auriculares en los oídos entre los vapores del club.

Javi me mira triunfal.

—¡Hillary Clinton!

Es sin ninguna duda Hillary Clinton quien, justo delante de nosotros, se deja llevar por la música, aplaude y menea las caderas. Absorbo cada detalle de esa visión y me vuelvo a mirar a Javi. Su expresión de felicidad por haberme superado es contagiosa, y bebo un trago del brebaje pegajoso que llevo en la mano.

—Tienes razón, pido disculpas y jamás volveré a cuestionar que sabes más que yo de política internacional. No debería haber dudado de ti nunca.

Sonríe de oreja a oreja.

—Ahora tienes que contarme qué es lo que pasa con Juan del Mar —grito por encima de la pista de baile.

—Vale —dice despacio—. Es torero, tiene varios bares y restaurantes, y es una especie de actor. Es lo que todos los hombres que están aquí querrían ser.

—Sigo sin pillarlo.

—Bueno, es un tipo de actor muy especial.

Aparto la mirada de Hillary Clinton para observar más de cerca a Juan del Mar.

—¿Quieres decir un actor de cine para adultos?

En ese momento, Juan alza su copa hacia nosotros a modo de brindis. Hillary Clinton baila a medio metro de él.

—Sí, supongo que es una estrella del porno —dice Javi.

—¿Vas a dejar Facebook? —No me he atrevido a preguntárselo directamente durante todo el tiempo que llevamos en Colombia, pero en ese momento decido coger el toro por los cuernos. Necesito saber si he triunfado o fracasado en mi misión. Ni siquiera sé si Javi conoce la verdadera razón por la que está aquí, en Colombia.

—No lo sé —dice con la mirada puesta en Hillary Clinton, como si sopesara su presencia en su cabeza.

La música nos envuelve y la pista de baile retumba. Javi apura su copa, me arrastra hasta el mogollón y le hace un gesto a Juan para que se nos una. Nos acercamos todo lo que podemos a Hillary Clinton.

—Solo para estar segura —le digo inclinándome hacia su oído—, ¿vas a quedarte en Facebook?

—Creo que por ahora sí —contesta, hablando más para sí mismo que para mí.

En el momento de escribir estas líneas, ha pasado más de una década de todo aquello. Javi sigue allí, dirigiéndolo todo junto a Mark, ahora como consejero delegado de Facebook.

8

Sin margen de crecimiento

Poco después —octubre de 2012— celebramos los 1.000 millones de usuarios de Facebook. Las celebraciones están más bien dirigidas a los empleados de a pie. Se organizan fiestas para ellos. Globos brillantes, plateados y azules —con la «MM» de «mil millones», y unos y ceros— flotan por toda la oficina.

Pero para el equipo directivo, 1.000 millones de usuarios es una crisis.

Asisto a numerosas reuniones en las que mis jefes se desesperan por el hecho de que estamos quedándonos «sin margen de crecimiento». Es la frase que utilizan. Las acciones de Facebook han caído a la mitad en solo cinco meses, de 38 dólares por acción en el momento de la salida a bolsa —cuando las acciones se ofrecieron por primera vez al público— a los 19 dólares actuales. Creen que las acciones solo subirán si crecemos, y además de forma drástica. Pero, según Javi, los primeros 1.000 millones de usuarios son los 1.000 millones fáciles. Lo dice como si todo el mundo lo supiera. Es después cuando te tropiezas con problemas como de qué forma llegar a la población infantil o a las regiones del mundo en las que no hay internet o a lugares como China, que se oponen a cualquier red social como Facebook.

Ahora, con nuestro precio por acción cayendo, la supervivencia de Facebook depende del crecimiento. Como resultado, todo lo que hay más allá de las fronteras de Estados Unidos pasa a ser de vital importancia. Antes de aquello, mi trabajo no se veía como algo que pudiera repercutir en el precio de las acciones. Pero, ahora, allanar el camino con los reguladores extranjeros y abrir mercados pasa a ser lo más importante. De repente, yo soy importante.

Y he estado ocupada. En los seis meses que han pasado desde Cartagena, he viajado a unos cuantos países para ser la primera persona de Facebook con la que se reúne el Gobierno. Entrego una tarjeta de visita al miembro de mayor rango del Ejecutivo con el que consigo reunirme: México, Vietnam, Brasil, Argentina, Colombia, Singapur, Canadá y probablemente una docena de países más. Les hago saber que, si tienen un problema, a la persona a la que tienen que llamar es a mí. Si ya hay un problema, intento encontrar a la persona responsable y resolverlo. Les enseño cómo funciona la parte de Facebook que les preocupa o cómo podrían establecer directrices y normas para ello.

En algunos casos, mis jefes y yo no nos ponemos de acuerdo sobre la solución. Tenemos nuestros tira y afloja sobre la cuestión de educar a los políticos y reguladores que no entienden las complejidades de nuestra tecnología. Cuando el comisario para la protección de datos de Canadá quiso información sobre la herramienta «Personas que quizá conozcas» de Facebook, porque no tenía claro que no infringiera las leyes de protección de datos canadienses, allí estuve yo para explicárselo. Quería ayudar. Marne y Elliot creyeron que estaba loca. «¿Por qué quieres entrar en la cárcel?», me preguntó Marne.

Cuando los equipos empiezan a mirar a su alrededor para ver en qué lugar del mundo podrían captar a un número significativo de nuevos usuarios, Myanmar enseguida llama su atención. Javi y el equipo de crecimiento defienden que en el país hay más de 60 millones de posibles nuevos usuarios de

Facebook, un potencial en gran medida inexplorado. Pero justo cuando empiezan a ir a por ellos, la junta militar que gobierna Myanmar bloquea Facebook. No tenemos ni idea de por qué. Quizá porque en Facebook la junta se enfrenta por primera vez a críticas, cosa que hasta ahora no ha tolerado. Pero, al mismo tiempo, Myanmar está en proceso de democratización. Se dirige hacia sus primeras elecciones democráticas en una década. ¿Qué sentido tiene prohibirnos ahora?

Antes, algo así se habría recibido en Facebook con la misma indiferencia que los bloqueos en Irán, Cuba, Bangladés y Corea del Norte. Pero con la presión para tener más «margen» y el señuelo de 60 millones de potenciales nuevos usuarios, aquello enseguida se convierte en un tema de preocupación para la directiva.

En una llamada, Javi explica los motivos de su nerviosismo al pequeño grupo de ejecutivos de políticas.

—Es el efecto de red —dice, refiriéndose a que un mayor uso hará que Facebook sea mejor en Myanmar. Como internet está introduciéndose en todo el país, conseguir que sus usuarios estén en Facebook desde el principio llevará a un crecimiento exponencial. No estar disponibles significa que algún otro servicio se quedará con el valor del efecto de red—. Estar bloqueados justo ahora es un desastre. ¿Cuándo podría solucionarse?

—Nos han cerrado la página, no sabemos nada, y no es fácil decir qué pasará a partir de ahora —respondo—. A las juntas militares, por lo general, les gusta controlar las comunicaciones. No estoy segura de que podamos convencer a esta de que no pasa nada porque la gente se una a Facebook. No creo que haya una solución rápida.

—No me sirve —responde Javi—. Necesitamos a alguien sobre el terreno que averigüe qué está pasando.

—Y solucionar lo de esa ley —dice Marne, refiriéndose a una legislación que se acaba de redactar y que concede competencias a la junta para cerrar Facebook—. Porque, si no, esto va a convertirse en la nueva normalidad.

Se hace un silencio que yo dejo que se prolongue. Nadie de Facebook ha estado nunca allí. La junta sigue en el poder. El país apenas ha entrado en la era de internet.

—Oh, ¿me estáis pidiendo que vaya a Myanmar? —acabo diciendo—. ¿Hago también escala en Corea del Norte en el trayecto de vuelta?

—Sí —suelta Javi sin caer en mi provocación—. Pero, sobre todo, no vuelvas hasta haberlo solucionado.

A ver cómo digo que no quiero ir.

Pocos días después me dirijo hacia al centro de la capital birmana, Naipyidó, a través de una inhóspita autopista de veinte carriles en la que no hay un solo coche. Ningún ciudadano birmano medio puede permitírselo, y se especula con la posibilidad de que la autovía pueda hacer las veces de pista de despegue en caso de que los líderes de la junta se vean en la obligación de huir. Como el castillo de fantasía de un cuento de hadas, el palacio presidencial de Naipyidó resplandece al calor del día sobre la carretera desierta.

Naipyidó es una ciudad planificada, y se parece mucho a esta autopista: sobre el papel parece agradable, pero está extrañamente vacía. De vez en cuando vislumbro a mujeres con la cara pintada de blanco que cargan con niños en los brazos o en la espalda, a trabajadores que barren las calles vacías con largos cepillos de paja o a hombres en bicicletas cargadas con madera o productos agrícolas. Parecen actores que han ido a parar por error a un decorado vacío.

Mi hotel es sencillo a más no poder. A kilómetros del centro de la ciudad, se accede a él por un tosco camino de tierra rodeado de campos cubiertos de maleza. La recepción del hotel es también la salita de estar del propietario. No hay electricidad, ni agua caliente ni comida, y no dispone de internet ni de cobertura móvil, lo que hace prácticamente imposible concertar ningún tipo de reunión.

El Foro Económico Mundial (FEM) celebra, no obstante, estos días un encuentro regional en Myanmar. Me he inscrito con la esperanza de conocer a alguien allí que pueda hacerme de enlace con la junta. Pese a que Nueva Zelanda es un país de menos de cuatro millones de habitantes, he descubierto que suele haber al menos un neozelandés incluso en los lugares más insospechados; muchas veces son agradables y en ocasiones hasta serviciales. Así que me marco como objetivo encontrar a uno en la lista de participantes, en la que, por suerte, aparece el país de procedencia de cada uno. Bingo. El neozelandés al que me acoplo me lleva a los actos del FEM, incluida una fiesta que parece un portal a otro espacio-tiempo, un festín suntuoso en una carpa gigante en medio de ninguna parte. Las mesas desbordan comida exquisita, hay barra libre de champán y músicos con vestimentas vaporosas de seda caminan sobre zancos. Es todo tan excesivo que roza lo grotesco, y los invitados al FEM parecen ajenos a la abyecta pobreza que reina más allá de la puerta.

Resulta que el FEM es muy buen sitio para conocer a ejecutivos europeos en la cincuentena y con confianza a raudales en sus propias capacidades, pero no para conocer a miembros de la junta. Y cuando menciono la idea de convocar una serie de reuniones entre Facebook y el Gobierno militar, esos hombres se echan a reír, se me quedan mirando perplejos o me advierten en contra de la idea.

—Estáis en su lista negra —me dice un abogado de derechos humanos—. Y no es aconsejable reunirse con la junta estando en su lista negra.

Aprovecho el wifi del FEM para buscarme otro hotel y le envío un mensaje a Tom, al que no le he dicho nada desde mi llegada: «No me funciona el teléfono en Myanmar. No hay cobertura. No hay datos. Te llamaré en cuanto te despiertes. Lo siento, no quería preocuparte. No esperaba esto. Te quiero. Sarah».

Intento también averiguar cómo contactar con Aung San Suu Kyi. La premio nobel lidera el partido de la oposición que ha conseguido importantes victorias en las recientes elecciones parciales. Quiero averiguar si ella y su equipo han pensado en el papel que podría desempeñar Facebook a la hora de ayudar a Myanmar a abrirse y transformarse en una democracia. Pero contactar con ella es casi tan fácil como hacerlo con la junta.

Después de que su asistente me informe educadamente de que no me dará cita con ella ni ahora ni nunca, me entero de que asistirá a un almuerzo que el FEM ha organizado en su honor. Llego temprano y entro cuando el personal del *catering* empieza a prepararlo todo, antes de que el FEM empiece a controlar la lista de invitados. Mi formación diplomática me ayuda a localizar el plano de distribución de los asientos. A partir de ahí es solo cuestión de instalarme en su mesa y esperar a ver si alguien me echa.

Cuando, horas después, llega Aung San Suu Kyi descubro que es una mujer elegante y más femenina de lo que esperaba, con una flor fresca de grandes dimensiones en el pelo. Se desenvuelve con aplomo entre el grupo de hombres congregados en su mesa. Entre los directores ejecutivos y los políticos, hay una competición tácita para hacerse con su atención. A mí se me ignora, así que utilizo mi limitada energía, que se agota por momentos debido al *jet lag*, para actuar como si perteneciera a esa mesa. Me preocupa que en cualquier momento alguien se dé cuenta de que ni siquiera estoy en la lista de invitados.

Estoy tan cansada que pierdo un poco el mundo de vista durante un rato. Cuando mi visión se aclara veo que Aung San Suu Kyi me está mirando. Hace un gesto y yo miro hacia un lado para ver a quién ha concedido audiencia, antes de darme cuenta de que es a mí.

—Ven —me pide desde el otro lado de la mesa.

Las cabezas de los hombres grises se vuelven hacia mí de inmediato. Yo me levanto dócilmente, rodeo la mesa y me medio agacho a su lado.

—Me he fijado en ti —dice cariñosamente.

—Soy Sarah. Soy neozelandesa —digo por reflejo, aún atontada por el *jet lag*; enseguida, muerta de vergüenza, añado—: Es decir, soy de Facebook, pero también neozelandesa... —Aung San Suu Kyi me mira sin entender—, aunque vivo en Estados Unidos.

Esto no está yendo bien.

Aung San Suu Kyi le da una palmadita suave a la persona que tiene a su lado, un hombre vestido con una túnica gris.

—Te presento a Shwe Mann, que pronto será presidente del Parlamento.

—Hola, soy Sarah. Estoy aquí en nombre de Facebook —me apresuro a decir, decidida a causar una mejor impresión.

—Lo siento, no hablo inglés —me dice. Mientras me fijo en su vestimenta bien planchada, su pelo corto y su impecable postura, me doy cuenta de que podría ser la primera persona de la junta con la que me cruzo. Al notar mi silencio, él deduce que yo no le he entendido y repite—: No hablo bien inglés.

—Oh, no, lo habla muy bien —le aseguro—. Lo siento, yo no hablo birmano. —Sonríe educadamente—. Y, de hecho, hay quien piensa que no hablo bien inglés, por mi acento neozelandés.

—Lo lamento —tercia Suu Kyi—. Tienes un precioso acento neozelandés, y pido disculpas por no hablar maorí.

El maorí es la lengua indígena de Nueva Zelanda.

—De hecho, estoy aquí para hablar de comunicación —sonrío—, de la manera en que la gente y los políticos están empezando a comunicarse por internet. ¿Conoce Facebook?

—Sí —interrumpe Aung San Suu Kyi—. ¿Sabías que Shwe Mann es muy importante en nuestro país? Somos de partidos distintos, pero tenemos una estupenda relación de trabajo.

Está intentando advertirme. «Todo lo que me digas a mí se lo estás diciendo a la junta.» Abro la boca para continuar, pero ella prosigue.

—Su partido y el mío están intentando encontrar maneras de trabajar juntos. Hay mucho por hacer. Y él es el hombre adecuado para hacerlo. Es una persona muy inteligente.

Shwe Mann sonríe encantado.

—Soy consciente de lo mucho que hay que hacer. Creo que Facebook va a desempeñar un papel en el futuro de Myanmar. Creo que es importante que abordemos algunos de los problemas que se avecinan, sobre todo con el bloqueo, la nueva ley de telecomunicaciones y las próximas elecciones. —Hago una pausa, temiendo haberme extralimitado.

—¿De verdad es usted de Facebook? —pregunta Shew Mann. Yo asiento de forma vigorosa para que no haya ningún malentendido en ese punto tan fundamental.

—Vaya —dice rozándome la cara con delicadeza para asegurarse de que soy real.

Al llegar a mi nuevo hotel esa noche, hay una nota manuscrita en mi habitación que me informa de que al día siguiente por la mañana tengo una reunión en el Ministerio de Comunicaciones.

Me he cambiado a este hotel porque anunciaba que tenía acceso a internet. No hay wifi, en realidad, aunque, por alguna razón, sí un libro junto a la cama titulado *Cómo usar internet*. A la mañana siguiente descubro en la habitación un teléfono de disco, aunque, curiosamente, no se puede utilizar para llamar, solo para recibir llamadas. Aunque ese es el menor de mis problemas. Tengo una reunión a las diez de la mañana en el ministerio y no sé cómo llegar hasta allí.

Sobrepasado por el caos del FEM, el personal del hotel es incapaz de ayudarme con el transporte. No me queda más remedio que lanzarme a caminar sola por la carretera, con mi atuendo más profesional, sopesando si la señal tradicional de levantar el pulgar para hacer autoestop funcionará también en Myanmar o si no será mejor agitar un billete en la mano para ver si alguien se anima a llevarme. Aunque tampoco tengo billetes en moneda local. Y no hay coches por la carretera. Esas áridas autopistas siguen vacías.

De pronto, un coche se acerca hacia a mí a toda velocidad y yo me quedo quieta con un brazo enseñando un billete de veinte dólares y el otro con el pulgar hacia arriba. El conductor ni siquiera aminora la marcha. Ha ignorado completamente mi amistosa sonrisa neozelandesa. En el largo silencio que sigue, me pongo a pensar en el daño que causará a la relación de Facebook con la junta el hecho de que yo no sea capaz de presentarme a esa reunión que, para empezar, ya ha sido toda una suerte conseguir. Y en cómo les explicaré a mis jefes por qué no he logrado solucionar la situación. Javi dijo claramente que no me quería de vuelta hasta que aquello estuviera resuelto. Decir que no pude conseguir un taxi no va a sonar convincente.

No dejo de mirar la hora en mi móvil, que tampoco sirve para nada más que para eso. Finalmente veo una manchita a lo lejos que se acerca. Es un coche viejo. Decido tomar medidas drásticas y me planto en medio de la carretera para detenerlo.

El conductor, un birmano de mediana edad, se muestra perplejo y baja la ventanilla. Me inclino hacia él, agitando mi billete estadounidense y me enfrento al siguiente escollo: él no habla inglés y yo no hablo birmano.

No me queda más remedio que hacerle el gesto de conducir mientras intento darle el dinero, y cuando no lo coge vuelvo a hacer el gesto con mayor determinación. Parece entenderlo esta vez y acepta el dinero. Me subo al asiento del copiloto y me abrocho a toda prisa el cinturón, antes de que cambie de opinión. Empieza a conducir y, como no hay más coches en la vía, avanzamos a buena velocidad. Me está diciendo algo en birmano, y me doy cuenta de que pregunta a dónde quiero ir. Le digo tres veces «Ministerio de Transporte y Comunicaciones», pero no sirve de nada. Saco papel y boli de mi bolso y anoto cuidadosamente el nombre del ministerio antes de recordar que el birmano tiene un alfabeto diferente, así que aquello es tan inútil como mi móvil sin internet. Tras repetir con desesperación el nombre del ministerio y ver que una nube de confusión empieza a extenderse por el rostro serio del conductor, vuelvo a la mímica. No tengo ni idea de qué otra cosa hacer. Hago el gesto de conducir, luego de contestar al teléfono y a continuación dibujo un cuadrado en el aire, que es lo más cercano que se me ocurre a «ministerio del Gobierno». Sigue confuso, así que repito toda la secuencia. Finalmente asiente y sale de la autopista en dirección a un área más densa, con más edificios, aunque con la misma escasez de gente.

Reduce la velocidad frente a una serie de establecimientos y asiente con gravedad antes de detenerse frente a uno de ellos. Está claro que no es ningún ministerio del Gobierno. Parece un cibercafé vacío. Debo reconocérselo: teniendo en cuenta mis gestos, aquella no es una mala deducción. Pero no es el lugar en el que necesito estar. Sacudo la cabeza diciendo que no, pero trato de sonreír animosamente. Reacciona con una mirada preocupada de «vaya, ¿cómo saco a esta extranjera de mi coche?». Entretanto, a mí me entra el pánico al pensar en tener que abandonar este coche en aquel lugar en medio de la nada y perder mi única oportunidad de llegar a tiempo al ministerio.

En ese momento recuerdo que el Gobierno es una junta e imito una marcha y un saludo militar antes de repetir todos los gestos anteriores. Milagrosamente, parece entenderlo y volvemos a ponernos en marcha. Pero, aunque es posible que haya entendido (o no) a dónde quiero ir, no parece saber cómo llegar hasta allí. En fin, es que no es un taxista. No es más que alguien que ha visto cómo otra persona se plantaba frente a su coche. Circulamos en dirección a un área más remota, y el miedo me invade. No solo porque nadie sabe dónde estoy, no tengo manera de comunicarme con el exterior y estoy sola en un coche con un hombre birmano que podría llevarme donde quisiera sin que nadie lo supiera, sino también porque mi reunión ya debería haber empezado y no sé cuáles serán las consecuencias si no me presento.

Rodeamos lo que parece un parque empresarial circular, doblamos una esquina e, inesperadamente, veo un edificio espartano que parece un ministerio del Gobierno. Una gran caja de hormigón que no desentonaría en el centro de Pekín o de una pequeña república soviética. Llego tarde, pero he llegado. Le doy las gracias a mi salvador, que parece a la vez aliviado y contento porque lo hayamos conseguido, y entro corriendo.

Cuando anuncio que vengo de Facebook, el recepcionista sacude la cabeza de una forma que me hace pensar que tengo problemas, y no solo por llegar tarde. Me pide algo que no entiendo. Le entrego mi tarjeta de visita, pero no es eso, y en ese momento me doy cuenta de que quiere mi pasaporte. Se lo doy, lo coge y lo mete en un cajón que cierra con llave. Oh, no. Decido no protestar, pero mientras me conduce escaleras arriba y a través de una madriguera de pasillos asépticos —que me alejan cada vez más y más de mi pasaporte— me arrepiento de no haberme mostrado más firme. Llegamos a un gran salón. Es oscuro y sombrío, como una catedral gótica. Tiene unas dimensiones absurdas. Esperaba un despacho o una sala de conferencias. Cuelgan unos cortinajes grandes y gruesos, y toda la sala está rodeada de sillas enormes y ornamentadas que parecen tronos medievales tallados en madera oscura. Se alinean a ambos lados de la sala. Contra la pared del fondo, sobre una plataforma, hay otros tres tronos aún más grandes y ornamentados. Me siento muy pequeña y el instinto me dice que me quede junto a la puerta. Pero el recepcionista me conduce a un asiento situado junto a los tronos de madera de la tarima elevada y se marcha. Me siento.

Estoy sola en un lugar que no podría estar más lejos de Silicon Valley. Es como una corte feudal mal iluminada. Compruebo mi teléfono; siento curiosidad por saber si el ministerio del Gobierno responsable de las comunicaciones en Myanmar dispone de wifi o de algún tipo de cobertura telefónica.

No, claro que no.

El tiempo pasa despacio en el silencio de la sala de los tronos. De repente, algo se mueve tras las cortinas y se enciende una luz brillante y cegadora. No veo nada salvo esa luz que apunta directamente a mis ojos. A medida que avanza hacia mí, empiezo a distinguir formas y me doy cuenta de que un grupo de hombres se acerca; uno de ellos sostiene lo que parece una cámara de vídeo; otro, el gran foco de luz; y a continuación hay varios hombres con túnicas. Estoy petrificada. Me acuerdo de pronto de los vídeos de los cautivos del Estado Islámico que hemos discutido si eliminar de Facebook desde nuestros cómodos y bien iluminados despachos. Los vídeos no incluían nunca los momentos anteriores al secuestro, pero imagino que quizá empiecen así.

Con la cámara avanzando hacia mí, comienzo a recordar las cosas que he oído decir a los birmanos sobre lo enfadada que está la junta con Facebook y los problemas que está causando en Myanmar. Sé que la junta es despiadada, que en el país no se respetan los derechos humanos, que hay ejecuciones, torturas, violaciones en grupo, trabajos forzados y trata de personas. Hasta poco antes de mi viaje a Myanmar, la posesión y el uso de teléfonos, faxes, ordenadores, módems y programas informáticos eran delito. Han detenido a gente hasta por escuchar una emisora de radio extranjera.

Con toda la calma y la sangre fría de que soy capaz, trato de calcular una ruta de salida segura. Pero, más allá del nombre del ministerio, no sé dónde estoy. Estos hombres me superan en número y no sé si seré capaz de mover las pesadas puertas ornamentadas de la sala de los tronos, y mucho menos de abrirme camino a través de un laberinto de pasillos idénticos para recuperar mi pasaporte. Estoy aterrorizada. Nadie sabe que estoy aquí. Nadie va a venir a ayudarme. No puedo evitar pensar en lo que se va a enfadar Tom si acabo secuestrada en Myanmar. Me dijo que era una locura venir aquí.

Dos hombres con túnicas con cuello de nudo chino se separan del grupo y se dirigen a los tronos elevados. El equipo de grabación se acerca y se coloca a mi lado sin decir palabra, con el foco apuntándome directamente a la cara y la cámara taladrándome. Noto que se me sale el corazón. Detecto una especie de chirrido mecánico en mi silla y temo ver emerger unos grilletes para las manos y los pies, pero no: es un micrófono que se despliega poco a poco y ruidosamente desde algún sitio. En la semipenumbra no tengo ni idea de quién lo controla. Trago aire y aparto a sabiendas el rostro de la cámara para dirigirlo a los dos hombres de las túnicas. Establezco contacto visual con el que está más cerca, que me mira desde su trono elevado. No soy capaz de interpretar su expresión.

Él y el otro hombre se presentan; su acento al hablar inglés es tan marcado que me cuesta entenderlos. Los dos llevan el pelo corto y lo tienen oscuro, y uno luce unas cejas muy pobladas. Al menos uno de los hombres es el viceministro de

Información, aunque es posible que los dos lo sean. Sus tronos están a la misma altura. Me presento a mí misma, lo más despacio y claramente que puedo, consciente de que todo aquello se está grabando y que podría ser el preámbulo del vídeo de un secuestro.

Me sorprendo cuando los hombres responden a mi presentación con jocosa incredulidad, como si yo acabara de salir reptando del monitor de un ordenador oculto.

—¿Vienes de Facebook? ¿Vienes de internet? —dice uno.

Les aseguro que vengo de Facebook, y que de verdad hay personas que trabajan allí. Cuando noto que al menos uno de ellos no está convencido, rebusco en mi bolso y saco una tarjeta de visita, que le entrego a uno de los cámaras para que se la lleve a los viceministros. Tengo la sensación de que no debo abandonar mi trono. Los viceministros la examinan con detenimiento.

La verdad es que no sé qué hacer a continuación. Esto no se parece en nada a las reuniones que organizo para Sheryl o Marne, y para las que siempre preparo un guion.

Los dos hombres me miran expectantes.

Mi miedo, alimentado por la adrenalina, empieza a desvanecerse. Sus miradas de auténtico asombro, y de diversión, son una señal de que quizá no vayan a retenerme contra mi voluntad ni a hacerme nada, al menos no de entrada.

Así que empiezo con lo más básico. Les pregunto por qué han bloqueado Facebook. ¿Qué les preocupa?

En un inglés titubeante, describen una situación a la que no esperaban tener que enfrentarse.

Hasta hacía poco, la junta controlaba internet, al que había puesto un precio que muy poca gente podía pagar (una tarjeta SIM costaba 300 dólares, y eso cuando se conseguía encontrar una). Además, el modo en que se había construido la infraestructura les permitía llevar a cabo todo tipo de labores de vigilancia y censura. Pero con la apertura del país al exterior —Myanmar está en plena transición de una dictadura militar a una democracia electoral—, internet está llegando a los móviles de todo el mundo (es inédito que un país entre en la era de internet sin pasar por una fase de ordenadores de sobremesa). Están decidiendo si permitir la entrada de compañías telefónicas extranjeras y —en un sentido amplio— también cómo gestionar internet en esta nueva Myanmar seudodemocrática.

Los viceministros me explican que ahora mismo solo un uno por ciento de la población tiene acceso a internet, pero que casi todas esas personas están en Facebook. Los problemas de conectividad y las dificultades para navegar por otras webs la ha convertido en la página de inicio por defecto del país. Así que Myanmar está descubriendo internet de una forma completamente particular; es como si internet fuera solo Facebook.

Me explican que lo que les preocupa es que algunas personas estén alimentando de forma intencionada tensiones étnicas y sembrando la discordia entre musulmanes y budistas publicando cosas que no son ciertas en Facebook. Les preocupa también que se digan cosas desagradables sobre la junta. Su instinto innato —como el de cualquier dictadura militar autoritaria— es controlar la información a toda costa. Y Facebook e internet no lo ponen fácil. Así que hacen lo que les sale de forma natural: cuando hay un problema con Facebook, bloquean la página.

Nadie en Facebook ha estado siguiendo la situación de cerca, pero la sensación que me llevo de lo que me cuentan los viceministros es que llevan años bloqueando y desbloqueando Facebook, y que a Facebook le ha dado igual hasta que todo el asunto del «margen de crecimiento» se ha convertido en un problema. La transición a un Gobierno seudocivil y el acceso cada vez mayor a internet y Facebook, por no hablar de las ambiciones de crecimiento de Facebook, hacen que aquello no sea sostenible a largo plazo, pero ellos no tienen otras soluciones.

Los viceministros esgrimen argumentos a favor de prohibir Facebook de forma permanente, y yo intento convencerlos de que eso no resolverá los problemas de fondo en Myanmar. Defiendo que su país tiene mucho que ganar con flujos de información más libres, ajenos al control estatal. Saben que internet está llegando a Birmania. Los cambios políticos en su país significan que no podrán mantener esa realidad al margen para siempre. En lo único en que nos ponemos de acuerdo es... en hablar.

Les pido que, antes de bloquear Facebook de nuevo, al menos se pongan en contacto conmigo y me expliquen el problema. Pero hasta eso es complicado. No saben cómo podríamos comunicarnos. No tienen direcciones de email oficiales operativas.

—Pero ¿cómo lo haremos? —preguntan—. ¿Podríamos llamarte por teléfono?

Bromeo diciendo que mi móvil no funciona en Myanmar, así que ese no sería un buen sistema. Agito mi teléfono inútil en su dirección, pero no les hace ninguna gracia. Es como si cayera un telón. De repente recuerdo que estoy en el Ministerio de Comunicaciones. Durante un rato nos hemos entendido —un poco— y ahora está claro que les he ofendido. Uno de los viceministros parece abochornado; el otro está serio.

Y, con eso, la reunión se acaba.

Acordamos seguir en contacto, pero no queda claro de qué modo. Me marcho pensando que, al menos por el momento, los dos viceministros apoyarán el desbloqueo de Facebook. Por desgracia, no son los únicos que deben estar a favor de hacerlo.

Me envían a reunirme con otros hombres en distintos lugares, algunos espartanos, otros con aspecto de búnker y otros que son como las guaridas de los villanos de James Bond, con demasiada moqueta y retratos de generales con marcos incrustados de rubíes y granates resplandecientes. Estoy demasiado nerviosa como para preguntar si son de verdad.

Muchos de esos hombres visten el traje tradicional. Otros llevan uniformes militares adornados con medallas. Todos ellos actúan como si estuvieran acostumbrados a ser obedecidos y llegar a un entendimiento no formara parte de los requisitos de su puesto. Proyectan un poder bruto evidente y no disimulado de la misma manera que se ve en altos cargos de otras partes del mundo. Aun así, llegamos de algún modo a un acuerdo provisional para desbloquear Facebook y para que hablemos la próxima vez que decidan bloquearlo. Porque habrá una próxima vez.

Al final del día, me invade una sensación de cansancio absoluto. No se parece a nada que haya experimentado antes: es como si todas las moléculas de mi cuerpo pesaran, y al mismo tiempo me sintiera vacía, vagamente consciente de un hambre voraz, hueca e incapaz de fijar la atención en nada. No puede ser solo el *jet lag*, ¿verdad? Cojeo hasta mi habitación en el hotel, con los pies llenos de ampollas de caminar con tacones por carreteras y caminos sin asfaltar.

Estoy tomando notas de las reuniones cuando mi teléfono de disco empieza a sonar. Es un sonido que llevo años sin oír. Me siento como recibiendo una llamada de 1982. El auricular es voluminoso e incómodo. Doy por sentado que llaman de recepción para hablar del traslado al aeropuerto del día siguiente, y me sorprendo al oír la voz de Tom.

—Llevo llamando desde que me he despertado. No he sabido nada de ti desde que te fuiste al aeropuerto hace días, más allá de un email en el que hablabas del hotel y decías que me llamarías.

Su enfado es evidente. ¿Ha descubierto de algún modo que me he reunido con la junta en las profundidades de un edificio gubernamental y que nadie en Facebook sabía dónde estaba? Es imposible. ¿Se ha enterado de alguna forma de la confusión del secuestro? Seguro que no.

—Lo siento, no tenía manera de ponerme en contacto contigo. No puedo marcar en este teléfono. Sé que parece una locura pero es verdad. Solo acepta llamadas entrantes. Mi móvil no funciona en Myanmar, pero me imagino que eso ya lo sabes, y se supone que aquí hay internet, pero no he sido capaz de averiguar cómo funciona. Además de que apenas he pasado por la habitación.

Me interrumpe y sus palabras son una avalancha de preocupación, rabia y dolor. Me dice que la situación es ridícula e insostenible, y que cuándo vuelvo a casa y que está preocupado por mí y que por qué estoy allí. Sus palabras parecen formar un todo confuso. Aquella no se parece a ninguna otra conversación que hayamos tenido antes. Esta vez su indignación tiene un filo nuevo e insistente.

Porque estoy embarazada.

Estaba demasiado asustada como para contárselo a mis jefes. Me sentía aún a prueba en este puesto que ellos, para empezar, ni siquiera querían crear. Estaba segura de que jugaría en mi contra si se lo decía. Y estaba convencida de que les habría dado igual. Marne es alguien para quien el trabajo es siempre lo primero. Me había sentido impotente.

Y no quería ser quejica. No quería que me dieran un tratamiento especial. Sentía que tenía un trabajo que hacer y que tenía que hacerlo. Así me educaron. Para aguantar lo que fuera. La mente sobre la materia. Nada de hiperventilar.

A Tom, claro, le pareció que era una idea horrorosa que yo hiciera ese viaje. Y que hubiera estado dos días desaparecida estaba claro que había sido un infierno para él.

Cuelgo y, aturdida, me meto en la ducha con un extraño sentimiento mezcla de soledad, agotamiento, infelicidad, irresponsabilidad y vergüenza, y sabiendo que el agua se llevará las lágrimas que ya me corren por la cara. Estoy acostumbrada a confiar en mi instinto. De repente, mi centro de gravedad se está desplazando. No sé si he hecho algo bueno para Tom o la junta o Facebook o mis jefes en Facebook o Aung San Suu Kyi o el pueblo de Myanmar. No sé si Facebook es lo adecuado o por lo menos no sé si Facebook es lo que yo pensaba que era. Espero equivocarme. Me siento un poco perdida porque nada de esto me parece bien.

No hay agua caliente en el hotel, cómo no. De cuclillas en el suelo de la bañera, el agua fría contra mi piel me saca de mi cabeza y me devuelve a mi cuerpo. Me siento con las piernas cruzadas bajo el agua fría, sollozando, incapaz de parar. Tom no está siendo irracional. Entiendo lo que dice. Él tenía razón y yo estaba equivocada.

Me pongo la mano instintivamente en la tripa, y me palpo con suavidad, tratando de notar señales de vida del bebé que crece poco a poco en mi interior.

9

Lady McNugget

Vayamos adelante (Lean in) marca el comienzo de una nueva era en Facebook. Cuando el libro se publica, en marzo de 2013, Sheryl pasa de ser la directora de operaciones a ser famosa, y todo empieza a girar en torno a aquello.

La línea entre el trabajo en Facebook y el beneficio personal de Sheryl siempre ha estado un poco borrosa. Como cuando tuve que ayudarla a conseguir un visado de turista para Australia para una de sus niñeras a través de mis contactos en la embajada. Pero el libro catapulta la situación a un nuevo nivel.

El lanzamiento va acompañado de una campaña de comunicación cuidadosamente orquestada. Se espera que las mujeres de la oficina de Washington D. C. —no somos muchas— ayudemos con tareas triviales con un sospechoso parecido a las «labores domésticas de oficina» (el trabajo administrativo que ayuda a los jefes pero que no se paga) contra las que Sheryl arremete en sus charlas y en un artículo de opinión en el *New York Times*. Algunas mujeres se quejan de que tengamos que renunciar a nuestras tardes para trabajar gratis para su libro. No es que nos falte el trabajo: todo lo contrario, de hecho. Nos enfrentamos a crisis continuas a todas horas, en países de todo el mundo. Nadie nos explica nunca por qué tenemos que ayudar con el libro. Supongo que sería demasiado burdo decirnos que es porque compartimos género.

Mi trabajo consiste en distribuir tarjetas identificativas, una tarea ingrata, puesto que me obliga a preguntar por su nombre a individuos de Washington D.C. que, mortalmente ofendidos, me miran con cara de «¿acaso no sabes quién soy?». Y yo no lo sé, claro. Cuando me liberan de ese trabajo, tengo que seguir a Sheryl a todas partes llevando sus tarjetas de visita, para que ella pueda moverse por la sala sin trabas. Mi presencia solo se reconoce cuando Sheryl decide concederle a alguien el honor de proporcionarle su información de contacto.

Me propongo establecer contacto visual con Meredith cada vez que Sheryl me llama, como a un perro, para que haga el truco de entregar su tarjeta. Pero también sé que Sheryl piensa que está haciéndome un favor llevándome de acompañante a este cóctel repleto de personas poderosas e influyentes. Y un poco sí que me resulta emocionante. Me alegro de estar aquí. Cuando ella está presente, todo adquiere otro color. No hay mujeres como ella en Nueva Zelanda, y me gusta que se deje caer por Washington D.C.

Verla trabajar es como contemplar un modelo perfecto de éxito femenino. Su proceso de toma de decisiones, sus relaciones con los hombres —tanto aquellos para los que trabaja como aquellos que trabajan para ella—, cómo viste, cómo se arregla, cómo habla. Puede adoptar una voz suave y aniñada, como la de alguien que comparte un secreto muy íntimo, y aun así tener la atención de toda la sala. Es una mujer increíble.

Vayamos adelante (Lean in) se basa en once principios que básicamente se reducen a uno: si una mujer se esfuerza lo suficiente, puede triunfar tanto en casa como en el trabajo. Entre los principios están:

- *Sentarse a la mesa*: Sheryl admite tener el «síndrome de la impostora», pero anima a las mujeres a «fingirlo hasta que te sientas así». Dice que las mujeres boicotean su ascenso profesional porque no tienen la confianza en sus capacidades y la determinación de los hombres. «Bajamos nuestras propias expectativas con relación a qué podemos lograr.»

- *No te vayas antes de irte*: Sheryl cree que muchas mujeres tienden a «hacerse a un lado discretamente» mucho antes de tener hijos, por la preocupación de no saber cómo gestionarán los compromisos familiares y laborales.

Mis dos favoritos giran en torno a la idea de fomentar y promover la sinceridad en el trabajo:

- *Buscar y decir tu verdad*: Sheryl explica cómo ha intentado hacer de Facebook una organización no jerárquica en la que todo el mundo es libre de decir lo que piensa y de expresar sus quejas.
- *Empecemos a hablar de ello*: Sheryl describe las barreras a las que se siguen enfrentando las mujeres en el lugar de trabajo, «incluyendo el sexismo, la discriminación y el acoso sexual», y anima a las mujeres a empezar a hablar de sexismo en el entorno laboral.

En el curso de los años siguientes, veré cómo esos dos principios se prueban, se mastican y se desechan. Pero, en ese momento, a mí me parecen muy reales.

En la oficina hay dos bandos. Algunas de las más veteranas creen que *Vayamos adelante (Lean in)* es una idiotez, una forma de exprimirnos más a cambio de nada. En cambio, las más jóvenes están, sin excepciones, deslumbradas por la fama de Sheryl. Yo estoy un poco entre los dos grupos, pero más cerca del segundo. Una de las lobistas, una mujer en la cuarentena, me lleva aparte y me dice:

—No te tomes el libro en serio. Lo único que busca es que te sientas mal contigo misma, que es la especialidad de Sheryl.

Le parece que miro a Sheryl con adoración. Me avergüenza admitir que quizá sea así, de modo que me limito a asentir. En una mesa redonda sobre el libro organizada para la docena de empleadas de Washington D. C. al día siguiente de la publicación, se nos dice que deberíamos estar agradecidas por tener la oportunidad de hablar con Sheryl. Lo cual, para algunas de nosotras, es verdad. Las becarias levantan la mano para decirle hasta qué punto las ha cambiado su libro y lo mucho que les gusta su vestido.

—Narciso —nos confía en un susurro.

Como a mí no me suena el nombre del diseñador, lo confundo con «narcisismo» y me resulta muy confuso, teniendo en cuenta las diversas opiniones que se oyen en la oficina.

Una becaria le lanza una pregunta fácil:

—¿Por qué un libro y no otra cosa, como otra charla TED, un discurso o un vídeo? —La pregunta soslaya el hecho de que antes de que Sheryl llegara hemos estado hablando de por qué no había publicado nada de todo aquello en Facebook.

—Qué buena pregunta, es una pregunta tremendamente interesante y lúcida —responde Sheryl, provocando una ola de mal disimulados celos entre las becarias—. Porque yo quería poner en marcha un debate nacional y la mejor forma de hacerlo es un libro. Es el punto de partida no solo de un debate, sino de un movimiento.

Cabe decir que Facebook defiende con orgullo su papel decisivo a la hora de poner en marcha movimientos y debates. Y ella es la directora de operaciones de la compañía. Pero a mí me parece que a Sheryl no le gusta utilizar la plataforma. Como la mayoría de los altos cargos de Facebook, apenas publica nada en su perfil.

Al cabo de un rato, el tema de las preguntas deja de ser el libro y pasa a ser Facebook. Una de las asistentes más jóvenes pregunta cuál es el mayor riesgo para la empresa.

—Nosotros. La mayor amenaza para Facebook somos nosotros, todos nosotros. —Se reclina en su silla, disfrutando del silencio que se ha hecho en la sala. Luego añade—: Lo he visto otras veces. Nosotros, la empresa, nos confiamos demasiado, nos lo creemos demasiado. Pensamos que lo sabemos todo, que no hay nada que pueda sorprendernos.

»Es algo que me preocupa que nos pase a todos, también a mí. Me preocupa el día en que dejéis de decirme la verdad sin rodeos. El día en que no queráis tener conversaciones difíciles conmigo. El día en que me siente en una reunión y todo el mundo esté de acuerdo conmigo. En el que nadie me comunique las malas noticias. En el que nadie me cuestione. Somos nuestro mayor riesgo. Todos nosotros.

Me empapo de sus palabras. Me parece que lo que dice demuestra una clarividencia y un autoconocimiento de tal calibre que me gustaría poder atesorarlo. Anoto la idea pensando en cómo podemos incorporarlo a sus discursos en otros sitios.

Es imposible que no vayamos a ser sinceros con Sheryl o que llegue un día en que no compartamos con ella las malas noticias. Todas decimos lo que hay que decir. Es la máxima defensora de esas «conversaciones difíciles», de decirle a la gente lo que necesita oír aunque resulte difícil hacerlo.

Subrayo «somos todos nosotros» tres veces.

Lo curioso de *Vayamos adelante (Lean in)* es que, si resulta que eres una mujer embarazada más o menos joven que funciona como el perfecto acompañamiento visual de algunas de las máximas del libro —por ejemplo, «no te vayas antes de irte», según la cual solo deberías reducir tu carga de trabajo tras el nacimiento de la criatura, no antes—, puede que tus obligaciones, por lo que se refiere al libro, se extiendan más allá de la fiesta de presentación. Puede que pronto se te incluya en el séquito del *tour* internacional de promoción del libro. Y que te digan que te vas a Japón.

Japón ha sido siempre un país difícil para Facebook. Nuestras tasas de crecimiento en ese país no han estado nunca a la par de las del resto del mundo. La teoría más convincente es que a los japoneses, por una cuestión cultural, no les gusta compartir información personal *online*. Teniendo en cuenta la escasa popularidad de Facebook en Japón y el hecho de que Sheryl no es la directora ejecutiva de la empresa (en un país en el que el estatus y el género son muy importantes), me quedo de piedra cuando me anuncia que quiere reunirse con el primer ministro Shinzo Abe como parte de su gira promocional. ¿Cómo se organiza una reunión informal entre un jefe de Estado de un país del G7 y una empresa tecnológica que no es ni popular en ese país, por no mencionar que la reunión podría ser también un caballo de Troya para la promoción de un libro? La respuesta, tal como aprendo por ensayo y error, es que por un proceso parecido al que me llevó a conseguir mi trabajo en Facebook. Consiste en preguntar una y otra vez hasta que alguien te dice que quizá podría ayudarte. Le hago saber a la oficina del presidente que *Vayamos adelante (Lean in)* podría ser de ayuda para la *womenomics* de Shinzo Abe, el programa de fomento de la presencia femenina en el mundo laboral que trata también de impulsar el porcentaje de mujeres en puestos directivos.

Me lo compran. El presidente dice que sí.

Ya en Tokio, llegamos al hotel más ostentoso en el que me he alojado nunca. Supone toda una cura de humildad. La habitación de Sheryl en el Ritz-Carlton japonés es varias veces más grande que mi piso. Sheryl ha decidido traerse a sus hijos y a sus padres en este viaje. Estoy deseando conocerlos hasta que me informan de que Sheryl quiere que sus padres nos acompañen en el encuentro con el primer ministro. Así que ahora tengo a dos jubilados muy simpáticos encantados ante la perspectiva de conocer al primer ministro de Japón después de asistir a una ceremonia del té o a cualquiera que sea la actividad turística que tengan planeada. En mis años en el servicio diplomático, no he visto nunca a un jefe de Estado presentarse a una reunión con su madre y su padre, y no sé muy bien cómo gestionar esta petición tan ridícula. Llamo a mi mejor amiga, Bec, que ha trabajado en el Tribunal Internacional de Justicia. Bec me asegura que ha visto a jefes de Estado asistiendo a reuniones con sus familias, y que puedo colar a Adele y Joel Sandberg sin problemas. Le pregunto dónde lo ha visto, quién lo ha hecho y cómo.

—Robert Mugabe. Creo que es habitual que celebre reuniones con miembros de su familia —dice entre risas. Cuelgo el teléfono abatida, convencida de que aquello será un desastre.

Por suerte, la oficina del primer ministro se muestra categórica y dice que a la reunión no pueden asistir los padres de nadie. Sheryl lo acepta a regañadientes.

Tal vez yo haya estado buscando pruebas que confirmen mi sensación de que aquello no puede acabar bien, pero cuando llego a la *suite* de Sheryl en el Ritz-Carlton la mañana de la reunión, me encuentro a una japonesa guapísima, muy bien maquillada y vestida con mucho estilo llorando calladamente en el pasillo junto a la puerta.

—¿Estás bien? —pregunto indecisa.

Ella asiente. Parece imposible, pero las lágrimas que corren por sus mejillas hacen que parezca aún más guapa.

En ese momento Debbie sale corriendo de la *suite* de Sheryl y se me acerca.

—Yo que tú no entraría.

—¿Por qué?

—Ibas a entrar, ¿a que sí?

—Sí..., ¿qué pasa?

—Problemas gordos con el maquillaje y el pelo.

—¿Por eso hay una mujer llorando en la puerta? ¿Es la maquilladora?

—Ah, sí. El maquillaje ha sido un desastre y mejor no hablemos del peinado. O sea, yo no lo veía mal, pero a Sheryl no le ha gustado nada. Algunas de sus peticiones no han quedado claras al traducirlas y las cosas se han puesto feas.

—¿Las cosas o ella? —Debbie ignora mi intento de quitarle hierro al asunto—. Pero, a ver, ¿es una cuestión cultural? ¿Es posible que la maquilladora haya hecho lo que cree que las mujeres occidentales quieren? ¿Algo un poco ochentero? Aún hay tiempo. ¿No puede venir otra persona?

—Oh, esta era la otra persona. Ya había despedido a la primera maquilladora.

—Ay. ¿También la ha hecho llorar? Vale, entiendo entonces que ni hablar de una tercera maquilladora.

—No, creo que va a maquillarse ella, pero todo esto no augura nada bueno para el día que tenemos por delante.

Ese es un lado de Sheryl que no había visto nunca. Debbie me hace saber que más vale que me vaya acostumbrando.

Hago caso de su advertencia y vuelvo a mi habitación para seguir preparándome para el encuentro con el primer ministro japonés. El enfoque de Sheryl es muy distinto al de Mark. Él quiere que las instrucciones que se le den no ocupen más de lo que cabe en la pantalla de su móvil sin desplazarse. Sheryl, en cambio, quiere tantos detalles como sea posible.

Más que nada, lo que de verdad quiere Sheryl es una foto del primer ministro con su libro en la mano. Y eso es lo único que la oficina de Shinzo Abe ha insistido, muy educadamente, pero con firmeza, que no puede hacerse. Sheryl decide que le plantará el libro delante al primer ministro al final del encuentro. Yo llevo el ejemplar. He añadido una dedicatoria para el primer ministro y su mujer. Tengo la sensación de estar introduciendo material de contrabando. Odio formar parte de esto.

Nada más llegar al despacho de Shinzo Abe me sorprende ver a las hordas de fotógrafos y me siento de pronto muy consciente de mi cuerpo de embarazada. No estoy disfrutando de mi papel de complemento visual de *Vayamos adelante (Lean in)*. Sheryl y el primer ministro posan juntos para las cámaras, haciendo la señal de los pulgares hacia arriba de Facebook. Luego, la prensa se retira y ellos se sientan a hablar. Son solo ellos dos, cada uno con un par de asesores e intérpretes que no utilizamos. Shinzo Abe habla durante toda la reunión en un perfecto inglés.

Todo sale mejor de lo que jamás habría imaginado. Sheryl toca todos los temas acordados. Se tratan cuestiones de normativa: centros de datos, protección del consumidor y privacidad. La conexión del libro con la *womenomics* funciona: Shinzo Abe se muestra interesado, y el asunto no parece estar fuera de lugar. Es diplomacia real. Su equipo ha utilizado todo lo que les enviamos y el primer ministro ha venido preparado para responder a todas las cuestiones que hemos planteado. Sheryl propone cambiar la legislación japonesa para que los políticos del país puedan utilizar Facebook en las elecciones. Le hablamos de la herramienta de respuesta ante catástrofes que estamos desarrollando a raíz del tsunami, y parece interesarle. Al finalizar la charla, parece que hemos establecido una relación real con él y con sus asesores más cercanos. Es la primera reunión con un jefe de Estado coronada por el éxito. Es como una sinfonía que yo he orquestado.

Sheryl y el primer ministro se ponen en pie. Llega el momento que he estado temiendo. Agarro con fuerza el ejemplar de regalo de *Vayamos adelante (Lean in)* y se lo endoso al primer ministro como si fuera una bomba a punto de estallar. Luego me planto frente a los dos con mi móvil y les saco tres fotos antes de que su equipo pueda detenerme. O quizá es que son reacios a apartar de malos modos a una embarazada.

Volvemos al monovolumen que nos espera delante del despacho ignorando las preguntas que nos lanzan los periodistas y Sheryl me pide que me siente junto a ella. De manera inesperada, me rodea con sus brazos y me da un abrazo largo y sentido.

—Ha sido increíble, Sarah. No sé cómo lo has conseguido, pero ha sido fenomenal.

Intento no sonrojarme.

—Ha sido un trabajo de equipo. En serio, de todos los que estamos en este coche. No podría haberlo hecho sin ellos.

Su tono cambia.

—Aprende a aceptar un cumplido —me suelta—. Ha sido todo gracias a ti y ha sido maravilloso.

Tengo la sensación de que me están regañando.

Tras un día de entrevistas en los medios y una sesión de preguntas y respuestas sobre *Vayamos adelante (Lean in)*, Debbie y los demás me animan a que me vaya con ellos a tomar algo, pero yo estoy cansada y embarazada, y opto por montarme en el monovolumen con un grupo que incluye a Sheryl y a sus padres. Me instalo en el asiento de atrás para pasar lo más desapercibida posible y dejo que sobre mí se derrame el cálido resplandor del día. Los demás están hablando de cómo ha ido la jornada.

No presto demasiada atención hasta que oigo que el tono de Sheryl cambia de forma brusca cuando alguien menciona que sus hijos han comido en McDonald's. Está furiosa porque sus hijos hayan ido allí; ella nunca les habría dejado comer «esa clase de comida».

Todos nos quedamos mirando el parpadeo de las luces que el vehículo va dejando atrás. Se menciona que ha sido una decisión meditada. Entre las razones para tomarla ha estado no solo el hecho de que los niños querían algo que les resultara familiar en aquel sitio desconocido con comida desconocida, sino también una imagen que la propia Sheryl publicó en Facebook. Tomada en la sede corporativa de McDonald's, en ella aparece sonriente y comiendo McNuggets de pollo y hamburguesas. Ella espeta que «por supuesto que no estaba comiendo de verdad». No era más que una foto. Ella no come en McDonald's y tampoco deberían hacerlo sus hijos. ¿Y si los vio alguien comiendo esa porquería?

Se hace un silencio ominoso en el coche. Temo que Sheryl recuerde que estoy en el asiento de atrás. Me concentro en hacer que mi cuerpo de embarazada ocupe la menor cantidad de espacio posible. Casi ni me atrevo a respirar.

Mi mente va repitiendo involuntariamente aquellas palabras de John Updike: «La fama es una máscara que te devora la cara». El resplandor del éxito del día ha desaparecido por completo y ya solo me siento triste. Triste porque todos los que estamos allí intentamos hacer lo correcto. Triste porque Sheryl no es capaz de ver las buenas intenciones de todo el mundo en ese monovolumen. Triste porque es comprensible tomarse una foto al pie de la letra. Creer que es real. ¿Cómo podía saber nadie que esas fotos publicitarias no eran más que la máscara que Sheryl había elegido? Y, finalmente, triste por Sheryl, que ha dejado que la máscara le devore la cara.

Volamos todos de vuelta a la mañana siguiente, ellos con United a San Francisco y yo con Asiana a Nueva York, y los ánimos están por los suelos. En cuanto aterrizo en Estados Unidos y enciendo mi móvil, aparecen un montón de mensajes preguntando si estoy bien. Qué raro. Busco en Google y me entero de que un avión de Asiana que ha salido un poco antes que el mío se ha visto obligado a realizar un aterrizaje de emergencia en el aeropuerto internacional de San Francisco. Tres personas han muerto y más de doscientas han resultado heridas. Ojeo las noticias y veo que dicen que Sheryl, Debbie y otros miembros de nuestro equipo iban a coger ese vuelo. Por lo visto lo han sabido por Sheryl, que (para variar) ha publicado en Facebook que ella y varios compañeros más tenían previsto coger el vuelo de Asiana que acaba de realizar un aterrizaje de emergencia. «Hemos cambiado a United para poder utilizar las millas para los billetes de mi familia.» Por supuesto, aquello desencadena un aluvión de comentarios preocupados.

Inmediatamente dejo de leer y llamo a Debbie.

—¿Estás bien?

—Sí, estoy cansada y el cuello...

—No —la interrumpo—. He visto que se suponía que ibais a coger el vuelo de Asiana. ¿Qué ha pasado?

—¿Lo dices por lo que ha puesto Sheryl en Facebook de que íbamos a ir en ese vuelo? Es rarísimo.

—No ibais a ir en ese vuelo. Me estuvisteis poniendo a parir por volar con Asiana, dijisteis que era una aerolínea *low cost*.

—Lo sé, es muy raro. Sheryl siempre vuela con United. Es con quien tiene el programa de puntos. Jamás nos planteamos ir con Asiana. No sé por qué lo ha puesto. No sé por qué nos ha etiquetado a todos. Ahora tengo que contestar a las preguntas de varios periodistas sobre el tema, aunque parece que ella misma está enviándoles emails.

—No lo entiendo —digo—. Sé que tengo *jet lag*, pero esto no tiene ningún sentido.

—Lo sé, es una mierda. Intenta descansar un poco.

Cuelgo, pero estoy intranquila y la sensación de desasosiego no acaba de desaparecer del todo. Una amiga que ha visto las noticias y sabe que viajo con Sheryl me llama para preguntarme si estoy bien. Al principio le repito lo que dice la prensa, creyendo que eso es lo que se supone que tengo que hacer, pero luego vuelvo a llamarla y le cuento la verdad. La gente no miente sobre aviones que casi se estrellan, ¿verdad? ¿Por qué iba hacerlo ella? No va falta de atención.

Nunca vuelvo a mirar a Sheryl de la misma manera después de aquello.

10

Solo buenas noticias

No es que no conociera el genio que gasta Sheryl antes del viaje a Japón. La había visto estallar muchas veces, ante infinidad de personas, reñirlas y humillarlas, inclusive a Marne, una de sus mejores amigas. Pero, después de Japón, lo que me desconcierta, una y otra vez, es que su mal humor sea tan arbitrario. Soy incapaz de predecir qué puede desencadenar un exabrupto, y eso lo hace especialmente inquietante.

Un ejemplo memorable tiene lugar un día en que estamos nueve personas en la sala de reuniones de Sheryl. El nombre que le ha puesto a esa estancia es de lo más agorero: Solo Buenas Noticias. Esperamos a que dé comienzo la reunión. La hora programada se pasa mientras nosotros ocho permanecemos sentados, mirándola expectantes.

—¿Dónde está Debbie? —pregunta.

Su pregunta me confunde. Debbie ha estado implicada en el asunto que tenemos entre manos, asesorando acerca de las comunicaciones, pero no es quien lleva la voz cantante. Alguien le dice a Sheryl que no tardará en llegar, pero que podemos empezar sin ella.

—Llamadla —ordena Sheryl.

Alguien teclea el número de Debbie en el teléfono Polycom que hay en la mesa y le pregunta amablemente dónde está.

—Estoy a punto de llegar —contesta Debbie, para tranquilizar al grupo—. Empezad sin mí. Enseguida estoy ahí.

—¿Dónde estás? —repite Sheryl.

—Estoy entrando en el campus —le informa Debbie—. En el semáforo.

Todos miramos a Sheryl, listos para empezar la reunión. Pero ella permanece ahí sentada, a la espera. Y a nosotros no nos queda más remedio que hacer lo mismo. Se respira un silencio incómodo. Pasan los minutos. Transcurre la cantidad razonable de minutos que cualquiera puede tardar en llegar desde el semáforo a la sala de reuniones de Sheryl.

Probablemente no sean más de diez.

Por fin, Debbie entra en la sala y se deshace en disculpas. Sheryl le lanza una mirada acusadora y la increpa:

—No estabas en el semáforo.

—Perdona, había un tráfico horrible. Acababa de salir de la autopista...

Sheryl la interrumpe y, delante de sus colegas, le echa un rapapolvo, reprendiéndola por que culpe al tráfico en lugar de asumir su responsabilidad por no haber previsto que podía ser complicado llegar al trabajo. Le pregunta cuántas veces ha hecho el recorrido por esa carretera en concreto, por qué no ha tenido en cuenta las necesidades de sus colegas a la hora de decidir cuándo salir de casa, de determinar a qué hora habría sido más prudente salir de San Francisco para llegar a Menlo Park. Le reprocha que haya hecho perder el tiempo a sus compañeros (sin mencionar su propia decisión de malgastar nuestro tiempo con este numerito).

Llegados a ese punto, sé que probablemente no exista una razón específica para su ataque de ira. Debbie no suele llegar tarde. Me sorprendería que no hubiera estado rindiendo a su nivel habitual en los días o las semanas previos. Lo que presenciamos es un ejercicio de poder arbitrario de Sheryl. Ella parece funcionar así, de manera impredecible, manteniéndonos a todos siempre en alerta, sin saber nunca cuándo atacará, para que no nos veamos tentados de traspasar ninguna frontera, ni siquiera las más inocuas. Reglas estrictas aplicadas de manera selectiva y un terror omnipresente como punto de partida. Así se asegura de antemano que obedezcamos. ¿Por qué necesita nadie ser tan malvado con la gente que la ayuda? Hace ya unos años que trabajo en Facebook y he llegado a ese punto parecido a la fase de una historia de amor en la que sigues viendo todas las cosas geniales que te atrajeron de la otra persona, en la que sigue emocionándote el futuro que estáis construyendo juntos, pero en la que ya ha pasado tiempo suficiente para que le empieces a ver también los defectos. Y para que te preguntes cuán anquilosados están. No sé si el mal genio de Sheryl es algo esporádico (cosa con la que podría lidiar) o si tiene ese temperamento. Y empieza a inquietarme que sea la segunda opción.

En general, es así como me siento con respecto a este trabajo. Soy la persona que Facebook envía a negociar con Gobiernos de todo el mundo. Sigue resultándome emocionante y continúo considerando importante difundir esta herramienta alrededor del planeta para mejorar la vida de las personas. Pero, en paralelo, están todas las informaciones inquietantes que empiezan a circular acerca de malas experiencias que los usuarios tienen en la plataforma, como niños a los que acosan, vulneraciones de la privacidad, asedio y delitos desencadenados por publicaciones en Facebook. Y hay momentos como este.

Me preocupa estar acostumbrándome a estas cosas.

Todos permanecemos sentados, contemplando cómo Sheryl humilla a Debbie. Estamos hablando de alguien que normalmente se gana a la concurrencia. Una persona descarada. Ahora, azorada y empequeñecida, no para de disculparse: «Lo siento mucho», «Tienes razón», «Debería haber salido antes», «Lo lamento de verdad, Sheryl».

Me siento fatal por ella. Ninguno de nosotros salta en su defensa. Es inútil hacerlo.

También está el episodio del FEM en Davos, Suiza, en 2013, en el que faltaba una placa identificativa para uno de los ayudantes de Sheryl. El responsable de ello ya ha regresado a Silicon Valley, de manera que Sheryl estalla con quienes tiene delante en ese momento, es decir: con Marne, que es su mejor amiga, y conmigo.

Estamos de pie en la carpa de registro. Hay un montón de gente deambulando a nuestro alrededor y son testigos de su diatriba.

—¿Por qué nadie ha pensado en esto? ¿Acaso tengo que ocuparme yo de todo? ¿Por qué tengo un equipo que no piensa siquiera en los requisitos más básicos? ¿Qué sentido tiene teneros...?

Intento responderle que nuestros empleos giran en torno a la legislación y que ninguna de nosotras es responsable de las identificaciones, pero Marne me frena.

—Déjala —me dice en voz baja—. Asume la responsabilidad y ya está.

Y lo hago, postrándome ante Sheryl mientras Marne se arrastra conmigo. A continuación, ambas entramos en la sala de trabajo del Foro de Davos y literalmente nos plantamos ante uno de los empleados, negándonos a marcharnos hasta que nos impriman la tarjeta identificativa.

También hay veces, por supuesto, en las que Sheryl se muestra encantadora, carismática y perspicaz. Puede ser todo eso a la vez. Corren rumores de que se está postulando para un cargo o podría aceptar un empleo en la Administración Obama. Mucha gente viene a Facebook para trabajar para ella. Vuelan atraídos por ella como polillas a una farola. Cada vez hay más gente que se alinea con un milmillonario en ciernes, pero la gente se siente atraída por Sheryl en particular. En la oficina de Washington bromeamos diciendo que solo han visto una de sus caras: «Entrando polilla número veintisiete. Preparados para el impacto».

En otras ocasiones, claro está, sí es posible prever si algo le va a molestar. Cuando me responden que Angela Merkel, la canciller alemana, ha declinado la petición de Sheryl de reunirse con ella, Marne me aconseja que no se lo diga.

—No podemos permitir que se entere —dice—. Dile simplemente que se trata de un tema de agenda.

Ambas sabemos cuánto se enfadaría Sheryl si descubriera que Merkel no piensa que es lo bastante importante para hablar con ella.

Así que eso es lo que hago. Le miento a Sheryl, aunque no me parece lo correcto. Semanas después, Marne cede y le dice la verdad. No sé por qué. Y justo como había anticipado, Sheryl se siente herida y furiosa. No con nosotras por mentirle (aunque probablemente eso sí que debería preocuparle). Está furiosa con Merkel y con nosotras por no haber sabido limar cualquier reserva que la canciller pudiera tener acerca de reunirse con ella. Durante meses, cada vez que alguien saca a colación el nombre de Merkel, Sheryl le recuerda con acritud que no quiso reunirse con ella. Llega un momento en el que todos nos esforzamos por no mencionar siquiera Alemania.

En enero de 2014 estoy en una reunión con un panel de expertos en aplicación de la ley de Facebook integrado exclusivamente por hombres cuando rompo aguas. Me voy en Uber al hospital y todo se precipita bastante. Recibo un mensaje de texto. No estaba previsto, pero Sheryl está a punto de reunirse con el presidente de Brasil en Davos y me pide un listado de puntos que tratar. Estoy en la sala de partos, con los pies en los estribos, en pleno alumbramiento. Dejo el móvil y cojo el portátil. Empiezo a redactar un borrador.

—Pero ¿qué haces? —me pregunta Tom.

—Voy a prepararle a Sheryl unos cuantos puntos de discusión.

—Sarah, no.

Sigo tecleando. Tom le pide ayuda a mi ginecóloga, una persona a quien sabe que respeto profundamente:

—Doctora Veca, pare esto, por favor.

—Serán solo dos minutos —digo entre contracciones, intentando no pensar en el lema de *Vayamos adelante (Lean in)*: «No te vayas antes de irte».

La doctora Veca alarga la mano y cierra con delicadeza mi portátil.

—Dar a luz a un primer hijo es algo muy especial. No creo que debas estar trabajando mientras lo haces. Sheryl lo entenderá.

—No lo hará —respondo—. Por favor, solo me falta darle a «Enviar».

—Lo que deberías estar haciendo es empujar —responde la doctora—. Ahora mismo no tienes que enviar nada.

Desoyendo la desaprobación de los presentes en la habitación, abro de nuevo el portátil, muy rápido. Y envío el correo electrónico. No sé qué puede pensarse de esto y me resulta imposible defenderlo. Visto en perspectiva, me cuesta incluso creer que lo hiciera. Me avergüenza. Y no puedo achacarle toda la culpa a Facebook. He sido así de diligente toda mi vida. No me gusta defraudar a la gente. Pero también es verdad que en Facebook no me parecía tener otra alternativa.

Poco después nace nuestra hija Sasha.

En comparación con Nueva Zelanda, donde las mujeres tienen una baja por maternidad remunerada durante seis meses y muchas se toman todo un año, en Estados Unidos la baja es corta y noto la presión de volver al trabajo antes incluso de consumirla. No estoy segura de cómo compaginar este empleo con la maternidad. Sobre todo teniendo en cuenta que este trabajo nunca se acaba. Cuando tengo que viajar a la oficina de Silicon Valley, me llevo a la niña y contrato a las niñeras de otros colegas para que la cuiden. En cuanto a la parte del trabajo que queda fuera del horario laboral tradicional, Sasha siempre está conmigo. Viene a un acto electoral en el Madison Square Garden con el recién elegido primer ministro indio Narendra Modi. Y a Canadá, donde Facebook debe comparecer ante el Parlamento y donde me detienen en la frontera hasta que una llamada telefónica a Tom convence a las autoridades fronterizas de que no me estoy fugando a Ottawa tras secuestrar a una bebé diminuta.

Tenía la sensación de estar haciendo un buen trabajo en una situación difícil. Pero en la primera revisión de mi desempeño tras la baja por maternidad afloran problemas. En realidad, es positiva y todo el *feedback* negativo tiene que ver con mi hija. Desconcierta el hecho de que la gente la oiga de fondo en las llamadas, cosa que sucede, sobre todo, porque el horario de la Costa Oeste comporta que responda a esas llamadas cuando en la Costa Este ya es bien entrada la tarde, en mi casa, donde vive mi hija. Viajar es más complicado. Me he mudado a Nueva York, lo cual conlleva que ahora tenga que viajar a Washington D. C. con asiduidad. Donde yo nací es normal que los bebés estén con su madre o con la familia al menos los seis primeros meses de vida. Mi familia intenta dar con maneras creativas de hacer lo posible al respecto: mi madre, mi abuela y mi hermana viajan a Nueva York para ayudarme.

Pocas semanas después de la revisión de mi desempeño, Marne y yo nos encontramos en la sede de Facebook cuando Sheryl me lleva aparte.

—Marne me ha comentado tu situación con la niña —me dice con despreocupación.

Me mortifica que se haya hablado del tema con la directora de operaciones. Pero entiendo que es su manera de cuidarme. Intenta ser amable. Lo dice porque le caigo bien.

—Contrata a una niñera —me instruye—. Sé lista y contrata a una niñera filipina.

Malinterpreta mi mirada de horror por escepticismo.

—Sarah, créeme, hablan inglés, son alegres y muy pero que muy serviciales.

Marne se hace eco de esta impresión. Ambas tienen contratada al menos a una niñera filipina como parte de su personal.

Telefoneo a Tom y le explico las conversaciones que he tenido, le digo que la directora de operaciones de Facebook ha decidido implicarse en cómo cuidamos de nuestra hija.

—Es espantoso —dice él—. ¿Cómo puede un jefe decir algo así?

—Supongo que así es como propone ella que *Vayamos adelante*. Es lo que Sheryl piensa realmente acerca del trabajo y de la condición de mujer, aunque no lo ponga en su libro.

No quiero que este tema se convierta en un problema en mis futuras revisiones de desempeño, de manera que Tom y yo seguimos sus instrucciones.

El día que nuestra niñera filipina se incorpora, yo estoy en México con Mark, reuniéndonos con el presidente del país. Mark estaba completamente en contra de mantener esta reunión y no tengo la sensación de poder escaquearme tras presionarlo para que participe en mi impulso de implicarlo a nivel presidencial para entender el impacto que Facebook está teniendo en otros países. Es la primera vez que dejo a Sasha y lloro durante todo el trayecto hasta el aeropuerto.

Tom es de por sí un padre atento en circunstancias normales. El primer día en que la niña se queda sola con la niñera se vuelve extremo. Comprueba de manera obsesiva la pantalla, que muestra un vídeo en directo de la vida de nuestra hija. Se ha configurado la aplicación en el móvil y en el ordenador de su despacho. Durante una de sus comprobaciones, ve a la niña sola en el parque para bebés; la niñera no aparece por ninguna parte. Al principio, siente curiosidad. Pero cuanto más rato mira, sin niñera a la vista, su alarma va en aumento. Intenta telefonear a nuestra nueva niñera. No coge el teléfono. Presa del pánico, sigue comprobando de manera obsesiva el monitor y telefonea primero a la niñera y luego a todos nuestros conocidos en el vecindario. No hay nadie en casa. Al final, de fondo, ve a un bombero con equipamiento integral entrando en nuestro pequeño apartamento. Abandona al instante su despacho y telefonea a emergencias para saber por qué están los bomberos en nuestra casa. No saben decírselo. Me llama a México.

—La niña —me dice en cuanto descuelgo—. La niña está sola y hay un bombero en casa.

Decir que entro en pánico sería quedarme muy corta para describir el terror que siento cuando me cuenta lo que está pasando.

Estoy en un coche con Elliot y Javi, viajando a toda velocidad desde la casa del presidente mexicano hacia un evento de Carlos Slim. Mientras Tom recorre las calles de Manhattan tan rápido como el taxista accede a llevarlo, tengo la sensación de no haberlo escuchado nunca tan asustado.

Al final, Sasha está bien. Vivimos en Nueva York, en un pequeño apartamento sin ascensor en una tercera planta que tiene unos armarios fuera de la puerta de entrada. La niñera salió a coger algo de un armario y se le cerró la puerta. Se había dejado el teléfono dentro del apartamento. Al final utilizó el teléfono de un desconocido para llamar a los servicios de emergencias, que entraron por la azotea. Una vez que todo el mundo está a salvo y tenemos claro lo sucedido, nos olvidamos del tema... hasta la siguiente revisión de mi desempeño, donde Marne vuelve a sacarlo a relucir:

—No deberías explicar anécdotas como lo de tu hija y la niñera.

Se me encoge el corazón. Marne ni siquiera estaba en México.

—No fue ninguna anécdota. Mi hija pequeña se había quedado encerrada sola en casa y llamaron a los bomberos. No sabíamos si había pasado algo malo.

—Eso da igual. Son temas personales. Solo intento ayudarte, hablarte con sinceridad. Cuando estás con los miembros de más rango del equipo, con Mark, Elliot y Javi, tienes que ser profesional y dedicarles toda tu atención.

¿En serio? ¿Mi hija aún bebé está sola en un apartamento, los servicios de emergencias fuerzan la entrada en casa por la azotea y se supone que no tengo que mencionarlo porque es personal? ¿Y qué hicieron luego todos, relatar lo sucedido y denunciar que había estado ausente?

Resulta que en Facebook la maternidad es invisible y cuanta más responsabilidad tienes, más invisible es. Meses después, cuando trasladan a mi hija al hospital en una ambulancia, evito hablar de ello en la oficina durante días. Solo lo menciono de pasada, y me apresuro a asegurarle a Marne que no afectará en absoluto a mi trabajo.

Por supuesto, esta filosofía de «no mencionar a los hijos» es lo opuesto a los alegres eslóganes de Facebook invitándote a «traer al trabajo a tu verdadero yo». Ni que decir tiene que no casa con las anécdotas que Sheryl cuenta en *Vayamos adelante (Lean in)* acerca de salir del trabajo a las cinco y media de la tarde excusándose ante sus colegas de que tenía que estar en casa para cuidar de sus hijos. Porque la realidad es que hay un mundo de distancia entre lo que la gente de Facebook dice y lo que hace, sobre todo en relación con sus hijos. Por ejemplo, la empresa tenía previsto lanzar un Facebook para niños cuyo nombre en código era Project Family, y Sheryl no perdía la ocasión de recordarle al equipo de políticas su «fracaso en hacerlo posible cuando tuvimos la oportunidad», culpándolo de haber dejado pasar la ocasión de que los niños se conectaran a Facebook, mientras que ella, como hacen la mayoría de los altos cargos de la empresa con sus hijos pequeños, limita severamente su acceso a las pantallas, por no mentar ya tener cuentas en redes sociales. Y nunca comparte imágenes de sus hijos en redes sociales. Silicon Valley está plagado de juguetes Montessori de madera y sepultado en una prohibición absoluta del uso de pantallas. En el trabajo, los padres presumen de no permitir a sus hijos adolescentes tener teléfono móvil, lo cual solo subraya que estos ejecutivos entienden perfectamente el daño que sus productos infligen en las mentes más jóvenes.

Este año, como todos los años, Sheryl es la anfitriona del Día de la Mujer, una conferencia para todas las empleadas de Facebook que se celebra fuera de la empresa. A estas alturas hay ya centenares de mujeres en plantilla, a quienes Sheryl hace venir volando para hospedarse en un hotel en San Francisco. Se nos pide que compartamos habitación en hoteles, una situación profesional extraña tratándose de mujeres adultas, lo cual nos obliga a dormir juntas, compartir cuarto de baño y llevar pijama delante de nuestras colegas.

El Día de la Mujer es una mezcla entre un acto de la Iglesia evangélica, una cumbre de *marketing* multinivel, un seminario del gurú Tony Robbins, un retiro de yoga y un episodio del programa de Oprah. Sheryl preside, vestida con unos pantalones de yoga Lululemon y unas botas Ugg. Se habla mucho de maternidad. Las personas de máxima confianza de Sheryl, con una uniformidad deslumbrante, relatan cómo compaginan la maternidad con sus exigentes carreras profesionales. La directora de Recursos Humanos confiesa medio en broma, en un tono humorístico escandaloso, que a veces les da de cenar cereales a sus hijos. Sheryl cuenta una anécdota incluida en *Vayamos adelante (Lean in)* sobre un día en que llevaba a su hija de cuatro años en el *jet* corporativo de un amigo, el Gulfstream de eBay, cuando la pequeña dijo:

—¡Mamá, me pica la cabeza!

Le revisó el pelo... y tenía piojos.

—Yo era la única persona que llevaba a niños pequeños en aquel avión corporativo —dice—. Me pasé el resto del vuelo presa del pánico, intentando mantenerla aislada y que hablara en voz baja.

Lo explica como una anécdota con la que cualquier madre puede empatizar. Como si todas tuviéramos amigos con *jets* privados. Hay vídeos de mujeres del círculo íntimo de Sheryl —todas blancas, bien iluminadas y retratadas— haciendo ejercicio en sus palaciegos gimnasios caseros, jugando con sus fotogénicos hijos y relajándose con sus esposos, que las apoyan sin una queja siquiera. Todas estas fábulas de la maternidad están perfectamente editadas para dejar fuera de la vista el papel de la falange de niñeras y otros ayudantes que normalmente se ocupan de la mayor parte del verdadero esfuerzo que supone criar a los hijos.

Es una maternidad formal, no funcional.

No mencionan el auténtico secreto que les permite compaginar su vida laboral con la maternidad como si no tuvieran hijos: sus nóminas multimillonarias.

Siempre se hace una cierta pornografía del trauma, explicando historias heroicas de empleadas con un perfil más bajo que superan un cáncer o cualquier otra tragedia, pero que, en el montaje en vídeo, aparecen triunfantes y reincorporándose a Facebook convertidas en personas más duras y mejores de lo que eran antes. Supongo que lo que se busca con ello es que compares tu vida con la suya, y que te inspiren a esforzarte aún más.

Sheryl envía el mismo tipo de mensajes en las actualizaciones semanales que manda a los ejecutivos sénior. Los llama HPM, de «Highlights, People, Me» o «Aspectos destacados, gente, yo». Son anécdotas como la de la vez en que Sheryl y su familia fueron de vacaciones con Marne y su familia a Europa:

> Por cuestiones de trabajo y debido al cambio horario, acabé saltándome la mayoría de los desayunos y las cenas mientras atendía el teléfono, si no todos. [...] Durante una de las últimas cenas, mis hijos vinieron a buscarme. Estaba sentada en una escalera fuera del restaurante, hablando por teléfono. Con cara triste, empezaron a decirme que creían que debería estar cenando con ellos, pero tuve que explicarles que en ese momento no podía hablar porque tenía que ocuparme de aquella llamada. Cuando colgué, fui a buscarlos, convencida de que estarían disgustados. Pero en lugar de ello, me dieron un gran abrazo y me dijeron: «¡Gracias por trabajar tanto para ayudar a miles de millones de personas!». Miré a Marne, que estaba de vacaciones con nosotros y con una tercera familia, y le pregunté qué había pasado. Marne los había visto apenados y les había explicado que sabía que yo no quería saltarme las comidas con ellos y que yo también estaba triste, pero que tenía un trabajo que hacer y que deberían sentirse orgullosos de mí. [...] Replanteó la situación de manera brillante, y sé que utilizaré su estrategia de nuevo cuando lo precise. Tal vez a alguna de vosotras os ayude si alguna vez también la necesitáis, por motivos personales o profesionales.

Los mensajes de Sheryl no eran sutiles.

11

Viaje por carretera

Muchas madres tienen dificultades para conciliar amamantar a sus hijos con el trabajo. La mía es la expectativa de mis jefes de que mis pechos puedan abrirse y cerrarse como un grifo para poder dar de mamar a mi hija en cualquier sitio y en cualquier momento. Y cuando digo «en cualquier sitio», hablo en serio.

En el verano de 2014, el ministro de Tecnologías de la Información y las Comunicaciones de Colombia invita a Javi a Colombia 3.0, una conferencia sobre tecnologías en Bogotá. Creo que Javi puede asistir solo y tengo una hija de cinco meses en casa. Pero mis jefes no piensan lo mismo. Me ordenan ir. Me reconcilio con la situación. Son solo tres días. No puedo llevarme a la niña, pero sí me puedo llevar un sacaleches. Puedo manejarme.

Estamos en Colombia debido a algo llamado Internet.org. Mark lanzó el proyecto hace casi un año, en agosto de 2013, junto con un artículo con el rimbombante título de «¿La conectividad es un derecho humano?». En el párrafo inicial expone lo que denomina «uno de los mayores desafíos de nuestra generación»:

> Hoy conectamos a más de 1.150 millones de personas cada mes. Si embargo, conforme surgió la idea de conectar a los otros 5.000 millones [de personas restantes], nos dimos cuenta

de algo esencial: la gran mayoría de las personas en el mundo no tienen acceso a internet.

A continuación, Mark expone su visión de cómo dar acceso gratuito a internet a toda esa gente. Explica que podríamos reducir de manera radical el coste de construir la infraestructura y suministrar datos si partimos de un servicio muy básico. La clave es que sea solo texto. Nada de películas, ni fotografías a alta resolución, ni música: todo eso consume demasiados datos. Dice que la prioridad deberían ser las herramientas que proporcionen a los usuarios la información que precisan. Para Mark, eso significa una herramienta de búsqueda, una especie de versión de la Wikipedia, acceso a datos sobre la climatología, mensajes de texto y, por supuesto, redes sociales. Los sitios web se modificarían en versiones solo de texto. Facebook ya dispone de una aplicación así llamada Facebook Zero, con muchísimos usuarios en toda África y Asia.

¿Quién acarreará con los costes de todos estos servicios gratuitos? Las operadoras de telefonía móvil, las empresas de telecomunicaciones de todo el mundo. Son las que invertirán. Mark arguye que este esquema presenta sentido a nivel de estrategia empresarial para estas compañías porque les aporta centenares de millones de nuevos usuarios que, con el tiempo, querrán actualizarse y suscribir planes de datos para sus teléfonos. Uno de sus grandes temas de discusión es que una vez que uno prueba lo que hay en internet, estará dispuesto a pagar para obtener más datos y un mejor acceso. En África, los usuarios de Facebook ya se están pasando a la banda ancha para contar con las imágenes y todo lo demás que no les proporciona el producto solo de texto. El sufijo *org* de Internet.org pretende sugerir que, en el fondo, se trata de una misión altruista.

Ese es el planteamiento.

A los pocos meses, Mark anuncia acuerdos de colaboración firmados por el Connectivity Lab de Facebook «para construir drones, satélites y láseres con el fin de proporcionar internet» a los miles de millones de personas que no tienen acceso a ella.

Confieso que ni yo ni el resto del equipo de políticas públicas de la empresa le presta demasiada atención a todo este tema. Internet.org se halla en una fase muy incipiente y, además, tan solo es uno de los múltiples proyectos que Facebook tiene en curso en ese momento. Apenas un mes después de ese anuncio, Facebook adquiere tanto WhatsApp como la empresa de realidad virtual Oculus. Por lo poco que yo sé, parece un buen movimiento.

Entonces, en mayo de 2014, la reguladora de telecomunicaciones chilena ilegaliza la provisión de los tipos de servicios gratuitos que Internet.org prevé ofrecer, prohibiendo con ello la iniciativa antes incluso de que la hayamos lanzado. Me lo explica Javi, alarmado:

—Chile es pequeño, pero si esta corriente se extiende a otros países tendremos un problema —asegura.

Decidimos que necesitamos anotarnos una victoria rápida, materializada en la aprobación en algún país latinoamericano del proyecto Internet.org. Para convencerlos, le sugiero a Javi que añadamos servicios electrónicos gratuitos para los Gobiernos en las aplicaciones de Internet.org, cosas como el pago de impuestos o el registro para acceder a los servicios sociales. Así convenceríamos a las administraciones de involucrarse de verdad.

Así que aquí estamos, en Colombia, intentando convencer al presidente del país Juan Manuel Santos de que se asocie con nosotros. Necesito que alguna figura de renombre salte a escena con nosotros para decirle al mundo, sobre todo a otros presidentes y primeros ministros, que les encantará Internet.org y hacer que los chilenos se replanteen su decisión.

Para acceder al presidente Santos, primero cortejo a su ministro de Tecnologías de la Información y las Comunicaciones. Javi se apunta a conocer de primera mano los desafíos que plantea la conectividad en la jungla. El ministro se lo vende como un viaje por carretera a través de la «auténtica Colombia» para conocerla de verdad. Primero volamos a Bucaramanga, en el norte. Al aterrizar, nos conducen a una fila de vehículos blindados ocupados por montones de militares con grandes armas y uniformes verde oscuro. Resulta que la zona es un bastión de las milicias de las Fuerzas Armadas Revolucionarias de Colombia (las FARC), la guerrilla revolucionaria que sigue luchando y secuestrando a extranjeros pese a las negociaciones de paz en curso.

Mi sensación de alarma se dispara cuando nos explican que el ministro no irá en el gran *jeep* ministerial negro ni el vehículo idéntico que se usa como señuelo (y en el que nos colocan a nosotros), sino en uno de los muchos vehículos de seguridad que nos acompañan, sentado entre un grupo de soldados con armas automáticas. Le pregunto a Javi si cree que es buena idea subirse a un coche que se considera demasiado peligroso para que un funcionario gubernamental viaje en él. Y me responde como si tal cosa que les sigamos la corriente. Nos montamos.

Viajamos durante horas adentrándonos en la jungla, a campo traviesa. Me refiero a que no hay carreteras. Y, evidentemente, tampoco hay electricidad. Ni privacidad. Es difícil imaginar un lugar peor que este donde intentar usar un voluminoso sacaleches eléctrico que necesita enchufarse a una toma de corriente. Tras cuatro o cinco horas así, me noto dolorida. Pero no me recreo en eso porque tengo tantísimo miedo a que nos ataquen que casi ni me doy cuenta. Mientras nos abrimos camino por la selva, somos un objetivo tan llamativo que resulta casi ridículo. Se me ocurre que, si nos secuestran, lo de sacarme leche se habrá acabado. Y, de hecho, acabo no haciéndolo durante todo el viaje. A pesar del dolor mortificante, no me saco leche hasta esa noche, cuando estamos de regreso sanos y salvos en Bogotá.

Aun así, esta dista mucho de ser mi peor vivencia. Dos meses después, en septiembre de 2014, viajo a Turquía. Tras la experiencia en Colombia, me inquieta el tema de sacarme la leche. Y no voy mal encaminada. Tengo que enchufar el sacaleches a alguna toma y, una vez que nuestro vuelo con Turkish Airlines alcanza la altitud de crucero, descubro que no hay enchufes ni en el cuarto de baño ni en los asientos. Durante las diez horas siguientes voy poniéndome cada vez más nerviosa, a medida que se me hinchan los senos y se me endurecen, rebosantes de leche. Llevo un jersey negro y una camiseta blanca y, para cuando cruzamos la aduana e inmigración, tengo la camiseta blanca empapada y los pechos me duelen horrores. Como era previsible, la cola para coger un taxi es larga, y el tráfico en el centro de Estambul, una pesadilla. Cuando llegamos al hotel, estoy desesperada por sacarme la leche. Hay una cola gigantesca para registrarse y me descubro repiqueteando con el pie y estrujándome las palmas de las manos, a punto de estallar.

Cuando por fin entro en mi habitación, suelto la maleta, agarro el sacaleches tan rápido como puedo y lo enchufo, sin molestarme siquiera en quitarme la camiseta, convertida en un harapo traslúcido. Aprovecho que tiene el cuello en forma de pico para introducir por él la tetina. Acoplo las misteriosas piezas del aparato y acciono el interruptor para empezar a bombear. Se apaga.

Clic... Clic... Clic.

Compruebo que la tarjeta del hotel esté en la ranura que activa la electricidad por si hay algún problema, pero no. Nada. Regreso a recepción, donde sigue habiendo una larga cola. Cuando llego al mostrador e intento explicar el problema, la recepcionista parece confundida y se disculpa, alegando que no habla muy bien inglés. Opto por usar la mímica, haciendo un montón de movimientos circulares y apretándome las manos. Estoy tan cerca de empezar a llorar de dolor y frustración que, en un momento dado, señalo mis pechos y la camiseta chorreando y hago el gesto de estrujar. Finalmente me sonríe con complicidad, me guiña el ojo y me asegura que enseguida me arreglarán el problema. Regreso a mi habitación.

En cuanto oigo que llaman a la puerta, acudo a abrirla corriendo. Al otro lado hay un hombre con un mono de trabajo, pelo moreno desgreñado, barba de varios días y ojos grises. Lo recibo con mi mejor sonrisa y lo apremio a entrar en la habitación. Cierro la puerta. Lo conduzco hasta el sacaleches que hay junto a la cama y le explico que hace un ruido, un clic. Es evidente que no habla ni una palabra de inglés. Pero lo más raro es que no parece en absoluto interesado en el sacaleches. Me he sentado a su lado en el filo de la cama para intentar explicarle el problema y, en cierto punto, me doy cuenta de que me está conduciendo poco a poco adentro de la cama.

Digo que no con la cabeza y vuelvo a señalar el sacaleches.

Parece confuso, apunta con el dedo hacia mi camiseta mojada y mis pechos asomando por el escote en V y levanta las manos. Hace los mismos movimientos de bombeo en el aire que yo he hecho antes en el vestíbulo.

Y entonces me doy cuenta de la clase de bombeo que tiene en mente. Y no va a serme de ninguna ayuda.

Le enseño mi anillo de casada y niego con la cabeza.

—No problema. No problema. No problema para mí —farfulla en mi idioma.

—Ya..., pero para mí sí que es un problema. Ha habido un malentendido. No es esto lo que necesito.

Me dirijo a la otra punta de la habitación. Abro la puerta. Y me voy.

En una farmacia cercana compro lo que supongo que es un sacaleches manual. Ha pasado casi medio día desde que he empezado a necesitarlo.

12

El cuerpo

Estamos a punto de viajar al único país del mundo que ha emitido una orden de arresto contra Mark Zuckerberg. Y Mark considera que es el momento oportuno para hacer exhibición de sus falsos apretones de mano a lo macarra.

Debbie y yo nos esforzamos por enseñarle a hacer la reverencia de respeto que se supone que uno debe realizar al reunirse con el líder de Corea del Sur. Como era previsible, Sheryl ha asimilado diligente nuestros consejos sobre inclinaciones de cabeza, saludos, regalos y otros temas de protocolo que pueden surgir durante una reunión con un jefe de Estado, pero Mark se comporta como si fuera una sesión absurda y una absoluta pérdida de tiempo. Debbie y yo le mostramos cómo colocar las manos para hacer una reverencia ante un presidente, qué expresión adoptar y la inclinación correcta de la reverencia. Él cruza los brazos como LL Cool J en la época en la que llevaba gorros Kangol y balancea el cuerpo de lado a lado como un rapero, prosigue con una serie de choques de puños y gestos de chocar los cinco y luego baja las palmas a la espera de recibir una palmada.

No entraré siquiera a valorar lo raros que se antojan estos movimientos viniendo de un hombre flacucho y con la piel tan pálida que parece traslúcida, con el pelo cortado a cepillo y una postura rígida. Son preocupantes porque es un tema importante. Cuando Bill Gates saludó al presidente surcoreano con una mano en el bolsillo, se consideró una falta de respeto y su gesto se describió en los titulares como «el apretón de manos que hirió a todo un país». Socavó todo lo demás que salió de aquellos encuentros. Mis amigos coreanos aún hablan de ello. A Mark le da igual.

Por supuesto, estamos ante el mismo hombre que tenía un interés nulo en temas relacionados con política o con países que no fueran Estados Unidos cuando yo me incorporé a Facebook. O un interés casi nulo. La primera vez que Mark visitó un país para reunirse con un jefe de Estado extranjero desde mi llegada fue en 2012, cuando viajó a Rusia. Allí conoció al primer ministro Dmitri Medvédev y, luego, en 2013, tuvo un encuentro superficial con el presidente coreano, ambos gestionados por Marne. En los dos encuentros, Mark estuvo nervioso y sudoroso.

Las pocas reuniones con políticos que Mark accede a mantener después de eso refuerzan su convicción de que reunirse con mandatarios extranjeros no es una buena manera de emplear su tiempo. A media sesión de protocolo me doy cuenta de que soy una de las pocas personas que trabajan con él en algo a lo que le tiene miedo. Su incomodidad y su temor saltan a la vista y pueden medirse en sudor.

Este viaje, en octubre de 2014, será la primera vez en que trabaje codo con codo con Mark. Hasta ahora nuestra interacción ha sido en gran medida a través del correo electrónico, o bien ha estado filtrada por Sheryl, Elliot o Marne. Ha consistido en unos cuantos intercambios funcionales y alguna que otra reunión, pero no en pasar varias semanas juntos en la carretera. Cuatro años después de que le expusiera a Mark por qué le convenía tratar con jefes de Estado, estamos intentando cuadrar unas cuantas reuniones con un puñado de ellos en un solo viaje, incluidos los de Indonesia, Japón y Corea.

Sheryl no lo encaja bien. Reunirse con dirigentes mundiales queda dentro de su ámbito de acción. Le dice a Elliot que Mark no debería estar haciendo «otras cosas», más allá de mantener encuentros de negocios fuera de Estados Unidos. Elliot pone los ojos en blanco al oírla. Por supuesto que el CEO de la empresa tiene que reunirse con presidentes y primeros ministros. Me dice que ya se encargará él de ello, y lo hace.

Mark se lleva de viaje con él al Mteam, es decir, a los altos directivos de la empresa (la M es de *management*). Es la primera vez que viajan juntos al extranjero. Esta campaña agresiva responde al desarrollo de la empresa en Asia. El viaje abrirá un nuevo frente en la lenta guerra de expansión entre Facebook y Google. Pese al hecho de que muchos de nuestros principales directivos trabajaron en el pasado en Google, o quizá precisamente por eso, en la empresa se respira una profunda desconfianza hacia el gigante de las búsquedas, así como incomodidad por cuánto depende Facebook de Google para su éxito futuro.

En este momento, la mayoría de nuestros usuarios acceden a Facebook a través de sus teléfonos Android o iPhone. Android pertenece a Google, lo cual otorga a Google y Apple un control muy significativo sobre Facebook. Cualquiera de las dos empresas podría eliminar Facebook de sus tiendas de aplicaciones y dispositivos, o restringir el modo en que funcionan las notificaciones de Facebook. Google, plenamente consciente del poder que tiene sobre Facebook, ejerce cada vez más presión de modos diversos, como solicitar remuneración o datos a cambio del uso que Facebook hace de Google Maps (años después, cuando Apple permita a los usuarios de iPhone desactivar el rastreo que Facebook hace para sus anunciantes, el valor de mercado de Facebook se desplomará en 10.000 millones de dólares).

En un momento dado, Facebook intentó tener un mayor control sobre su destino creando su propio teléfono (el Proyecto Buffy, así llamado con cierta ironía en honor a la serie *Buffy, cazavampiros*). Lo lanza en 2013 en colaboración con la empresa china HTC, y es un fiasco descomunal. La revista *Time* lo describe como uno de los mayores fracasos de las tecnológicas del año.

De hecho, el Mteam ha enmarcado este viaje a Corea como un viaje a Samsung. El objetivo es generar mayor confianza y cultivar una relación de buena voluntad con una empresa que no sea Apple ni Google. Quizá Samsung acceda a precargar Facebook en todos sus teléfonos móviles.

Por desgracia, Corea es el único país donde hay una investigación criminal abierta contra los ejecutivos de Facebook. Hay órdenes de arresto dictadas contra Mark, Sheryl y otros integrantes del Mteam.

No está claro el motivo, pero, al parecer, el organismo coreano que supervisa los juegos nos escribió advirtiéndonos de que la legislación nacional exigía que Facebook presentara los juegos que ofrece nuestra plataforma para que el Gobierno los clasificara. Y no se sabe con certeza qué sucedió con aquella carta, pero los coreanos aseguran que Facebook le hizo caso omiso. Es desconcertante que nadie la respondiera. Pero es plausible. La empresa sigue guiándose por los lemas de «Muévete rápido y rompe con todo» y «Vale más pedir perdón que pedir permiso».

Ahora la situación se ha agravado. El Departamento de Ciberdelincuencia de la Policía de Seúl ha tomado cartas en el asunto. Y no conviene buscarle las cosquillas a la Policía coreana. Cuando empezaron a investigar a Google, el director de Google en Corea tuvo que huir del país.

Por su parte, Facebook parece jugar a la defensiva y alega que, básicamente, nadie en Corea, ni el Gobierno ni la Policía coreanos, tiene ningún poder sobre ellos. Esa parece ser la postura preferida de Facebook ante todos los países excepto Estados Unidos e Irlanda (donde tiene su sede internacional).

La empresa rechaza su autoridad para regular Facebook en lo más mínimo, a menos que en esos países se haya aprobado alguna ley específica dirigida a nuestro negocio y exista jurisdicción legislativa. De manera que, si no lo he entendido mal, si un Gobierno local detecta publicidad falsa en Facebook y nos pide que la retiremos, a menos que disponga de una ley que le otorgue el poder de prohibir anuncios engañosos y que se aplique específicamente a empresas de redes sociales, Facebook no actúa. La cúpula estadounidense de Facebook cree que los «valores» que representa están por encima de la legislación nacional cuando existe un conflicto.

Por eso me parece tan indignante cómo se está manejando todo el asunto de Corea. El Gobierno coreano sí que tiene una ley que exige que sometamos nuestros juegos a calificación y aprobación y, según parece, nos negamos siquiera a reconocer su existencia.

Cuesta defender que, como empresa, rechazas la autoridad del Gobierno o la Policía de un país en el que tienes actividad.

Además, Corea no es la única que está tomando medidas enérgicas contra Facebook. Otros países han abierto investigaciones por todo tipo de motivos. Nuestras oficinas internacionales han sufrido «visitas» y «registros» (con armas y sin ellas) en Brasil, Corea, la India y Francia. Suelo enterarme de ello a través de una llamada telefónica o un email del director de la oficina local: «¡Eooo! Se ha presentado un hombre con un arma que quiere saber cuándo pagaremos impuestos en Brasil».

A estas alturas de la película, pasa con la suficiente asiduidad como para que hayamos establecido procedimientos de emergencia en caso de registro. Incluyen cerrar el acceso a la red de Facebook. Porque, obviamente, la verdadera diferencia entre un «país virtual» como Facebook y un «país real» como Brasil o Corea es que ellos tienen agentes de policía reales con armas reales.

En la India, la situación se ha degradado tanto que la dirección de Facebook ha contratado a un excapitán de la Policía al cual han otorgado un título aburrido que suena a cargo oficial, pero a quien el equipo de políticas considera alguien «capaz de gestionar bien una situación de arresto», es decir: de acabar en la cárcel en caso de enfrentamiento entre Facebook y el Gobierno indio.

En agosto, apenas unas semanas antes de nuestro viaje, se convoca una reunión de urgencia relativa a Corea. Elliot forma parte del Mteam y participa en el viaje, lo cual hace que de repente le preocupe mucho la posibilidad de que él, Mark y Sheryl acaben arrestados. Nuestros abogados han enviado un email que incluye la frase: «La amenaza de prisión y de responsabilidad penal es muy real».

Planteo varias soluciones, basándome en la posibilidad de que Facebook sea culpable de los cargos que se le imputan. Por ejemplo, podríamos colaborar con el Departamento de Ciberdelincuencia de la Policía coreana. O podríamos variar el planteamiento general de Facebook y revisar nuestra obediencia a la legislación de los países en los que operamos.

—¿Y eso se aplicaría en todas partes? —pregunta Marne.

—Sí, no podemos efectuar un cambio solo para Corea, porque los demás países verán por qué lo hemos hecho y emitirán órdenes de arresto contra Mark —respondo ante una sala insatisfecha—. De todos modos, considero que es un cambio que deberíamos introducir de manera general.

No consigo que secunden mi propuesta, así que decido callar y cederle la palabra a compañeros con más experiencia que yo.

—Necesitamos darles un cuerpo al que arrestar.

—Para ver si van de farol.

—Para comprobar si van en serio.

Me sobrecoge la superficialidad con la que la dirección habla del encarcelamiento de sus empleados. Como si fuera algo inevitable, como los impuestos (que, por otra parte, también intentan evitar). Todo el mundo empieza a definir la propuesta como una «estrategia de mitigación», aunque en este caso la mitigación consista en hallar a un «cuerpo» al que arrestar.

Me abstraigo de la conversación pensando en que emplean un lenguaje despojado de toda cuestión moral. Hablan de «un cuerpo al que arrestar» como de un bien inmueble en propiedad, sin tener en cuenta que esa persona será el hijo o la hija de alguien. Es muy raro oír una expresión así en el mundo empresarial en Estados Unidos.

Así que de eso es de lo que hablamos, en lugar de analizar si nuestras acciones en Corea son correctas o no.

—Tenemos que conseguir a alguien para comprobar el apetito de las autoridades coreanas de arrestar a algún empleado de nuestras oficinas. No puede ser alguien ubicado allí. Tiene que viajar al país antes de que lo hagan Mark y Sheryl. Lo que decíamos, un cuerpo —propone Elliot con toda naturalidad.

Se hace el silencio en la estancia. Es raro darse cuenta de que en el mundo tecnológico, el más moderno de los sectores, también hay carne de cañón.

—Yo no puedo ir —se apresura a decir uno de los máximos responsables de seguridad presentes en la sala, y enseguida se le suman los demás.

Pero no era necesario que lo hicieran. Todos los presentes en esa sala de reuniones son demasiado séniores para ser «el cuerpo».

Pasa el rato y el silencio se vuelve incómodo. Poco a poco me doy cuenta de que todos me miran. Soy la empleada de rango inferior presente.

—¿Yo? —pregunto, como si se hubiera producido un horrible caso de confusión de identidad.

Elliot asiente con la cabeza.

Yo soy el cuerpo.

13
Síndrome de Estocolmo

No creo que esto diga nada en mi favor, pero habría ido y me habrían arrestado. No sé por qué, pero me daba la sensación de no tener voz ni voto en el asunto. Era mi trabajo. Así que empecé a prepararme. Tuvo que ser Tom quien me dijera que no podía hacerlo, que tenía una hija de siete meses en casa. Que no es normal que tus jefes te pidan que te expongas a cumplir condena en prisión en un país extranjero.

La verdad es que ni siquiera se me había ocurrido que pudiera negarme. Tengo incorporado, supongo que por el hecho de haber sido la hija mayor, que alguien tiene que asumir la responsabilidad por las cosas y llevarse la peor parte y, normalmente, doy por sentado que esa soy yo. Además, en una ocasión sobreviví al ataque casi letal de un tiburón. No podía ser tan grave. No sé cómo, pero me había convencido de que sería como Myanmar o Colombia, una mala experiencia con el potencial de ponerse muy fea. Y había resuelto que ya me las apañaría, me echaran lo que me echasen o si me recluían.

La sugerencia de Tom de que puedo negarme a ir se me antoja revolucionaria. Envidio su claridad de pensamiento y, si soy sincera, siento un gran alivio —y le estoy profundamente agradecida— por el cambio de paradigma al hacerme ver que puedo oponerme. Pero no lo hago. Estoy molesta, porque, en paralelo, Tom me sugiere que tengo síndrome de Estocolmo. Que soy una víctima que ha acabado por sentir por sus «captores» —Sheryl, Elliot y Marne— un afecto y una confianza que no se merecen. Y algo en su comentario me hiere, pero también me aclara qué debo hacer.

Empiezo un tira y afloja con Elliot, con Marne y con los equipos legal y de seguridad, intentando extraerme de esa celda en una prisión coreana que he comenzado a percibir como algo muy real. A la desesperada, expongo distintos argumentos esperando que uno de ellos funcione: que con una bebé diminuta y que toma el pecho en casa no es factible que permanezca detenida de manera indefinida en una prisión asiática, que hay otras crisis en el planeta que requieren mi atención... Llego a tener la sensación de que sería más fácil negociar mi libertad con las autoridades coreanas.

Finalmente, lo que parece convencerles es que me necesitan al pie del cañón (y no en la cárcel) para que el viaje de Mark a Asia sea un éxito.

Eso es lo que los persuade, no la preocupación por mí ni por mi familia.

Lo asimilo. Es la primera vez que me niego a hacer algo que me han pedido y extraigo una lección esclarecedora. Soy capaz de ver a mis jefes con un poco más de nitidez. Y ahora entiendo mejor cómo me ven ellos a mí. Constato con dolor lo poco que les importo a estas personas con las que paso sesenta, setenta u ochenta horas a la semana. Los directivos de Facebook no son como yo había imaginado que serían. Visto en retrospectiva, debería haber reflexionado más sobre este hecho de lo que lo hice. Pero, por primera vez, me planteo que este lugar tal vez no sea mi hogar, al menos no para siempre. Por supuesto, me convenzo a mí misma de no tomar ninguna medida drástica, como dejar mi puesto o buscar un empleo en otra parte. La logística de hacerlo con una hija tan pequeña se me antoja desalentadora.

Como era previsible, en mi lugar envían a otra de las pocas mujeres directoras que forman parte del equipo. Acaba de incorporarse y tiene ganas de demostrar cuánto vale. O tal vez también piense que no le queda más alternativa.

Se reúne con las autoridades coreanas y no la arrestan. Así que, por lo que parece, la costa está despejada para Mark, Sheryl y Elliot. Nos preparamos para el viaje.

14

Cinco colonos y un milmillonario en *Catan*

Al parecer, se supone que la primera vez que alguien se monta en un *jet* privado debe comportarse como si lo hiciera todos los días. Al menos, eso hicieron todos los demás.

Mucho antes de llegar a este punto, sin darme cuenta, ya he dejado claro que soy una neozelandesa común y corriente, y no una ejecutiva avezada acostumbrada a viajar en *jet* privado. Lo he hecho explicándole con tono serio a Mark, durante una de nuestras reuniones preparatorias para este viaje, las distintas opciones de escala en ruta hacia Asia y los servicios que ofrecen los diversos aeropuertos. He intentado convencerle de hacer escala en el aeropuerto de Singapur, porque tiene una piscina magnífica.

Ninguno de mis colegas presentes en esa reunión, ni siquiera aquellos a quienes considero amigos, me corrige. Mark tampoco.

Cuando me dicen que viajaré en un *jet* privado con Mark y el Mteam, lo primero que pienso es que ya puedo despedirme de todos los kilómetros que esperaba acumular como viajera frecuente. Había ido sumando puntos, con la esperanza de conseguirle un asiento de mejor categoría a mi abuela cuando vuele a Nueva York para conocer a su bisnieta. Se lo menciono a Debbie, que también acompañará a Mark en el viaje.

—¿Crees que a alguien le molestaría que yo vaya en un vuelo regular?

—Pero ¿eres tonta o qué? —me responde Debbie, dando por supuesto que con eso zanja la conversación.

—¿Por qué lo dices? —le replico, convencida de que es una respuesta razonable.

Facebook tiene una política de viajes generosa.

—¿Sabes cuánto valen esos asientos? —me pregunta, como si le hablara a una niña de dos años.

—No sé nada de nada sobre aviones privados. Ni siquiera sé si alguna vez he visto uno.

—Pero ¿es que no entiendes que la gente daría lo que fuera por pasar horas volando alrededor del mundo con Mark Zuckerberg?

La verdad es que no es un factor que haya tenido en cuenta.

—La gente compite por viajar en esos vuelos —prosigue ella—. Si es necesario, a degüello.

—Vale, vale —la interrumpo—. Olvida lo que te he preguntado.

Una vez a bordo del jet privado, me sorprenden un montón de cosas. Para empezar, lo difícil que resulta saber dónde está el inodoro en el cuarto de baño. Todo el aseo es tan refinado que tiro y presiono un montón de palancas y manecillas en esa expansión de cuero. Al hacerlo, se abren armarios y cajones, pero el inodoro no aparece por ninguna parte. No puedo salir del cuarto de baño para preguntar dónde está sin quedar como una auténtica imbécil, y el vuelo es lo bastante largo como para que no me quede más opción que perseverar y averiguarlo por mí misma. Al final toco o levanto algo que pensaba que era un banco y, milagrosamente, aparece una taza plateada en medio del discreto entorno.

También me sorprende que todo sea en tonos marrones y beis. No solo el cuarto de baño, sino todo. Es como una sala de juntas de los años ochenta. Aburridísimo. Y, además, no hay ninguna de las cosas a las que yo suelo recurrir para sobrellevar los vuelos: opciones de entretenimiento de verdad, mucha comida y un poco de alcohol. Solo hay una pantalla y lo único que muestra es un mapa del itinerario del vuelo. Nadie parece necesitar nada más. Mark no tiene televisión en casa y parece no sentir ningún interés por algo tan mundano como ver una película. En cuanto a la oferta de restauración, la comida favorita de Mark, en estos momentos, es el pollo frito, McDonald's (que estoy convencida de que horroriza a Sheryl) o cualquier otra comida rápida, la clase de alimentos grasientos y salados que uno come cuando bebe. Y eso último también está descartado aquí.

Además, está la erizada decisión de dónde sentarse. Es evidente que dentro del equipo impera una jerarquía interna, pero no tengo ni idea de cómo se cartografía con relación a la geografía de este avión. De manera que, mientras todo el mundo sube a bordo y empieza a acomodarse, yo permanezco de pie como un pasmarote en el centro del *jet*, esperando a que los demás ocupen sus asientos y, por eliminación, me quede claro cuál tengo asignado yo. Cuando acabo sentada al lado de Mark, no me queda claro si mi estrategia ha funcionado o es un tiro en el pie, pero sospecho que es más bien esto último.

Viajar con el círculo íntimo de Mark me hace sentir como una extraterrestre. Esta gente está ahí para cuidar de él, están habituados a pasar juntos días y días, y también están acostumbrados a un tipo de lujo distinto. Todo eso me queda claro en cuanto aterrizamos en Indonesia. El lugar en el que nos hospedamos, el Amanjiwo Resort, es espectacular. Mark no ocupa la mejor habitación; básicamente, tiene todo un complejo. A mí me parece más una ciudadela que una *suite*. Grandes columnas pétreas sostienen una enorme glorieta con un diván exagerado en el centro desde el cual se disfruta de maravillosas vistas de la frondosa jungla que nos rodea. Unas escaleras descienden en cascada por la colina, desde el diván a una enorme piscina privada que parece una piscina pública de mi mundo.

Cuando llego para asistir a un encuentro de altos cargos, Mark está tumbado en el diván en bañador, con su blancuzco cuerpo recostado en unos cojines. Tengo la sensación de haber caído en la antigua Grecia, aunque una toga y una corona de laureles combinarían mejor con la estancia que el bañador que lleva puesto. Casi espero que aparezca alguien que le ponga unas uvas en la boca, pero, en lugar de ello, todos damos cuenta de una bandeja de frutas exóticas.

Mark propone que nos demos todos un baño. En ese momento caigo en la cuenta de lo bochornoso que me resulta nadar con todos mis jefes. He metido un bikini en la maleta, lo cual ha llevado a Tom a preguntarme por qué necesito un bikini en un viaje de negocios, pero supongo que lo que esperaba era darme un chapuzón a solas en alguno de los hoteles. Entre el trabajo y la niña, no recuerdo la última vez que fui a nadar o hice algo para mimarme, por mero placer. Mi vida está completamente dedicada a mi hija, mis jefes o la supervivencia más básica. Todo lo demás está cayendo en desuso. Para bien o para mal, había anticipado aquellos minutos para mí, nadando, sumergida y no disponible para todo el mundo, como el punto álgido de aquel viaje. No tenía previsto calzarme el bikini y bucear al lado de Mark Zuckerberg.

Una cosa es ir de viaje con tus jefes y otra muy distinta mostrarte ante ellos en bikini, sobre todo cuando tienes marcas visibles de dientes de tiburón en la barriga y un montón de cicatrices enormes e indisimulables por todo el cuerpo que te hicieron unos médicos que no estaban pensando en que te lucieras en bikini cuando te abrieron a machetazos. Casi nunca le cuento a nadie lo del ataque del tiburón. No quiero que me conozcan como la chica a la que le mordió un tiburón. Ya he vivido esa experiencia... en el instituto.

Y otro inconveniente: todavía le doy de mamar a mi hija y me saco leche, y la parte de arriba de mi bikini no está precisamente pensada para esa situación. Me queda como si llevara un par de pezoneras puestas. Eso no me suponía ningún problema cuando pensé que nadaría sola. Me entra pánico, miro a mi alrededor en busca de otras mujeres para que me asesoren sobre si debería ir a la piscina o no. ¿Sería mejor que me limitara a quedarme observando cómo todos los demás chapotean en el agua? ¿Hay alguna actividad a la que podría reencaminar a todo el mundo que no implique remojarse?

El problema es que en ese viaje solo hay otras dos mujeres. En la ciudadela, todo son hombres, y están sentados por todas partes, hablando de juegos de ordenador. Empiezo a redactarle un mensaje a Debbie, suplicándole que venga lo antes posible porque tengo un problemilla con un bikini demasiado pequeño para mis pechos, pero antes de poder darle al «Enviar» me doy cuenta de que Mark está asomado por encima de mi hombro.

—¿Qué haces?

Se me cae el alma a los pies solo de pensar que Mark ha leído mi mensaje de socorro por el tema del bikini, en el que podría o no haber incluido referencias a él y su bañador.

—Parece Home. ¿Qué es? ¿Como una versión antigua de Chat Heads? —pregunta, con claro tono de desaprobación.

Desconozco si su tono se debe a que Home fue un producto fallido (parte del desastroso intento de Facebook de tener su propio teléfono), a que desaprueba mi laxitud a la hora de actualizar mi teléfono o a que ha leído mi mensaje.

—Ah, sí. No llevo muy bien lo de actualizar la tecnología que uso. Soy más una persona de política. ¿Quieres que revisemos alguna de las presentaciones, los preparativos, el protocolo? —pregunto, intentando distraerlo de los mensajes de texto con referencias a la piscina claramente visibles en mi pantalla.

—¿Ahora? —pregunta sorprendido.

—Bueno, estar preparado nunca va mal, como bien sabes —digo como si tal cosa, consciente de que mi oferta podría ser la menos atractiva del mundo: en lugar de nadar y relajarnos en un entorno paradisiaco, ¿por qué no hablamos de política y protocolos?

—Es fin de semana. Tenemos tiempo de sobra para prepararnos. Voy a nadar. Vienes, ¿no?

—Ah, sí. Ahora voy. Se me ha olvidado una cosa en la habitación, voy a cogerla.

—¿El qué?

El pánico me juega una mala pasada.

—Nada, una cosa.

Giro sobre mis talones, me encamino hacia el vestíbulo del hotel y allí encuentro una tienda de regalos. Como es previsible, todo es del tamaño de muñecas para los cuerpos del uno por ciento de la población, o al menos a mí, con mis pechos llenos de leche, me parecen tallas diminutas. Aun así, encuentro un bañador que me proporciona un cierto recato y, por suerte, me tapa la barriga llena de cicatrices de mordeduras de tiburón. El precio es astronómico y empalidezco cuando la dependienta me dice el total, pero le entrego la tarjeta de crédito porque estamos en un lugar remoto del lugar más remoto de Java y lo único que quiero es ocultarles mis cicatrices de tiburón a mis jefes.

Al regresar a la piscina, me encuentro a Debbie posando para fotografías de Instagram con un fantástico y exiguo bikini y de repente tengo la sensación de ir demasiado tapada con el bañador.

Todo el mundo nada y haraganea. Comen frutas de la bandeja. Mark está sentado en su pequeña glorieta, pasando el rato con los chicos. Me uno a ellos y me sorprende descubrir que están hablando de bebés. Me emociona tener una oportunidad de charlar sobre lo que de verdad me preocupa: echar de menos a mi hija. Pero la conversación no avanza por ese derrotero. Mark espera su primer hijo y nos dice que tal vez no esté presente en su alumbramiento. Siendo como soy la única allí que ha dado a luz a un bebé, me deja boquiabierta. Siento verdadera curiosidad.

—¿Y qué otra cosa podrías estar haciendo? —le pregunto, como si no pudiera haber en el mundo nada más significativo para él que asistir al parto de su primer hijo.

Me responde que no tiene ni idea, pero que «tal vez surja algo más importante» de lo que ocuparse.

Nos explica que lo ha hablado con Priscilla y me fascina la respuesta de ella. Al parecer, le dijo a Mark que no le importaba que se saltara el parto, pero que tal vez se arrepintiera de no estar presente cuando naciera su primer hijo.

Bien jugado.

En algún momento de la tarde, Mark propone jugar a juegos de mesa, pero nos los hemos dejado en el *jet* privado, que está aparcado a muchos kilómetros de aquí. Doy por supuesto que la cosa quedará ahí o que se nos ocurrirá cualquier otra actividad, pero horas más tarde uno de los miembros del equipo de escoltas de Mark regresa con los juegos. Tras una cena que, en sintonía con el entorno, parece un festín suntuoso de tiempos ancestrales, con pétalos de rosa esparcidos por todas partes y más platos de los que soy capaz de contar, nos retiramos a una de las estancias del complejo de Mark y empezamos a jugar al *Catan*. Estamos Debbie, Andrea (la asistenta de Mark), dos de los tipos del equipo de comunicación, Dex Torricke-Barton y Derick Mains, y yo.

Todo el mundo se mete de lleno en el juego pese a la extravagancia flagrante de estar construyendo pequeños imperios y manteniendo negociaciones estratégicas. Pero a medida que avanza la noche, cada vez resulta más evidente que los demás están dejando ganar a Mark.

Al principio, son solo pequeños detalles, como que no construyen cerca de sus asentamientos o bajan el tono cuando negocian con él. Conforme la partida progresa, todo se vuelve mucho más explícito, los demás se «roban» entre sí, pero nunca a Mark, y jamás colocan al «ladrón» en sus imperios. Tras un movimiento especialmente indignante de Dex en el que usa al ladrón para bloquear a Debbie, que es quien más de cerca le disputa los puntos de la victoria a Mark, protesto.

—Le estáis dejando ganar, Dex y Derick. Se lo estáis poniendo fácil.

Sé que suena un poco raro y me avergüenzo de mí misma por darle siquiera importancia, pero no soy capaz de seguir callando. Todo el mundo parece estupefacto por mi acusación, cómo no. Dex y Debbie me lanzan miradas que dicen «no lo digas delante de Mark».

—¿A qué te refieres? —tiene el descaro de preguntarme Dex.

—Sabes perfectamente a qué me refiero. Podrías haber colocado al ladrón en cualquier parte, pero nunca lo pones en ninguna casilla de Mark. Siempre lo usas para bloquear a quien le sigue más de cerca.

—No digas tonterías —replica Dex.

—Es casualidad —interviene Derick haciendo de abogado del diablo.

—No, justamente estáis haciendo que le favorezcan los aspectos que no son casuales, como las negociaciones. Nos respondéis con negativas a todos y, en cambio, a él siempre le decís que sí cuando necesita un recurso, al ladrón o lo que sea.

Ambos me miran como si hubiera perdido la chaveta... por delatar su estrategia.

—Pero ¿es que tú no ves lo que están haciendo? —le pregunto a Mark—. Supongo que no querrás ganar así, ¿no?

—No estoy ganando así —responde él.

Y parece sincero. No se da cuenta. De hecho, parece perplejo por mi rabieta.

Vuelvo a guardar silencio, pero sacudo la cabeza a ambos lados mirando a Dex, a Derick y a todos los que han convenido fingir que no se dan cuenta de lo que está pasando.

—Sabéis perfectamente lo que estáis haciendo —sentencio en voz baja.

La acusación queda suspendida en el aire. Todo el mundo hace oídos sordos. Noto que la dinámica en la estancia cambia, y para mal.

La mañana siguiente nos despertamos antes del amanecer para ascender a Borobudur, un impresionante templo budista declarado Patrimonio Mundial por la Unesco. Yo lo visité hace unos años. Mientras estamos relajados en la parte superior, veo a unos turistas intentando sacarse una foto y, cuando voy a ofrecerme a hacérsela, Mark se me adelanta y les hace una instantánea rápida. No tienen ni idea de quién es, pero están encantados con la foto y todo en conjunto es muy tierno. Mark parece maravillado. Noto que disfruta de esa cercanía recién descubierta. Le saco una foto a Mark haciéndoles la foto, y nos la vamos pasando unos a otros. Todo el mundo derrocha amor hacia Mark.

Cuando más tarde recorremos el templo hindú de Prambanan, que a los chicos les gusta muchísimo más porque les recuerda a *Tomb Raider*, Mark se acerca a otro grupo de turistas con la clara intención de explorar esa sensación de hombre corriente. No hablan inglés, de manera que Mark alarga la mano para cogerles el teléfono y hacerles una foto. Le hacen un desplante, brusco, como diciendo: «Pero ¿qué demonios haces? ¡Déjanos en paz!». Mark parece desconcertado y un poco herido. Está tan acostumbrado a que se le acerque todo el mundo y le pida fotos y selfis con él (que acepta hacerse a regañadientes), que no sabe cómo manejar la situación. Su abatimiento instantáneo es tan cómico que cuesta no reírse, y yo no lo consigo y me río, cosa que no encaja muy bien. Así que cambio de estrategia y lo consuelo.

—Si alguna vez se dan cuenta, Mark, estoy segura de que se hundirán en la miseria —le digo.

Está claro que él no le ve el lado divertido e intenta desembarazarse de su bochorno mediante el raciocinio.

—Quizá en realidad no querían sacarse una foto.

—¿No has pensado que tal vez han creído que intentabas robarles el móvil? —le planteo.

Parece apesadumbrado. No podría estar menos preparado para que lo rechacen así. Nunca más vuelvo a verlo ofrecerse a hacerle una foto a nadie.

15

Una simple petición

Esta gira de tres semanas por Asia va a ser toda una prueba para Mark. Es la primera vez que visita a varios jefes de Estado en el extranjero, así que preveo que tendré millones de preguntas y exigencias suyas. No soy capaz de anticipar la única petición que me hace: unos disturbios.

Para ser exactos, su petición es o bien unos disturbios, o bien una concentración por la paz.

Al principio creo que me está tomando el pelo. Las concentraciones por la paz no son mi especialidad y, a decir verdad, es la primera vez que me piden que organice unos disturbios. Y menos para un consejero delegado de una empresa tecnológica. Interpreto que ha habido un problema de comunicación y que todo es un malentendido. «Disturbios» y «concentración por la paz» son dos cosas completamente distintas. Luego Debbie me envía un email para decir que se ha encontrado con Mark y que le ha dicho que quiere una concentración por la paz o unos disturbios, y que quiere que pensemos formas de que acabe rodeado de gente o «suavemente acosado». No sé muy bien qué quiere decir con «suavemente acosado», así que rechazo la idea. Debbie y yo utilizamos el argumento que podría hacerle cambiar de opinión: le recordamos lo poco que le gustará al Gobierno chino que iniciemos unos disturbios en Asia. No sirve de nada. Sigue insistiendo. Y me doy cuenta de que definitivamente no me toma el pelo.

Si acaso está obsesionado con el tamaño de la multitud. Eso es lo que le importa. Una concentración de más de un millón de personas. Es su mayor deseo. No explica nunca por qué la quiere, y no me parece que me corresponda a mí preguntarlo. Imagino que quiere comprobar la eficacia de su producto a la hora de convertir las herramientas *online* de Facebook en poderío *offline*. Algo así como decir: «Toda esta gente está en la plataforma». ¿Se nos ocurre una forma de movilizarla? ¿De hacer que se eche a la calle?

Sea cual sea el porqué, mi trabajo ahora mismo consiste en «iniciar unos disturbios».

Por eso estoy nerviosa cuando aterrizamos en Yakarta tras nuestro fin de semana de turismo en Java. Para cuando llegamos al Four Seasons, el ambiente de relajación vacacional se ha esfumado por completo.

La tensión aumenta aún más por una cuestión de vestimenta. En algún momento de las idas y venidas con varios altos cargos del Gobierno, se generó la expectativa de que, como señal de respeto, Mark llevara la tradicional camisa indonesia de batik en su encuentro con el presidente electo Joko Widodo. La camisa está estampada a la cera con colores vivos y es básicamente lo contrario de lo que lleva Mark a diario. A primera hora de la mañana se la llevo a su *suite* del Four Seasons. En cuanto la ve, se planta.

—No pienso ponerme eso. —Acto seguido desaparece de nuevo en su cuarto de baño.

Intento que la llamativa camisa y yo pasemos desapercibidas en su *suite*, pero, en materia de vestuario, al parecer hemos llegado a un callejón sin salida. Le he dicho a Mark más de una vez que para las reuniones con jefes de Estado debería ponerse un traje, y parece que la camisa de batik es ir demasiado lejos. Me preocupa que regrese a su uniforme habitual y vayamos a tener otra batalla de la sudadera, como cuando quiso ir en sudadera con capucha y camiseta a su encuentro con el presidente de México.

Cuando veo que no sale del baño, empiezo a inquietarme. No he tenido tiempo de preparar a Mark para la reunión con el presidente electo de Indonesia. El único momento para hacerlo es este. Pero la hora programada de salida viene y se va. Son casi las nueve y seguimos en el hotel. Vamos a llegar tarde y mal preparados, porque el tráfico en Yakarta es implacable. Y, pese a ello, Andrea, que es la asistente de Mark, y yo aquí seguimos, esperando a que Mark aparezca con la ropa que haya tenido a bien ponerse.

Intercambiamos sonrisas tensas durante la espera. Andrea es una exgimnasta chinoamericana que utiliza el estar ocupada a modo de escudo. La cháchara educada no es lo suyo. Acaba entrando en el baño de Mark, del que salen unas risitas inesperadas.

Finalmente, Mark asoma la cabeza desde el cuarto de baño.

—Se me han roto los pantalones.

Ese no es un problema que tuviera previsto. Mark suele llevar vaqueros. Tenemos camisas de repuesto para lidiar con los problemas de sudoración, pero no tenemos pantalones de repuesto. Aunque, de algún modo, Andrea ha conseguido remendar los pantalones en el baño, entre risitas. La oficina del presidente empieza a llamarme, quiere saber dónde estamos y por qué no hemos llegado al ayuntamiento, que es donde se supone que deberíamos estar. Prefiero culpar al tráfico antes que a los pantalones del retraso. Cuando por fin llegamos al ayuntamiento, lo hacemos con un retraso considerable. Hago salir a todo el mundo del monovolumen lo más rápido posible.

Estoy tan concentrada en llegar a la reunión cuanto antes que hasta que no estoy en lo más alto de las escaleras frente al ayuntamiento no me doy cuenta de que se ha desatado el caos. Una multitud de personas nos acorrala y alborota a nuestro alrededor. Algunos son periodistas, otros no, y nos gritan y nos empujan, interponiéndose entre nosotros, separando al equipo de Facebook. El nerviosismo aumenta al ver a Mark. Se desata la histeria para llegar hasta él. Mientras intentamos atravesar las puertas del ayuntamiento, la multitud se agolpa, pierdo los zapatos de tacón y me veo transportada hacia delante en volandas, sin que mis pies toquen el suelo.

Encuentro la mano de Elliot y la agarro mientras me zarandean de un lado a otro. Escudriño la barahúnda intentando localizar a Mark. Antes del viaje hemos tenido varias intensas sesiones informativas sobre seguridad, impartidas por fornidos israelíes en cuyas cualificaciones para el puesto intento no pensar demasiado. Nos han tomado las huellas dactilares para identificarnos en caso de secuestro, lo que me ha hecho imaginarme a alguien enviando mis dedos uno a uno a la sede central de Facebook. Ahora empiezo a preocuparme de que todo este tumulto pueda ser una trampa. Como si fuera una película de Batman en la que alguien del ayuntamiento acaba secuestrado en medio del caos.

Veo a Debbie y luego a Mark, que está con Todd, el responsable de nuestro equipo de seguridad. Todd es un tipo enorme, un exmilitar. Tiene a un indonesio agarrado por el pescuezo, y lo apunta con el puño apretado de uno de sus brazos musculosos, a punto para darle un puñetazo en toda la cara.

Luego sabremos que el tipo al que está a punto de pegar es el jefe de seguridad del presidente electo y, por lo visto, un general de dos estrellas. Lo que resulta divertido, pero solo *a posteriori*. En ese momento, es pura adrenalina y terror.

Estos ni siquiera son los disturbios que yo he organizado.

La multitud sigue avanzando hacia el vestíbulo y la mano de Elliot se me escurre. Ahora no puedo ver nada, porque soy demasiado bajita, y alguien me pisa los pies. En el impacto del dolor, la multitud me empuja de un lado a otro hasta que, al fin, me veo fuera de peligro. El gentío sigue avanzando. No veo a nadie de nuestro equipo. Me doy cuenta de que han entrado en la sala de reuniones con el presidente electo y sin mí. Corro hacia la puerta de la sala, que está vigilada. Pero, antes de meterme dentro, localizo mis zapatos, solitarios y retorcidos, en el vestíbulo. Vuelvo a por ellos, me limpio la sangre de los pies magullados y me los pongo, sabiendo que probablemente no contribuirán a darme un aspecto más profesional, teniendo en cuenta mi desaliño tras la húmeda refriega.

Me abro paso a empujones hasta la sala de reuniones, esperando algún tipo de resistencia por parte de los guardas, y mi ruidosa entrada interrumpe lo que está claro que es la parte protocolaria, tranquila y cortés, de la reunión, en la que Mark le pregunta al presidente electo por sus prioridades. Saludo torpemente al presidente electo con una frase ensayada en indonesio y me siento en el espacio que Mark me deja a su lado.

La sala está abarrotada. He estado negociando durante semanas el número de personas que asistirían a la reunión, para asegurarme de que había un equilibrio entre ambas partes, pero está claro que nadie ha hecho el menor caso a esos acuerdos. Esto es la ley de la selva. Identifico a algunos de los ministros y altos cargos de la sala, pero, sentado junto al presidente electo hay un tipo que sin duda alguna no es un funcionario del Gobierno. Lleva el pelo largo y desgreñado, una camisa de manga corta con unas gafas de sol colocadas en el cuello y una gran cadena que cuelga de sus vaqueros en dirección al bolsillo trasero. Parece haberse perdido de camino a la discoteca y no entiendo qué hace sentado a la derecha del presidente.

La conversación se reanuda en cuanto me siento, pero cuando el presidente electo empieza a exponer sus prioridades, la puerta vuelve a abrirse de par en par y Debbie irrumpe en la habitación, interrumpiéndolo de nuevo. El incidente me concede la posibilidad de preguntarle en voz baja a Elliot quién es el hombre sentado junto al presidente.

—Por lo visto es una famosa estrella pop del país —susurra Elliot.

—¿Sí? —pregunto, sin entender aún lo que está pasando—. ¿Y por qué está aquí?

—Es un gran fan de Facebook.

—¿No lo somos todos?

Elliot se encoge de hombros y yo empiezo a tomar notas, lista para intervenir en caso de que Mark o el presidente electo se desvíen de los temas de discusión negociados de antemano: impuestos, cuestiones de contenidos en este país predominantemente musulmán y su exigencia de que Facebook almacene los datos de los usuarios indonesios en Indonesia.

Todo este asunto no ha sido fácil de organizar, porque el presidente electo Widodo ha mantenido un perfil bajo desde su victoria en las elecciones, y es muy consciente de que reunirse con Mark Zuckerberg será objeto de un intenso escrutinio por parte de la prensa, tal como acabamos de experimentar en carne propia. También es una iniciativa políticamente delicada para él y para nosotros, porque no estamos reuniéndonos con el presidente en funciones y porque Facebook es una empresa estadounidense. Se trata de uno de los primeros actos públicos de Widodo desde su triunfo electoral. Es arriesgado.

Al verlo en persona, me doy cuenta de por qué ha accedido a aquella reunión: se siente en deuda con Facebook por haber salido elegido. Cree de verdad que no lo habría conseguido sin nosotros.

—¡Soy el presidente de Facebook! —lo dice de un modo tan solemne y casi inocente que cuesta no sentirse cautivada y desarmada por él—. No estaba previsto que yo ganara, al fin y al cabo no soy más que un carpintero, pero Facebook me permitió hablar con los votantes directamente.

Y era verdad. Jokowi (así lo llama todo el mundo) es un hombre relativamente joven y ajeno al *establishment*, un cambio radical respecto a toda una sucesión de presidentes conocidos por su corrupción y clientelismo. Ha utilizado Facebook e internet de formas interesantes, como por ejemplo para invitar a la gente a que votara en la plataforma qué ministros querría ver en su Gobierno. Por eso yo quería que Mark se reuniera con él justo al inicio de su mandato. Es un hombre de internet, una nueva clase de jefe de Estado nacido de la nueva diplomacia de Facebook. En ese momento, sigo tan convencida de que Facebook es una fuerza para el bien que ni se me ocurre que también pueda inclinar las cosas en otra dirección, hacia otro tipo de candidato. Cada uno a su manera, tanto Jokowi como Mark tienen una especie de optimismo juvenil y la sensación de que quizá no deberían estar donde están. Y eso parece algo bueno.

16

Tú sigue conduciendo

Al acabar la reunión, la cuestión de los «disturbios» que he organizado planea sobre el ambiente. El presidente electo es famoso por sus *blusukan*, visitas improvisadas a pueblos y suburbios para pasear, hablar con la gente y averiguar lo que preocupa a la población. Son unas visitas muy populares y, al documentarme para nuestro viaje, descubrí que Jokowi suele acabar siendo lo que se describe como «suavemente acosado», que parece ser justo lo que Mark había pedido y el equilibrio perfecto entre un disturbio, una concentración y un evento con un millón de personas. Así que convencí al equipo del presidente electo para que Mark lo acompañase a una *blusukan*, pese a un cierto escepticismo inicial, sobre todo entre nuestras filas.

—Esto no acabará bien —fue la respuesta de Debbie cuando le conté que había conseguido convencer a Jokowi.

Al aterrizar en Yakarta, Mark parecía dispuesto a hacerlo, pero luego los responsables de seguridad del presidente electo pusieron sobre la mesa la cuestión del francotirador. Del riesgo de que pudiera haber uno en una *blusukan* previa a la investidura. Andrea, la asistente de Mark, ha suspendido el paseo antes incluso de que lleguemos al ayuntamiento.

De modo que no deja de sorprenderme cuando, en la rueda de prensa posterior al encuentro, una persona de la oficina del presidente electo viene a hablar conmigo de la *blusukan* que Mark va a hacer con Jokowi. Yo le hago saber que se ha cancelado.

—No —me corrige—, se ha cambiado de ubicación por motivos de seguridad, pero va a hacerse.

Tras el caos en el ayuntamiento de esta mañana, tengo miedo.

Mark está de pie junto al presidente electo para las fotografías oficiales del encuentro, y yo me lo llevo a un lado.

—El presidente quiere hacer la *blusukan*.

Sonríe de oreja a oreja.

—Estupendo. Claro que sí. Hagámoslo.

Se lo cuento a Elliot.

—Ni hablar. No lo va a hacer.

—Bueno, pues es mejor que se lo digas a Mark, porque acaba de decir que quiere ir.

Elliot se acerca a Mark. Los periodistas y yo vemos cómo le susurra al oído. En una de las fotos oficiales de nuestra rueda de prensa con el presidente electo se ve a Elliot lanzándole un susurro muy teatral a Mark. Sus labios forman la *o* de la palabra *no*.

Nos llevan inesperadamente a una antesala con una decoración recargada. El presidente electo le explica a Mark que su equipo de seguridad está «haciendo un reconocimiento de la ruta». Estoy tras ellos petrificada porque ya hemos agotado todos los temas que traíamos preparados, y no estaba previsto que Mark tuviera que charlar de forma indefinida con un presidente electo. Imagino que todo esto se sale de su zona de confort, teniendo en cuenta que no es dado a la charla insustancial ni siquiera con gente que conoce.

Por el rabillo del ojo veo que Elliot se acerca a mí con paso decidido.

—¿Le has dicho al presidente que no va a haber *blusukan*? —pregunta.

Dirijo un gesto de impotencia hacia donde el presidente electo y Mark están charlando y tomando té.

—¿Me corresponde a mí hacerlo? ¿Es cosa mía decirle a un presidente lo que tiene que hacer? —digo, tomando nota mental de que Elliot no se está ofreciendo a hablar con el presidente electo él mismo.

—Hasta ahora no te ha supuesto un problema hacerlo.

Sospecho que bromea, pero probablemente no esté haciéndolo.

—Los dos parecen querer ir, y se está llevando a cabo un reconocimiento de seguridad ahora mismo. ¿Quién debería tomar la decisión? —pregunto. De verdad que me gustaría saberlo.

Elliot se acerca a Mark y al presidente electo y, mientras ellos dos siguen hablando, se inclina y le susurra algo con firmeza al oído a Mark. Él me busca con la mirada. Yo me encojo de hombros. Acto seguido, Mark se vuelve hacia Elliot y sacude la cabeza. Elliot vuelve a mi lado.

—Sigue queriendo ir. Esto es una locura después de lo que hemos pasado para llegar hasta aquí. No es seguro. Tienes que hablar con los suyos y cancelarlo.

Me paso los siguientes diez minutos yendo y viniendo entre varios funcionarios de la comitiva de Jokowi, Mark, nuestro equipo de seguridad, Elliot y vuelta a empezar. Al final, Mark se pone en pie y sigue al presidente hasta su vehículo, esquivando a Elliot como si temiera que fuera a secuestrarlo.

Y de repente ha desaparecido. Con el presidente electo.

Elliot y yo dirigimos la vista a Todd, el responsable del equipo de seguridad, la persona cuyo trabajo consiste en permanecer cerca de Mark y protegerlo, y que ahora mismo no está con Mark. Se le ve muy estresado.

—Al coche —ordena con firmeza—. Rápido.

No sé decir si es por los francotiradores, por el caos de antes, por el hecho de que Mark no tenga a su equipo de seguridad a su lado o por mi preocupación por lo que pueda estar diciendo mientras circula a toda velocidad junto al presidente electo, pero reina un silencio absoluto en el monovolumen mientras recorremos las calles de Yakarta persiguiendo a la comitiva de Jokowi.

Me sorprende ver que nos detenemos en el exterior de un centro comercial, porque el equipo del presidente electo había dicho que la *blusukan* se haría en una barriada cercana. Salimos a toda prisa del vehículo para intentar localizar a Jokowi y Mark y, al momento, se nos echan encima montones de personas, decenas al principio y luego centenares, personas que se agolpan, arañan, empujan y agarran, oleadas de personas, cuerpos y más cuerpos de personas. Vuelvo a aferrarme a Elliot.

Están todas sobrepasadas por el entusiasmo. Se inclinan, aplauden, lloran y experimentan violentos arrebatos de emoción, como si ese momento en ese centro comercial de Yakarta fuera el segundo advenimiento. Aunque no es por Mark: solo les interesa el presidente electo.

Veo a Todd tratando de abrirse paso a través de la muchedumbre y me doy cuenta de que está viviendo la peor pesadilla de un profesional de la seguridad. La multitud nos empuja de un lado a otro y, aunque tratamos de que no nos separen, nuestras manos sudorosas no paran de resbalarse y tenemos que avanzar a empujones hasta donde están Mark y el presidente electo. Los dos parecen estar disfrutando de la adulación, del bullicio de la gente, de los estallidos de emoción y de la compañía mutua. Mientras se desplazan de un puesto a otro hablando con unos y otros, es como una escena de una película de colegas en apuros con un presupuesto generoso para extras. Los empellones nos acaban llevando hasta la salida y Todd nos mete a todos, incluido a Mark, en el monovolumen antes de gritarle al conductor que circule lo más deprisa que pueda para escapar del gentío que intenta meterse dentro del vehículo, y subirse encima también.

Al arrancar veo que Elliot echa chispas y tengo la sensación de que el 99 por ciento de esa rabia está dirigida a mí.

Sospecho que esta podría ser la última vez que organizo una visita a un jefe de Estado o un «disturbio suavecito».

Mark se vuelve a mirarnos y hace una pausa para asegurarse nuestra atención antes de emitir su veredicto. Me noto el estómago revuelto, como si tuviera ardillas dentro. Temo que también él esté furioso por el riesgo de seguridad al que lo he expuesto o quizá por toda la cháchara del presidente electo a la que se ha visto sometido. Parece más que posible que estén a punto de despedirme.

—¡Ha sido increíble! —exclama Mark. Nunca le había visto los ojos tan vivos, tiene el rostro sonrojado y sonríe extasiado.

—No para Todd —apunta alguien desde la parte trasera del vehículo.

—¿Habéis visto cuánto lo quieren? Esa gente estaba loca por él. No he visto nunca nada parecido. No he visto nunca un gentío así.

Y eso lo dice un hombre que está acostumbrado a recibir atención. Por una vez, ha visto algo y a alguien más grande que él mismo, alguien con más impacto, alguien por quien la gente siente una devoción personal.

Mientras nos cuenta todo lo que ha hablado con el presidente electo, con la adrenalina aún recorriéndole el cuerpo, me doy cuenta de que todo aquello le ha afectado profundamente. Vuelve una y otra vez al momento de la muchedumbre, a lo grande que era, a la adoración de todo el mundo por Jokowi. Atravesamos a toda velocidad las calles abarrotadas en dirección a la autopista, a kilómetros del centro comercial, antes de que alguien se dé cuenta de que con las prisas nos hemos dejado allí a un miembro de nuestro equipo de comunicación, y que esa persona está perdida y sola entre la multitud indonesia.

—Tú sigue conduciendo —ordena Elliot desde la parte de atrás del monovolumen.

Y eso hacemos.

17

Morir con las botas puestas

Sheryl se une a nosotros en la etapa de Corea del Sur de nuestra gira por Asia. He estado intentando que Mark y Sheryl pudieran reunirse con el presidente surcoreano. Su equipo no lo descartó de entrada. Preguntaron muy amablemente si pensábamos anunciar «inversiones» en Corea, al tiempo que dejaban caer que Google había abierto un campus en Seúl antes de solicitar reunirse con el presidente. Pero Facebook es una empresa un poco agarrada para esas cosas. Nuestra negativa a «pagar para jugar», junto con las órdenes de detención vigentes contra Mark y Sheryl, hacen que, para sorpresa de nadie, el presidente no esté disponible para recibirnos.

Mark y el equipo se reúnen con Samsung, pero de aquello no sale nada importante.

Tras una larga cena en la sede de Samsung, hay una fiesta de karaoke solo para el equipo de Facebook, con DJ coreanos. Mark lo da todo con la letra de «I Want It That Way» de los Backstreet Boys. La fiesta continúa a bordo del avión privado que vuela de Seúl a Tokio. El grupo es ahora un poco más reducido: Elliot y Sheryl han vuelto a Estados Unidos y ya solo quedan los chicos de los equipos de negocios y de crecimiento. Todo el mundo está bebiendo. No tarda en aparecer un equipo de karaoke a bordo y la fiesta en el avión sube de tono. Sin Sheryl ni ninguna otra empleada veterana a bordo, la situación se descontrola aún más que sobre el terreno en Seúl. Los chicos bailan y hacen el tonto. Mark vuelve a la carga con los Backstreet Boys, intercalados con Adele o Disney —«Un mundo ideal», de *Aladdín*— y yo me quedo en la parte trasera del avión tratando de hacerme invisible, sin tener muy claro qué es lo que aconseja el protocolo en una situación así. Supongo que podría parecerme gracioso o entrañable ver a Mark tan empeñado en sonar como un personaje de animación de Disney o como los Backstreet Boys. Pero solo lo hace parecer más pequeño. Como un niño. La verdad es que resulta un poco triste. ¿Esto es lo que hace para desinhibirse? Estoy agotada y echo de menos a mi hija. Noto su ausencia como algo físico. El no tenerla sobre mi cuerpo, el no poder abrazarla y olerla. Esa niña es un mundo entero para mí. Miro las fotos que Tom me ha enviado y me siento sola.

A medio vuelo atravesamos turbulencias. He volado mucho y siempre lo hago muy tranquila, pero esto tiene una magnitud que jamás había experimentado. Hasta el capitán y la auxiliar de vuelo parecen preocupados. La auxiliar se abrocha el cinturón y se rodea el cuerpo con ambos brazos. El capitán habla por megafonía varias veces instando a todo el mundo a sentarse y abrocharse el cinturón. Soy la única que le hace caso. El avión da violentos bandazos arriba y abajo. Tiembla y traquetea, como un juguete endeble moviéndose a manotazos por el cielo. Por algún motivo aquello hace que la fiesta enloquezca aún más. Alguien pone a Bon Jovi en el equipo de karaoke y los chicos cantan borrachos y a voz en cuello la parte de la letra que habla de «going down in a blaze of glory» ('morir con las botas puestas'). En la palabra *down* ('abajo') el avión sufre una sacudida. Se turnan para cantar las estrofas y luego braman juntos «going down in a blaze of glory». En la parte de atrás del avión, la auxiliar de vuelo y yo cruzamos miradas. Ella cierra los ojos cada vez que se produce un descenso brusco.

Viajando es como se conoce a la gente, y ese es el viaje en el que empiezo a conocer de verdad a Mark. Creo que él siente lo mismo, porque durante ese viaje me añade como amiga en Facebook.

En esos ratos que pasamos en templos, en el mercado del pescado de Tokio, en el karaoke y en absurdos restaurantes con estrella Michelin especializados, por supuesto, en fritos, hablamos de todo tipo de cosas. Me fascina saber cómo se ve la vida cuando eres una de las personas más ricas del mundo. ¿Qué cambia? ¿Qué sigue igual?

Al verme de repente en ese mundo de hoteles de lujo, aviones privados, piscinas infinitas y servicio de conserjería personal, me siento como si hubiera cambiado todos los muebles de mi casa por otros muchísimo mejores, pero el tiempo y lo fundamental de lo que hago a diario —comer, dormir, trabajar— no hubieran cambiado en absoluto. Pero ¿cómo es para él?

Sheryl me explicó en una ocasión el ciclo de la riqueza tal como lo veía ella. Yo me estaba quejando de que alguien a quien admiraba se hubiera jubilado de Facebook a una edad muy temprana. No entendía por qué lo había hecho. ¿Qué iba a hacer que fuera a ser la mitad de interesante? Sheryl, con total naturalidad, dijo que seguramente seguiría el ciclo de la riqueza que había observado en Google y Facebook. Primero, viajes exóticos durante un año o más, hasta aburrirse, y luego pasar a ponerse muy en forma o a alcanzar cualquier otra meta personal. Tras lograr ese objetivo, comprarse un barco o gastarse el dinero en cualquier otra afición extravagante y, finalmente, divorciarse o atravesar cualquier otra crisis personal. Si se recuperaba de aquello, tal vez fundar su propia *start-up* o fondo o, más probablemente, dedicarse a la filantropía.

Nada de todo aquello parecía muy apetecible.

Teniendo en cuenta el nivel de riqueza de Mark, ¿qué es lo que le importa a él de verdad? Esa riqueza infinita me resulta inimaginable. Intento explicárselo un día cenando.

—El otro día estuve hablando de eso con Masa —responde Mark. Se refiere a Masayoshi Son, el consejero delegado de SoftBank, un conglomerado japonés que invierte mucho en empresas tecnológicas, incluidas muchas de las *start-ups* de las que todo el mundo habla y que tanto le gustan a Mark—. Y los dos coincidimos.

—¿Coincidís en qué?

—En qué es lo más importante.

—¿Y qué es?

—La comida —dice levantando un palillo en dirección a su boca. Una delicia frita cuelga en el aire junto a sus labios.

—¿En serio?

—Sí. O sea, todavía más para él que para mí. Envía cada día a alguien a ese mercado del pescado al que hemos ido esta mañana a comprar el mejor atún rojo que haya. Come la mejor comida del mundo. Tiene al mejor chef de Japón.

Durante la época en la que trabajé en temas medioambientales, uno de los proyectos en los que me vi involucrada estaba relacionado con la protección del atún rojo del sur, que está en grave peligro de extinción. Sé que un solo ejemplar puede venderse por millones de dólares. También sé que los esfuerzos por regular y salvar los caladeros están fracasando estrepitosamente, y que la razón de que esos atunes alcancen esos precios es que escasean y están a punto de desaparecer. Es como si Mark estuviera diciendo que lo mejor de ser rico es comer crías de elefante, tiernas, frescas y amenazadas, o saborear pequeños osos pandas de los que apenas quedan en el mundo.

—Creía que ni siquiera te gustaba el atún. Te gustan McDonald's y el pollo frito —le digo asombrada y, si soy sincera, deseando con todas mis fuerzas que no esté a punto de decirme que él también quiere comer especies en peligro de extinción.

—Es verdad. En cuanto me enteré de que había un restaurante de comida frita con tres estrellas Michelin en Japón, supe que teníamos que probarlo.

—Claro, pero eso es porque te gustan los fritos. No hace falta ser el hombre más rico del mundo para comer pollo frito o comer en McDonald's cada día.

—No, pero si quieres el mejor atún rojo...

Lo interrumpo:

—Vas a tener que pelearte con Masa para conseguirlo. Pero ¿qué más?

—Bueno, Kevin me ha presentado a su distribuidor de vinos. —Con Kevin se refiere a Kevin Systrom, cofundador de Instagram.

—Pero si tú no bebes vino.

—No, pero me encanta Andrew Jackson.

Ser extranjera tiene muchas desventajas, pero una ventaja indiscutible es que puedes hacer preguntas tontas solo por escuchar cómo las responde alguien. Sé que a Mark no le interesa demasiado el alcohol, pero lo que me cuenta es que colecciona jerez (u oporto, nunca he sabido diferenciarlos) y lo que le importa no es el vino en sí, sino que sea de la época en que Andrew Jackson era presidente. Así que le pregunto quién es Andrew Jackson y por qué le cae tan bien. Mark explica que Jackson es el mejor presidente que ha tenido Estados Unidos, que era implacable, un populista y un individualista, y que «logró resultados». También derramó mucha sangre en el proceso de expandir el territorio de Estados Unidos, y envió a cinco tribus nativas al Sendero de las Lágrimas, pero eso Mark no lo menciona.

—¿Y qué hay de Lincoln o Roosevelt? —pregunto, haciendo valer mis credenciales de extranjera—. ¿No dirías que lograron resultados? ¿No podría ser uno de ellos el mejor?

—No —dice, firme, Mark—. Es Jackson. Los demás ni se le acercan.

Tras su *blusukan* con el presidente electo indonesio y su primera experiencia de devoción desenfrenada y políticamente motivada, es como si algo hubiera cambiado en Mark. En la sesión preparatoria de la reunión con el primer ministro Shinzo Abe, plantea preguntas inquisitivas como nunca antes: ¿cómo funcionan las elecciones en Japón?, ¿por qué dimitió y luego volvió Shinzo Abe?, ¿quién ostenta el poder en Japón, el emperador o el primer ministro?

El encuentro con Shinzo Abe es un poco como volver a casa. Estamos empezando a establecer relaciones diplomáticas sólidas con varios países, y la relación entre Facebook y Japón es mucho mejor que la de la mayoría. Está el mismo personal que hace un año para la visita de Sheryl. Es el mismo sitio y un formato similar. Tomo nota para acordarme de llevar un vestido distinto.

Nada más entrar, el primer ministro Abe se acerca a mí y me sonríe.

—Me alegro de verla de nuevo. Siempre se la ve tan joven —me dice, lo que teniendo en cuenta la cultura jerárquica y patriarcal del Japón probablemente no sea un cumplido. Luego se vuelve hacia Mark y dice—: Vaya, usted también parece muy joven.

Mark sonríe con elegancia y, esquivando lo que podía ser un momento incómodo, responde:

—Supongo que porque lo soy.

Abe sonríe encantado. El resto de la reunión son todo avances, un poco como lo que yo había imaginado que sería esta diplomacia tecnológica. Abe ha cumplido con los puntos que habló con Sheryl, como legalizar el uso de las redes sociales en las elecciones japonesas. Y nosotros hemos cumplido con lo que ofrecimos, como la herramienta de respuesta ante catástrofes, una forma de que la gente pueda declarar que está «a salvo» y notificarlo a su familia y amigos, lo que por supuesto está inspirado en el terremoto y el tsunami de 2011 en Japón. Esa herramienta tiene algo de personal para mí tras lo ocurrido en Christchurch; hubo que discutir con ingenieros y con equipos de diseño, y es uno de los primeros elementos de ingeniería que también tiene algo de proyecto político; una intersección entre la tecnología y las cosas buenas que podemos hacer para ayudar a las personas y los países.

Aprovechando que estamos aquí, Abe anuncia el lanzamiento de la herramienta de respuesta ante catástrofes a la prensa, pese a que su equipo me ha dicho varias veces antes de la reunión que el primer ministro nunca avala productos y nunca hace excepciones.

Cuando Abe promete visitar la sede de Facebook, sé que lo hará. Hemos puesto las bases de lo que durante tanto tiempo parecía imposible: una diplomacia embrionaria para Facebook, y Mark, como nuestro fundador y consejero delegado, es su cara visible.

Pero no acompaño al equipo en la siguiente etapa de la gira, que sé que podría hacer que cualquier progreso que hayamos hecho se venga abajo.

Van de camino a China.

18

Señal de alarma

Para Mark, es difícil imaginar un futuro para Facebook que no incluya China. El país ya cuenta con 650 millones de usuarios de internet, más del doble de toda la población de Estados Unidos.

Durante gran parte de 2014, Mark ha estado invirtiendo una gran cantidad de tiempo y energía en la entrada de Facebook en China. Unos meses antes del viaje, envía un email a sus colaboradores más cercanos explicando el porqué:

De: Mark Zuckerberg
Fecha: 25 de julio de 2014, a las 9:51:37
Para: Sheryl Sandberg, Elliot Schrage, Vaughan Smith, Kevin Systrom
Asunto: Plan trienal para China

He dicho hace poco que estaría dispuesto a viajar tres veces al año a China y a implicarme más intensamente en el intento de ayudarnos a operar allí. También he animado a Kevin [Systrom] a que haga lo mismo. A algunos parece haberos sorprendido, así que quiero proporcionaros un poco de contexto sobre por qué creo que ha llegado la hora de que nos tomemos esto más en serio. En nuestra misión de conectar el mundo, ha habido siempre unos cuantos problemas difíciles que siempre se ha dicho que abordaríamos en su momento: conectar a aquellos que no pueden permitirse internet, poner en órbita satélites para quienes no tienen infraestructuras de conectividad y conectar países donde estamos bloqueados, como China. A estas alturas, hemos realizado progresos en todos los demás grandes problemas, y el último de la lista es China.

Mark sostiene que todos tenemos que ponernos a ello activamente y de inmediato, si es que queremos entrar en China en algún momento. Instagram ya ha aterrizado en el país, y sospecho que esa es una de las razones por las que es un objetivo tan atractivo para él.

Si no lo hacemos, es muy probable que se revierta lo que hemos conseguido y que todos nuestros servicios –incluido Instagram– queden bloqueados [...]. Creo que deberíamos verlo como un plan trienal para conseguir que Facebook esté plenamente operativo allí. El primer año debemos aspirar a que servicios clave como Instagram sigan en funcionamiento, y deberíamos intentar poner en marcha una oficina de ventas con un responsable sénior chino. A finales del tercer año, deberíamos, con suerte, haber establecido los vínculos que tendrían que permitir a Facebook operar también en China (un resultado aún mejor sería que Instagram se convirtiese en el Facebook de China, lo que haría que el éxito de la aplicación de Facebook fuera menos necesario).

Finaliza con un poco más de contexto sobre por qué tenemos que hacer esto ahora:

Siempre hemos necesitado conectar a China, pero siempre ha habido otros proyectos importantes que podíamos acometer para conectar a grandes cantidades de población. Ahora ya no nos quedan otros proyectos importantes. Ha llegado la hora de establecer esos vínculos y hacer que esta alianza con China funcione.

Lo que no aparece en el correo de Mark es más revelador que lo que sí aparece. No hay reconocimiento alguno de la complejidad moral de trabajar con un país autoritario que vigila a sus propios ciudadanos y no permite la libertad de expresión.

Estamos en julio de 2014. Google hace años que se ha retirado de China, diciendo que «no está dispuesto a seguir censurando» los productos de Google a raíz del intento de acceder a las cuentas en su servicio de varios defensores de los derechos humanos. Mark, Sheryl y Elliot lo saben muy bien. Tanto Sheryl como Elliot eran altos ejecutivos en Google en esa época. Elliot incluso testificó ante el Congreso en relación con la estrategia de Google en China, un asunto escabroso en el que él y un ejecutivo de Yahoo fueron condenados por connivencia con el Gobierno chino. «Aunque tecnológica y económicamente son ustedes gigantes, moralmente no son más que pigmeos», le dijo a Yahoo el presidente de la Comisión de Asuntos Exteriores.

Pero, pese a aquello, en el email de Mark no se plantea ninguna pregunta del estilo de «¿Deberíamos operar en China?», o «¿Cómo gestionamos los inevitables dilemas morales que seguro que se presentarán?». China, a ojos de Mark, no es más que el elemento final de una lista de tareas pendientes, el último gran proyecto que abordar. Como si estuviera jugando al *Risk* y necesitara ocupar todos los territorios.

Yo no creo que Facebook vaya a entrar en China. La misión de la empresa —hacer del mundo un lugar más abierto y conectado— es lo opuesto a lo que el Partido Comunista de China (PCCh) quiere, sobre todo bajo el mandato del presidente Xi Jinping. Me cuesta imaginarme que vayan a permitirnos entrar. Y no quiero ayudar a Facebook a intentarlo. Tal como yo lo veo, la única forma de conseguirlo sería colaborar con el PCCh y hacer concesiones que no deberíamos hacer. Se lo digo a Marne y creo que lo entiende. Asume ella misma casi todas las tareas relacionadas con China.

Mark, entretanto, está aprendiendo mandarín. Le dice a la gente que estudia todos los días, y se reúne con empleados que lo hablan para practicar sus dotes de conversación. Incluso concede una entrevista en mandarín, en un aula llena de estudiantes chinos. El vídeo del acto es adorable; a Mark se lo ve suelto, se ríe de sí mismo y resulta gracioso. Los estudiantes lo jalean y estallan en aplausos cuando rompe a hablar en un mandarín con marcado acento.

—Necesito un poco de práctica —les dice, y ellos se ríen—. Mi mujer es china. —Más risas y aplausos—. Hablamos en mandarín con su abuela.

Cuando las imágenes se cuelgan en YouTube mucha gente comenta que Mark tiene más personalidad —parece más humano, resulta más agradable y está más relajado— en mandarín de la que jamás ha demostrado tener en inglés.

Durante mucho tiempo, la responsable de las políticas relacionadas con China ha sido Marne, con el equipo de negocios de Asia gestionando el día a día. Pero, a principios de 2014, durante mi baja por maternidad, Facebook anuncia la incorporación de un nuevo responsable del equipo de China. En lugar de traer a alguien con experiencia específica en ese país, el escogido es Vaughan Smith, del equipo de desarrollo empresarial de Facebook. Dentro de la empresa, Vaughan ha estado trabajando en las colaboraciones con telefonía móvil, un cargo al que accedió desde un puesto previo en eBay. Es una decisión coherente con la forma de enfocar las cosas en Facebook: priorizan a los de dentro frente a los de fuera, la experiencia empresarial frente a los conocimientos políticos (sobre China, en este caso), lo que a mí me parece que es una locura. Curiosamente, Vaughan es también neozelandés y fue al mismo instituto de educación secundaria en el que mi madre fue profesora y al que también fue mi hermano, además de haber ido a la universidad en Christchurch, mi ciudad natal.

Vaughan es un hombre afable y entusiasta que habla deprisa y siempre parece estar de muy buen humor. Me cae bien. Lo contrario sería difícil. Es un hombre enjuto, quizá porque hace ciclismo, esquí acuático y otras actividades deportivas para las que misteriosamente parece tener tiempo de sobra, a diferencia de sus compañeros de trabajo estadounidenses, que, al parecer, no tienen tiempo para el ocio. Sus rasgos amables se acompañan de cabello rubio, ojos azules y un marcado acento neozelandés. Varias personas me cuentan —a mí, que soy la única otra neozelandesa que conocen— situaciones en las que Vaughan ha insistido en «enseñarles su presentación». El problema es que el acento neozelandés convierte las *e* en *i*, de modo que en lugar de decir *deck* ('presentación') parece decir *dick* ('polla'), así que, más que una invitación a revisar unas cuantas diapositivas, parece una proposición indecente. Javi por lo visto respondió: «¡No, tío, no! Paso de ver eso». Vaughan es el tipo de persona que se toma esas cosas a risa, para quien un malentendido no es un error, sino un rasgo que viene de serie. Parece inmune a cualquier tipo de mortificación social, e irradia una especie de bonhomía alegre de vestuario masculino.

Vaughan suele tener invitados en su casa palaciega de Palo Alto, donde su muy atractiva familia atiende a una variada muestra de empleados de Facebook en torno a su foso para hogueras o su piscina exterior, según la época. Vaughan se muestra —y no tengo ningún motivo para dudar de que lo sea— como un hombre que tiene todo lo que desea.

Trabaja de un modo muy diferente al mío y al del resto del equipo de políticas. Decide que serán sus palos de golf los que le permitirán penetrar en el mercado chino, y nos va poniendo al día sobre con quién ha jugado un partido y sobre cómo aquello podría ser la puerta de entrada para reunirse con funcionarios clave del Gobierno. El trabajo real —la preparación de informes, el seguimiento de las regulaciones o el análisis de la actualidad política— lo delega en sus becarios, o en las mujeres que trabajan para él.

A veces, Vaughan parece ajeno a determinados hechos importantes. Programa la visita de Mark durante la cuarta sesión plenaria, seguramente la semana más ajetreada del año para los altos cargos del Gobierno chino, de los que se espera que asistan al principal congreso político del PCCh. Vaughan parece no darse cuenta de la celebración del plenario hasta una o dos semanas antes del viaje.

Con Vaughan todavía asentándose en el cargo y solo unos pocos días después de que Mark envíe su email sobre la cuestión china, nos enteramos de que Instagram, que sigue operando en el país, podría quedar bloqueado. De hecho, hay rumores de que los chinos podrían ir todavía más allá y eliminarlo de las tiendas tanto de Apple como de Android en China.

La repentina amenaza de prohibir la plataforma pone de relieve, de forma muy inoportuna, el escaso control que tiene Facebook sobre su destino en China: no solo no tiene comunicación directa del Gobierno chino antes de su anuncio, sino que tampoco tiene la capacidad de detener el bloqueo ni de saber cuándo se producirá exactamente.

Mientras otros entran en pánico, Vaughan, desde el hoyo número nueve, es la única persona que reacciona con indiferencia.

—Una pena: China ha sido durante una época el país en el que más ha crecido Instagram, y podría haber sobrepasado a Estados Unidos y haberse convertido en nuestro país número uno en 2015, en caso de haber continuado con la trayectoria anterior.

En su lugar, se centra en abrir una oficina física de Facebook en China y en buscar una alianza comercial que ayude a la plataforma a introducirse en el país. Tiene entre sus objetivos a la empresa de capital riesgo Sequoia, al genio del capital privado Stephen Schwarzman y a la empresa de tecnología de la información China Broadband, entre otros. Cualquiera que pueda meter a Facebook en China.

Yo sigo sin ser capaz de entender cuál es su estrategia. Hasta que me ponen en copia en un email de un empleado júnior y entreveo cuál es la forma en que el equipo está abordando la cuestión de Hong Kong y China. El email habla de una carta que Facebook le prometió al comisario para la protección de datos de Hong Kong en respuesta a sus preguntas sobre la privacidad de los usuarios de Facebook en ese territorio:

> Actualización: Rob y yo hablamos ayer con Vaughan y Zhen, del equipo chino, y nos alertaron de una posible complicación derivada del rumbo probable de nuestras negociaciones con el Gobierno chino. A cambio de la posibilidad de establecer operaciones en China, FB aceptará conceder al Gobierno chino acceso a los datos de los usuarios chinos, incluidos los hongkoneses.

¿Facebook aceptará conceder al Gobierno chino el acceso a los datos de los usuarios chinos, incluidos los hongkoneses, a cambio de entrar en China? No puede ser verdad. Es una de esas ideas locas que los demás departamentos siempre dejan caer y que Marne y yo frenamos antes de que lleguen demasiado lejos. La propuesta, que seguramente infringiría la orden de consentimiento que Facebook acordó con la Comisión Federal de Comercio en 2012 (y el acuerdo anterior, de 2011, con la Comisión Irlandesa para la Protección de Datos), solo puede ser obra de empleados júnior que no la han sometido al escrutinio de quienes tienen la última palabra en Facebook. Es tan disparatada que estoy segura de que no hay ningún peligro de que se convierta en realidad pronto, o nunca. Así que la ignoro, aunque la siguiente frase del email explica exactamente cómo piensa llevarlo a cabo Facebook:

> Los nuevos usuarios en China aceptarán una PUD/SDI modificada que refleje esta práctica, pero tendremos que a hacer que los usuarios de Hong Kong vuelvan a aceptar los TCU.

Traducción: los nuevos usuarios chinos tendrán una nueva política de uso de datos que aceptarán al registrarse en Facebook —un texto que especificará que el Gobierno chino tendrá acceso a sus datos—, mientras que los usuarios ya existentes en Hong Kong se verán obligados a aceptar unos nuevos términos y condiciones de uso (el contrato entre Facebook y sus usuarios) que también incluirán esa estipulación.

Sigo sin creérmelo. Me parece tan improbable que la empresa utilice los datos de los usuarios hongkoneses como moneda de cambio para entrar en China y luego obligue a esos usuarios a aceptarlo por medio de unos nuevos términos y condiciones de uso que no tendrán más remedio que aceptar si no quieren perder el acceso a Facebook, que doy por sentado que las personas incluidas en el email —que son expertos en protección de datos en Estados Unidos y no especialmente sénior— sencillamente lo han entendido mal. Es imposible que Facebook haga uso de los datos de los usuarios hongkoneses como parte de un acuerdo para entrar en China, ¿verdad?

Más adelante, apenas unos meses después, descubriré que no... Que así es como el responsable del proyecto de China estaba pensando hacer las cosas. Pero ya llegaremos a eso.

Entretanto, los demás intentamos averiguar por qué China amenaza con bloquear Instagram. ¿A qué viene esa medida tan agresiva de repente? No lo sabemos con certeza, pero sospechamos que es por el papel de Instagram en las protestas de Hong Kong. Decenas de miles de activistas a favor de la democracia han tomado las calles en la Revolución de los Paraguas, e Instagram es una de las plataformas más utilizadas para organizarse y difundir su mensaje, en parte porque no está bloqueado en la China continental. El activista chino Ai Weiwei publica un selfi en el que agarra su propia pierna y apunta con ella como si fuera un rifle. Se convierte al instante en un meme: los manifestantes de Hong Kong se fotografían en la misma postura y la publican en Instagram como símbolo de sus propias reivindicaciones, junto con los principales *hashtags* de las protestas.

Otra posible razón para ese potencial bloqueo es que, durante las elecciones hongkonesas celebradas unos meses antes, en marzo de 2014, Facebook implementó un megáfono para animar a la gente a votar. China dejó claro que Facebook no debería haber puesto el megáfono ni haber tomado ninguna otra medida para aumentar la participación democrática. En Facebook, la medida se vio como un error, como un punto en contra del equipo de políticas. Yo me libré solo porque para entonces estaba de baja por maternidad.

Las protestas en Hong Kong se intensifican durante los meses de verano y, en septiembre, China cumple con su amenaza y bloquea Instagram. Las puestas al día de Vaughan empiezan a adquirir un tono menos alegre. Menos golf y más pesimismo.

Antes del viaje a China, tenemos que decidir lo que dirán tanto Mark como Vaughan sobre la Revolución de los Paraguas de Hong Kong, en público y en privado. En un email, Vaughan propone:

> Me parece que es una buena oportunidad para hablar del Estado de derecho y alabar a Hong Kong.

En otras palabras, apoyar la represión violenta de las protestas repitiendo como loros las afirmaciones del Gobierno chino de que todo ha sido para defender el Estado de derecho. Alabar a Hong Kong significa alabar a los títeres de Pekín en la isla que apoyan el empleo de mano dura.

No doy crédito. Los demás aparentemente tampoco. Debbie contesta a los temas propuestos por Vaughan con un email que empieza diciendo:

> Creo que eso es algo que solo personas muy capacitadas pueden hacer bien.

Demoledor. Y luego:

> Me parece que decimos algo muy anodino.
>
> No quiero hablar del Estado de derecho.
>
> «Como todo el resto del mundo, seguimos con interés lo ocurrido en Hong Kong y las manifestaciones pacíficas del pueblo hongkonés.»

Quizá temiendo que Vaughan no vaya a entender por qué Debbie tiene razón, Elliot interviene:

> Estoy cien por cien de acuerdo con Debbie.
>
> Vaughan, tienes que entender que «respetar el Estado de derecho» solo sirve para explicar o justificar el comportamiento del Gobierno hasta cierto punto. Para quienes saben de derechos humanos y leyes internacionales, la base de la ley internacional es el rechazo a la llamada defensa de Núremberg, la afirmación por parte de los nazis de que «solo cumplían órdenes» y respetaban las leyes y políticas del Estado nazi.

Vaughan se limita a darle las gracias a Elliot por «esa información de contexto tan bien expresada». No soy capaz de decir si está burlándose o lo dice en serio. No hay forma de quitarle el buen humor a este hombre.

En cualquier caso, creo que tener que explicarle Núremberg al responsable del equipo encargado de tu entrada en China es probablemente una señal de alarma.

19
PAC-Man

Poco después de mi regreso del viaje a Asia, Marne deja el equipo de políticas y asume el cargo de directora de operaciones de Instagram. Tras años conectada a ella por email a casi todas las horas del día, vivo una inesperada sensación de pérdida.

La sustituye Joel Kaplan. No me sorprende del todo. Joel, el antiguo asesor de Bush, ha estado ejerciendo hasta ahora de vicepresidente de políticas de Facebook para Estados Unidos. Además, es el exnovio de Sheryl y a esas alturas ya me he dado cuenta de que los puestos directivos de Facebook incluyen a toda una red de personas interrelacionadas por ser damas de honor, mejores amigos, vecinos y ex. Su fidelidad es hacia ellos mismos, hacia su tribu, por encima de cualquier ideología y de cualquier otra cuestión. Sus pasados, presentes y futuros están entrelazados de una forma en que los míos no lo están. Se contratan unos a otros para trabajos muy bien remunerados, y son responsables de sus respectivos ascensos y primas. Constituyen un pequeño grupo enmarañado cada vez más responsable de dar forma a la atención de miles de millones de personas. Sus preferencias se convierten en políticas. El problema es que Joel no parece tener el menor interés en lo que pasa fuera de Estados Unidos o incluso fuera de Washington D. C. Su carrera y su pasión es la política republicana. No solo trabajó durante dos mandatos completos para George W. Bush (llegó a ocupar el cargo de jefe adjunto de gabinete), sino que participó en los disturbios de Brooks Brothers que ayudaron a Bush a alcanzar la presidencia. Se trata de los tumultos que impidieron el recuento electoral de Florida en 2000, lo que permitió a Bush anotarse ese estado. «Mientras estuve allí, hasta donde soy capaz de recordar, yo no participé de aquello», mantuvo Joel durante su audiencia de confirmación. Pero durante su época en Facebook su memoria parece haber mejorado mucho, porque, cuando salimos a tomar algo después del trabajo, cuenta historias sobre la locura que fue participar en los disturbios.

En la Casa Blanca, estuvo estrechamente involucrado en la respuesta a la crisis financiera de 2008, y seguía resentido por la forma en que lo retrataba Andrew Ross Sorkin en su libro *Malas noticias*, donde le parecía que se minimizaba la importancia de su papel y se le presentaba como un chico simplón y confuso, desesperado por conseguir información que poder proporcionarle al presidente Bush, el cual le había puesto el apodo de Tío Anguloso.

Me sorprende descubrir, de nuevo saliendo a tomar algo, que Joel había empezado siendo demócrata. Insistía en que fue el comportamiento de Bill Clinton con Monica Lewinsky lo que le hizo republicano, una razón para romper con el partido en la que yo acabaría viendo una cierta ironía.

A instancias de Sheryl, en las primeras épocas de Facebook se le ofreció el cargo de director jurídico, pero en aquel entonces ni se le pasó por la cabeza la idea de dejar la Casa Blanca por una página web universitaria. Ahora reconoce, arrepentido, envidiar un poco a Ted Ullyot —otro licenciado en Harvard, ayudante de Scalia y asesor de Bush—, que sí aceptó el empleo. No creo que solo por la inmensa riqueza que dejó escapar. Joel está públicamente resentido por el trato que recibieron aquellos que se quedaron hasta el final del mandato de Bush. Y sigue sorprendido por las escasas oportunidades laborales que se le ofrecieron. Cuando finalmente decidió incorporarse a Facebook, dejó claro que solo se plantearía aceptar el empleo si no tenía que pasar por un proceso de selección. Su primera misión fue encargarse de las cuestiones políticas en Estados Unidos. Al estar Facebook tan alineado con los demócratas, necesitaba a alguien que pudiera ocuparse de los republicanos.

En su nuevo cargo de vicepresidente de Políticas Públicas, Joel es un jefe muy distinto a Marne. Si Marne era reflexiva, minuciosa y siempre inquisitiva, Joel es todo lo opuesto, impetuoso y dogmático. Él lo ve todo desde el prisma del poder estadounidense. Facebook, como Estados Unidos, es una superpotencia. Cuando algo sale mal fuera de Estados Unidos, recurre como un acto reflejo al Departamento de Estado y le encarga que lo resuelva. Casi como si fuera una división de Facebook. Cuando el país insular de Nauru bloquea Facebook de manera inesperada, Joel se pone en contacto con el Departamento de Estado para que el Gobierno de Estados Unidos condene públicamente el bloqueo. Cosa que hace. No sirve de nada. Le insto, en este caso y en otros, a ponernos en contacto con ellos nosotros mismos. A que averigüemos por qué nos han bloqueado y hablemos directamente con ellos para resolverlo.

A Joel le sorprende descubrir que Taiwán es una isla. Muchas veces, cuando empezamos a hablar de problemas acuciantes en algún país de Latinoamérica o Asia, se interrumpe y me pide que le explique dónde está el país. Ocurre con tanta frecuencia que a las pocas semanas de que asuma el cargo me ofrezco a comprarle un mapa del mundo. Rechaza la propuesta, pero, a los pocos días, aparece un gran mapa enmarcado en su despacho.

Apenas unas semanas después de ocupar el puesto de Marne, Joel empieza a contratar un equipo de ventas para animar a los políticos —aquí y en el extranjero— a convertirse en anunciantes. La idea es que, cuanto más dependan los políticos de Facebook para ganar las elecciones, menos probable será que hagan nada que perjudique a la plataforma. Si Facebook es la gallina de los huevos de oro, nadie querrá matar a la gallina. Hay que engancharlos a esos huevos de oro. También a diferencia de Marne, Joel quiere que el equipo de políticas genere ingresos. Tal como lo ve él, Facebook es un negocio y el equipo de políticas debería contribuir a la cuenta de resultados. No quiere que internamente se nos vea como un «centro de costes». La publicidad política es una forma de cambiar eso. Y las elecciones son la principal oportunidad. Jóvenes recién licenciados de Harvard empiezan a aparecer en las oficinas de Washington D.C. para vender anuncios y campañas a los políticos.

A mí todo esto me repugna. Me siento muy poco identificada con este nuevo régimen desde el primer momento. Como extranjera, tengo una perspectiva muy distinta del dinero en las elecciones. Nueva Zelanda, como tantos otros países, impone límites estrictos al gasto electoral: menos de 27.500 dólares neozelandeses por candidato. Me deja anonadada el papel que desempeña el dinero en las elecciones en Estados Unidos. Determina en gran medida qué voces se oyen en relación con cualquier asunto, desde las armas al aborto, y tantos otros. Estoy también en contra de exportar ese sistema de valores. Pero, a efectos prácticos, Facebook está haciéndolo global sigilosamente.

¿El resultado? En Brasil, Facebook se enfrenta ya a multas de millones de dólares y a órdenes judiciales de bloqueo de la plataforma por saltarse las prohibiciones en materia de propaganda electoral. En México, Facebook está siendo investigado por no hacer caso a las restricciones a los anuncios políticos.

Mis desacuerdos con Joel alcanzan su punto crítico cuando me pide que cree comités de acción política (PAC, por sus siglas en inglés) en otros países. Los PAC son, cómo no, un invento estadounidense que reúne a grupos de donantes que apoyan a un candidato político. Hay PAC para casi cualquier causa: para que haya más mujeres en cargos públicos y para elegir candidatos favorables a los agentes inmobiliarios, o a los mayoristas de cervezas o a los sindicatos de profesores. La cadena de ferreterías Home Depot tiene su propio PAC, al igual que la empresa de telecomunicaciones AT&T.

—Tardamos mucho en crear el PAC de Facebook en Estados Unidos; no quiero cometer el mismo error en otros países —insiste Joel—. Tenemos que empezar a crear PAC fuera de Estados Unidos. Deberíamos haberlo hecho hace tiempo...

—No podemos —interrumpo. Joel parece sorprendido—. Es ilegal. Solo los ciudadanos estadounidenses pueden contribuir económicamente a las elecciones de Estados Unidos. Lo mismo vale para el resto de los países. Nadie quiere tener a extranjeros financiando sus elecciones.

—¿En serio? —Joel parece no dar crédito.

—Claro. Por eso yo no contribuyo al PAC de Facebook que fundaste, aunque no dejes de invitarme a hacerlo. No tengo la nacionalidad, así que sería ilegal que lo hiciera.

—Bueno, yo hablaba de hacerlo al revés —dice a la defensiva—. De donar dinero a políticos de otros Estados. Tenemos que empezar a canalizar dinero hacia nuestros aliados clave en el extranjero. Ya sabes, nuestros políticos más influyentes en otros países.

—Bueno, eso se consideraría soborno y corrupción en la mayoría de los países que caen bajo mi responsabilidad —digo con cuidado de emplear un tono neutro.

Joel parece abatido.

—Excepto en las dictaduras —señalo—. Allí probablemente sí que aceptarían tu dinero.

Por un segundo me preocupa que se lo esté planteando en serio.

20

Doblegarse ante el autócrata

Joel no es el único que empieza a ser más flexible con nuestra política exterior. Mark también lo hace. La primera vez que lo veo es en Rusia. Se ha creado una página de evento para una manifestación en apoyo al líder de la oposición del país, Alexéi Navalni, el día en que van a sentenciarlo basándose en unos cargos inventados por malversación: el 15 de enero de 2015. Hay más de sesenta mil personas invitadas al evento y más de doce mil de ellas responden. Pero el personal de Facebook bloquea la página en Rusia el viernes antes de Navidad, tras recibir una queja del servicio regulador de internet ruso, que responde al maravilloso nombre de Roskomnadzor.

Facebook recibe un aluvión de críticas por hacerlo, inclusive entre la comunidad de las tecnológicas y en sitios web como Techmeme, críticas a las que Mark es especialmente sensible. Está muy molesto porque este asunto no se haya puesto en su conocimiento antes de tomar una decisión.

Sheryl le escribe el domingo 21 de diciembre de 2014, a las 9:17 de la mañana, defendiendo a su equipo de políticas públicas:

> Mark, es la manera adecuada de proceder para equilibrar la libertad de expresión con mantener la presencia en Rusia y, además, es coherente con nuestra manera de solventar estas

peticiones. Es una menudencia en comparación con las posibles peticiones de China, que tomará buena nota.

PERO si prefieres complacer a la comunidad tech y defender la libertad de expresión, podemos restaurar el evento ahora mismo.

Las acciones que ha tomado el equipo son coherentes con las directrices que tú le has dado. Este asunto podría adquirir mayores dimensiones y verse bajo una luz negativa entre la comunidad tech, así que, si quieres restaurar la página del evento, háznoslo saber. Si no, capearemos el temporal.

Horas después, a las 13:34 horas, Mark responde:

Ayer hablé de este tema con Elliot.

Mi opinión al respecto es que, tratándose de un caso tan sensible, debería haberse puesto en mi conocimiento (o al menos en el de Elliot) antes de desactivar la página. Mis directrices en ese punto habrían sido intentar desestimar la solicitud, en lugar de retirar la página al instante.

Pese a todo, como en última instancia la petición cumple con la legislación rusa, si hubiéramos apostado por no descolgar la página, lo único que habríamos conseguido es que bloquearan todo el servicio (ese evento incluido) y entonces sí que habría dado mi autorización para desactivar la página. No ayudamos a nadie si el servicio al completo deja de estar habilitado.

A continuación, Mark expone nuestras opciones. Asegura que no podemos desbloquear el evento en este punto porque probablemente ello comportaría el cierre de Facebook en Rusia.

Por otro lado, si restauramos la página y luego, si amenazan con cerrarnos todo el servicio, la bloqueamos otra vez a los pocos días, quedaríamos como unos pusilánimes.

Para complicar aún más una decisión peliaguda, el Departamento de Estado de Estados Unidos se pone en contacto con nosotros para trasladarnos su «preocupación» por el hecho de que Facebook haya eliminado la página del evento de la manifestación en apoyo a Navalni. Joel mantiene una conversación telefónica sorprendentemente breve y desagradable con ellos. El funcionario del Departamento de Estado le dice que, frente a la disyuntiva entre eliminar la página de un evento como este o que nos deshabiliten en algún país, la postura del Gobierno estadounidense es que cierren Facebook.

Y no acaba ahí la cosa.

La letra pequeña es que el Gobierno amenaza con criticar públicamente a Facebook para presionar a la empresa a adoptar un enfoque con principios.

Joel parece atónito ante el hecho de que la Administración prefiera que una empresa estadounidense detenga sus operaciones antes que satisfacer una petición legal de otro Gobierno. Escribe un email en el que echa humo:

> Me he quedado estupefacto y le he preguntado si estaba seguro de que esa era la postura oficial del Gobierno estadounidense, porque nunca había oído articular algo así y me ha parecido alucinante. Le he advertido de que, si llegábamos a un punto en que le parecía que el Gobierno se lo estaba planteando en serio [declarar públicamente que Facebook debería dejar que lo bloquearan], entonces quería un cara a cara, porque sabía que Mark o Sheryl querrían hablar directamente con el secretario Kerry.

Elliot responde: «Caray, estos tipos no tienen ni idea de cómo funciona el poder blando».

Joel y él empiezan a urdir planes para «decirles que no es así como esperamos colaborar con nuestro propio Gobierno».

Joel me telefonea después de haber tenido una acalorada discusión con Mark, que quería entender «bien» cómo se elimina contenido de Facebook. Ahora se está planteando que, en lugar de que el equipo de operaciones de contenido aplique las mismas reglas que ha aplicado durante años, todas las solicitudes de eliminación de contenido procedentes de «países sensibles» se escalen por la jerarquía, si es preciso hasta su persona. Como mínimo, hasta el nivel de Joel y Elliot.

En realidad, lo que más enfurece a Mark durante ese frenético fin de semana de vacaciones es que sabe que es él quien debe adoptar la decisión. Los equipos de operaciones de contenido y políticas están desconcertados, porque llevan aplicando las normas comunitarias y tomando decisiones complejas de esa índole desde hace años. Hasta el momento, ponían en conocimiento de Marne las cuestiones particularmente espinosas, en momentos puntuales se las comunicaban a Elliot, y rara vez llegaban a Sheryl. Nadie recuerda haberle planteado nunca una decisión de este tipo a Mark. En cambio, ahora, dos meses después de nuestro viaje por Asia, el interés de Mark por la política en que se sustentan estas decisiones va en aumento. Por primera vez, quiere ser él quien decida.

Duele ser testigo de ello, habida cuenta del ingente esfuerzo que se requirió para adoptar esas pautas. El sistema que concebimos no es perfecto, pero tiene mecanismos de comprobación y no se guía por los caprichos de un solo hombre. Cuando me incorporé a Facebook en 2011, las directrices eran basiquísimas y las decisiones las adoptaba un equipo que rendía cuentas ante el vicepresidente de ventas mundiales. El equipo odiaba eliminar contenido. Rechazaba prácticamente todas las peticiones. Luego vivimos una serie de incidentes problemáticos. El despacho del primer ministro australiano Tony Abbott nos pidió que elimináramos una página titulada «Ocupemos la vagina de las hijas de Tony Abbott». Alguien de una empresa de artículos de consumo envasados contactó con Sheryl para quejarse de que sus anuncios aparecían en una página titulada «Cómo montarla con suavidad mientras duerme» y otra titulada «Muerde la almohada mientras le entro por la puerta de atrás» o algo por el estilo. El equipo de contenidos esgrimió los mismos argumentos que usaba para conservar los vídeos de decapitaciones en la plataforma y peleó con uñas y dientes en contra de desactivar ninguna de esas webs. Después de aquello, en lugar de bajo el paraguas de operaciones comerciales, el equipo de contenidos pasó a depender del Departamento de Políticas Públicas, bajo la tutela de Marne. Marne convocó una cumbre para desarrollar un conjunto de principios y procesos de lo que puede y no puede publicarse en Facebook. Tras múltiples debates filosóficos y prácticos, y después de participar personalmente en demasiadas discusiones con tipos barbudos acerca de John Stuart Mill, acordamos las primeras Normas comunitarias de Facebook. Parecía un avance que los equipos de políticas y operaciones se reunieran y elaboraran una serie de directrices que guiaran la toma de decisiones con respecto al contenido publicado en la plataforma. Yo quería hacerlas públicas, para que los usuarios de todo el mundo conocieran las reglas. Eso nos haría parecer más responsables y garantizaría que todos los empleados de Facebook se guiaran por unos mismos principios claros. Que es lo que hacemos.

Navalni es el punto de partida para que Mark quiera anular este sistema imperfecto pero funcional. Y, a medida que pasa el tiempo y van surgiendo situaciones cada vez más insólitas e inconvenientes, Mark va implicándose más y más.

Decide bloquear un vídeo de los momentos posteriores a un tiroteo en una escuela mexicana después de que el presidente de México lo contacte en persona; bloquea también algunos discursos políticos indonesios que amenazan con un golpe de Estado contra su colega, el presidente Jokowi; bloquea un discurso político que la Comisión Electoral Nacional de Corea del Sur quiere eliminar.

La mayoría de las decisiones contravienen las Normas comunitarias de Facebook que hemos hecho públicas. Mark está sustituyendo el proceso que hemos desarrollado a lo largo de años por lo que él considera correcto. Y no parece haber ningún mecanismo de rendición de cuentas. Además, cuesta no apreciar que, en casi todos los casos, su decisión casualmente coincide con sus intereses empresariales, con apaciguar a los Gobiernos para que Facebook pueda seguir expandiéndose.

Empieza a dar la sensación de que todas las pautas que durante años hemos ido discutiendo y refinando hasta el infinito son irrelevantes. El nuevo criterio para adoptar una decisión difícil con relación a una petición de un Gobierno es si corremos el riesgo de que prohíba Facebook en caso de no satisfacerla. Es un mero ejercicio de poder. Contundente.

En torno a esta época, mientras nos está ordenando personalmente que eliminemos publicaciones que no vulneran nuestras Normas comunitarias, Mark empieza a opinar en público acerca de la libertad de expresión. El día después del atentado de *Charlie Hebdo*, en el que doce personas son asesinadas, publica: «Lo ocurrido merece un rechazo unánime: un grupo de extremistas ha intentado silenciar las voces y las opiniones del resto de los ciudadanos del mundo. No permitiré que eso ocurra en Facebook. Estoy comprometido con construir un servicio en el que uno pueda expresarse con libertad, sin temor a la violencia».

Su mensaje cae como un jarro de agua fría en nuestras oficinas de todo el mundo. Las personas a quienes he contratado ven con desconcierto estos incumplimientos de nuestra propia política. Cuando el conjunto de la organización de políticas y comunicación nos damos cita en el encuentro anual en la sede de la empresa, en febrero de 2015, Joel expone el que considera el nuevo planteamiento de Mark. Cuando un Gobierno nos solicite que eliminemos contenido que nosotros consideramos que no debería suprimirse, dice, solo se desactivará si se cumple uno de los dos criterios siguientes:

1. Existe una amenaza creíble de que bloqueen Facebook.
2. Los empleados corren algún riesgo.

El equipo me acribilla a preguntas. ¿Cómo pueden determinar ellos si un Gobierno está dispuesto a cerrar Facebook en su país? ¿Cómo pueden escalar la cuestión por la jerarquía hasta Mark? ¿Qué pasa si nos equivocamos evaluando los riesgos, acaban en prisión y luego ya no hay remedio?

Somos una docena los presentes en esa gran sala de reuniones del campus de Facebook y quienes más objeciones ponen son los empleados recién contratados de Corea del Sur, Brasil y otros países cuyos Gobiernos han dado señales de su voluntad de arrestar o hacer una demostración de fuerza contra nuestro personal:

—¿Qué sabe Mark de la política en mi país?

—¿Cómo pretende saltársela?

—¿Cómo vamos a desafiar a un Gobierno que plantea solicitudes legales y luego pedirle colaboración?

—¿Cómo podemos justificar que nuestras normas digan una cosa y, en realidad, apliquemos otra?

Son las mismas personas que mayor riesgo corren con esta decisión. Son ellas, y no Mark, quienes tienen más números para acabar entre rejas si la cosa se pone seria.

¿Y cómo reacciona Joel? Se muestra frustrado. No entiende a qué viene tanta confusión. Y le enfurece lo que considera insolencia e ignorancia, la osadía de cuestionar la autoridad. Básicamente, la dirección promulga las órdenes y se espera que los empleados de fuera de Estados Unidos las acaten a pies juntillas. Alecciona al equipo y dice que Mark ha sido muy explícito con respecto a estos dos principios. Todo permanece publicado a menos que Facebook pueda ser bloqueado o que alguien acabe arrestado y en una celda sin modo alguno de salir. ¿Cuántas veces tiene que decirlo?

Todo el mundo parece consternado de que no vaya a producirse un debate ni se vaya a tener en cuenta, al menos, su opinión. Lo único que hay es un decreto de Mark, por cuyo cumplimiento vela Joel. No entienden por qué se inmiscuye Mark en esto, por qué las decisiones se toman a su capricho, en lugar de hacerlo de acuerdo al conjunto de reglas que pregonamos ante los Gobiernos.

Lo que Joel y Mark están haciendo, ya sea de manera consciente o inconsciente, es enviar un mensaje desafortunado a los Gobiernos de todo el mundo. Si lo único que va a conseguir que Facebook cambie de postura es encarcelar a sus empleados o bloquear sus servicios, está invitando a esos Gobiernos a hacer justamente eso.

A partir de ese momento, todas las decisiones difíciles se elevan de nivel, hasta Sheryl y Mark, para que sean ellos quienes decidan. Aunque en realidad es solo Mark quien lo hace. Facebook es una autocracia de una sola persona.

21

El tiempo de los milmillonarios

Llegan buenas noticias de Colombia. El presidente Santos ha accedido a ser nuestro caballero con armadura resplandeciente y saltar a la palestra con Mark Zuckerberg para demostrar a los mandatarios de Latinoamérica que es un gran momento para apuntarse al proyecto Internet.org. Pasará en enero de 2015.

Solo hay un inconveniente: convencer a Mark de que lo haga por la mañana, que es la única franja horaria que el presidente tiene libre en su agenda. El personal de Santos deja muy claro que están colando a Facebook en su calendario a modo de favor, mientras el presidente está en medio de unas difíciles negociaciones intentando convencer a las milicias de las FARC de que depongan las armas. El problema es que la asistente de Mark, Andrea, se muestra inflexible en que mediodía es demasiado temprano para Mark. Insiste en que tiene que ser a las 12:30 horas, como muy pronto. Mark lleva toda la vida programando hasta altas horas de la madrugada y tiene una política estricta: nada de citas antes del mediodía. Y le funciona en Estados Unidos, donde pocas personas de Silicon Valley van a poner inconvenientes en ajustarse a su horario. Él es el dueño del tiempo. Pero no es el caso de los presidentes de otros países. Resulta que son personas muy ocupadas, con agendas estrictamente programadas. Y eso crea problemas enormes todo el tiempo. Cuesta no soltar un «pero ¿quién se ha creído Mark que es?». Como si su tiempo fuera más valioso que el de alguien implicado en un delicado proceso de paz para poner fin a un brutal conflicto de cincuenta años de duración...

Cuando era estudiante de primer año en la universidad, en una entrevista que concedió al diario de Harvard *Crimson* (acerca del novísimo TheFacebook.com), Mark aseguró: «El lujo al que yo aspiro en la vida es no tener a nadie que me diga qué hacer ni un horario que cumplir».

Una semana antes del viaje, este problema de agenda —la negativa de Mark a reunirse por la mañana— lo sabotea todo. Pero se trata de una oportunidad demasiado importante para dejarla pasar. Me llaman para que medie entre su palacio y nuestro palacio. Andrea se mantiene firme en las 12:30 horas y, tras un ingente ejercicio de persuasión, el personal del presidente accede a que sea a las 12:15 horas. Los planes continúan adelante hasta un día antes del evento, cuando Andrea pone en conocimiento del palacio que llegaremos a las 12:30 horas. Y ellos responden confirmando que la reunión está programada a las 12:00, su propuesta original. Llegados a este punto, ambos bandos me eliminan de su intercambio de correos electrónicos.

La mañana de la reunión, Mark no se ha leído los informes que le he preparado. Andrea insiste en que lo ponga al corriente en el coche, de camino al palacio presidencial, y añade que me enviará un mensaje cuando Mark esté listo para salir. Espero, comprobando el reloj, convencida de que tenemos que llegar antes de mediodía, para poder pasar por los controles de seguridad y la marabunta de periodistas.

A las 11:23 horas me suena el teléfono. Es Andrea.

«¿Estás aquí? Nos vamos en breve. Estamos a punto de llegar a los coches. ¿Dónde estás? Estamos en la entrada del garaje.»

Llevo esperando una hora en el vestíbulo. Mientras bajo, le envío un mensaje de texto: «En el ascensor. Aquí. En S1. ¿Dónde estáis?».

«No estás en S1. Estoy en los ascensores. Estamos a punto de irnos. ¿Dónde estás?»

Algo no encaja. Entonces caigo en la cuenta de que ellos están en el Bogotá Marriott y yo en el JW Marriott Bogotá. Dos hoteles distintos, a mucha distancia entre sí.

Me indican que me reúna con Mark en el palacio presidencial. Lo busco en Google y averiguo que el hotel en el que me encuentro está a cuarenta minutos de distancia. El hotel en el que está Mark ahora mismo está en la otra punta de Bogotá, al menos a cincuenta minutos por carretera, y eso siendo optimistas. Está previsto que la reunión con el presidente dé comienzo en menos de treinta minutos.

Mi mente y mi cuerpo procesan el horror de lo que está ocurriendo por separado. No hay taxis en el hotel. Sin ser ni siquiera consciente de ello, echo a correr. Más o menos en la dirección del palacio. Hace calor y mucho bochorno. Escruto la calle desesperada en busca de un taxi.

Me suena el teléfono. Es Derick, del equipo de comunicación, desde el palacio. Está muy nervioso. Pregunta cuándo vamos a llegar Mark y yo. Cuando le explico que no estoy con Mark y que no estoy ni remotamente cerca del palacio presidencial, Derick, serenándose, me pregunta qué necesito. Transporte.

—Pero ¿es que nadie ha contratado un taxi?

Derick me da instrucciones para que me dirija a toda prisa a una calle principal que conduce al palacio, con la esperanza de que el conductor me divise. Me quito los tacones y corro descalza, tan rápido como puedo, consciente de que cada segundo podría marcar la diferencia entre el éxito y el fracaso. Noto la gravilla clavándoseme en los pies. Al final diviso un monovolumen blanco y ponemos rumbo al palacio a toda velocidad.

Observo horrorizada cómo el reloj del monovolumen marca más de las doce. Cuando llegamos al palacio, la policía militar nos bloquea el paso. Por supuesto. Debería haber caído en la cuenta de que no podía usar una furgoneta blanca sin identificación para entrar como los toros en el palacio del presidente de Colombia.

Tras salvar este escollo, me conducen rápidamente desde el taxi al avispero en que se ha convertido el palacio y me plantan ante un hombre de expresión adusta con un uniforme verde repleto de medallas. Está rojo de la ira. Se salta incluso las formalidades diplomáticas más básicas. Solo exige saber dónde está Mark.

No puedo responder a su pregunta porque la verdad es que no tengo ni idea. Pero el presidente Santos está esperando para recibirlo. No me atrevo siquiera a comprobar la hora ni a mirar a Derick, que se me acerca furtivamente y me dice que la situación es peor de lo que imagino y que el presidente está visiblemente enojado, tras llevar un buen rato esperando.

Se acerca el ministro de Tecnologías de la Información, el hombre en cuyo monovolumen ministerial fui montada durante nuestra excursión a través de la jungla colombiana. Se ha jugado el pescuezo para que esta reunión tuviera lugar en medio de las conversaciones de paz. Parece abatido. Esto no cuenta a su favor.

Intento calmar al ministro, asegurándole que Mark está a punto de llegar en el mismo momento en el que Derick descuelga una llamada de Andrea, desde donde sea que esté con Mark. Derick me resume la llamada entre murmullos: Andrea ha informado a la oficina del presidente de que el vuelo de Mark ha aterrizado tarde y le dice a Derick que deberíamos secundar su justificación. Me desconcierta que crea que esa mentira funcionará. ¿No se da cuenta de que pueden comprobarlo? ¿Quién se cree que controla el espacio aéreo? Llegaron anoche.

Cuando Mark llega por fin, nos conducen al piso superior, hasta el despacho del presidente. Nadie menciona nuestro retraso. No hace falta: la contrariedad es palpable.

Nos sentamos. Mark parece incómodo y fuera de juego hablando solo de banalidades. El presidente empieza diciéndonos que tiene que marcharse a reunirse con las FARC. Explica que están en una fase especialmente delicada; unas semanas antes se ha producido un atentado mortal con bomba y todo el proceso peligra. Añade que quiere ampliar el apoyo al proceso de paz entre los colombianos y que le interesa que Facebook lo ayude a conseguirlo. Mark parece aturdido, lo mira con los ojos muy abiertos, con la expresión de alguien que no se ha leído el informe preparatorio. No está capacitado para mantener una conversación sobre las FARC. Pero se ofrece a hacer todo cuanto esté en su mano para facilitar el proceso mediante Facebook (Facebook no hace nada relevante; de hecho, meses después, una vez concluido el proceso de paz, Joel se niega a publicar contenido relacionado con las FARC en la plataforma, pese a las solicitudes directas del despacho del presidente).

Todos percibimos que esta reunión finalizará en pocos minutos, a pesar de que acaba de comenzar. Mark menciona el tema de Internet.org e intenta explicar cómo ayudará a poblaciones en regiones remotas de Colombia. Hemos alojado ya dos sitios web del Gobierno colombiano en la aplicación, uno del Departamento de Agricultura y otro del de Educación, y Mark se presta a incorporar otros nuevos. Santos se muestra evasivo y pone fin a la reunión en menos de diez minutos con un «no podemos seguir haciendo esperar a la prensa».

Nos trasladamos pitando a otra sala, donde Santos entrevista a Mark sobre el estrado durante poco más de media hora. El plan original era de una hora y media; se suponía que debían responder a preguntas de los empresarios y periodistas del público, y luego salir juntos. En lugar de ello, Santos se pone en pie y se marcha, seguido de su comitiva. Mark se queda solo en escena.

Antes de este encuentro, el ministro y el presidente habían dicho que Colombia sería la punta de lanza de Internet.org a escala mundial. Habían introducido todos los servicios gubernamentales en la aplicación, no solo el par con el que la habíamos lanzado. Habíamos hablado de enviar al ministro por las Américas promocionando Internet.org. Después de lo ocurrido, cortan toda colaboración con nosotros.

22

Los Juegos del hambre para el 0,001 por ciento

Hay algo que no se ve en Davos: niños. De hecho, todo el mundo parece ser de mediana edad, viejo o muy viejo. Pero en 2015 yo decido llevarme a la cumbre a mi hija de once meses, Sasha.

El Foro de Davos o Foro Económico Mundial (FEM) es la reunión anual de la gente de altos vuelos que cree dominar el planeta, multimillonarios, dirigentes mundiales y celebridades (los Clooney, Kevin Spacey en su día y Bono, por supuesto). Es un festival para gente importante y gente que se las da de importante que se celebra en Davos, una ciudad de esquiadores suiza.

Algo consabido en Davos es que la logística es una pesadilla, y eso si eres un multimillonario con mucho personal. Es ridículo celebrar nada en un lugar así. La cumbre se convoca a gran altitud, en unas montañas suizas remotas, en pleno invierno. Para llegar hasta allí hay que tomar un vuelo a Zúrich y luego conducir durante un largo trayecto por traicioneras carreteras llenas de curvas y cubiertas de hielo, tomar el tren o, si eres uno de los asistentes más destacados (y no simple personal como yo), un helicóptero. Es una población diminuta, con una calle principal rodeada de chalets de esquiadores. La escasez de habitaciones de hotel, restaurantes y minimercados parece ser la clave.

He gestionado la presencia de Facebook en Davos durante años, pero esta vez Tom también asistirá, por encargo del *Financial Times*, así que tenemos que llevarnos a la niña. Cuando les cuento a algunos colegas mi plan, me responden alarmados: «¡Que Sheryl no se entere! Tiene que pensar que le prestas toda la atención a ella». Y eso me revela todo lo que me hace falta saber acerca de la verdadera condición de Sheryl en lo que respecta a conciliar vida laboral y maternidad. El asunto es tan grave que cuando una compañera con la que trabajo codo con codo se entera de que tengo una hija, se muestra sorprendida y me suelta un «¡bien hecho!» (que deja claro que no tenía ni idea), y noto que me ruborizo de orgullo. Ambas entendemos el éxito (y la necesidad) del subterfugio.

Decido que vamos a llevarnos a nuestra hija a Davos de contrabando. Tom no lo ve con buenos ojos, pero tampoco propone ninguna alternativa. Convenimos, a regañadientes, que nuestra única opción es llevarnos a la niñera para que cuide de Sasha mientras trabajamos. No nos la hemos llevado nunca de viaje y nos parece mucho pedir, pero se muestra encantada de acompañarnos.

Viajamos en pleno invierno y la niña cae enferma. A las cuatro de la madrugada, en la cabaña de troncos falsos de inspiración setentera del Sheraton Hotel Davos donde nos alojamos, cuando Sasha vomita otra vez en mi pelo, mientras los tres compartimos cama, agotados y sin pegar ojo en una habitación donde hace un calor asfixiante, Tom se vuelve hacia mí y me dice:

—Sin ningún género de duda, es la peor idea que podíamos haber tenido. No pienso volver a Davos nunca en mi vida.

Y cumple su palabra.

En torno a esta aburrida población suiza, el FEM ha construido una estructura social bizantina mediante la cual controla los exiguos recursos disponibles, que distribuye por su gracia y favor en función del estatus de cada cual. Todo en Davos, toda franja para conferencias, todos los pases para vehículos, todas las invitaciones a refrigerios, todas las salas de reuniones, inclusive la distancia de la mesa principal a la mesa en la que te sientas a cenar, se distribuyen de acuerdo con tu posición social. Las personalidades de tipo A por excelencia presentes en Davos son plenamente conscientes de estas minuciosas calibraciones de poder y se pasan el tiempo haciendo comparaciones e intentando acaparar más y más beneficios. De ahí que pueda oírse a alguien comentando con desdén que le ha sorprendido que cierto primer ministro se hospede en el Hilton Garden Inn en lugar de en el Seehof Hotel, o que una celebridad haya cometido el error de intentar colarse en una fila para acceder a un grupo especial, con la mala educación de no haberse dado cuenta de que estaba empujando a un premio nobel. El narcisismo de las pequeñas diferencias.

Dicho en otras palabras, el Fondo Económico Mundial ha instrumentalizado el concepto de *envidia de estatus* para crear unos Juegos del Hambre para el 0,001 por ciento de la población. Quizá eso explique que todos parezcan deleitados con este lugar. Es como unas Olimpiadas de estatus, una oportunidad que se les presenta para medirse no solo en el marco de su propio sector, sino con otros sectores, políticos y representantes del mundo del entretenimiento y los medios de comunicación. Un puñado de las personas más ricas del mundo.

Pero ¿sabes a quién no le sonríe tanto todo este tinglado? A cualquiera que intente hacer su trabajo con un bebé a remolque. ¿Sabes para quién sí que está pensado? Para Sheryl Sandberg. En Davos, Sheryl nota un hormigueo hasta en la última célula de su cuerpo, está siempre preparada y centrada en trabajar, en sopesar, evaluar y calcular con quién deberíamos pararnos a conversar, con quién se hace un selfi, con quién compartimos información, a quién le hacemos un regalo o quién nos ha hecho algún desplante en el pasado que lo descalifica para recibir siquiera una leve inclinación de cabeza a modo de saludo educado. ¡Y todos son iguales que ella! Estar en medio de estos cálculos constantes es agotador.

Desde que me incorporé a Facebook, hemos convertido Davos en el momento del año en el que hacemos una pausa y evaluamos la situación de la empresa alrededor del mundo. Lo abordamos a partir de una «biblia» que me lleva meses componer, resumiendo todos los aspectos relevantes para Facebook y preparando los temas de discusión. Es como presentarme a los exámenes finales de Facebook cada año. Salimos de la reunión con un email que Sheryl escribe, tras reunirse con políticos, legisladores y periodistas en la cumbre, en el que fija la dirección de políticas públicas para el año que nos espera por delante.

Este año en Davos, a Sheryl y Joel los pilla por sorpresa oír (de boca de sus homólogos) que las cosas no pintan demasiado halagüeñas para Facebook. Joel sale de una reunión con un editor jefe del *Wall Street Journal* con el aspecto de alguien a quien le han entregado una granada a punto de estallar. El periodista le ha dicho: «Ahora mismo, todo el mundo va a por Google, pero vosotros vais detrás». Le ha advertido de que los medios de comunicación, las autoridades reguladoras y políticos de alto nivel de todo el mundo se están alineando para empezar a «coger las riendas de Facebook». Uno de los antiguos colegas de Sheryl en el Departamento del Tesoro le dice: «Estáis todos a dos años de que os odien tanto como a los bancos de inversiones».

El primer ministro italiano nos explica que él y sus homólogos europeos se enfrentan al desempleo y a un crecimiento económico ralentizado, y que las empresas tecnológicas se perciben como sanguijuelas que chupan el dinero a sus países sin crear empleos, hacer inversiones ni pagar impuestos. Durante la cena, el ministro de Finanzas británico, George Osborne, incide en la misma idea, al afirmar que Facebook «no paga lo que le corresponde». Yo estoy de acuerdo. Facebook se ciñe a un acuerdo conocido como Doble Irlandés para evitar pagar tributos. También lo hacen Google y Apple. El mecanismo de funcionamiento del Doble Irlandés es el siguiente: cuando estas empresas generan un dólar vendiendo publicidad (o iPhones, en el caso de Apple) en Italia, España o cualquier otro país de la Unión Europea, esos ingresos pueden desviarse a Irlanda con fines impositivos, y desde allí a un paraíso fiscal como las Bermudas, donde no se pagan tributos. Para hacerlo, las empresas tienen que establecer filiales en Irlanda y transferirles sus derechos de IP en el extranjero. Con este acuerdo, Irlanda consigue que Google, Apple y Facebook desempeñen grandes operaciones en su territorio y generen miles de puestos de trabajo locales bien remunerados. Dichos empleados sí que tributan en Irlanda, aunque las tecnológicas para las que trabajan no lo hagan. Tras años de polémica y oposición, la Unión Europea acababa de obligar a Irlanda a frenar este despilfarro unos meses antes de Davos.

Por todo ello, nuestra próxima reunión con el primer ministro irlandés Enda Kenny revestía especial importancia. Antes de trabajar en Facebook, yo nunca había estado en la trastienda con dirigentes mundiales. Y daba por supuesto que el Foro Económico Mundial sería como mi experiencia en las Naciones Unidas, donde, a pesar de todos sus defectos, las cosas todavía tienen un cierto tinte de idealismo. Esa sensación brilla por su ausencia en las reuniones de Davos. Nadie finge que las intenciones de Facebook sean ayudar a nadie, más allá de a nosotros mismos. El descaro es apabullante. Llegados a este punto, sé que no debería sorprenderme, pero todavía me echa para atrás.

Nos reunimos en la Sala de Socios Estratégicos del FEM, una sala anodina del Centro de Congresos de Davos decorada con mobiliario temporal. En contraste con el entorno, Kenny es un hombre encantador y carismático que de manera esporádica recita poesía de memoria o se pone a cantar en las bulliciosas cenas que celebran cada año en Davos.

—Ah, aquí están las bellas damas de Facebook —dice al recibirnos a Sheryl y a mí.

Viniendo de cualquier otro hombre, el comentario daría grima. Pero procediendo de él, casi resulta encantador. Abraza a Sheryl y a mí me da un par de besos en las mejillas. Kenny es un poco pícaro. Un año, en Davos, un poco achispado tras la cena, nos cuela a mí y a Sadie, la asistente de Sheryl, en una exclusivísima fiesta que da un inversor de riesgo obscenamente rico diciéndonos:

—Venid, no volveréis a probar un vino tan bueno en vuestra vida.

Pasa volando por seguridad y nos conduce a una sala en penumbra donde un puñado de tipos de aspecto sombrío dan sorbitos a copas y, literalmente, toman notas. Kenny suelta con alegría:

—¡Que alguien les sirva a estas espectaculares mujeres un vino!

Y, a regañadientes, nos dan sendas copas del vino más caro que he probado en toda mi vida.

Kenny ha sido uno de los más firmes aliados de Facebook desde el principio, y los irlandeses han cortejado nuestra empresa por todo lo alto. Sheryl suele contar que se decidió a ubicar la sede europea de Facebook en Irlanda en 2008, después de que el Gobierno irlandés le diera un teléfono especial al aterrizar en el país con ocasión de su primer viaje de negocios. Ese teléfono le permitía contactar con alguien del Gobierno que resolvería cualquier problema o satisfaría cualquier necesidad que tuviera. Cada vez que se reúne con un político irlandés cuenta la anécdota y, como no podía ser de otra manera, empieza esta reunión alabando aquel teléfono y diciéndole al primer ministro:

—Les dije a los tipos de la Casa Blanca que deberían ser como el Gobierno irlandés, porque a ustedes se les dan de fábula los negocios. ¡Ay, aquel teléfono!

Kenny arranca con una charla animada sobre cuánto confía su Gobierno en Facebook para llegar a la ciudadanía y hace alusión al impacto positivo que nuestra empresa está teniendo en Irlanda. Y luego vamos al grano. Ahora que la Unión Europea ha anulado el acuerdo del Doble Irlandés, ¿tiene Facebook la intención de permanecer en Irlanda? Google y Twitter se han comprometido públicamente a mantener sus operaciones, pero Facebook no lo ha hecho.

Sheryl le contesta que está al corriente de que ese año tanto la normativa fiscal como los acuerdos internacionales han estado sujetos a una presión y un escrutinio importantes, y le agradece a Kenny el «cuidado» y la «consideración» con los que ha manejado el tema. En realidad, lo que le está agradeciendo es que Kenny se las haya ingeniado para obtener cinco años de prórroga adicionales del Doble Irlandés para Facebook y las otras empresas tecnológicas. Estamos exentos de tributar hasta 2020. Pero ¿y después?

Lo compadezco. Sé que no es la repuesta adecuada a la evasión fiscal, pero Irlanda ha tenido que aplicar unas medidas de austeridad severas. Este hombre necesita el impulso económico que le proporciona la sede internacional de Facebook. Cuesta saber qué puede ofrecerle a Sheryl que la satisfaga. Hace tres años, en Davos, ya le prometió que incluso aunque los países europeos lo obligaran a aplicar tributación a Facebook, no subiría el impuesto de sociedades por encima de su nivel actual en Irlanda: el 12,5 por ciento (frente al 35 por ciento en Estados Unidos). Aun así, un 12,5 por ciento es mucho más que nada, que es lo que paga ahora mismo Facebook.

Kenny empieza a explicar las presiones que está sufriendo.

—Ya sabes que Irlanda no tiene más alternativa que cumplir con lo que los otros países...

Sheryl lo interrumpe.

—¿Sabes que Facebook tiene más de quinientos empleados de cincuenta y cuatro nacionalidades afincados en Dublín, y que acabamos de alquilar un edificio con capacidad para más de dos mil empleados?

—¿Te he hablado del Knowledge Development Box? —le pregunta Kenny con un destello en los ojos.

—Sarah, deja de tomar notas —me instruye Sheryl, sabedora de que Kenny está a punto de revelarnos cómo conservar la gallina de los huevos de oro.

Sheryl no quiere que quede constancia por escrito. Mis notas pueden utilizarse como prueba en un juicio. De manera que esta parte de la reunión «no constará en acta».

—¿Te refieres a lo que le explicaste a Marne que se te había ocurrido para tenernos contentos? ¿La iniciativa de la propiedad intelectual?

—Exacto —contesta Kenny, que procede a describir un nuevo esquema tributario que permitirá a empresas como Facebook separar los «ingresos derivados de la propiedad intelectual» y pagar la mitad de la tasa ya de por sí baja de Irlanda—. Todavía estamos ultimando los detalles.

—Haremos que nuestro equipo le dé forma —insiste Sheryl.

De manera que así es como una empresa se confabula con un Gobierno para evitar pagar impuestos... Sé que Kenny solo intenta hacer lo mejor para su gente y conservar un puñado de empleos en Irlanda. Pero aun así..., este acuerdo a puerta cerrada no parece correcto.

Antes de dar por concluida la reunión, el primer ministro Kenny quiere pedirnos un favor. A Europa le preocupan la privacidad y Facebook, y está a punto de aprobar una ley, el

Reglamento General de Protección de Datos, para combatir el uso que las *big tech* hacen de los datos personales. Todavía se está negociando quién, exactamente, será el encargado de velar por el cumplimiento de dicha ley. Kenny quiere que sea Irlanda. A nosotros también nos interesa. Pero tenemos un problema, porque nadie cree que Irlanda vaya a ser lo bastante estricta con las empresas tecnológicas. Y no les falta razón. Kenny necesita simular que su organismo regulador, la Comisión Irlandesa para la Protección de Datos, está estudiando el caso en estos momentos, llevando a cabo una supervisión adecuada, para que parezca un organismo de control al que Europa puede confiar esta responsabilidad. Dice que «Irlanda está recibiendo críticas», lo cual es cierto, y nos pregunta si podemos ayudarlo a «afianzar la credibilidad» de su autoridad reguladora aludiendo en público a las auditorías que ha efectuado con respecto a la privacidad de Facebook y a los cambios que hemos tenido que implementar a consecuencia de estas. En otras palabras, tenemos que decirle al mundo que nuestro perrito faldero se ha comportado como un pitbull. Por supuesto, Sheryl accede a hacerlo.

En cuanto el primer ministro se marcha, Sheryl se vuelve hacia mí y me dice:

—Impuestos.

—¿No te ha parecido bien lo que te ha ofrecido?

—Quizá. Pero, pase lo que pase en Irlanda, vamos a tener que pagar impuestos en el mundo. Sobre todo en Europa. No creo que podamos evitarlo. La estructura tributaria actual genera demasiado odio como para durar.

Es la primera vez que Joel asiste a Davos, un lugar que pensaba que iba a odiar porque (en sus palabras) «mi gente —es decir: los republicanos estadounidenses— detesta este tipo de encuentros a escala global». Sin embargo, está disfrutando de lo lindo.

Lo encuentro comiéndose un tiramisú directamente de una gran fuente de cristal, tamaño *catering*, que ha sacado del bufé y de la que está dando cuenta él solito, con un tenedor, en medio del centro de congresos.

—¡Eh, mira esto! Todo el mundo decía que no habría comida en Davos y que me iba a morir de hambre, y mírame bien. Tengo un cubo de tiramisú para mí. Me encanta el tiramisú.

—Ya veo. No está mal Davos, ¿eh? —replico, consiguiendo enmascarar bastante bien mi sarcasmo—. Pensaba que «tu gente» no venía a este sarao.

—Ya, yo también, pero resulta que sí que hay un puñado de conocidos.

—¿Amigos de tu club de campo? ¿De Harvard? ¿De Washington? ¿De la Administración Bush? ¿Amigos de la Sociedad Federalista? ¿Del Tribunal Supremo? ¿De la élite mundial en general?

—De todo un poco.

Sonríe triunfal y coge un poco más de tiramisú con el tenedor.

Cuando cae la noche en Davos, regreso entre corriendo y derrapando al hotel para pedir helado al servicio de habitaciones y cantarle en voz bajita a Sasha «Cumpleaños feliz» antes de que se quede dormida. Hace exactamente un año que recibí la petición de qué puntos tratar en Davos mientras tenía los pies en los estribos y estaba a punto de dar a luz. Arropo a mi dulce hijita en la cama y vuelvo a enfundarme la ropa de esquí para regresar corriendo junto a Sheryl y Joel y darles las indicaciones pertinentes para sus siguientes reuniones. Me cuestiono todas mis decisiones vitales. Lo que me apetece es estar en casa, con mi hija, mi marido y mis nuevas «amigas madres». Me digo que es imposible que compaginar una carrera profesional con ser madre sea esto. Sé que se espera de mí que trabaje como si no tuviera hijos, pero no había previsto sentirme así. Me duele. Sigo estando comprometida con mi trabajo, pero tengo la sensación de que el precio que pago por ello es muy alto. Aunque sea lo mismo que hacen Marne y Sheryl. Así es el ambiente laboral de *Vayamos adelante (Lean in)*.

Y aún no he aprendido la diferencia entre saber cuándo abandonar y cuándo perseverar.

Joel está muy impresionado con lo que llama sus «dulces botas», unas botas de nieve con estética de *cowboy* que lo hacen destacar como un republicano en medio de este ambiente de la élite liberal. Me envía una foto de él con las botas acompañada del texto: «Mira qué botas más elefantes [*sic*]. Creo que incluso voy a poder llevarlas a reuniones. ¿Qué opinas?». Me pide varias veces que admire sus botas y en los emails sucesivos que me envía alude a ellas exclusivamente como sus «estilosas botas». Mientras vamos de reunión en reunión por Davos, echa a correr con las botas puestas y me anima con un «venga, rápido, que ya no estás embarazada».

Justo antes de medianoche se da cuenta de que las ha extraviado y tiene un berrinche. Me pone en copia en un correo electrónico que envía a otros miembros del personal titulado «FYI»* y en el que simplemente dice: «SWW ha perdido mis dulces botas» para dejarme claro hasta qué punto está descontento. Y eso pese a que yo no he tenido nada que ver con el hecho de que las haya extraviado. De ahí que, en lugar de estar acurrucada en la cama con mi hijita enferma el día de su cumpleaños, me encuentre a cuatro patas comprobando en los diversos guardarropas del centro de congresos de Davos dónde están las dichosas botas, que resulta que se ha olvidado en uno de ellos. A las 0:58 horas, le envío un email: «Tengo tus botas».

* Siglas de *for your info*, «para vuestra información» *(N. de las t.)*

Una no siempre prevé qué la hará arrodillarse.

En su apartamento en Davos, Sheryl empieza a preparar el correo «Lecciones de Davos» que enviará a Mark y a la dirección cuando estemos volando de regreso a casa. Su mensaje marcará la senda de nuestras políticas durante el resto del año.

Le sugiero que le comunique a la dirección que debemos tomarnos en serio las tormentas que se perfilan en el horizonte. Los mandatarios europeos nos están diciendo que algo no funciona, han detectado que Facebook está ganando dinero a espuertas gracias a sus ciudadanos y que esos beneficios no se están traduciendo en empleos ni en capital para ellos. Y no están contentos. Por el momento, están siendo razonables y le piden a Facebook que encuentre una manera de invertir, pero es evidente que la situación va a cambiar. Yo, en realidad, creo que sería justo que Facebook pagara más impuestos, y así lo sugiero. No es ninguna insensatez. Starbucks acaba de renunciar de forma voluntaria a sus tácticas de evasión de impuestos y acepta aumentar su tributación en el Reino Unido, a resultas de lo cual ha accedido a pagar un impuesto de sociedades en 2015 por la misma cuantía de lo abonado en sus catorce primeros años juntos en el país. Comprometerse a tributar a partir de ahora no solo es la manera correcta de proceder, digo. Dar un poco ahora es una estrategia inteligente, porque podría evitar regulaciones más estrictas y una fiscalidad más contundente en el futuro.

Sheryl hace caso omiso, como si oyera llover. Tributar queda tan fuera de su radar que ni siquiera se molesta en contestarme. En lugar de ello, teclea su conclusión para Mark y el resto de los ejecutivos de Facebook: «Lo mejor que podemos hacer es invertir en conseguir que los legisladores utilicen Facebook para comunicarse y que los políticos lo usen para ganar elecciones».

Así es como Sheryl quiere que gestionemos el odio creciente hacia Facebook y las regulaciones e impuestos que probablemente nos van a afectar. Facebook tiene un as en la manga que otras empresas no tienen: podemos conseguir que sea esencial para anotarse victorias electorales. Cuantos más políticos estén en deuda con Facebook, mejor para nosotros: «En los lugares donde los legisladores tienen una experiencia positiva utilizando Facebook para sus campañas o su acción de Gobierno se muestran más abiertos a colaborar con nosotros para abordar los temas políticos». Es un cambio que tendrá consecuencias de mucho calado.

A partir de ese momento, Facebook se involucra de pleno en campañas y comicios de todo el mundo. Sheryl ordena a Joel que contrate equipos en Asia, Latinoamérica y Europa. Su misión será enseñar a los políticos a canalizar mensajes concretos a bolsas de votantes específicas y venderles publicidad. Deben conseguir que dependan de Facebook para manejar su poder. Eso es precisamente lo que Joel llevaba tiempo queriendo hacer, y, de hecho, lo que ha estado haciendo a pequeña escala. Ahora recibe el mandato de poner toda la carne en el asador. Mientras él se lanza a esta borrachera de contrataciones, yo intento combatirla como buenamente puedo. Soy de la opinión de que este planteamiento solo puede acabar mal. Creo que estaremos demasiado cerca de candidatos que perderán, lo cual nos podría distanciar de los que ganen. Y en otros puntos del planeta, creo que nos acercaremos demasiado a gente reprobable dispuesta a actuar con vileza y acceder al poder con nuestra ayuda. Y eso será perjudicial para Facebook en otro sentido. Sea como fuere, seremos cómplices. Y yo considero que lo mejor es mantener la máxima neutralidad posible. O, al menos, que sea otra parte de Facebook quien se encargue de estas gestiones. No la parte responsable de las decisiones sobre políticas y contenidos. Pero pierdo todas las batallas. Nadie me escucha.

23

«Tenemos que asegurarnos de que esta cosa vuele»

En abril de 2015, el proyecto Internet.org está estancado. Mark había dicho que haría lo que fuera para convertirlo en un éxito, e invierte en él cantidades exorbitantes de su propio tiempo. Pero solo nueve países han desplegado la aplicación desde su lanzamiento, nueve meses atrás.

Le expongo los temas que tratar mientras nos dirigimos a la Cumbre de las Américas convocada en Panamá, donde puede reunirse con multitud de jefes de Estado y primeros ministros en un mismo lugar. Para aprovechar al máximo el tiempo de Mark en la convención (y situarlo por encima de los demás CEO que asistirán a ella), he negociado que participe en una mesa de debate junto con el presidente Obama y los presidentes de México, Panamá y Brasil (precisamente, los países que tenemos en el punto de mira). Conseguir que accedan a que Mark aparezca en el escenario con los presidentes ha sido un proceso tortuoso, pero los panameños han sido unos cómplices de gran ayuda. Al menos hasta que la Casa Blanca tiene conocimiento de mis maniobras. Se enfurecen por motivos que no he descubierto, pero creo que no les gusta la dinámica de poder de que Mark comparta escena con Obama y otros mandatarios. A resultas de ello, expulsan a Mark de la mesa de debate, pero lo colocan en primera fila entre el público, con el presidente de Coca-Cola y unos cuantos directores generales más. En un momento dado, Obama señala a Mark, que ocupa su asiento, y dice:

—Me alegra que mi amigo Mark Zuckerberg esté presente. Es innegable que lo que ha hecho con Facebook ha sido transformador.

Entonces le entregan el micrófono a Mark para que pueda formular una pregunta. Y él aprovecha la ocasión para promocionar Internet.org y concluye preguntándoles a los presidentes de la mesa de debate:

—¿Qué más podemos hacer para conectar a todos los habitantes del mundo?

¿Se entiende lo que conseguimos con esa pregunta? Por un momento, Mark define el tema de debate.

—La inclusión digital es el nuevo alfabeto —responde el presidente mexicano.

El presidente Obama añade que «los Gobiernos tienen que colaborar con el sector privado» y, para ilustrarlo, da un ejemplo inesperado en el que sugiere que los jóvenes de Centroamérica, en lugar de unirse a bandas callejeras, pueden poner en marcha empresas de internet usando las redes sociales.

Mark no cabe en sí de gozo. Tiene a los presidentes secundando la importancia de reforzar la conectividad. Cuando la sesión concluye, Mark y yo intentamos abandonar nuestros asientos en primera fila, pero somos absorbidos por un torbellino de personas. Le dan tarjetas de visita, lo llaman por su nombre, le piden hacerse selfis con él e intentan apartarme de en medio para acercársele. Tengo que sacar a Mark rápidamente de ahí para llevarlo a su siguiente reunión. Pero no conseguimos abrirnos paso a través de la muchedumbre. Vayamos hacia donde vayamos, aparece alguien y tengo la sensación de que nos hacen recular a nuestros asientos. Es un alivio cuando el equipo de seguridad de Mark se materializa y aparta a la concurrencia para que podamos encaminarnos hacia la salida de atrás. El problema es que seguimos sin hacer ningún progreso y el círculo de personas que nos rodean empiezan a cerrar el paso también a los guardaespaldas de Mark. Su escolta personal, consciente del peligro, empieza a apartar a la gente del camino a la fuerza. La multitud expresa su descontento cuando queda claro que Mark va a abandonar el lugar sin hacerse selfis con nadie. Mientras su escolta aparta a empellones a un grupo de hombres a un lado, una voz plañidera exclama:

—Pero, pero, pero... ¡soy el presidente de Guatemala!

Al oír su grito de angustia, se hace el silencio a nuestro alrededor y se detienen los empujones, a la espera de ver cómo se desarrollan los acontecimientos. Mark me mira como preguntándome «¿cuál es el protocolo diplomático después de haber apartado al presidente de Guatemala?». Pero antes de que tenga tiempo de contestarle, veo que sus labios dibujan una sonrisa. Desde luego, esa no es la respuesta diplomática, y no solo la veo yo, sino todos los presentes. Permanecemos quietos durante lo que se me antoja una eternidad antes de que el equipo de seguridad nos saque de allí. Después de eso, durante años, cada vez que demasiadas personas intentan entrar en un monovolumen o que una sala está demasiado abarrotada, siempre hay alguien del equipo que suelta con una indignación lastimera: «Pero, pero, pero... ¡soy el presidente de Guatemala!».

El alboroto alrededor de Mark en la cumbre continúa. El presidente de Panamá comparece ante la prensa junto a él para anunciar la llegada de Internet.org a su país, y otros jefes de Estado están contactando con nosotros para interesarse por el tema. Todo el mundo habla de la importancia de la conectividad. Operadoras de telecomunicaciones que se habían negado a tratar con nosotros en el pasado ahora quieren alojar Internet.org. Se diría que, entre estos mandatarios,

Internet.org se ha convertido en la última moda que nadie quiere dejar pasar. La conversación es muy distinta a las que estábamos teniendo antes de la cumbre y mucho mejor de lo que nos habíamos atrevido a soñar. Durante la cumbre, se cierran treinta nuevos acuerdos de colaboración para Internet.org. Mark y Javi tienen la generosidad de concederme el crédito por ello y le dicen a Sheryl que soy un «hacha de la política». Están tan impresionados con mi capacidad de mover los hilos por todo el mundo que cuando un inmenso barco de contenedores con las palabras «Nueva Zelanda» impresas pasa por delante de nosotros durante nuestra visita guiada al canal de Panamá, están convencidos de que yo tengo algo que ver en el asunto.

Vivimos otras aventuras en Panamá. Tomamos unas copas en un bar espectacular en la azotea de un edificio. Nos achispamos y disfrutamos de una cena inesperadamente divertida en un edificio histórico en el que Mark y Javi discuten sobre el significado de la palabra *delicatessen*. Es el mismo viaje en el que asistimos a la cena estatal con gente ligera de ropa en el yacimiento arqueológico. En un gesto extraordinario, porque no suele agradecerle nada a su personal, Mark me envía un mensaje dándome las gracias por conseguir que el viaje por carretera fuera productivo «y, además, divertido», y añade un emoticono sonriente. Entonces me asalta una pregunta: ¿cuándo se lo pasa Mark así de bien?

Entre tanto optimismo y hacer el tonto, también pasan algunas cosas curiosas que registro como inquietantes y potencialmente problemáticas. La primera con México. Pensábamos que habíamos convencido al presidente mexicano de lanzar Internet.org después de nuestra reunión del año anterior, pero, como tantos de los lanzamientos del proyecto, se ha quedado embarrancado. Más preocupante aún, no obstante, es la presidenta de Brasil. Nos comunican que tiene serios reparos en relación con Internet.org que debemos abordar.

De hecho, la reunión con ella se convierte en la más relevante de la cumbre, porque Brasil es nuestro principal objetivo en este hemisferio. Es el país de mayores dimensiones de Latinoamérica y gran parte de su población todavía no tiene conexión a internet, lo cual lo convierte en un objetivo prioritario para Facebook y para Internet.org.

A ello se suma que Brasil se sitúa en la punta de lanza de la regulación de internet a escala mundial. Es uno de los pocos países que entendió enseguida los riesgos de las redes sociales y se apresuró a regularlas. Contraviniendo la postura de Facebook de que el Gobierno no tiene autoridad sobre nosotros, ha aprobado una legislación de internet integral y férrea, muy por delante de ningún otro país. Dicha legislación les otorga jurisdicción explícita sobre las *big tech* en todo tipo de aspectos, desde la fiscalidad hasta la privacidad. Y la sustancian velando por su cumplimiento. Cuando sus tribunales declaran que bloquearán nuestro servicio, nos los creemos, porque lo hacen.

Para más inri, la presidenta brasileña Dilma Rousseff es alguien a quien otros mandatarios de la región escuchan y respetan. Si se posiciona en contra de Internet.org en público, podría echar por tierra todo el proyecto. La prensa brasileña informa de que no tardará en tomar una decisión, ya se trate de asociarse con Facebook en la iniciativa Internet.org o de «proteger» a los internautas de Brasil prohibiendo su aprobación. Nos ha llegado el rumor de que los activistas están dispuestos a manifestarse en caso de que nos recoja el guante. Y, pese a todos nuestros esfuerzos, seguimos sin saber hacia dónde se inclina la balanza.

Me cuesta muchísimo conseguir un hueco en la apretada agenda de Rousseff, pero finalmente acuerdo una reunión de una hora a las cuatro de la tarde del viernes, el último día de la cumbre.

Y entonces... nos añaden a la agenda una reunión imprevista con el presidente Obama, cuyo inicio está fijado para las 15:45 horas, que es precisamente cuando se supone que debemos estar de camino a reunirnos con la presidenta Rousseff. Lo descubro minutos antes de que ocurra. Alguien de la Casa Blanca debe haber hecho la oferta y estoy segura de que, si alguien del equipo se lo ha preguntado a Mark, habrá dicho que sí.

En un principio, Mark quería que Obama nos acompañara en nuestra visita al canal de Panamá. Andrea nos había enviado sendos mensajes a Joel y a mí preguntándonos: «¿Hay posibilidades de que pudiera visitar el canal con nosotros? Hablo del presidente. Sería épico..., líderes alzados en medio de la conectividad física y la innovación». Como si yo tuviera la capacidad de incorporar un cameo del presidente Obama cuando a Mark le plazca. Joel señala con diplomacia que, puesto que Mark ha hecho la sugerencia a menos de una semana de la cumbre, le sorprendería mucho que la agenda de Obama permita encajar un viaje por carretera al canal de Panamá.

En su lugar, la reunión presidencial de última hora se produce en una zona segura del centro de convenciones donde se celebra la cumbre. Acompaño a Mark hasta la sala antes de que Obama llegue con la esperanza de que me diga «quédate por aquí», como suele hacer. Esta vez no. Me espero en el pasillo. Cuando llega Obama, también deja fuera a su gente.

Espero. Ya deberíamos estar en la furgoneta, pienso.

Van a dar las 16:00 horas. Nuestra reunión con la presidenta Rousseff debería empezar de un momento a otro. Recibo un mensaje de los brasileños indicándome que la presidenta está esperando y pregunta dónde está Mark. Es insoportable.

Le envío un mensaje a Derick, la persona responsable de la comunicación de Mark, que está más cerca de la sala, hablando, en esos momentos, con unos tipos del servicio secreto: «Sácalo de ahí lo antes posible, por favor».

«Están reunidos a puerta cerrada», me responde.

Ya sé que están reunidos a puerta cerrada. Estoy a menos de diez pasos de distancia de Derick. Lo que pasa es que no quiero ser yo quien interrumpa esa reunión.

«Pues llama a la puerta», le digo en otro mensaje.

Hace caso omiso. Me dirijo hacia donde está Derick, junto a una marabunta de miembros de los equipos de seguridad, lo aparto y le digo:

—Tienes que entrar ahí y hacerlo salir.

—No puedo. Está con el presidente de Estados Unidos. Hay un agente del servicio secreto ahí delante, bloqueando la puerta. No pienso interrumpirlos. Hazlo tú.

—Derick, no pienso discutir contigo. No puede seguir haciendo esperar a la presidenta de Brasil. ¡Esto es un desastre!

—Perfecto. Me quedaré mirando cómo lo haces tú.

Me dirijo hacia la puerta donde está montando guardia el guardaespaldas de Mark, Brooks Scott, junto a un agente del servicio secreto.

—Tienes que entrar ahí y sacar a Mark —apremio a Brooks—. No tengo tiempo para entrar en detalles, pero, por motivos de protocolo, es fundamental que hagas salir a Mark ahora mismo.

Por descontado, intento que suene lo más oficial posible, pero no cuela. Brooks sabe perfectamente que yo no soy nadie para darle órdenes. Estamos en un impase, nos miramos los unos a los otros, yo, Derick y Brooks, cuando oigo el sonido inconfundible de una manija descendiendo. Ni siquiera sé si es mi mano la que la ha accionado. La puerta se abre de par en par y Brooks entra en la sala tan rápidamente que apenas lo veo moverse. Lo hace por instinto y porque está entrenado para ello; si alguien puede llegar hasta Mark, él tiene que hacerlo antes. Lo sigo. Miro hacia atrás y veo a Derick de pie en el marco de la puerta.

Supongo que tanto al presidente Obama como a Mark debió de sorprenderles una interrupción de ese tipo, porque no están acostumbrados a que se produzcan, pero la verdad es que cuando intento rememorar el momento exacto, la mente se me queda en blanco. Sí que me acuerdo de que estaban sentados al fondo de la sala, frente a una mesa cubierta con un mantel blanco con un estampado azul. Obama está en una esquina de la mesa y Mark a escasa distancia. Sentados en sillas normales y corrientes. Ambos completamente relajados. No parecen sorprendidos de verme. No oigo lo que dicen porque lo único que noto es el retumbo de la sangre en mis oídos, por la presión. Me acerco a ellos y digo algo como «tenemos que irnos», pero no lo recuerdo bien. Mark no parece angustiado por tener a la presidenta esperándolo. Sigue charlando como si tal cosa con Obama un rato más. Sí que recuerdo mi sensación de agonía mientras lo contemplaba prepararse para marcharse, lentamente. Por fin lo saco de allí y apremio al resto del equipo a salir del centro de conferencias lo antes posible.

Por supuesto, llegamos tarde a la cita con la presidenta Rousseff, pero lo encaja con amabilidad, como si no tuviera importancia. Estamos hablando de una mujer que sufrió torturas a mano de una dictadura militar y que ha estado al mando de una guerrilla, así que no esperaba que fuera de esa clase de personas que habla de trivialidades. Pero se dirige a nosotros con calidez, mostrando verdadero interés por nuestra visita (sin Obama) al canal de Panamá. Cuando Mark le entrega una sudadera con capucha de Facebook con una bandera brasileña bordada, parece complacida de verdad y se la pone enseguida.

—He venido a Panamá solo para verla —le dice Mark, lo cual resulta curioso, teniendo en cuenta que la hemos hecho esperar mientras pasaba el rato con Obama.

Rousseff ni pestañea. Él insiste:

—Brasil es importantísimo como líder en internet y tiene una enorme influencia. Facebook puede ayudarle a alcanzar su objetivo de llevar los beneficios de internet a toda la población del país. Nuestro programa se llama Internet.org.

Lógicamente, Rousseff ya sabe el nombre de antemano y va directa al meollo de la cuestión. La presidenta abandona su calidez para intentar entender plenamente los aspectos técnicos de la regulación de internet. Es una economista experta y formula preguntas agudas que a Mark le cuesta responder sudor y esfuerzos, por ejemplo, acerca de la «tarifa cero» sobre la cual se apuntala todo el proyecto y que consiste en que servicios como Internet.org estén bonificados por las empresas de telecomunicaciones. Rousseff esquiva todos los intentos de Mark de conseguir que secunde nuestra iniciativa o que se asocie con nosotros para lanzar la aplicación Internet.org y, en lugar de ello, pregunta cuáles son los medios «reales» de proporcionar internet de manera gratuita en Brasil. Quiere la infraestructura. Quiere inversiones. Quiere drones que desplieguen internet en zonas remotas de la Amazonia.

Y tiene razón. Facebook podría haberle ofrecido esas cosas. Facebook está invirtiendo en drones de internet y, en esos momentos, está construyendo un prototipo. Pero cuando le enviamos un mensaje al equipo para ver si podemos acceder a probar los drones en Brasil, nos contestan con una negativa: «Ahora mismo tenemos que asegurarnos de que esta cosa vuele». Supongo que ya sospechan que lo de los drones es inviable.

Mark empieza a desesperarse.

—Creo que podríamos llegar allí rápidamente si, en lugar de usar los drones, lanzamos la aplicación Internet.org este mismo trimestre. Tengo una agenda apretada, pero me comprometo a venir a Brasil en junio para ponerla en marcha con usted. —Le ofrece servicios electrónicos para el Gobierno y contenido local—. Tengo un equipo a punto para hacerlo realidad.

La expresión de la presidenta Rousseff es inescrutable. Recibe de buen grado la oferta de Mark de viajar a Brasil y hace algunos comentarios positivos sobre la aplicación Internet.org, pero no se compromete a nada. Y antes de que nos demos cuenta, su equipo le insiste en que tiene que marcharse.

Días después comunica a la prensa que la conversación con Mark se limitó a la construcción de infraestructuras para internet por parte de Facebook en Brasil y que no hablaron ni de Internet.org ni de la tarifa cero. Es falso, pero al menos envía una señal clara de cuál es su postura con respecto a Internet.org. Añade que Mark viajará a Brasil en junio para negociar un acuerdo de colaboración, pero apostilla: «Tenemos que pensar en nuestros intereses».

Lo pongo en conocimiento del equipo de Facebook. Joel responde:

—¡Vaya, hombre! Ya se ha echado atrás. La batalla ha comenzado. Tenemos que defendernos.

24

Horario de California

Una de las cosas estresantes de viajar con Mark que no había previsto es que me pregunte constantemente por qué no vivo en California, más cerca de él y de los equipos. Lo hace sin mala fe, medio en broma, pero sé que en el fondo me lo pregunta en serio.

Tres semanas después de Panamá, regreso con Mark y nuestro amigo, el primer ministro japonés Abe, a la sede de Facebook en Menlo Park. Abe ha cumplido su promesa de acudir a vernos y se deja caer por nuestras oficinas tras su visita de Estado a Obama. Ahora es uno de los muchos mandatarios que quieren pasarse por las oficinas centrales de Facebook.

—Esto es un éxito —le explico a Mark mientras debatimos la reunión con Abe—. Venir a Facebook y reunirse contigo se está convirtiendo en algo habitual para los dirigentes de otros países cuando visitan al presidente. Es como tener una Casa Blanca en la Costa Oeste.

—Pues entonces vas a tener que estar aquí todo el tiempo —responde él.

Mark no es una persona que acostumbre a hacer bromas, pero esta es su versión de lanzarme un dardo en tono jocoso.

—Ya lo estoy —le respondo.

—Pero ¿por qué no te ahorras problemas y te instalas aquí de manera permanente? No veo qué tiene Nueva York que lo haga tan interesante...

—Debe de ser porque no conoces Nueva York...

—Me crie allí.

—Me refiero a la ciudad de Nueva York, Mark, no a los barrios residenciales de la periferia.

—¿Y qué sabrás tú? Si eres neozelandesa...

No muerdo el anzuelo y proseguimos. Nadie del equipo de políticas está afincado en California. Todos entienden que el centro de poder mundial está en Washington D. C. Y Mark no le ha pedido a nadie que se mude a California, así que imagino que se le acabará olvidando. Pero en parte me preocupa que haya entendido lo que yo también estoy percibiendo: que el poder se está desplazando y que Silicon Valley se está empezando a afianzar en sus propios términos. Se está convirtiendo en visita obligada para quienes juegan al poder político. Unas semanas después, sin venir a cuento, recibo este mensaje de correo electrónico:

> De: Mark Zuckerberg
> Enviado: Viernes, 29 de mayo de 2015, 17:54 h
> Para: Sarah Wynn-Williams
> Asunto: Gracias
>
> Sarah:
>
> Gracias por todo lo que estás haciendo en todo el mundo para entablar relaciones importantes para Internet.org.
>
> Has organizado muchas reuniones esenciales con jefes de Estado, lo cual es casi imposible de hacer. Montaste un mitin en Indonesia, lograste que me reuniera con Kirchner [la presidenta de Argentina] y te has esforzado muchísimo por mantener el barco a flote a pesar de los múltiples desafíos que afrontamos.
>
> Soy muy optimista con respecto a la consecución de nuestros objetivos, y tu trabajo [*sic*] es una parte muy importante para conectar al mundo.
>
> MARK

Deseo quedarme en Nueva York con todas las fibras de mi cuerpo, viviendo la vida que hemos construido allí, pero cuando leo este mensaje sé que tenemos que mudarnos a California. Puede no parecer para tanto. Un email elogioso de mi jefe. Pero, como ya he dicho, Mark no envía este tipo de mensajes. Cree que si trabajas directamente con él de manera habitual, ya deberías saber que haces bien tu trabajo. No necesitas que nadie te lo reafirme. Y, combinado con el martilleo constante de comentarios acerca de mi traslado, entiendo que es su manera de decirme que ha llegado el momento de que me mude. Lo que ocurre es que, en lugar de obligarme, ha elegido hacerlo mediante halagos. Pero es capaz de ambas cosas.

Semanas más tarde tengo ya organizada la logística y, cuando le comunico que voy a trasladarme, me envía el típico correo electrónico atento que sería normal de cualquier otro jefe, pero que, viniendo de él, me sorprende.

De: Mark Zuckerberg
Enviado: Jueves, 02 de julio de 2015, 1:39 h
Para: Sarah Wynn-Williams
Asunto: MPK [Menlo Park]

Me alegra que te traslades a MPK. Estoy deseando trabajar contigo de manera más estrecha.

Gracias de nuevo por todo lo que estás haciendo. Vamos a tener un gran impacto en todo el mundo.

MARK

Apréciese la hora a la que lo envía. Típico de él.

25

Teleñecos y monseñores

Septiembre de 2015 acaba con una gran semana para Mark en los dos proyectos más importantes para él: China e Internet. org. También pronuncia el discurso inaugural de Oculus Connect, el congreso que hemos organizado para promover las inversiones de Facebook en realidad virtual. Cada uno de esos hilos tan dispares representa una visión diferente del futuro de Facebook. Si alguno de los dos sale adelante, seremos una empresa muy distinta.

Lo primero esa semana es la visita del presidente chino Xi Jinping.

Meses atrás, Vaughan y los adalides de China en Facebook anunciaron que el presidente Xi Jinping daría el pistoletazo de salida a su visita oficial a Estados Unidos en la sede de Facebook, para anunciar nuestra entrada en el país asiático. Aquello me desconcertó. Una página de Facebook que Vaughan y el equipo de China ayudaron a poner en marcha solo para la visita, #XiVISITUSA, acumuló, de algún modo, más de cinco millones de seguidores, lo que me resultaba extraño. ¿Hay más interesados en esta visita que habitantes en mi país? ¿Quiénes son esas personas? Facebook ni siquiera está disponible en China. ¿Exactamente qué se le había hecho al algoritmo para que aumentara la audiencia? ¿Se les ofrecería ese servicio tan valioso a otros jefes de Estado? ¿No deberíamos ser transparentes al respecto?

El equipo, por lo visto, puso mucho empeño en proteger la página. Algo que a otros jefes de Estado, como el presidente mexicano atacado por un aluvión de emojis de caca, les habría encantado. Y el equipo trabajó para ofrecer un servicio vip a otras páginas del PCCh.

Luego, a mediados de agosto, nos enteramos por la empresa de consultoría de Condoleezza Rice —que hemos contratado para ayudarnos con el asunto de China— de que el presidente chino no visitará Silicon Valley. Lo cual es nuevo para Vaughan y el resto de Facebook. Joel responde en un email: «Si es así, parece una señal clara de que no estamos hablando de septiembre», en referencia a la fecha prevista de nuestra entrada en China. Debbie me reenvía ese correo con el siguiente comentario: «Tal como habías dicho». Tampoco ella ve claro lo de China.

Xi elige Seattle, donde están las sedes de Amazon y Microsoft, para iniciar su visita. ¡Ay!

Vaughan sigue manteniendo viva la esperanza de una reunión entre Mark y Xi en Seattle, que prevé que sería el lugar y el momento en que se anunciaría la entrada de Facebook en China. Aquello luego se rebaja a un aparte en una reunión en grupo y sin anuncio, y finalmente a un «apretón de manos más largo de lo normal», para el que Mark está dispuesto a volar a Seattle. Están desesperados.

El apretón de manos se produce, pero en un contexto particularmente humillante: el campus de Microsoft, durante la visita de Xi a las instalaciones. No voy con ellos, pero viendo el vídeo, es difícil decir si es «más largo de lo normal». Están juntos menos de un minuto. Xi, por otro lado, mantiene una reunión a puerta cerrada con treinta directores ejecutivos estadounidenses y chinos entre los que están Jeff Bezos y Tim Cook. Mark no está invitado.

El apretón de manos ha costado tanto que Mark publica una foto del momento en su página de Facebook y hace que parezca que se le permitió asistir a la reunión con los demás directores ejecutivos:

> Hoy me he reunido con el presidente Xi Jinping de China en el octavo foro anual Estados Unidos-China de la industria de internet celebrado en Seattle. Se trata de una oportunidad para los responsables de empresas tecnológicas de reunirse con representantes gubernamentales de Estados Unidos y China, y de hablar de problemáticas comunes para el futuro de nuestra industria.

Añade al final:

> A modo de apunte personal, ha sido la primera vez que he hablado con un líder mundial enteramente en una lengua extranjera. Lo considero un importante hito personal.

Pero hay un problema con la foto que publica. Está tomada desde un ángulo en el que se ve la cara de Mark y la nuca del presidente Xi, lo que infringe el protocolo. Yo no estoy allí porque trato de mantenerme al margen de todo lo que tiene que ver con China. Pero en cuanto la veo sé que habrá problemas y, efectivamente, el pánico se desata a cuarenta mil pies de altura, en el avión privado de Mark, cuando el Gobierno chino se pone en contacto con ellos a través de la defectuosa conexión de internet de a bordo y les hace saber su enfado. Querían causarle una buena primera impresión al presidente de China y lo que han provocado es una crisis diplomática. Nos han prohibido en China, vetado de las reuniones con los demás dirigentes tecnológicos, circunscrito a un apretón de manos de un minuto y, aun así, han metido la pata.

A continuación, se producen una serie de debates atormentados sobre si eliminar o no la foto. Sin embargo, a todas las personas que viajan en ese avión les han pedido alguna vez eliminar publicaciones incómodas de Facebook y son plenamente conscientes de que borrar algo puede atraer más atención y polémica que dejarlo donde está. Siguen discutiéndolo durante todo el vuelo y, al aterrizar, se dan cuenta de que la imagen ya corre por internet. El daño está hecho. Deciden no eliminar la foto.

Dos días después, en una cena de Estado en la Casa Blanca, Mark tiene oportunidad de hablar de nuevo con Xi. Le pide, en mandarín, si le hará el honor de ponerle nombre a su hija, que está a punto de nacer. Xi declina hacerlo.

Al día, siguiente, el sábado 26 de septiembre, Mark pronuncia un discurso ante las Naciones Unidas, con la esperanza de despertar interés por Internet.org. Como de costumbre, intento conseguirle un buen turno de palabra. En las Naciones Unidas eso quiere decir por la mañana: cuanto más temprano hablas, más importante eres. Logro colocarlo entre el presidente de Argentina y el primer ministro del Reino Unido, pero Andrea, la asistente de Mark, dice que ni hablar. Las Naciones Unidas no son lo bastante importantes para Mark como para aceptar acudir a un acto a mediodía. Sigue sin gustarle levantarse pronto de la cama. Pactamos un turno de palabra posterior. El día antes del acto, cuando Elliot ve quiénes son los presidentes que van a hablar antes y después de Mark, sugiere que cancelemos. Todo eso ocurre antes de que las empresas tecnológicas estén en el radar de las Naciones Unidas, y no encuentro a nadie de mi lado que quiera que Mark hable allí. Se está discutiendo de todo aquello como si Mark hubiera aceptado realizar aquella intervención por mí, como si fuera de visita a mi ciudad natal para hacerme un favor o algo así. «No son unos jefes de Estado demasiado importantes, ¿no?», señala Elliot en un email. Como ciudadana de uno de esos países «no demasiado importantes», aquello no me hace ninguna gracia. Al final, Elliot decide que merece la pena la humillación por una foto de Mark hablando ante las Naciones Unidas, y no lo cancelan.

Vamos a las Naciones Unidas porque estamos intentando influir en sus Objetivos de Desarrollo Sostenible. Los actualizan cada quince años. Se trata de propósitos como reducir la pobreza, el analfabetismo y la desigualdad en el mundo, y promover la igualdad de géneros. Cuando empecé en Facebook, Marne y yo intentamos que las Naciones Unidas incluyeran el acceso a internet (o cualquier referencia a internet) entre los diecisiete objetivos de desarrollo. Al principio literalmente se rieron de nosotras —«¿me estás diciendo que vienes de una página web a decirme que proporcionarle internet a la gente es más importante que acabar con la mortalidad infantil o que erradicar el hambre?»—, pero ahora el borrador de 2015 incluye unas cuantas referencias a la conectividad. Digamos que el acceso a internet no es una prioridad de las Naciones Unidas, pero al menos reconocen su existencia.

Para animarlos a seguir en esa dirección, propongo una Declaración de Conectividad. Es una solicitud, que cualquiera puede firmar *online*, que establece que «el acceso a internet es esencial para alcanzar los #objetivosglobales de la humanidad», y que señala que «la mitad de los habitantes de este planeta, sobre todo mujeres y niñas, no disponen de él». Hace un llamamiento a «líderes e innovadores de todos los países, sectores y comunidades, a trabajar al unísono para que el acceso universal a internet sea una realidad en 2020».

En mi mente, no lo hacemos solo para generar más usuarios de Facebook y promover Internet.org, sino porque parece de verdad una forma tangible de utilizar nuestro poder para hacer del mundo un lugar mejor. Viéndolo con perspectiva, resulta de una ingenuidad escalofriante.

Facebook invierte más de un millón de dólares en anuncios a toda página en apoyo a la Declaración de Conectividad en el *New York Times*, el *Wall Street Journal* y otras publicaciones de todo el mundo, y me deja perpleja la cantidad de personas que se lo toman en serio y firman. Conseguimos el apoyo de toda una serie de personajes muy dispares, como Shakira, Stephen Hawking, George Takei, Bill Gates y Charlize Theron. Se adhieren a él oenegés de verdad, como la Fundación de las Naciones Unidas. Nos asociamos con la ONE Foundation de Bono, porque Bono es amigo de Sheryl, y escribimos un artículo de opinión para él y para Mark que se publica en el *New York Times* y que explica con más detalle nuestra agenda de la conectividad. A todo el mundo le sorprende que Bono pida revisarlo.

Nos gastamos aún más millones en una gigantesca «*pop-up* de la innovación» erigida frente a las Naciones Unidas, una gran estructura de cristal con pantallas que muestran un mundo conectado y vídeos de personas que hasta hace poco no tenían internet, junto con un despliegue de gafas de realidad virtual, un muro de Instagram y el ala inmensa de un prototipo de dron que esperamos que algún día distribuya internet desde el aire.

Mark pronuncia su discurso ante la Asamblea General de las Naciones Unidas y la repercusión mediática es, en general, entusiasta. CNN escribe en su página web: «Mark Zuckerberg: "El acceso a internet puede erradicar la pobreza extrema"». Reuters: «El fundador de Facebook reivindica un internet universal para ayudar a curar todos los males del mundo». *Wired:* «Zuckerberg en las Naciones Unidas: "Internet es de todos"». Estoy encantada de que esas cosas que nadie más quería hacer hayan funcionado.

Pero luego tenemos una comida en el Foro del Sector Privado de las Naciones Unidas, con el secretario general

Ban Ki-moon y la canciller alemana Angela Merkel. Mark está nervioso sentado junto a Merkel, porque Alemania tiene varias investigaciones abiertas sobre cuestiones de privacidad de Facebook que se remontan a la reunión del Holocausto de Marne con la delegación ministerial alemana. Antes de los discursos, un micrófono abierto capta a Merkel apretando a Mark para que elimine de Facebook en Alemania las publicaciones en contra de los refugiados. La canciller acaba de abrir las fronteras a centenares de miles de refugiados sirios, está sometida a fuertes presiones políticas y el aluvión de publicaciones racistas antiinmigración está afectando a su popularidad y complicando su trabajo. El micrófono capta a Mark diciéndole que está de acuerdo y que «tenemos que trabajar» contra ese discurso de odio.

Luego, cuando sube al escenario para pronunciar su discurso, para sorpresa de todo el mundo —también mía—, Mark anuncia que Facebook «trabajará con ACNUR [el Alto Comisionado de las Naciones Unidas para los Refugiados] para llevar internet a los campos de refugiados». No he oído decir una palabra sobre ello a nadie en Facebook. Tampoco, por lo visto, Elliot, el responsable de políticas de Facebook, que envía un email al equipo diciendo: «¿Alguien sabe de dónde sale la idea de poner wifi en los campos de refugiados?».

Nadie lo sabe. Incluso al responsable de Internet.org, Chris Daniels, le ha pillado con el pie cambiado. «Sería de agradecer un debate sobre esos anuncios antes de hacerse», señala en otro correo.

Al parecer, Mark se lo ha inventado.

Quizá llevaba días planeando anunciarlo y por alguna razón no quería hablarlo con nosotros. Aunque también parece posible que fuera una improvisación, algo pensado sobre la marcha para aquietar algún malestar interior después de que Angela Merkel lo regañara por empeorar la crisis de los refugiados. Tal vez piensa que todo el mundo improvisa en las Naciones Unidas.

En la comida, no hay tiempo para reflexionar sobre lo que implica el anuncio de Mark sobre los campos de refugiados: tenemos que enseñarle a Bono nuestra *pop-up* de la innovación y luego atravesar Manhattan a toda prisa en dirección a Central Park.

Central Park está abarrotado. Se celebra el festival anual Global Citizen y en la explanada principal más de sesenta mil personas se han reunido para una especie de concierto de música e ideas, a modo de un Foro de Davos del ciudadano concienciado. En el cartel figuran, entre otros, Beyoncé, Coldplay y Stephen Colbert.

Creo que a Mark le encantará: multitudes, famosos, asistentes jóvenes e idealistas. Ha hablado más de una vez de la idea de tener delante a todo un estadio. Pero soy la única que quiere que lo haga. Elliot, Joel, Andrea..., todos los demás están rotundamente en contra. Hay demasiadas cosas esta semana entre la visita de Xi, la cena de Estado y las Naciones Unidas. Quieren que lo cancele. Pero sé que no le han preguntado a Mark, y estoy convencida de que aquello satisfará algo que ha estado deseando desde que me pidió unos disturbios, así que no cedo.

Para que nos quepa todo en la agenda y conseguirle un hueco a Mark en el escenario tras la comida en las Naciones Unidas y el *pop-up*, les pido a los organizadores del festival que cambien de horario la gallina Caponata. Al principio se niegan: según dicen, mi problema con Caponata genera un conflicto con Malala y Beyoncé. Luego transigen y ponen a Caponata justo antes de Mark. A la pobre gallina le parece bien, pero al equipo de Facebook no le gusta el tono que transmite ese orden de aparición —Elliot no quiere que Mark vaya detrás de un teleñeco amarillo gigante—, así que necesito que cambien otra vez de horario a Caponata. Aún estoy intentando solucionar aquello cuando Mark envía un email diciendo que el papa va a estar en Nueva York ese mismo día y que, además de todo lo anterior, le gustaría tener una audiencia con su santidad.

Le escribo un email a un monseñor con el que he trabajado en el pasado para preguntarle por la posibilidad de un encuentro con el papa, y le pregunto a Caponata si puede intercambiarse con el presentador de programas infantiles Bill Nye. Eso podría ser de ayuda para Mark, Malala, Beyoncé y quizá el papa. Pero mis esperanzas se ven truncadas cuando se me hace saber que Caponata no puede subir al escenario después de que oscurezca, y que tanto ella como su equipo no están dispuestos a hacer más concesiones por Mark Zuckerberg.

Andrea se aferra a la idea de que todos nuestros problemas de agenda se solucionarían si Mark enviara un vídeo al festival Global Citizen en lugar de ir en persona. Y luego procede a grabar el vídeo en cuestión. Yo sigo insistiendo para que Mark vaya y le suplico que no envíe el vídeo, pero lo más que consigo es la promesa de que tomaremos una decisión el día del acto, lo que a mí me parece un riesgo innecesario. Yo creo que Mark querrá ponerse delante de una gran multitud. Ella cree que va a ser un caos ir de un lado a otro en Nueva York durante la semana de las Naciones Unidas. Entretanto, el representante del papa responde: «Envía a Mark a Roma si quiere una audiencia con el papa».

Supongo que todos estamos dejando claras nuestras posturas.

Cuando llegamos a Central Park, nos llevan hasta el área reservada para los artistas. El rapero Common comparte carcajadas con Olivia Wilde en un rincón y Usher se hace fotos con algunas de las chicas guapas que vagan por allí. Leonardo DiCaprio comparte sala de espera con nosotros y le habla a Mark de algo benéfico que quiere que apoye. Pero no soy capaz de disfrutar de nada de todo aquello porque me muero de cansancio. Estoy embarazada de tres meses de mi segundo hijo y me he encontrado mal todos los días de esos tres meses. También me preocupa tropezarme con la gallina Caponata, que he oído que está muy mosqueada conmigo por los cambios de horario.

Me marcho de allí con el pretexto de ir a buscar un puesto en primera fila para el discurso de Mark, y los dejo a él y a Andrea en la sala de espera.

Cuando Bill Nye termina —finalmente sí se ha producido el cambio de orden de aparición—, dirijo la mirada hacia las escaleras por las que Mark subirá al escenario. Parece estar pasando algo entre Andrea y el tramoyista; ella está discutiendo con él y él no se está dejando amilanar. Corro hacia allí, pero, antes de llegar, veo que Mark sube de un salto los escalones que llevan al escenario y contempla la multitud de decenas de miles de personas. Todas ellas parecen estar muy entusiasmadas o bien con Mark o con Bill. No queda claro; puede que con los dos. Por el rabillo del ojo veo a Caponata entre bambalinas y se me tensan de inmediato todos los músculos del cuerpo.

Mark agarra el micrófono y parece buscar el teleprónter; quizá eso le hace dudar un segundo o quizá el sol poniente le da en los ojos, pero justo cuando empieza su discurso se produce un extraño fenómeno. Sus palabras resuenan repetidas, pero un poco diferentes. ¿Qué está pasando? Mark deja de hablar y se queda allí, paralizado, aunque su voz sigue hablando. Me doy cuenta, con horror, de que una proyección gigante de su rostro está hablando. Es el vídeo que ha enviado Andrea. Suena atronador y Mark mira a su alrededor desesperado, como un animal aprisionado en una trampa. El público está confuso. Tengo ganas de vomitar. No soy capaz de mirar a Mark, por si establece contacto visual conmigo. Empiezo a llamar a todas las personas con las que he hablado del festival para decirles que detengan la cinta. Nadie coge el teléfono.

Lo que en realidad es un vídeo muy corto parece durar una eternidad. Mark mira al público incómodo. El público lo mira a él. Me pregunto por un instante si la gallina Caponata estará detrás de todo esto. El vídeo acaba y yo espero que Mark haga una broma o se dirija los espectadores. Pero no, retrocede poco a poco hacia las escaleras que hay a un lado del escenario sin dejar de mirar a la multitud. Me recuerda al GIF de Homer Simpson retrocediendo hacia un seto.

—¿¿¿Qué ha pasado??? —pregunto al llegar corriendo hacia donde están él y Andrea.

—Necesitábamos retocarle la cara y que se cambiara de camisa... —Me quiero morir. Conozco su problema de sudoración. Junto con una camisa limpia, Andrea lleva siempre consigo unos papeles secantes para cuando la cara le brilla—. Les dije que esperaran mientras se cambiaba.

—Pero no pueden esperar —la interrumpo—. Nos han hecho un hueco. Tienen que preparar el escenario para Beyoncé y Malala.

No sé muy bien por qué, pero aquello me destruye. Quizá porque me he esforzado tanto para hacerlo realidad. Quizá porque estoy agotada y no controlo del todo mis emociones, debido al embarazo. Me preocupa echarme a llorar, y sé que eso no sería ni profesional ni proporcionado.

—Es culpa mía, debería haberme quedado con vosotros —les digo, muy consciente de que no ha estado del todo bien haberlos dejado solos junto al escenario para evitar a Caponata.

—Sarah, Dre, no: es culpa mía —dice Mark muy serio. Me está mirando a los ojos—. No, de verdad, es culpa mía.

—No lo es —insisto—. Debería haber sido capaz de detener el vídeo...

—Oye, Sarah, si se me diera bien hablar o incluso improvisar aquí no habría pasado nada. Yo habría dicho algo. Habría interactuado con el público. Es algo en lo que tengo que trabajar. Es culpa mía, no tuya. En serio.

Si antes me preocupaba llorar, ahora me preocupa aún más hacerlo como reacción a su amabilidad. Jamás antes había intentado consolarme. Resulta sorprendentemente... tierno.

—Has hecho un gran trabajo, de verdad. Jamás habría imaginado que podríamos hacer nada de lo que hemos conseguido hoy. Piensa solo en el impacto que hemos conseguido, Sarah.

Mientras pasamos del monovolumen al helicóptero y, finalmente, al avión privado, Mark sigue tranquilizándome —jamás lo he visto tan humano— y, para cuando alguien hace una broma sobre la gallina Caponata, ya vuelvo a estar bien.

El lunes por la mañana, Mark envía un email al equipo: quiere una publicación de Facebook sobre su anuncio ante las Naciones Unidas, su plan de llevar el wifi a los campos de refugiados. Propone que utilicemos una foto que ha encontrado de un sonriente ingeniero blanco rodeado de refugiados en Tanzania.

No quiero ser la única persona que se manifieste en contra de una idea tan terrible, así que le pido a Dex Torricke-Barton que le señale a Mark el problema del salvador blanco. «No utilizaría esa foto —le escribe—, es problemática por una cuestión de diversidad (rico hombre blanco salvando a los pobres niños negros).»

Respondo lo más educadamente que soy capaz al problema principal: Mark ha anunciado una iniciativa ante las Naciones Unidas que parece no existir. Mi manera de formularlo es que este no es el momento de publicar nada, porque «se trata de un programa muy incipiente, que tiene muy poca sustancia». Todo el mundo está de acuerdo en no colgar nada de momento.

Elliot se reúne con algunos de los miembros de Internet.org para hablar de cómo poner en práctica lo que Mark ha prometido y llevar el wifi a los campos de refugiados. Lo que deciden es que no deberíamos regalar internet, sino crear un «modelo de negocio sostenible» donde los refugiados pagarían. Joel se entera y escribe a todo el grupo: «Perdón por la pregunta tonta, pero ¿los refugiados de esos campos tienen alguna fuente de ingresos?».

Es ahí donde me doy cuenta. Facebook no va a llevar el wifi a los campos de refugiados, como Mark ha anunciado ante las Naciones Unidas. Nunca me había sentido tan cerca de Mark como al volver de Nueva York, pero ahora me siento tonta. Las Naciones Unidas siguen significando algo para mí, pese a todos sus defectos. Fui yo la que propuso que Mark fuera allí a explicar cómo pensaba hacer del mundo un lugar mejor, y me resulta extrañamente personal que se esté mostrando tan despreocupado o tan cínico al hacer ese anuncio allí sin estar preparado para lanzarlo. De hecho, ni siquiera lo ha hablado con su equipo antes de comunicarlo. ¿Qué tipo de persona hace algo así? ¿Quién promete ayudar a quienes más lo necesitan sin un plan en marcha o sin haber planteado si sería posible?

A esas alturas sigo creyendo en la misión de Facebook de cambiar el mundo. Y pensaba que mi papel para lograrlo —mi contribución— sería conseguir que Mark se implicara internacionalmente y se reuniera con jefes de Estado reales. Creía que le enseñaría a ejercer el poder político de forma responsable. A hacer concesiones razonables, cuando fuera necesario, sobre privacidad de datos, protección a la infancia o cualquier otro asunto importante. A dirigir una empresa que diera dinero, sin duda, pero también a ser un buen ciudadano del mundo.

Pero de repente se me ocurre que quizá Mark no vea las cosas así. Presentarle a líderes mundiales y ponerle ante el escenario de las Naciones Unidas está teniendo de algún modo el efecto contrario al que esperaba. Parece que le importa cada vez menos. Dice cosas porque suenan bien. Publica cosas porque quedan bien. Al echar la vista atrás, me arrepiento de haber dado pie a que eso pudiera ocurrir.

Hace que tenga una mala sensación en la boca del estómago.

Lo que ocurre a continuación con Internet.org no hace más que empeorarla.

26

La Malvada Bruja del Oeste

Sesenta y siete grupos de defensa de los derechos digitales de todo el mundo se han unido para oponerse a Internet.org. Resumen sus objeciones en una carta abierta a Mark Zuckerberg. Para empezar, señalan —con razón— que Internet.org no sirve para acceder a todo internet, sino solo a unas cuantas aplicaciones y páginas web aprobadas por Facebook, y a los proveedores de servicios locales, lo cual infringe los principios básicos de neutralidad en la red, la idea de que todo el mundo debería tener el mismo acceso a toda la información y los servicios de internet, y la capacidad de crear contenido e innovar sin pedir permiso a nadie. Reducir internet a unas cuantas aplicaciones simplificadas también hace que sea mucho más fácil para cualquier Gobierno controlar y censurar la información que llega a sus ciudadanos.

Se convoca apresuradamente una videoconferencia entre Chris Daniels, el responsable de Internet.org, y los representantes de los defensores de los derechos digitales. No va nada bien: hay acusaciones, rabia e insultos por ambas partes.

Los problemas identificados por los grupos de derechos digitales son tan caricaturescamente espantosos que al principio doy por sentado que se equivocan. Pero descubro que tienen razón. Señalan que ninguna de las páginas web de Internet.org —incluida la versión simplificada de Facebook—

aplica los estándares de seguridad y moderación que utilizamos en el resto de los casos. Así que terrorismo, discursos de odio, fraude, publicidad no deseada y contenido sexual no pasan ningún filtro. Podrías utilizar Facebook para preparar un ataque terrorista o incitar a la violencia. Internet.org prohíbe el cifrado que podría proteger a los usuarios de la vigilancia del Gobierno, del fraude o de los ciberataques. No hay autentificación de dos factores que proteja la identidad y los datos de la gente. Todos esos problemas recaen sobre las personas menos capacitadas para solucionarlos.

En resumidas cuentas, al ofrecer una versión de mierda de internet a dos terceras partes del mundo —las dos terceras partes menos alfabetizadas digitalmente y menos capaces de hacer frente a lo que supone—, Internet.org afianza la brecha digital entre los que tienen y los que no. Lo que Mark está haciendo, según los grupos de defensa de los derechos digitales, es dar gato por liebre. Finge en sus discursos rimbombantes que todo esto va de conectividad y de proporcionar a la gente las herramientas que necesitan para mejorar sus vidas cuando, de hecho, no está ofreciéndoles nada que se le parezca. Todo este asunto, en opinión de esos grupos, no es más que una jugada para conseguir nuevos usuarios para Facebook.

Esa forma de plantearlo hace que Chris se sienta personalmente atacado. Le enfurece que pongan en duda las buenas intenciones de Facebook. Tal como lo ve él, que Facebook elija a qué páginas web se puede acceder desde Internet.org es equivalente a que App Store de Apple o Google Play Store decidan qué aplicaciones pueden comprarse en sus plataformas. Estamos creando una aplicación y negociando un acuerdo para que todo el mundo pueda tenerla gratis..., ¿qué tiene eso de malvado? Al final de la reunión, con la cara roja y enfadado, les dice a los grupos de defensa de los derechos digitales que «intentan dictar el contenido de Internet.org», justo aquello de lo que acusan a Facebook.

Las salas de reuniones de las oficinas de Facebook tienen nombres jocosos (Guns'n'Rosegarden en Washington D. C., por la rosaleda de la Casa Blanca, I'll Be Bak Choy en Singapur, un juego de palabras entre *I'll be back*, 'volveré', y *bok soy*, una variedad de col china) y quizá no ayude mucho a nuestro objetivo de convencer a los grupos de defensa de los derechos digitales de las buenas intenciones de Facebook que el nombre de la sala, la Malvada Bruja del Oeste, aparezca, sin explicación alguna, bajo la cabeza parlante de Chris durante toda la reunión (se lo señalo *a posteriori*, y a los pocos días se modifica el nombre de la sala).

Abandono la reunión convencida de que la razón no está de nuestro lado en este caso. Me parece que Mark se envuelve en un manto de superioridad moral cuando presenta Internet.org, que finge que promueve los derechos humanos y soluciona la brecha digital cuando lo que ofrece ni se le acerca. Es muy feo. En este caso, Facebook no es una fuerza para el bien y Mark no está actuando de forma responsable. Escribo, quizá tontamente, un email a los responsables de Internet.org en el que defiendo que no deberíamos fingir que intentamos salvar el mundo. Admitamos que lo hacemos para conseguir más usuarios. Elliot replica de inmediato:

> Creo que desviarnos en la medida que sea de la idea del «bien común» sería frustrante para Mark, porque él ve Internet.org como una vía de crecimiento [conseguir más usuarios] y TAMBIÉN como una marca [filantropía/situar la marca como buena para el mundo].

Como mínimo, sostengo, deberíamos cambiar de nombre. Los grupos de defensa de los derechos digitales tienen razón cuando dicen que el nombre lleva a engaño. Es casi su principal crítica al proyecto. Internet.org no es *internet* y *.org* da a entender que es una iniciativa sin ánimo de lucro, lo cual es mentira. Seamos sinceros sobre lo que es y lo que no es Internet.org. Además, jamás lograremos introducirnos en uno de nuestros países clave, Brasil, si no cambiamos de nombre. Su Ministerio de Justicia ha declarado que su denominación induce a error y nos ha prohibido utilizarla en Brasil.

Esa es una cuestión que le planteo a Mark muchas veces. Él se sale por la tangente y me culpa por no haber sabido gestionar mejor a los brasileños o me dice que el nombre de Internet.org es decisión suya y que tiene buenas razones para elegirlo.

La disputa dura semanas. Yo sigo presionando y, tras muchas reuniones, investigaciones de mercado, *powerpoints*, planes de acción de producto y peleas con todos los niveles del equipo directivo de Internet.org, aquello culmina en una tensa confrontación con todos los chicos de Internet.org en la sala de reuniones personal de Mark en la sede central. Mark no disimula su enfado ante la situación y los escasos avances de Internet.org. Se muestra combativo y a ratos áspero, y repite todos los argumentos que he oído *ad nauseam* en los meses que llevo debatiendo este tema, pero hay algo personal en todo aquello, porque soy la única que se opone a él. Soy la única que insiste en llegar a un acuerdo con nuestros oponentes en este asunto. Y, cómo no, la única mujer en la sala. Intento convencer a Mark de que, al ceder en este punto, conseguiremos victorias más importantes para nosotros. Él no puede aceptar la posibilidad de hacer ninguna concesión. Quiere ganarlo todo. Tras despotricar contra el cambio de nombre durante veinte minutos durante los que los demás escuchamos en silencio, Mark acaba aceptando cambiar el nombre solo en Brasil. Sugiere llamarlo Free Apps (y freeapps.com).

El problema es que en Brasil la aplicación no es gratis; a los usuarios se les exige un saldo y unos impuestos mínimos. Lleva otro mes de discusiones llegar a nuestro nuevo nombre: Free Basics. Así se llamará a partir de ahora Internet.org, no solo en Brasil, sino en todas partes.

27

Técnicas de lucha callejera

Los problemas en Brasil son graves, pero en la India son peores. Facebook lanza Internet.org en la India en febrero de 2015. De los 4.000 millones de personas del mundo que en ese momento no están conectadas a internet, 1.000 millones viven en la India (aunque eso cambiará muy rápido en los años siguientes). La India ha sido siempre una de las principales prioridades para Internet.org. Pero tras un comienzo prometedor, las cosas se tuercen de inmediato. La Autoridad Reguladora de Telecomunicaciones de la India (TRAI, por sus siglas en inglés) ha empezado a hacer gala de su considerable poder y ha anunciado que va a investigar programas como Internet.org y a pedir a la población que opine sobre si deberían estar prohibidos. Algunos de nuestros socios indios en Internet.org (como Flipkart —el Amazon de la India— y NDTV —la CNN de la India—) saben que eso significa que probablemente estamos condenados y se apresuran a retirarse de la aplicación. Sheryl trata de tranquilizar al equipo directivo de Facebook:

> Nuestro equipo de políticas está en contacto directo con el Gobierno, incluye [*sic*] la oficina del primer ministro Modi. Tenemos suerte de que esto esté ocurriendo en un lugar en el que estamos muy bien relacionados con la cúpula del Gobierno,

pero aun así va a ser difícil. Si perdemos la India enviaremos las señales equivocadas a América Latina.

Enfadado por haber perdido en la cuestión del cambio de nombre a Free Basics, Mark sigue ordenando al equipo que «pase a la ofensiva» contra los Gobiernos. Nadie entiende del todo a qué se refiere, pero tengo la espantosa sensación de que a nada bueno.

El 21 de agosto de 2015 Mark reúne a todos los altos cargos que trabajan en lo que ahora se llama Free Basics, todos hombres, y a mí, en su sala de conferencias, llamada la Pecera. Los chicos están bastante nerviosos y Mark se dirige al grupo como un general a sus tropas. En concreto, como un general no demasiado contento con la forma en que están rindiendo.

Mark empieza la reunión hablando con admiración de lo que llama las «técnicas de lucha callejera» que Uber está empleando contra los políticos de todo el mundo y del éxito que han tenido. Yo había pensado que estábamos todos de acuerdo en no emplear ese tipo de tácticas deshonestas en Facebook y en que, desde luego, no las admirábamos.

Uber instrumentaliza a sus chóferes y motoristas, y genera huelgas, manifestaciones y caos en el transporte para obligar a las autoridades a sentarse a la mesa de negociación. Patrocinan a los equipos de fútbol de los hijos de los principales senadores brasileños responsables de decisiones que afectan a su negocio e insisten en que los uniformes de los niños luzcan la palabra Uber. Se ofrecen a recopilar investigaciones de la oposición sobre periodistas. Es juego sucio. Pero lo que queda claro cuanto más habla Mark es que no solo no juzga lo que hace Uber, sino que nos juzga a nosotros por no hacer lo mismo. Mark cree que Facebook podría tener mucha más influencia con los políticos que Uber, y que le estamos fallando al no emplear esas técnicas.

Mark suelta una perorata sobre el emperador Augusto, su emperador favorito, que transformó Roma de una república a un imperio. Habla de «ofensiva». Quiere movilizar a los usuarios de Facebook. Quiere activistas pro-Facebook. Quiere manifestaciones.

Luego habla de «defensa». Quiere listas de adversarios, ya sean empresas, individuos, organizaciones o Gobiernos. Quiere saber cómo podemos utilizar la plataforma y las herramientas de las que disponemos para derrotar a esos adversarios. No quiere que nos limitemos a las herramientas habituales de Internet.org. Quiere que nos valgamos de todo Facebook para localizar lo más adecuado que ofrecer a nuestros enemigos para atraerlos a nuestro lado. Quiere que inventemos formas de utilizar la plataforma y el algoritmo para presionarlos. Quiere que formemos un equipo dentro de Facebook para averiguar cómo desarrollar las herramientas con las que, gracias al algoritmo y la plataforma, presionar a nuestros adversarios —incluidos los políticos que se oponen a nosotros— para apoyar al equipo de políticas.

Intento cruzar la mirada con Joel para ver si está tan perplejo como yo por lo que está oyendo. No me mira. Parece escarmentado, no sorprendido. Como si todo eso ya lo hubiera oído antes.

—Cuando dices «adversario», ¿a qué te refieres? —pregunto titubeante tras levantar la mano, un poco preocupada por lo que le pasará a cualquiera que esté en una de esas listas.

—Cualquiera que se oponga a nosotros es un adversario —responde Mark con firmeza. Sin reconocer que, en el caso de Free Basics, eso es todo el mundo. Solo soy capaz de pensar en lo horrorizados que estarían los políticos si supieran que Facebook está utilizando la plataforma y su poder para apretarles las tuercas.

Mark ha sacado de quicio a casi todos los grupos de derechos humanos con los que hemos trabajado —figuran en nuestra lista de adversarios— y está a punto de cargarse la confianza que llevamos años ganándonos con políticos y líderes de todo el mundo. Y le da igual. De hecho, ha redoblado la apuesta y elaborado una lista de enemigos: irá en contra de cualquiera que plantee preocupaciones razonables sobre Internet.org. Llevo años en la empresa y nunca lo había visto actuar así, a la ofensiva, de forma tan feroz y hostil. No hay ni rastro de idealismo, ni en relación con Facebook ni con Free Basics ni con nada. Esta no es la revolución que yo quería. Esta no es la persona en la que pensaba que se convertiría Mark cuando intenté convencerlo por primera vez de que se interesara por la política internacional. No quiero formar parte de nada de todo esto. Pero estoy embarazada, y se me nota, y no es el momento de empezar a buscar trabajo. Así que tomo una decisión. Hasta este momento, he hecho todo lo que he podido para ayudar a crecer a Facebook. Pero este es un punto de inflexión. Por primera vez desde que le propuse este puesto a Facebook, no voy a hacer todo lo que esté en mi mano para darles a mis jefes lo que quieren. No voy a matarme para desarrollar estrategias creativas y convencer a los Gobiernos y la sociedad civil de que se equivocan, porque no creo que se equivoquen. En lugar de eso, dirigiré todos mis esfuerzos a la cúpula de Facebook. Seguiré planteando objeciones en las reuniones y en los emails que envíe. Ejecutaré las órdenes de Mark a medio gas, centrándome en aquellas con las que estoy de acuerdo y dedicando muy poco esfuerzo al resto. Dejaré de intentar hacer lo imposible para que las cosas le salgan bien a Facebook. Cuando las organizaciones de la sociedad civil y el Gobierno brasileño señalen que hay problemas con Free Basics, no intentaré comprarlos con «colaboraciones bien razonadas». Seguiré transmitiendo sus críticas —que no hay cifrado, ni política de privacidad ni moderación de contenidos en Free Basics— a los equipos responsables de esas cuestiones en

Facebook, sabiendo que probablemente no las solucionarán. Y no lo hacen.

Todo esto es muy raro para mí. Sé muy bien hasta qué punto Mark desea Internet.org y cree en esa idea. Pero me digo a mí misma que me uní a Facebook porque pensaba que la plataforma era una fuerza para el bien que cambiaría el mundo. No por Mark.

No lleva mucho tiempo instituir una verdadera «sala de guerra». Pero solo para la India, porque me niego a hacerlo para Brasil.

Pronto empiezan a lanzarse como churros campañas de televisión, prensa, cine, radio y vallas publicitarias, con un gasto de decenas de millones de dólares, sin incluir las publicaciones ocultas o *dark posts* (anuncios que no son públicos, dirigidos a usuarios específicos, que solo pueden ver ellos) en el propio Facebook, que aspiran a alcanzar al 50 por ciento de los usuarios adultos de la India. También hay campañas de SMS. Su estrategia —detallada en un «plan de acción para la India»— consiste en «incitar a que se produzca una movilización popular (o, al menos, lo parezca)», donde el texto entre paréntesis ya deja entrever un poco cuál es la idea. Así que aparecen artículos de opinión. Los usuarios comparten sus historias. Se organizan manifestaciones —o disturbios, tal como bromean algunos del equipo de *marketing*— en apoyo a Free Basics. Cuando pregunto a los integrantes del equipo cómo han conseguido que los usuarios indios salgan a manifestarse, por qué narices un producto de Facebook mal diseñado y con muchos defectos iba a importarles tanto como para lanzarse a la calle, uno de ellos me cuenta que es porque les han prometido camisetas gratis. No sé si lo dice en serio. Activan el megáfono que Mark no dejó que Sheryl utilizara para la donación de órganos: avisa de que «los servicios de Free

Basics están en peligro en la India» y pide a los usuarios que demuestren su apoyo dándole «Me gusta» a la página. Mark escribe al primer ministro Modi para solicitar un encuentro. Sheryl llama al ministro a cargo de internet. Joel y el equipo de la India se encargan de contactar con otros políticos. Hay muchas idas y venidas a la India.

La autoridad reguladora india, TRAI, tiene un nuevo presidente y a mediados de noviembre anuncia que quiere tomar una decisión rápida después de que el organismo lleve casi un año dando largas. Por segunda vez, el organismo regulador pide al público que envíe sus comentarios en relación con cuatro cuestiones relacionadas con la neutralidad de la red y la tasa cero, que en conjunto determinarán el futuro de Free Basics.

Tenemos seis semanas por delante. Mark le ha dicho al equipo que utilice todas las herramientas a disposición de Facebook, así que ahora, al iniciar sesión, todos los usuarios indios de la plataforma ven un anuncio emergente:

> A menos que actúes ahora mismo, la India podría perder el acceso gratuito al internet básico. Haz saber a la TRAI que apoyas Free Basics y la igualdad digital en la India. Un pequeño pero muy activo grupo de voces críticas quiere cerrar Free Basics sobre la base de la neutralidad en la red. En lugar de proporcionar a la gente acceso gratuito a algunos servicios básicos de internet, exigen que todo el mundo pague por igual para tener acceso a todos los servicios de internet, aunque eso signifique que, debido a su precio, 1.000 millones de personas acaben sin acceso a ningún servicio.

El megáfono dispone de un gran botón morado que anima a todos los usuarios indios de Facebook a enviar un email a la autoridad reguladora. Al hacer clic en él, se envía un modelo de carta de apoyo a Free Basics a la «consulta pública» oficial.

Para generar viralidad, el equipo ha diseñado el botón de forma que, al hacer clic en él, todos los amigos del usuario reciben una notificación que les hace saber que esa persona ha enviado una carta a la TRAI. Como si eso no fuera lo bastante intrusivo, muchos usuarios se quejan de que, aun habiendo rechazado enviar el mensaje, el mero hecho de quedarse en la página hace que Facebook envíe a sus amigos la notificación que les informa de que han escrito al regulador. Este hito de la ingeniería consigue que haya casi 17 millones de envíos a la TRAI antes del 7 de enero de 2016. Bueno, 16.978.204, para ser exactos.

El 10 de enero, la TRAI anuncia que ha recibido solo 1,4 millones de envíos, y en Facebook cunde el pánico.

—Pero las cifras que se han comunicado están diez veces por encima de eso, ¿no? —pregunta Joel.

El tipo responsable de la campaña asiente.

—Estuvimos monitorizando los inicios de sesión y, hasta donde yo sé, se enviaron 16,9 millones de emails.

Eso lleva a que se investigue un poco más la cuestión. Y a un descubrimiento. Parece que algo impidió el envío de los emails. Un fallo técnico de algún tipo. Están intentando averiguar qué ha ocurrido, pero es un sistema complejo.

El periodo de envío de sugerencias ha concluido y el equipo coincide en que la TRAI no aceptará ninguna más tras la fecha límite. El ambiente en la sede de Facebook es fúnebre. Todo el mundo dice: «Van a despedir a alguien. No sé quién será. Pero van a despedir a alguien». Los altos cargos salen de reuniones de crisis para «consolar a sus equipos». Se producen episodios de incredulidad colectiva. ¿Cómo es posible que después de gastar decenas de millones de dólares, de la sala de guerra, de las campañas publicitarias, de las reuniones de crisis diarias, de los muchos viajes de Mark a la India y de la visita de Modi a Facebook la empresa haya tropezado en la línea de meta por meter la pata con la tecnología que debía enviar esos comentarios? ¡Somos una empresa tecnológica!

Unos días más tarde, se produce un gran descubrimiento. El equipo averigua lo que ha pasado. Alguien de la TRAI —quien fuera que controlara la dirección de email a la que llegaban los comentarios— decidió excluir todos los correos de Facebook. Eso ocurrió el miércoles 16 de diciembre entre las nueve y las diez de la noche, hora del Pacífico. Queda constancia de ello en los registros de Facebook. En la hora anterior a que los excluyeran, en esa dirección se recibieron 200.000 emails. En la hora posterior, la cifra se redujo a 251.

Mark y algunas de las mentes más brillantes del mundo de la tecnología han dedicado meses a este asunto, y algún funcionario de tercera indio les ha dejado fuera de juego solo dándole clic a una casilla de exclusión.

Elliot vuela de inmediato a la India para intentar convencer a la TRAI de que acepte los 17 millones de envíos. Informa a Mark y a Sheryl: «Ha sido una discusión muy acalorada, con mucha rabia y frustración por parte del equipo de la TRAI. Creen que hemos abusado de nuestra posición de privilegio». El organismo regulador está indignado porque los envíos virales de Facebook en realidad no responden a las cuatro preguntas que se han formulado. ¿Por qué debería aceptarlos? La TRAI considera que Facebook ha convertido una consulta pública democrática en un concurso de popularidad y que ha abusado de su plataforma y de su poder. Aun así, Elliot convence a sus responsables para que acepten los 17 millones de comentarios —que, por supuesto, son exactamente el mismo 17 millones de veces— en un lápiz de memoria. Vuela de vuelta a California convencido de tener aquello ganado y escribe a Mark y Sheryl: «Cuesta imaginar que la TRAI vaya a salir con una prohibición general de la tasa cero. Free Basics sobrevivirá en la India».

Pocas semanas después, el 8 de febrero de 2016, el regulador hace pública su decisión: Free Basics queda prohibido. Completamente vetado. Se dictamina una prohibición global de la tasa cero con efecto inmediato. Lo que parece una especie de «que os jodan» con dedicatoria especial, porque significa que Facebook tiene que averiguar cómo cerrarlo todo en un día. Podrían haberle concedido al equipo un pequeño periodo de gracia para hacerlo.

En la reunión que se celebra tras conocer la noticia, Elliot parece derrotado y humillado como no lo había visto nunca antes. Tarda semanas en recuperarse. Nunca habíamos perdido una batalla de esa envergadura.

Internet.org tiene otros dos proyectos prioritarios, pero los dos se estrellan, literalmente, en pocos meses. En junio, el prototipo Aquila, un dron del tamaño de un avión que se suponía que podría suministrar wifi desde el aire durante un año, se estrella contra el suelo durante un vuelo de prueba. Un informe de la Junta Nacional de Seguridad del Transporte sobre el accidente concluye que se estrelló porque volaba con vientos más fuertes de lo que estaba construido para soportar. La página web The Verge le enseña el informe a un experto en aviación que critica el hecho de que Mark estuviera presente en el viaje inaugural, diciendo que aquello hizo que los ingenieros se sintiesen obligados a volar pese a los fuertes vientos. «Yo jamás habría aprobado volar en esas condiciones, y tampoco que viniera el consejero delegado a presenciarlo.»

Tres meses después, el 1 de septiembre, el cohete SpaceX de Elon Musk explota en la plataforma de lanzamiento, lo que destruye el satélite de Internet.org que se suponía que debía poner en órbita. Mark publica en Facebook:

Desde donde estoy, en África, es una gran decepción oír que el fallo en el lanzamiento de SpaceX ha destruido nuestro satélite, que podría haber proporcionado conectividad a emprendedores y a tantas otras personas en todo el continente. Por suerte, hemos desarrollado otras tecnologías, como Aquila, que también conectarán a la gente.

Aquila, por supuesto, es el dron que se ha estrellado en su vuelo inaugural.

Después de aquello, Free Basics no muere de inmediato. Se lanza en unos cuantos países más: Nigeria, Madagascar, Argelia, Bielorrusia y, desgraciadamente, Birmania (lo cual se convierte en un desastre muy particular al que me referiré más adelante). Pero no hay más reuniones de crisis diarias ni salas de guerra. Mark y todos los altos cargos desaparecen de ese proyecto y dirigen su atención a otra parte.

28

Vayamos adelante y acostémonos juntas

La ausencia de Sheryl del fiasco de Internet.org no es inusual. En esa época, Sheryl está ausente de muchas cosas. Lo más sorprendente es que es una chica de veintiséis años quien asume su papel.

En lugar de nombrar a un segundo de a bordo con experiencia, Sheryl contrata a una serie de jóvenes licenciadas que desempeñan una labor híbrida, entre administrativa, asesora y asistente personal. Son puestos que atraen a recién graduadas ambiciosas con ganas de arrimarse al poder. Un poco mujer de negocios y un poco dama de compañía. Con el tiempo, ellas mismas empiezan a tener una cantidad considerable de poder, y a ejercer más de *consiglieri* que de asistentes.

De todas esas nuevas empleadas, Sadie es la que más destaca. Tiene un título de una universidad de la Ivy League, es guapa y exhibe una eficacia despiadada a la hora de hacerse con el currículum perfecto. Ha llegado a ese puesto por medio de un atajo creativo y apropiado: trabajando en la fundación Lean In de Sheryl. Si alguien personifica el concepto de *leaning in*, de 'ir hacia delante', esa es Sadie.

Me gusta trabajar con ella y nos hacemos amigas. Es lista, encantadora y mucho más divertida que la mayoría de las personas serias y ultraperfeccionistas con las que trabajamos. Adquiere cada vez más responsabilidades y confiesa con regocijo: «No te creerías las decisiones que Sheryl ha delegado en mí». Vivimos en el mismo barrio de San Francisco y hacemos juntas el trayecto a la oficina. Curiosamente, Mark tiene una casa en San Francisco que no está lejos de las nuestras. Cuando le pregunto por qué nunca nos lo encontramos por el vecindario, dice que es porque no consigue el permiso de obras para hacerse un helipuerto, así que casi nunca utiliza la casa. Quizá vivamos en sitios parecidos, pero nuestras vidas son completamente distintas.

Me alegro mucho cuando Sadie anuncia que en 2016 acompañará a Sheryl a Davos, pero me choca que una persona del equipo personal de comunicación de Mark aparezca en plena reunión de planificación del foro para hablar de la estrategia de redes sociales de Sheryl de cara al viaje. Le pregunto a Sadie a qué se dedica esa persona y ella me susurra que no quiero saberlo. Le prometo no insistir si me dice cuál es el ámbito general de su trabajo. Ella hace una pausa y elige con cuidado sus palabras.

—Se encarga del *engagement* en las redes de Mark y Sheryl utilizando todas las herramientas de Facebook —dice en un tono neutro—. Es todo lo que quieres saber, créeme.

—¿Es lo que explica que tengan millones de seguidores y una cantidad absurda de reacciones a sus publicaciones? ¿Están trampeando el algoritmo?

—No quieres saberlo —insiste.

La expectativa formulada en el libro de Sheryl de que la maternidad no relegue a una mujer a un segundo plano sigue pesando mucho, sobre todo ahora que estoy en la etapa final de mi embarazo. Mi médico quiere inducirme el parto en algún momento de las próximas semanas, así que planteo la posibilidad de saltarme Davos, por el riesgo de volar a Europa cuando estoy a punto de dar a luz. La respuesta de la oficina de Sheryl es que debería asegurarme de tener un informe del médico que me autorice a volar, lo que no es la respuesta que esperaba. Viajar está pasándome factura en general. Cuando se lo cuento a Tom, insiste en acompañarme a la visita médica y una vez allí le explica que he estado trabajando y viajando demasiado. Intenta convencerlo de que no escriba el informe, pero no lo consigue. Así que, una vez más, trato de transmitirles a mis jefes mi preocupación por viajar con un embarazo tan avanzado. A modo de respuesta, recibo un email de una de las asistentes de Sheryl:

> La auxiliar de vuelo asignada al viaje ha trabajado con anterioridad en el sector sanitario y tiene estudios de enfermería. La compañía que gestiona el vuelo privado cuenta con un servicio de asesoría médica en remoto y hay un botiquín a bordo.

Le contesto diciendo:

> ¡Gracias! Espero de corazón que nada de eso sea necesario...

Su respuesta:

> No eres la única, amiga.

No es muy tranquilizador.

Este año en Davos solo se habla de terrorismo. El foro se celebra dos meses después de que terroristas suicidas armados con bombas y armas de fuego mataran a ciento treinta personas en París, noventa de ellas durante un concierto en la sala Bataclan. Sheryl envía un email al equipo directivo desde Davos en el que destaca, entusiasta, de qué modo el terrorismo juega a favor de Facebook: «El terrorismo hace que el debate sobre la privacidad esté "básicamente muerto", porque los responsables políticos están más preocupados por cuestiones de "información/seguridad"». En otras palabras, se trata de un momento en el que los Gobiernos están más interesados en la vigilancia que en la privacidad de las personas. Lo que es bueno para Facebook.

Un «bonito encuentro con los chicos» es la forma que tiene Joel de resumir nuestra reunión con el primer ministro británico David Cameron y con George Osborne. Joel subraya que Sheryl y él defendieron que «Facebook está haciendo mucho en materia de terrorismo» y tuvieron la oportunidad de criticar que los rivales de Facebook no estuvieran haciendo lo mismo, lo que Joel reconoce que «no fue demasiado elegante, pero sí satisfactorio». Joel está muy contento de que ambos políticos probaran Oculus y de que Osborne, en particular, esté impresionado con los drones de Facebook, aunque, Joel señala, «no tanto como Blair [...]. A los británicos parece encantarles una buena aeronave no tripulada». Pero el momento en el que me doy cuenta de que las reuniones de Facebook con políticos están cambiando es cuando veo que Cameron y Osborne no quieren discutir con Joel y Sheryl de regulación. De lo que quieren hablar —y en última instancia, lo que quieren pedir— es del apoyo de Facebook contra el voto del Brexit.

No son los únicos. Cada vez son más los políticos que piden explícitamente a Facebook que manipule el algoritmo a favor de una causa u otra. Las razones pueden ser desde una cita electoral a la difusión de contenidos autóctonos, pero el objetivo es claro. Algunos son menos sutiles que otros y acompañan la exigencia con una amenaza de legislar en contra de Facebook si sus demandas se rechazan. Todas las peticiones hablan de una dinámica de poder cambiante.

Una vez en el avión de vuelta de Davos, Sadie y yo nos ponemos a revisar las notas de las reuniones, los agradecimientos, los correos de seguimiento y un primer borrador del email de «lecciones de Davos» que Sheryl hará circular entre el equipo directivo. Hay una habitación independiente con una cama grande al lado de la cabina principal que es territorio de Sheryl. Asoma la cabeza desde allí y anuncia que se va a dormir, y nos aconseja que hagamos lo mismo si queremos adaptarnos al horario de California. Sadie y yo intercambiamos una mirada, porque ambas sabemos que, aunque trabajemos sin parar las doce horas del vuelo, será difícil que acabemos con todo lo que hay que hacer antes de aterrizar, y a Tom y Sasha no va a gustarles que vuelva de este viaje y me pase todo el fin de semana trabajando. Declinamos la propuesta educadamente. A Sheryl parece molestarle que no aceptemos su consejo, pero vuelve a su habitación y nosotras seguimos con nuestro trabajo.

Una hora después de salir de Zúrich, Sheryl vuelve a aparecer en la cabina en pijama.

—¿Qué estáis haciendo? —pregunta, como si no fuera evidente que preparando todos los emails que se enviarán a su nombre—. Me voy a la cama.

—Hay mucho que hacer —digo alegremente.

—Pero es mejor que descanséis ahora para que lleguéis a California con el horario cambiado —insiste.

—Yo estoy bien —respondo. Solo hay una cama en el avión, y está claro que Sheryl la está utilizando.

—Sarah, ven a la cama —dice endureciendo el tono.

Miro a los demás para asegurarme de que la he oído bien.

Niego con la cabeza y ella insiste:

—Sarah, ven a la cama.

Hemos alcanzado un punto muerto. Miro a mi alrededor buscando con desesperación un poco de apoyo, pero los demás desvían la mirada.

En el largo trayecto en coche de Davos a Zúrich para ir al aeropuerto, Sheryl y Sadie se han turnado para dormir una en el regazo de la otra, acariciándose de vez en cuando el pelo, mientras yo intentaba hacerme lo más pequeña e invisible que podía, incómoda con lo que veía. Esperaba que mi enorme barriga dejara claro que mi regazo no estaba disponible para mi compañera de trabajo o mi jefa. Independientemente del motivo, no me parecía que fuera una situación en la que ni yo ni nadie que trabajara para Sheryl debiera verse. Le dirijo una mirada suplicante a Sadie con la esperanza de que esté dispuesta a compartir otro momento de proximidad con Sheryl. Sadie sacude la cabeza.

Sheryl observa ese intercambio silencioso y suelta:

—Sadie se ha quedado a dormir muchas veces, y no se lo estoy pidiendo a Sadie. Te lo estoy pidiendo a ti.

Yo no quiero hacerlo por razones obvias —no estaría bien que lo pidiera un jefe de operaciones, y no está bien que lo haga una jefa de operaciones—, pero una de las cosas que me viene a la cabeza, lo confieso, es que tengo miedo de algo que me pasó en un vuelo pocas semanas antes de aquello, yendo de Tokio a San Francisco. Agotada por el trabajo y el embarazo, me quedé dormida antes incluso de que despegara el vuelo, y me desperté sobresaltada. Todo a mi alrededor era blanco. No conseguía enfocar la mirada y no veía nada. Solo blanco. Me recordó a lo que había visto durante el tranquilo trayecto en coche de mi padre en dirección a la consulta del médico tras el ataque del tiburón, cuando pensé que no lo contaría. Entré en pánico. Quizá había forzado demasiado la máquina y sufría una emergencia médica, quizá fuera un efecto secundario del embarazo o quizá estaba teniendo una crisis nerviosa. Quizá no debería estar volando estando tan embarazada. Rasgué los confines blancos de lo que fuera que me rodeaba y, al caer, vi reaparecer el interior de la aeronave y a una auxiliar de vuelo que venía apresuradamente hacia mí. En los términos más exquisitamente educados, me explicó que había estado roncando tan fuerte que molestaba a los demás pasajeros, y la resolutiva tripulación japonesa había levantado una pequeña tienda blanca a mi alrededor para amortiguar el sonido. Casi me muero de vergüenza. Intenté explicarle que no suelo roncar, que aquello tenía que ver con mi avanzado e incómodo estado.

Mientras Sheryl insiste para que me meta en la cama con ella, a mí me preocupan muchas cosas, entre ellas estar tan agotada tras trabajar sin descanso para Davos que exista una posibilidad real de horrorizar a Sheryl quedándome dormida y roncando a niveles antisociales.

Miro a Sadie para que me diga qué debo hacer. Su cara es una máscara, parece haber abandonado su cuerpo. Estoy sola en esto. No; es imposible que vaya a meterme en la cama con Sheryl. Está decidido.

Así que le digo que no, que no puedo. Pero a Sheryl la gente le dice tan pocas veces que no que ella no sabe qué hacer con aquello. Se vuelve a la cama sin hacer ningún esfuerzo por disimular su frustración y resentimiento.

Sé que algo se ha roto entre nosotras. Sé que habrá consecuencias, aunque no sé cuáles.

Sadie intenta consolarme, me dice que no pasará nada, pero con Sheryl hay reglas tácitas sobre obediencia y proximidad. Formar parte de su círculo más cercano tiene sus recompensas. Marne y Sadie aparecen a menudo vestidas con la ropa de diseño que ella ya no quiere; las dos ocupan puestos muy codiciados en consejos de administración en los que se había pedido a Sheryl que participara. Entre los beneficios están entradas a pie de pista para partidos de baloncesto, presentaciones a famosos y tener las llaves de las segundas residencias de Sheryl.

Sadie es muy consciente de los beneficios de ser el «ojito derecho» de Sheryl, como ella lo llama, y que Sheryl le diga que la quiere. Es ella quien me ha explicado las ventajas de «estar en el pedestal». Es muy consciente de con quién comparte ese estatus. Pero también es muy consciente de las expectativas que conlleva. De lo cuidadosamente calculadas que están las recompensas y las exigencias.

Sheryl le había ordenado a Sadie hacía poco que comprara lencería para las dos, sin límite de presupuesto, y Sadie había obedecido y se había gastado 10.000 dólares en lencería para Sheryl y tres mil para ella.

Después de probarse uno de los sujetadores que Sheryl le había comprado, Sadie le dijo por email: «Los sostenes son INCREÍBLEMENTE bonitos y me quedan perfectos. Mil gracias. Es el equivalente para mis pechos de volar en avión privado por primera vez».

«Me alegra poder darles a tus pechos el tratamiento que se merecen», respondió Sheryl.

Sadie reconoció que no se había gastado una cantidad así en ropa anterior en toda su vida, y le dijo por mensaje a Sheryl: «[Es] una experiencia muy *Pretty Woman* (cuando la tratan bien, no cuando la echan de la tienda). Me siento la chica de veintiséis años más elegante del mundo».

Sheryl respondió pidiéndole a su ayudante de veintiséis años que fuera a su casa a probarse la ropa interior y a cenar. Más adelante, aquello pasó a ser una invitación a quedarse a dormir. No solo vayamos adelante, sino también acostémonos juntas.

A veces Sadie me explica lo mucho que la estresa su relación con Sheryl. La animo a buscarse otro trabajo en otro sitio, donde su vida estará menos entretejida con la de ella. Dice que les ha transmitido su preocupación a Elliot y a otros directivos, y que ellos también le han aconsejado que huya de Sheryl.

Cuando el avión aterriza en California, está diluviando. Nos quedamos de pie alrededor de la aeronave junto al coche de

Sheryl, que aguarda cerca. Los demás escudriñamos la aplicación de Uber haciendo malabares con los paraguas a la espera de que los sobrepasados operarios nos devuelvan el equipaje. Sheryl se me acerca con paso decidido. Interpreto que tendrá un gesto conciliador o me dará las gracias por lo que ha sido una semana complicada pero fructífera en Davos. Levanto el paraguas educadamente y ella se inclina hacia mí.

—Deberías haberte metido en la cama.

Se da la vuelta y se marcha con aire ofendido en dirección al coche que la espera. Yo me quedo allí, con la lluvia empapándome el pelo y resbalándome por las mejillas. Las gotas de lluvia se agolpan sobre mi prominente barriga.

Oh, pienso para mis adentros. Parece que voy a tener que dejar este trabajo. Casi todos los temas políticos pasan por Sheryl. Si empieza a dejarme de lado, no conseguiré hacer nada. El problema es que no puedo dejarlo ahora mismo. Estoy a pocas semanas de dar a luz. En ese momento, no parece que tenga elección.

Consciente del nuevo peligro que supone Sheryl, cuando el lunes me envía un email dándome las gracias por mi trabajo en Davos y Joel se suma a los agradecimientos, decido que lo mejor es contarle a Joel lo ocurrido en el avión. Lo hago y él me pide que no le cuente esa historia a nadie. Así que se la cuento a su jefe, Elliot, que suelta una carcajada nerviosa y luego me da lo que viene a ser el mismo consejo. Decido explicárselo a Debbie, que quita importancia a mis temores, diciéndome que «la mitad del departamento» ha compartido cama con Sheryl a esas alturas. Intenta decirme «oye, esto es mucho menos importante de lo que crees» («y tú eres menos importante de lo que crees», típico de Debbie) e intenta tranquilizarme. Pero no sirve de nada. Me he dado cuenta de que Sheryl ha empezado a ignorarme.

29

Ciudadano Sánchez

Hasta cierto punto, yo llevaba una vida «a la americana». Estaba viviendo el «sueño americano» tras pasar de la nada a aviones privados con titanes de la tecnología. Aunque la realidad de ese sueño era más oscura de lo que esperaba.

Pocos días después de volver de Davos, me presento en las oficinas del Servicio de Ciudadanía e Inmigración de Estados Unidos, en una zona muy degradada de San Francisco. Es un lugar destartalado, con pintura desconchada y una moqueta barata, en la que los funcionarios trabajan protegidos tras gruesos cristales. Parece algo así como un cruce entre la sala de visitas de una cárcel y la sala de embarque de un aeropuerto, con una lista de números en una pantalla electrónica, un forzado silencio, pósteres burocráticos y fuertes medidas de seguridad muy evidentes.

Por una serie de complicadas razones, tengo que conseguir con urgencia la ciudadanía estadounidense. El equipo jurídico de Facebook me ha ayudado en el proceso, pero ahora necesito aprobar con buena nota los exámenes. Aunque he disfrutado mucho del proceso de aprender sobre los textos fundacionales y aspiracionales de Estados Unidos de América, me preocupa la parte de cultura cívica de la prueba, diez preguntas que pueden versar tanto sobre historia estadounidense del siglo XIX como sobre las festividades del país, los derechos constitucionales o los símbolos nacionales. Las preguntas del examen de muestra incluyen cuestiones como «¿qué promesa haces cuando te conviertes en ciudadano estadounidense?». La respuesta correcta es: «Renuncias a ser leal a cualquier otro país».

Le he dicho a Joel que me cojo el día libre para el examen y que me preocupa equivocarme en las respuestas. Mientras estoy allí sentada, recibo un email suyo. He contestado a una petición administrativa de la asistente de Joel recordándoles a los dos que me he cogido el día libre para mi examen de americanidad, pero que responderé en cuanto acabe. Joel elimina a su asistente de la cadena de correos y contesta:

> ¿Te ha tocado la pregunta sobre Dirty Sánchez? Dicen que sale un 10 por ciento de las veces.

Yo no sé lo que significa «Dirty Sánchez» y cometo el error de buscarlo en Google, algo de lo que me arrepiento de inmediato.

No es la primera vez que Joel dice algo para provocarme. En Panamá, cuando doblamos una esquina demasiado rápido y yo me choqué sin querer contra su cadera, dijo: «No te preocupes, no has tocado nada valioso». Tras dar el visto bueno a la creación de un nuevo puesto en mi equipo, me dijo por email: «¿Quién es tu papi chulo?». En otra ocasión me respondió por el mismo medio: «Te compraré yo mismo "algo bonito" (la *bonitez* está en los ojos del que mira/compra) si te gastas responsablemente» todo el presupuesto. Para cómo pueden ser estas cosas, sé que no es grave, pero su pregunta sobre Dirty Sánchez es caer aún más bajo, resulta totalmente inapropiada y me hace pensar que la cosa está yendo a peor.

Todo esto ocurre mientras la ansiedad por el examen de ciudadanía me reconcome y trato desesperadamente de memorizar los textos fundacionales y la unión más perfecta a la que aspiran los ciudadanos de Estados Unidos, aunque no siempre la alcancen. Las aspiraciones que esos textos contienen.

Contesto mal la primera pregunta. Es la fecha de mi boda. En un esfuerzo por arrancar en positivo, el funcionario que me examina me concede otro intento. Me equivoco de nuevo. El hombre me ofrece con cautela una tercera oportunidad de decirle cuándo nos casamos mi marido y yo, y cuando no consigo acertar pasa a la siguiente pregunta.

El ambiente en la sala se ha vuelto claramente más sombrío.

Consigo contestar bien a todas las demás preguntas y, al acabar, el funcionario parece alegrarse de verdad por mí. Un buen hombre. Se marcha para imprimir algo sobre el siguiente paso de este proceso y vuelve a entrar pálido.

—Hay un problema grave —dice—. ¿Cuándo llegó usted a California?

Resulta que en el estado de California uno de los requisitos para poder conseguir la nacionalidad es llevar noventa días residiendo allí, y a mí me faltan diecisiete. Eso es algo que los abogados de Facebook deberían haber sabido. Tendría que haber esperado hasta entonces para presentar la solicitud. Ahora habrá que reiniciar todo el proceso desde el principio. Nos quedan solo cinco meses antes de que el visado de Tom expire y tenga que abandonar el país. Eso es mucho menos de lo que suele llevar un proceso de nacionalización, así que los abogados de Facebook tendrán que presentar algún tipo de solicitud urgente ante el Servicio de Ciudadanía e Inmigración. De ellos depende que podamos quedarnos en Estados Unidos.

Una razón más por la que no puedo dejar el trabajo ahora mismo.

30
Cara de póker

Estamos en febrero de 2016, y hace apenas unas semanas, en Davos, mandatarios de todo el mundo fueron muy explícitos con Joel, con Sheryl y conmigo. Les preocupa que los terroristas estén radicalizándose en Facebook, que proliferen los discursos de odio y que no estemos colaborando con ellos para determinar qué hacer al respecto. Buscan nuevas maneras de fiscalizar Facebook. A estas alturas, el proyecto Internet.org está prácticamente muerto porque no ha pasado el escrutinio gubernamental.

Estamos con el fango hasta el cuello con Gobiernos de todo el mundo.

Joel, Sheryl y Elliot coinciden en que la situación es tan mala que hay que poner al corriente a la junta directiva. Necesitamos captar su atención y hacerles entender que la amenaza de regulación es real, que nos van a hacer daño, y que va a pasar pronto. Internet.org ha demostrado que los Gobiernos son de los pocos factores que pueden alterar el crecimiento de Facebook, sus productos y su negocio de la noche a la mañana.

Yo sigo aferrándome a la esperanza cada vez más exigua de que abandonemos las tácticas de guerrilla callejera y empecemos a entablar una conversación mucho más franca con los Gobiernos acerca de cómo deberían operar las redes sociales en sus países. En resumidas cuentas, madurar. Sé que Joel, Sheryl y Elliot lo ven de otra manera. Son mucho más implacables de lo que yo aspiro a permitirme (y quizá en algunos casos tengan razón al serlo). Pero incluso ellos son conscientes de que algo tiene que cambiar. Quizá una reunión de la junta directiva de Facebook pueda ser el punto de inflexión para encaminarnos por la senda correcta de nuevo.

Me autorizan a redactar una presentación para la junta. Vamos a exponerles las consecuencias reales que tendrá la amenaza de regulación para nuestro negocio si se materializa y luego vamos a pedirles 55 millones de dólares y la contratación de sesenta empleados nuevos para incorporarse al equipo de políticas en todo el mundo.

La reunión de la junta se celebra en una sala de conferencias en la sede central que utilizamos a menudo. Tiene vistas al aparcamiento y unos matorrales. Dista mucho de ser un entorno glamuroso en el que congregar a algunas de las personas más poderosas de Silicon Valley. El encuentro es mucho más informal de lo que yo había previsto, y me desconcierta. Me lo había imaginado más como una junta directiva de Wall Street, o quizá como una sala de jurado salida de *Doce hombres sin piedad*, personas trajeadas que revisan con detenimiento y avidez informes, hojas de cálculo y datos. En lugar de eso, parece más una pausa para el café en un campus universitario. Sheryl, con las mallas de yoga, está sentada con las piernas cruzadas en su silla, y Mark deambula por la sala vestido como siempre, con sus clásicos tejanos y una camiseta, y hace alguna pausa esporádica para comprobar su teléfono. En esta sala no se respira miedo. Tampoco se da una dinámica de poder incómoda. No hay tensión. Probablemente se deba a que la estructura de la empresa otorga a Mark un control total y absoluto, acciones de doble clase y mayoría de votos, todo lo cual lo hace básicamente intocable. Mark y Sheryl hablan a la junta exactamente igual que me hablan a mí. Ellos son quienes están al mando aquí.

Antes de que lleguen a mi tema en el orden del día, los observo, fascinada por el papel que se ha esculpido cada uno de los miembros de la junta. El cofundador de PayPal, Peter Thiel, con un aspecto de típico americano bien parecido que no me esperaba, ejerce el papel de provocador. El ex jefe de personal de la Casa Blanca Erskine Bowles se comporta con una actitud erudita, sopesando mucho sus escasas palabras e intervenciones. El cofundador de Netflix, Reed Hastings, es el empresario sobrio. La CEO de la Fundación Gates, Sue Desmond-Hellmann, con aspecto de acabar de llegar de escalar una montaña, parece una maestra de escuela sensata que alza la voz para reencauzar la conversación. El inversor de capital riesgo Marc Andreessen se comporta como si hubiera llegado a esa sala por accidente y se pasa la mayor parte de la reunión jugando con su teléfono; es más corpulento que los demás asistentes y tiene un aire aniñado que hace que parezca fuera de contexto en una junta de dirección.

Joel, Elliot y yo ni siquiera nos ponemos de pie para hacer nuestra presentación. Argumentamos que la cosa pinta mal y está a punto de pintar mucho peor, sobre todo fuera de Estados Unidos. Los políticos y los Gobiernos ven un internet sin fronteras como una amenaza. Facebook se percibe como un competidor de sectores autóctonos como editoriales, operadoras de telecomunicaciones y empresas tecnológicas locales. Y emplearán cualquier herramienta, desde la regulación antimonopolio hasta la legislación de la privacidad, para aplastar a Facebook.

Nuestro objetivo es atemorizar a la junta para que adopte medidas drásticas, pero no parece muy asustada. Su respuesta es «pactos». ¿Qué quieren estos diferentes actores, sobre todo los encargados de tomar decisiones, los reguladores, legisladores y políticos? ¿Y qué puede «ofrecerles» Facebook? ¿Cómo se puede esquivar la regulación y cambiar el relato mundial sobre Facebook? Lo que plantean difiere mucho de la visión que yo tenía para los equipos que hemos desplegado alrededor del mundo y que están colaborando de manera constructiva con los Gobiernos, en lugar de intentar comprarlos. Básicamente, les decimos que nos proporcionen el dinero y al personal, y que ya nos las apañaremos. Y contestan que sí.

Acto seguido, la junta empieza a debatir cómo han sorteado otras empresas o sectores desafíos similares, si han tenido que cambiar el relato que sostiene que son un peligro para la sociedad, que están obteniendo grandes beneficios y vertiendo todas las externalidades negativas en la sociedad sin aportar nada a cambio. Salen a colación varias analogías que no parecen encajar demasiado bien, y entonces Elliot finalmente verbaliza en voz alta la que creo que todo el mundo tiene en mente (pero nadie se atreve a mencionar): el tabaco.

Con eso se pone fin a la conversación y avanzamos al siguiente punto del orden del día.

Unos días después tengo la revisión de mi desempeño. Todo va bien hasta que Joel empieza a decir que lo confundo.

—En general, parece que te gusta pasar inadvertida —dice—. Como, por ejemplo, en todo el tema de Internet.org. Apareces, entiendes la complejidad, pones esa fascinante cara de póker y te quedas ahí sentada, asimilándolo todo, y, cuando se presenta el momento oportuno, dejas caer el consejo perfecto, das un toque de atención o haces justo lo que necesitamos en ese momento. Es asombroso. Pero, a veces, ocurre exactamente lo contrario y tu cara de póker brilla por su ausencia.

Hace una pausa y yo intento controlar todos mis músculos para poner la cara de póker perfecta y decir con un tono neutro y despojado de toda expresión:

—¿Te importaría darme un ejemplo?

Hace otra pausa, reflexiona y luego contesta:

—Por supuesto. Tengo uno magnífico.

No soy capaz de determinar si está encantado con lo que está a punto de decir. Hago acopio de todo mi autocontrol para no reaccionar y mantener mi cara de póker anclada en su sitio. Cojo el bolígrafo y le indico que estoy preparada para que continúe.

—La reunión de la junta. Ahí tienes un ejemplo clásico.

—¿Podrías explayarte un poco?

—Claro —responde entusiasmado—. Estás en una reunión con Mark, Sheryl y toda la junta directiva de Facebook y, en un par de ocasiones, te pillo poniendo los ojos en blanco. Y no fui yo el único, créeme, toda la junta lo vio.

—¿Por casualidad, sabrías decirme algún momento en concreto? —pregunto con toda la naturalidad de la que soy capaz, manteniendo la mirada firme.

Hace una pausa mientras piensa, pero no parece recordarlo. Permanecemos sentados en silencio hasta que, quizá en un gesto de insensatez, decido hablar.

—¿Fue tal vez cuando uno de los miembros de la junta sugirió a nuestra cúpula, en su mayoría judía, que a Facebook le conviene estrechar lazos con los partidos políticos de la extrema derecha en Europa porque el poder se está desplazando hacia ahí?

En su propuesta, el susodicho miembro de la junta sugería aprovechar el apoyo electoral y las herramientas para hacer campaña que ofrecíamos a los candidatos presidenciales estadounidenses (y que Donald Trump estaba usando de manera agresiva en su campaña de 2016) y ofertárselos a Alternativa por Alemania, la extrema derecha alemana, y a Marine Le Pen y el Frente Nacional, la extrema derecha francesa. Acercarse a estos partidos políticos y ayudarlos a llegar al poder sería la manera más eficaz de evitar que los Gobiernos regularan Facebook.

Lo digo siendo consciente de que mi cara de póker se está descomponiendo.

—Podría ser, sí —responde Joel—. Pero es igual de lo que estuviéramos hablando, no puedes poner los ojos en blanco y hacer muecas ante la junta.

Tiene razón, y me disculpo por ello. A modo de justificación, le digo a Joel que entiendo que algunos miembros de la junta creen que los fascistas podrían solucionar nuestros problemas legislativos y que necesitamos congraciarnos con ellos con la mayor brevedad posible. Y añado que esperaba más resistencia por parte del resto de la junta.

Por lo demás, Joel me dice que mi evaluación de desempeño es fantástica.

No reacciono poniendo los ojos en blanco.

31

Una historia conmovedora

En marzo de 2016 detienen a un vicepresidente de Facebook en Brasil, Diego Dzodan, de camino al trabajo. El motivo es que WhatsApp, que es propiedad de Facebook, se ha negado a entregar los mensajes de un caso de narcotráfico en el país. Yo había trabajado estrechamente con Diego, un argentino carismático, y me caía bien. Era un tipo inteligente, espabilado y agradable de verdad, con un sentido del estilo impecable.

Pocos meses antes de su arresto, los tribunales brasileños habían bloqueado WhatsApp durante dos días por motivos similares, tiempo durante el cual Telegram (la aplicación de mensajería rápida rival) aumentó en 1,5 millones sus usuarios en Brasil, lo que reforzó la convicción de Mark de que hay que evitar que prohíban Facebook a toda costa. Después de dicho bloqueo, Mark escribió una publicación en Facebook arengando a los brasileños en la que les decía: «Haceos oír y forzad a vuestro Gobierno a reflexionar sobre la voluntad de su población». Y la gente hizo lo que se le pedía y empezó a contactar con el despacho de la presidenta Rousseff, lo cual fue una equivocación, porque ella no tenía nada que ver en aquel asunto. Lo había ordenado un tribunal brasileño. El jefe de personal de la presidenta nos contactó para trasladarnos su descontento.

Le reboté el mensaje a Mark y le recomendé que borrara la publicación o, como mínimo, que suprimiera aquella frase instando a la gente a contactar con el Gobierno. Una vez que la hubo borrado, el despacho de la presidenta filtró a la prensa que Mark había cambiado su publicación a petición suya. Fue bochornoso. Mark estaba furioso por que hubieran hablado con la prensa y lo hubieran hecho quedar como un pusilánime. De manera que había mala marea entre ambas partes ya antes de que uno de nuestros ejecutivos se encontrara encerrado en una celda de una cárcel de São Paulo.

Aquella publicación se cierne sobre nosotros ahora, en el caso de Diego. Cuando lo arrestan, nuestro equipo legal se planta delante de un juez y argumenta que no debería haber detenido a un empleado de Facebook por las acciones de WhatsApp porque son empresas diferentes. Diego no tiene nada que ver con WhatsApp. El juez no se lo traga. Responde que, por supuesto, Facebook y WhatsApp son la misma empresa y, como prueba, en su sentencia cita la publicación que Mark hizo en diciembre en Facebook llamando a los brasileños a «hacerse oír» después de que bloquearan WhatsApp. De manera que es correcto arrestar al empleado de más alto nivel que Facebook tiene en Latinoamérica por algo que hizo WhatsApp.

Quiere que se le faciliten esos mensajes de WhatsApp, no cabe duda de ello.

A petición del jefe de ventas, Mark se las apaña para enviarle a través de Facebook Messenger un mensaje a Diego, que responde enseguida con un «¡gracias, Mark! Es un honor recibir esta nota. Todo va bien. El equipo legal está haciendo un gran trabajo. Esto forma parte de nuestra misión de crear un mundo más grande y conectado... ¡Cuenta conmigo!».

A Mark le encanta recibir esa respuesta y nos escribe a unos cuantos el email siguiente:

> Me conmueve profundamente la reacción de Diego («¡cuenta conmigo!») tras ser arrestado por mantener nuestra postura de proteger a nuestra comunidad.
>
> ¿Os parece bien que la use para escribir un pequeño texto y lo publique en mi página? Creo que esta historia dice mucho acerca de la protección que ofrecemos a nuestra comunidad, a nuestra cultura y a nuestra tecnología.

Bueno, supongo que sí que dice mucho de nuestra cultura, pero no en el sentido que él cree. En lugar de implicarse en hacer todo lo posible por sacar a Diego de la cárcel, Mark quiere convertir este momento en una moraleja para los usuarios y los Gobiernos de todo el mundo.

Redacta el borrador de su publicación:

> Quiero contaros una historia conmovedora.
>
> Para proteger a nuestra comunidad y velar por vuestra seguridad, todos los mensajes que enviáis a través de WhatsApp se encriptan. Eso significa que vuestros mensajes son tan seguros que no podríamos acceder a ellos ni aunque quisiéramos, y tampoco pueden hacerlo los Gobiernos ni los *hackers*.
>
> Por supuesto, a los Gobiernos que quieren tener acceso a vuestros mensajes esto les disgusta, y ayer la policía brasileña arrestó a Diego Dzodan, el máximo responsable de nuestra oficina en São Paulo, por proteger a alguien de nuestra comunidad y no entregar unos mensajes a los que ni siquiera nosotros tenemos acceso.

Me cuesta no hacer una interrupción aquí para aclarar que ese «alguien de nuestra comunidad» es un narcotraficante con cargos que ha amenazado con asesinar al juez que lleva este caso. En un correo electrónico, Elliot le señala a Mark que «nos criticarán por vender esto como "proteger a nuestra comunidad"». Mark redacta el borrador del resto de su publicación.

En cuanto tuve noticia de la detención de Diego, le envié inmediatamente un mensaje para hacerle saber, tanto a él como a su familia, que estamos haciendo todo lo posible por ponerlo en libertad. Y, desde la cárcel, me envió una respuesta que me dejó sin palabras:

«¡Gracias, Mark! Es un honor recibir esta nota. Esto forma parte de nuestra misión de crear un mundo más grande y conectado... ¡Cuenta conmigo!»

¡Guau! ¡Qué potente! Y eso lo escribe un miembro de nuestro equipo que está en la cárcel por proteger a nuestra comunidad.

Sé que puedo contar con Diego y espero que vosotros también os sintáis un poco más seguros al comunicaros con vuestros amigos sabiendo que hay gente como él velando por nuestra comunidad y que también podéis contar con ellos.

Todos intentamos explicarle a Mark por qué publicar este texto es una idea nefasta. Para empezar, cuesta enmarcar nuestras acciones como una manera de «proteger a nuestra comunidad» cuando el Gobierno solicita esos mensajes de WhatsApp para juzgar a una organización criminal que secuestra y asesina a personas. Y eso sin mencionar la amenaza de muerte que pende sobre el juez.

Por otra parte, desde el punto de vista legal, esa publicación sería calamitosa. En un email, nuestro asesor jurídico dice que no es el mejor momento para que Mark entable batalla con las autoridades brasileñas:

> Con esto corremos el peligro de encolerizar a las autoridades brasileñas y no solo aumentamos el riesgo que Diego afronta a título personal (el caso sigue en curso), sino el de todo nuestro personal en Brasil. El juez es impredecible, la situación es inestable y podría volverse preocupante en cualquier momento.

Elliot apunta que, si Mark publica este mensaje, destruirá nuestra principal defensa para sacar a Diego de la cárcel. Han llegado a la conclusión de que nuestra mejor baza es presentarnos ante los tribunales y volver a argumentar que WhatsApp es una empresa aparte de Facebook, por lo que carece de sentido encarcelar a un empleado de Facebook por unos mensajes de WhatsApp. En su publicación, Mark admite que ambas compañías son la misma empresa, y que él es el jefe de ambas. El asesor jurídico afirma que, si el juez la viera, la publicación de Mark podría hundir esa línea de defensa y «dificultar la liberación de la siguiente persona a quien arresten».

Al leer esas palabras noto un escalofrío. ¿La siguiente persona a quien arresten? ¿De verdad están contemplando estos tipos ese factor en su plan de negocio?

A Mark todo eso le da igual. Quiere publicar su texto. Elliot le envía un correo desesperado en el que le dice: «El consenso (raro) entre tus asesores es que NO publiques ese mensaje. Es demasiado complicado y podría poner en riesgo a Diego y a nuestros equipos en el país». Mark da su brazo a torcer y le pide a Elliot que redacte el borrador de una publicación alternativa con consecuencias menos dañinas. Elliot se la envía, advirtiéndole de que incluso la alternativa «presenta el riesgo de suscitar una reacción negativa del tribunal» y que «el peligro que crea publicar esto en Brasil excede los beneficios que podamos conseguir fuera del país».

La calidad de Mark como persona durante todo este episodio no podría ser más decepcionante. Pese a anunciar en su nota que «estamos haciendo todo lo posible por ponerlo en libertad», no parece estar en absoluto preocupado por Diego. De hecho, parece contemplar todo esto, básicamente, como una oportunidad para redactar un gran texto para Facebook. Una historia conmovedora. Si le preocupara lo más mínimo el bienestar de Diego o se sintiera responsable de él por el hecho de ser su jefe, no insistiría en publicar su mensajito al mundo —un mensaje que podría infligir un gran daño— antes de irse a cenar; estaría haciendo cuanto estuviera en su mano: telefonear a la presidenta de Brasil o contactar con los numerosos legisladores brasileños que le presenté cuando quería presionar para sacar adelante Internet.org, y les estaría suplicando que hicieran declaraciones públicas apoyando la puesta en libertad de Diego. Hacer, en suma, todo lo que yo estoy haciendo. Ese tipo de presión viniendo de él sería más eficaz que viniendo de mí. Así se lo digo a Elliot, que es quien está hablando con Mark, y le recalco que un general debe permanecer en el campo con sus tropas.

Mientras todo el mundo anda discutiendo sobre la publicación, Diego comparece ante los tribunales.

El caso recae en un tribunal de apelaciones que, gracias al cielo, emite la orden de dejar en libertad a Diego a las 3:30 horas, transcurridas menos de veinticuatro horas desde su arresto.

Después de todo este asunto yo veo a Mark de manera muy distinta. Me he llevado una gran decepción. Podría haber sido yo quien estuviera entre rejas... en Myanmar, Corea del Sur, Tailandia o cualquiera de los lugares a los que he viajado como empleada de Facebook. O podría haber sido cualquier miembro de mi equipo. Y supongo que albergaba un último rescoldo de esperanza de que, en el momento en el que a uno de nosotros lo encerraran, lanzarían la caballería para salvarlo; o, por lo menos, que uno de los hombres más ricos del mundo haría todo cuanto estuviera en su mano. Pero cuando se da el caso, cuando uno de sus empleados está en la cárcel, en lugar de hacer todo lo que puede, como la persona más poderosa de la empresa que es, Mark se obsesiona con una estúpida publicación y luego se va a cenar. Me parece un suspenso evidente en la prueba más básica de decencia humana normal.

Cinco años antes, cuando me incorporé a Facebook, Mark no tenía ninguna teoría sobre la posición que él y su empresa deberían tener en el mundo; de hecho, carecía de opiniones elaboradas sobre legislación o política, más allá de «registrar a más usuarios». Y el resto de la dirección de Facebook no era demasiado distinta. A Mark todo eso le traía sin cuidado. En cambio, ahora ha elaborado sus prioridades, y son espantosas y absolutamente ajenas a los costes humanos.

En un principio yo había albergado la esperanza de que, cuando empezara a ejercer poder en el panorama mundial, a reunirse con presidentes y primeros ministros, Mark adquiriría conocimientos en responsabilidad y rendición de cuentas. Menudo fiasco. Era una decepción seguida de otra.

Este asunto con Diego confirma algo que me negaba a confesarme a mí misma: tengo que dejar Facebook. Empiezo a hacer llamadas en busca de un nuevo empleo. Durante mucho tiempo me había convencido de que podía hacer más bien dentro de Facebook que fuera, pero ahora entiendo que probablemente no sea así. El hecho de estar embarazada complica un poco la situación. Siendo realista, ¿cómo voy a dejar un empleo e incorporarme a otro cuando estoy a pocos días de dar a luz? Me siento atrapada.

32

Qué no esperar cuando se está esperando

Uno de los lugares insólitos a los que he viajado al servicio de Facebook es João Pessoa, una ciudad remota del nordeste de Brasil. No había pensado demasiado en ello desde que lo hice... hasta que leo un artículo en el *New York Times* que traza el descubrimiento y la evolución de algo llamado «virus del Zika». Aún no ha estallado el interés por el zika, pero, como estoy embarazada, lo leo detenidamente. Hay algo que me inquieta y no atino a determinar qué es.

Es más tarde, mientras descargo el lavavajillas, cuando entiendo qué me genera esa desazón. El artículo se centra en madres y bebés del estado de Paraíba, que me suena vagamente familiar. Vacilante, tecleo «estado de João Pessoa, Brasil», en mi teléfono y Google enseguida me devuelve: «João Pessoa, ciudad portuaria, capital del estado de Paraíba». Se me encoge el corazón y me viene dolor de barriga, y no por las patadas del bebé.

Se trata de un lugar remoto. Volar hasta allí desde San Francisco lleva más de veinte horas. Me obligo a releer el artículo del diario. Describe a las madres de los bebés con zika como «fantasmas, figuras mudas e inexpresivas en pasillos, sosteniendo en sus brazos a bebés cuyas frentes parecen haber desaparecido». Introduzco distintas preguntas en Google, con la esperanza de hallar algo que me convenza de que no tengo nada de lo que preocuparme, pero consigo justo lo contrario. João Pessoa está en pleno corazón del brote de zika, hay centenares de casos y el número de niños con sospecha de microcefalia se multiplica por diez cada semana.

Ni siquiera soy capaz de pensar en cómo se lo voy a decir a Tom. No quería que viajara a sitios raros estando embarazada, mientras que yo le aseguraba que se preocupaba sin motivo. No se me había pasado por la cabeza que corriera ningún riesgo. De haberlo sabido, evidentemente no habría ido.

Tengo la sensación de que este trabajo me exige demasiado, de que lo permea todo, de que lo envenena todo.

No me dan cita enseguida con la ginecóloga y, mientras espero, desespero. Dejo de notar las patadas del bebé durante unas pocas horas y me convenzo de que es por la microcefalia. De por sí, para mí el embarazo ya es una vivencia llena de miedo y culpa; no dejo de preguntarme si estaré comiendo bien, haciendo suficiente ejercicio y descansando lo necesario. Y ahora se suma este conocimiento lacerante que no me deja dormir de que, sin querer, he puesto a mi pequeño en peligro, además del miedo y la culpa sofocantes que lo acompañan.

Me cuesta pensar en otra cosa.

Cuando por fin veo a mi ginecóloga, noto que mi preocupación no la impresiona. Me explica que, desde la publicación del artículo en el *New York Times*, ha tenido una avalancha de visitas de futuras mamás de clase media que han viajado a Florida o a México de vacaciones y están preocupadas por la posibilidad de tener un bebé con zika.

—Pero yo viajé a João Pessoa al principio de mi embarazo.

No se inmuta.

—Es el epicentro del brote.

—¿Y te picó algún mosquito? —pregunta, aún escéptica.

Le enseño una fotografía de mi cuerpo cubierto de picaduras que le envié a Tom durante el viaje, preocupada por si me habían picado chinches.

Impasible, me concierta a regañadientes una cita para hacerme una ecografía. Me advierte de que todavía no saben demasiado acerca de la enfermedad y que eso comporta dificultades tanto para diagnosticarla como para tratarla.

El día de la ecografía, mientras estoy tumbada boca arriba en la camilla, con los pies en los estribos, la técnica me acribilla a preguntas acerca de por qué he viajado a un lugar tan peligroso. Irritada, le contesto que no conocía el riesgo y se hace un silencio incómodo entre ambas.

—¿Cómo lo diagnostican? —le pregunto.

—Aún no hemos diagnosticado ningún caso aquí. Creo que todavía no ha nacido ningún bebé con zika en Estados Unidos...

Ese «todavía» queda suspendido en el aire.

—¿Qué busca?

—Calcificación alrededor de los ojos, comprobar el tamaño de la cabeza, cualquier anomalía. ¿Vuelve al trabajo ahora, cuando acabemos?

¿Por qué intenta cambiar de tema? ¿Qué ve en la pantalla?

Al final, no detectan nada, pero también me dicen que probablemente no serían capaces de diagnosticarlo hasta que el bebé nazca. En palabras de uno de los médicos: «Todavía no sabemos lo que tenemos que buscar».

En marzo de 2016, tras meses de vivir en silencio el terror por el virus, justo una semana después del arresto de Diego, siento un inmenso alivio al dar a luz a una niñita sana y sin zika.

Pero cuando me la ponen en los brazos, no dejo de temblar, y cuando intento sostenerla con más firmeza, el tembleque se intensifica. Preocupada por que se me vaya a caer, se la devuelvo rápidamente a Tom. Intento contener el temblor, pero tras muchas horas de parto, estoy agotada y no consigo controlar mi cuerpo.

La enfermera que ha estado presente durante las partes más duras del alumbramiento, Lauren, sigue en la habitación. Tiene una larga melena castaña y un rostro amable, y me ha reconfortado durante todo el proceso.

—No pasa nada —le digo—. Estoy bien. Solo estoy cansada.

Pero mis intentos de tranquilizarla no la convencen y trae más mantas y se queda en la habitación, haciendo ver que está ordenando. Algo no encaja. ¿Por qué sigue aquí?

—Lauren, ¿la niña está bien?

Se dirige a hacerle un examen superficial a mi hija recién nacida, que está dormida.

—Es preciosa y está perfectamente.

Vuelve a ponerse a ordenar. Yo estoy tan extenuada que ni siquiera soy capaz de quitar los pies de los estribos después del parto. Me hundo en el silencio, exhausta. Al final, en respuesta a las preguntas de Tom, Lauren confiesa que le preocupa la cantidad de sangre que sigo perdiendo. Empieza a pesar las toallas que me han colocado alrededor para recoger la sangre que sigue manando y llama a la ginecóloga de guardia. Después de ella, vienen otros médicos. Mis temblores evolucionan en convulsiones.

Para entonces, soy consciente de que lo que me pasa es grave; Lauren sigue limpiando, pero yo no dejo de sangrar, una sangre espesa que fluye con rapidez. Me siento vacía, hueca, agotada hasta lo indecible. Lo más básico de la existencia, respirar, oír y sentir, se me antojan tareas densas, pesadas, casi insuperables.

La habitación se llena de médicos y enfermeras que, casi sin mirarme, se dedican a clavarme agujas y conectarme a máquinas. Llega una nueva enfermera que aparta a Lauren, pero yo logro cogerle la mano y le suplico con los ojos que no se vaya de la habitación. Me quito de vez en cuando la máscara de oxígeno para pedirles a Tom y Lauren que comprueben que la niña está bien. Mi hija sigue tranquilamente en un rincón.

El tiempo se ralentiza mientras el dolor se expande. Se irradia desde mi vientre hinchado, pero veo que toda yo me estoy inflando. La nueva enfermera me ha colocado un manguito para tomarme la tensión arterial al llegar y ahora noto como si me estuviera segando la piel. Cada vez que hago acopio de toda mi energía para quitarme la máscara e intentar hablar, para decirle que me lo reajuste, me regaña y me vuelve a colocar la máscara sin ni siquiera mirar hacia el manguito.

El equipo médico arrincona una y otra vez a Tom, pero él siempre consigue volverse a abrir camino hasta mí. Logro hacer un ademán con la cabeza en dirección a mi brazo y Tom entiende al momento lo que sucede al ver el manguito de caucho hundido en mi piel, tan enrojecida y abotargada que parece a punto de estallar. La enfermera también le riñe cuando intenta llamar su atención. Entonces Tom lleva al jefe médico a un aparte en el pasillo y le insiste en que sustituyan a esa enfermera por Lauren. Yo no dejo de pensar en lo horrible que debe de ser para él estar ahí de brazos cruzados, viendo cómo todo esto tiene lugar.

Al final, alguien del personal médico se acuerda de la niña y pide que se la lleven de allí. Intento protestar, me quito la máscara de oxígeno para oponerme, anhelando aún con todo mi ser sostenerla en mis brazos, amamantarla, verla.

Pero me silencian, me vuelven a colocar la máscara y se llevan a mi hija. Tengo la sensación de estar empezando a sucumbir. Me cuesta respirar, incluso con la máscara de oxígeno puesta.

Le hago un gesto a Tom para que se acerque y me quite la máscara.

—Llama a Debbie, o a Sadie, pídeles que vengan, por ti y por la niña.

Mientras empiezo a sopesar que la situación puede ponerse muy fea, lo que me preocupa es que haya alguien presente para cuidar de Tom. No quiero que esté solo cuando ocurra lo que sospecho que está a punto de ocurrir. Cuando muera.

Oigo a mi doctora encargar montones de sangre y amenazando con ir a buscarla ella misma si no llega enseguida.

Lucho por mantenerme consciente. Lo que nadie te dice acerca de esos últimos momentos en los que batallas por estar presente es lo seductora que es la inconsciencia. Nadie te explica que, cuando ya no puedes más de agotamiento, sucumbir al somnoliento confort de la pérdida del sentido resulta maravillosamente tentador. Descansar. Cada vez que bregas por salir de esa nada calma, no solo recuperas la consciencia, sino el tormento físico. Luces intensas, voces frenéticas, el esfuerzo por respirar, cada vez, y un dolor atroz. Yo lucho con todas mis fuerzas por seguir despierta. La idea de no sostener nunca en mis brazos a mi hija recién nacida me resulta espantosa. Y la de no volver a ver a Sasha. Por no mentar ya la perspectiva de dejar a Tom solo.

Al volver a abrir los ojos, estoy en el quirófano.

—Creo que la hemos recuperado —escucho decir a alguien.

Miro a mi alrededor en busca de Tom y Lauren, pero me pesa la cabeza y no soy capaz de enfocar la vista. Mi doctora entra en mi campo de visión y me da la bienvenida, me dice algo acerca de que el anestesista estaba a punto de dejarme inconsciente y añade que es una suerte que haya decidido unirme a ellos justo en este momento. Como si acabara de llegar a una barbacoa en el barrio.

Pregunto repetidamente por Tom, lo necesito, y consigo jadear:

—Nada de anestesia.

Mi doctora parece confusa y me explica que estoy en una sala de quirófano, que me están practicando una intervención de emergencia y que es muy grave. Hago acopio de toda mi energía para decir:

—Si te ponen anestesia general... no puedes dar el pecho... durante tres días.

Siento la necesidad apremiante de amamantar a mi hija; es curioso lo potentes que son estos instintos básicos. Lo haría aunque fuera incapaz de hacer nada más.

—Sarah, creo que no estás entendiendo bien la situación. —Mi doctora hace una pausa... quizá no quiera decirme que me estoy muriendo.

A continuación, me indica que Tom ya ha dado su consentimiento en mi nombre.

—Tengo que alimentar a mi hija. Necesitas mi consentimiento. No el suyo. —Desespero por mantenerme consciente, por ver, sostener y alimentar a mi hija—. No el suyo —insisto.

—Sarah, estás muy muy enferma...

Noto por su tono de voz que mi doctora, una profesional muy capaz, está al tiempo desconcertada y frustrada, llegando a un impase que la privará de un tiempo muy valioso. Adopta un enfoque distinto.

—Que alguien le dé un bolígrafo —dice.

Y, sin que me dé ni cuenta, aparece un bolígrafo en mi campo de visión. Alargo la mano para agarrarlo, pero no soy capaz de controlar mi cuerpo. Mis manos no se conectan con el boli. Me acerco a él, pero no puedo cogerlo con los dedos.

—Sarah, ¿te ves capaz de coger el bolígrafo y firmar estos formularios?

Me quedo paralizada, no me sale la voz, y siento un terror denso y asfixiante. Derrotada, sacudo la cabeza a ambos lados: no. Entonces aparece un anestesista y, antes de que sea consciente de lo que está sucediendo, una negritud adormecedora me recorre todo el cuerpo y ahoga los pensamientos y los movimientos a los que intento aferrarme desesperadamente como señales de vida.

Cuando abro los ojos, lo que veo son paredes blancas. Al enfocar la vista, veo un reloj en la pared y una pizarra blanca en la que hay escrito: «Llamar a Sadie». Suenan pitidos por todas partes, pero todo lo demás está sumido en un silencio espeso.

El dolor atraviesa el aturdimiento, pero es un tipo distinto de dolor. Tengo la sensación de estar asfixiándome. Mi estómago es un bulto vacío. ¿Dónde está Tom? ¿Dónde está mi hija? Estoy sola.

Sadie aparece a través de la cortina. Parece estar en su casa, como si llevara varios días aquí.

—¡Estás despierta! —exclama emocionada.

—¿Dónde está Tom? ¿Dónde está mi hija? —pregunto frenética, casi sin aliento. Sadie se esfuerza por oír mis palabras—. La niña, ¿dónde está la niña?

Sadie sacude la cabeza. Luego, muy despacio, como si le hablara a un pariente anciano, dice:

—No te oigo. Tienes una máquina en la garganta que te ayuda a respirar. Estás en la UCI. Conectada a soporte vital. Estás muy enferma.

Intento decir «niña» lo bastante alto como para que suene a través del tubo que tengo en la garganta, pero vuelve a negar con la cabeza.

—Tom —pruebo a decir—. ¿Dónde está Tom? Tom.

Sadie sacude la cabeza de lado a lado de nuevo.

No tiene sentido. Es Tom quien debería estar aquí. El único motivo por el que no lo estaría es que les hubiera pasado algo malo a él... o a la niña.

El pánico desencadena un chute de adrenalina en mí y grito con la voz ronca «mi hija, mi hija» al vacío del ventilador. Sadie intenta aplacarme hilando palabras en frases que carecen de sentido. No dice nada acerca del punto clave: dónde están Tom y la niña. ¿Se ha muerto nuestra hija? El mero pensamiento hace que me aferre a las máquinas como si tuviera garras e intente arrancarme el ventilador de la garganta para poder irme de allí y buscar a mi pequeña. Pero antes de que tenga tiempo de hacerlo, profesionales sanitarios aparecen a toda prisa y me doy cuenta de que es demasiado tarde y de que, mientras pulsaban botones y accionaban interruptores a toda marcha, me han sedado.

Cuando vuelvo a despertarme, es Debbie quien está sentada junto a mi cama. Saca una libreta y un bolígrafo de su elegante bolso de marca. Alargo las manos para cogerlos, pero vuelven a fallarme. Debbie me coloca el boli en una mano y sostiene la libreta debajo. Sé que tengo que mostrarme serena o volverán a dejarme inconsciente. Apenas puedo mover las manos, pero consigo garabatear: «¿Estoy atada a la cama?».

Debbie asiente con la cabeza. Dos correas de plástico transparente me mantienen sujeta a la cama. Lo único que tengo que hacer es salir de esta UCI e ir a ver a mi hija.

«Estoy preocupada por ella. ¿Puedo cogerla en brazos?», escribo y, aunque hacerlo me resulta agotador, finjo que no me cuesta nada.

Debbie sacude la cabeza poco a poco, pero con firmeza. No. No sé si es por mí o por la niña. Tengo la sensación de que el suelo se abre bajo mis pies.

Al poco entra Tom. Me alivia tanto verle que noto que se me llenan los ojos de lágrimas, pero el ventilador me dificulta llorar en otras partes del cuerpo; al sollozar noto que me atraganto con el tubo que tengo en la garganta. Tom me mira y rompe a llorar. Le he visto hacerlo poquísimas veces.

—Lo siento. No sé por qué lloro. No he llorado en todo este tiempo —me dice para tranquilizarme, como si fuera a pensar mal de él—. Pero es que me dijeron que me preparara porque tan vez no lo conse... —Se le quiebra la voz mientras le brotan lágrimas de los ojos—. Pero lo has conseguido. Y Xanthe está bien.

Me siento confusa.

«¿Xanthe?», escribo.

Tom baja la mirada, con un velo de vergüenza en el rostro.

«¿Le has puesto nombre a la niña?», pregunto, incrédula. Noto a Debbie removerse inquieta en su silla, incómoda de repente.

—Esto... Xanthe Juliet, el segundo nombre por mi madre, pero... podemos cambiarle el nombre —se apresura a decir.

En ese momento le vibra el teléfono y veo una notificación que dice: «A Xanthe le toca comer». En ese instante sé que ya no le cambiaremos el nombre.

Tom me pone al corriente de algunas de las cosas que me he perdido mientras estaba en coma. Al parecer, estoy en la UCI de un hospital distinto al que me encontraba la última vez que recobré la consciencia en el quirófano después de dar a luz. Por lo que consigo recomponer, en algún momento antes, durante o después del parto sufrí un embolismo de líquido amniótico. Me aclara que eso significa que algo entró en mi torrente sanguíneo —ya fuera líquido amniótico o cualquier otra cosa del bebé, como pelo o células fetales— e hizo que la sangre dejara de coagular.

Me explica que me han hecho más de treinta y cinco transfusiones, que me han cambiado toda la sangre del cuerpo más de tres o cuatro veces. Dice que no paraban de meterme sangre y productos sanguíneos, pero que yo no dejaba de desangrarme. Tras horas de proceder así, nada parecía hacer efecto. Justo después de medianoche, intentaron una última intervención. Algo salió bien y mi cuerpo empezó a reaccionar. Me dice que soy afortunada, que los médicos me han salvado la vida.

Unos días después, por fin me reúno con Xanthe. Es el momento que tanto he anhelado, sostenerla en brazos de verdad por primera vez, pero, en lugar de alivio, me abruma una sensación de culpa. La de haberle fallado desde el principio a esta bebita dulce e indefensa que ha estado en la enfermería de otro hospital todo el tiempo que yo he pasado en la UCI, ambas cuidadas por desconocidos.

Morir durante el parto teniendo un empleo en Silicon Valley es como morir atropellada por una carroza tirada por caballos, por sobredosis o en un duelo, algo que pertenece a un siglo distinto o a otro país. Semanas antes de mi alumbramiento estaba jugando al ping-pong en realidad virtual con Mark Zuckerberg y el primer ministro de Singapur. ¿Cómo he podido pasar de eso a estar al borde de la muerte silenciosa que se describe en una novela decimonónica?

Sin embargo, no hay nada más lejos de la realidad. De hecho, es una muerte muy actual en Estados Unidos. Nuestro país registra la tasa de mortalidad maternal más alta del mundo desarrollado. E, increíblemente, va al alza.

Cuando me dan el alta, me sacan del hospital en silla de ruedas, porque todavía no puedo caminar. Lauren, que nos ayudó tanto a Xanthe como a mí a superar tantas penurias, me envía una nota que dice: «Espero que alguien le explique algún día cuánto luchaste por su vida y por la tuya».

No tengo ni idea de cómo lo afrontaremos. No puedo caminar, porque me lesionaron la espalda durante el traslado entre hospitales. Sigo perdiendo sangre, lo cual me deja terriblemente debilitada. Tom está agotado y tiene que reincorporarse al trabajo pronto, nuestras familias están cada una en su país y apenas conocemos a nadie en San Francisco. No tengo ni idea de cómo vamos a cuidar de una recién nacida y de una niña pequeña.

Solo han transcurrido unas semanas desde la detención de Diego y sé que debería estar buscando otro empleo. Estar tan cerca de la muerte refuerza mi sensación de que tengo que dejar Facebook. No dejo de pensar en ello. Pero me cuesta tirar adelante cuando tengo que darle toda mi energía a mi nueva hijita. Además, estoy físicamente devastada. ¿Cómo lo hago?

Tras llevar menos de una semana en casa, tengo una hemorragia mientras estoy acostando a Sasha. Tom me encuentra en el cuarto de baño, en medio de un charco de sangre, y llama a una ambulancia. Dos días después, pido el alta hospitalaria, pese a que continúo perdiendo sangre cada día. Le oculto que lo hago a Tom porque percibo que él ya está al límite, pero cada vez que voy al baño hay tanta sangre que pienso que debería desenrollar la cinta de una escena del crimen. A falta de ella, lo limpio todo con esmero para ocultar las pruebas de que algo va espantosamente mal.

33

¿De verdad tenemos que hablar de eso?

No estoy bien. Sigo perdiendo cantidades importantes de sangre durante meses y me cuesta hacer incluso las actividades más básicas. Voy al supermercado con mis dos hijas y me doy cuenta de que no tengo fuerzas ni para recorrer los pasillos, así que pongo rumbo de nuevo a casa, y tengo que ir haciendo altos en el camino y sentarme a descansar en bancos. Vivo la vida cotidiana con una desesperación tácita.

Nada de esto parece importarle a Joel. Sabe perfectamente que aún estoy de baja maternal, enferma y tomando analgésicos fuertes para paliar el dolor, pero ello no es óbice para que a diario se apilen en mis buzones mensajes de texto y correos electrónicos suyos y de su ayudante. Transcurridas menos de dos semanas desde que pedí el alta hospitalaria, programan una reunión semanal conmigo. Como yo estoy en California y él en Washington D. C., la hacemos por videoconferencia, pero él empieza a aparecer tumbado en la cama, en lugar de en su despacho. Lleva puesta una camiseta y quién sabe qué más. Me digo que las fotos familiares que tiene alrededor del cabecero demuestran que es un hombre de familia y que no debería incomodarme por ello.

—¿Te molesta que esté en la cama mientras hablamos? —me pregunta varias veces, y tengo que morderme la lengua.

Un día va más allá. En una de nuestras videollamadas habituales durante mi baja por maternidad, me pregunta cómo va mi salud. Le respondo de forma escueta y profesional: estoy muy enferma, van a tener que operarme otra vez.

—Pero ¿por dónde sangras? —me pregunta.

El cerebro me va a mil. Es imposible que no lo sepa.

—¿Lo preguntas en serio? Pues por el mismo sitio por el que llevo sangrando todo este tiempo.

—¿Y qué sitio es ese? —me presiona, insistente.

—¿De verdad tenemos que hablar de eso?

Me mira con desdén desde su cama, arrellanado en voluminosos cojines, y vuelve a preguntarme por dónde pierdo sangre.

—No estoy muy cómoda, la verdad.

—Venga, Sarah —me dice.

—Bueno, por los ojos no es...

Empieza a enfadarse.

—Tengo que dejarte.

Salgo de la videoconferencia y telefoneo a Tom. Luego llamo a Debbie y se lo explico también. Confío en ella, lleva años trabajando en Facebook.

No sabe qué aconsejarme.

Elliot, Joel y otros miembros de la dirección me regalan una niñera nocturna durante unas semanas, lo cual, en cierto sentido, es muy considerado por su parte —porque cuesta miles de dólares que no podríamos costearnos—, pero, por otro lado, parece enviarme el mensaje de que tengo que «volver al trabajo». Tom sugiere que declinemos su gesto, pero me da la sensación de que sería maleducado.

Durante mi baja maternal, Joel me presiona para que acuda a una «reunión externa de la dirección» en Hyderabad, la India, programada para unas pocas semanas después de que me reincorpore al trabajo. A mí me parece una pérdida de tiempo. El objetivo es hacer equipo —es decir: salir a comer por ahí y hacer turismo—, no tomar decisiones significativas.

Y la verdad es que tengo miedo. Seguí sufriendo pérdidas de sangre durante mucho tiempo, meses después de que mi hija naciera. Y estoy muy frágil. Los médicos no sabían a ciencia cierta a qué se debía, pero sospechaban que me habían unido por error una vena a una arteria durante la crisis, aunque no podían determinarlo sin intervenirme. Cuando se aproxima la fecha de mi reincorporación, ya me han operado, pero me recupero despacio, y no quiero volver a trabajar. Tengo el cuerpo débil. Todavía hay problemas por resolver. Sigo perdiendo sangre; los médicos me toman muestras cada vez que me hacen una analítica regular, pero nadie parece saber qué me pasa. Es un vuelo de veinticuatro horas. Me da miedo tener otra hemorragia, y los médicos me aconsejan que no destete todavía a mi hija, a la que no quiero dejar sola hasta que esté completamente bien de salud.

Planteárselo a Joel es una tortura.

—Sobre lo de la India —empiezo a decir, nerviosa—. Sé que quieres que vaya, de manera que lo estoy planificando, pero tengo que ver cómo hacerlo sin tener que destetar a mi hija. Aun así, si no me necesitáis, preferiría quedarme aquí.

—¿Te refieres a que le estás dando el pecho? —pregunta.

—Sí —respondo.

—Explícame cómo funciona eso de dar el pecho —dice, y me mira expectante.

—¿Qué?

—Que me expliques cómo funciona lo de dar el pecho.

¡Ag! Otra vez con lo mismo.

—Tengo que mantener la producción alta para poder seguir amamantándola —le digo con la máxima neutralidad posible, intentando hablar en términos profesionales.

Pero mi explicación no le satisface. Continúa presionándome. Al final, zanjo el tema diciéndole que ya hablaré de mis inquietudes directamente con su ayudante. Le explico a ella el nefasto episodio del sacaleches en Turquía y mis reparos con respecto a la India. No convenzo a nadie. Me envían un sacaleches y me reservan un vuelo para la India.

Me reincorporo al trabajo en agosto de 2016. El día de mi retorno, Joel decide hacer una evaluación de desempeño, alegando que «es la época de las evaluaciones». Una búsqueda rápida en Google confirma mis sospechas de que nadie tiene que someterse a una evaluación de desempeño de su baja por maternidad. De hecho, tengo entendido que presionar a alguien para que trabaje durante la baja es ilegal. Aun así la hacemos.

—No has respondido del todo bien —dice.

—En mi defensa diré que estuve en coma durante parte de mi baja.

—No lo digo solo yo, Sarah. A algunos de tus colegas también les costó comunicarse contigo.

—Pues no sé, estaba hospitalizada, en coma y a punto de morir, pero acepto que eso dificultara comunicarse conmigo alguna que otra vez.

Como si oyera llover, concluye que había «temas que limitaban mi eficiencia» y tanto él como mis compañeros aseguran que fue «difícil trabajar conmigo durante esa etapa». Por desgracia, señala que no puede introducir una puntuación de desempeño formal en el sistema para completar este *feedback* porque durante gran parte del ciclo de desempeño he estado «fuera del sistema», pero quiere que sepa que, si pudiera hacerlo, sería negativa.

La verdad es que no entiendo lo que está pasando y, como es mi primer día tras la baja, me pongo en contacto con la persona encargada de Recursos Humanos del equipo de políticas públicas, Stacey Tomey. Veo a través de Zoom que su despacho doméstico está decorado con menús enmarcados de restaurantes con estrellas Michelin en los que ha comido.

—He tenido que trabajar mucho durante mi baja por maternidad.

—Soy consciente de ello —responde.

Tardo un minuto en asimilarlo. Eran conscientes de ello. Pensaba que Joel me estaba forzando pero que nadie lo sabía.

—Me preocupa viajar a la India, sobre todo por sacarme leche.

Le explico que me da miedo tener otra hemorragia durante las cuarenta horas que voy a estar en el aire. Añado que viajar a la India mientras aún tengo problemas médicos está provocando mucha tensión en casa. No le revelo el grado de angustia de Tom.

—Puedes volar conmigo —se ofrece—. De ese modo, si pasa algo durante el vuelo, tendrás a alguien a bordo.

Eso me sería de ayuda solo si Stacey pudiera sacarse el título de Medicina antes de despegar. De lo contrario, ¿qué puede hacer ella exactamente si se produce una emergencia médica posquirúrgica?

—Puedes apoyarte en mí y en la asistente de Joel —es su solución tanto a mi problema médico como al comportamiento de Joel.

Cuando las dos nos reunimos con la asistente de Joel en la India, esta nos bautiza como «el trípode» y crea un chat grupal con ese nombre.

En la «reunión estratégica» inaugural en Nueva Delhi, Joel reúne a su equipo de liderazgo y nos pide a cada uno que identifiquemos los mayores riesgos para la empresa en el año próximo. Como era predecible, Erin Egan, directora de privacidad y política, dice «la privacidad». Kevin Martin, que está al cargo de las iniciativas de Internet.org y conectividad, afirma «la conectividad a internet». Y así sucesivamente.

Cuando me llega el turno, intento abordar una inquietante tendencia nueva en el uso que los políticos hacen de Facebook. El día antes de que dé comienzo la reunión externa, la periodista filipina María Ressa publica un reportaje rompedor en el que ilustra cómo el presidente de Filipinas Rodrigo Duterte ha instrumentalizado Facebook para impulsarse al poder. Duterte era un candidato marginal que se postulaba frente a candidatos consagrados y, sin embargo, usando publicidad de pago y una red de voluntarios en las redes sociales, su campaña erosionó los hechos mediante páginas políticas que se hacían pasar por fuentes creíbles de información para bombardear verdades a medias. En combinación con la potencia de los bots, las cuentas falsas y troles en las redes sociales, fabricaron una realidad alternativa que manipuló a la población, sembrando el miedo, la incertidumbre y la duda. La campaña aprovechó el algoritmo de Facebook, que está optimizado para atraer la atención del público y no diferencia entre realidad y ficción.

María Ressa puso toda esta información en conocimiento de mi equipo antes de publicarla, mientras yo estaba de baja por maternidad, pero mis jefes no acabaron de entenderla. Y se quedaron de brazos cruzados.

Duterte es una figura política brutal que aseguró que velaría por la aplicación de la ley y el orden legalizando a los escuadrones de la muerte que ya han matado a más de mil personas... y posiblemente colaborando con ellos, puesto que él mismo ha confesado haber arrojado a alguien desde un helicóptero. Ha elogiado tales asesinatos en público. Y dista mucho de ser el único mandatario que hace un uso cuestionable de Facebook. Las juntas militares de Tailandia y Myanmar están empleando métodos innovadores para reprimir la libertad de expresión, instigar el miedo y espiar a la ciudadanía. Afirman falsamente que Facebook comparte con ellos información y datos de sus usuarios para erradicar la disidencia en la plataforma.

Los presidentes presentes en Facebook ya no son «buenos tipos» y «amigos de Estados Unidos» como Joko Widodo,

Enrique Peña Nieto y Justin Trudeau. Los regímenes que persiguen controlar y censurar a sus poblaciones han entendido el poder que les brinda Facebook de monitorizar lo que se dice sobre ellos y quién lo dice. El manual de desinformación y troleo de Duterte ha dado tan buenos frutos que, por supuesto, otros lo imitarán. Nos hemos estado congraciando con estos candidatos y ganando dinero alegremente gracias a ellos, pero nos conviene replantearnos la estrategia. Para entonces, el Brexit ya ha ocurrido y la cúpula de Facebook evita a toda costa aceptar cualquier papel que su plataforma haya podido tener en el resultado. Se avecinan algunas elecciones importantes, incluidas las de Estados Unidos el mes siguiente.

Es en ese momento cuando pierdo a los presentes en aquella sala. Todos me miran inexpresivos. Joel me escucha, con los ojos ensombrecidos.

—Gracias, Sarah, creo que tenemos algunos asuntos más apremiantes de los que ocuparnos. Dejaremos que el equipo de Estados Unidos se encargue de manejar las elecciones allí.

Soy consciente de que, a su modo de ver, la política estadounidense queda fuera de mi ámbito de experiencia y es muy distinta de lo que sea que yo estoy detectando en lo que él denomina «países de pacotilla», como Filipinas, Myanmar y Tailandia. Además, y quizá eso sea más relevante, todos los allí presentes saben que estamos generando cantidades récord de dinero gracias a la campaña de Trump, con toda su desinformación y troleo. Por lo que concierne a Joel, Facebook no tiene por qué preocuparse de candidatos marginales como Trump. De hecho, a Facebook le van de fábula porque aportan cantidades ingentes de dinero, y eso es lo que verdaderamente le importa a Joel. Si lo que hacen es generar indignación y adornar la realidad, qué se le va a hacer: para Joel, esa indignación y el adorno de la realidad forman parte del juego, parte de la política. Al fin y al cabo, Joel había participado en los disturbios de Brooks Brothers.

La indignación es un negocio lucrativo para Facebook en estos momentos, un mes antes de los comicios, y Joel está decidido a que su equipo contribuya a los resultados financieros de la empresa. Recuerdo ver su nombre como el primero en dar «Me gusta» a una publicación interna de nuestro equipo de publicidad política —creado por él mismo— que celebraba el gasto récord del Partido Republicano en los caucus de Iowa. Y cuando el equipo publicó que la estrategia en Facebook de Ted Cruz «nos ha llenado los bolsillos a todos con dinero contante y sonante», debajo podía leerse: «A Joel Kaplan y otras veintidós personas les gusta esta publicación».

Si acaso, Facebook recompensa a los candidatos marginales que publican contenido inflamatorio que genera interacción. Cobramos menos por los anuncios más incendiarios que llegan a más usuarios. Trump está utilizando nuestro sistema tal como está diseñado para usarse. Desde mi punto de vista, eso está incentivando y premiando el peor tipo de juego sucio político que existe.

A Joel no parece importarle lo más mínimo; lo único que le interesa es el dinero. Además ¿qué más da?, nos dice, si Hillary Clinton va a ganar de todos modos.

34

Las elecciones de Facebook

Joel se equivoca. Todo el mundo se equivoca. De ahí que sienta curiosidad al entrar en las oficinas centrales de Facebook un mes más tarde, la mañana después de la victoria de Trump.

Se convoca apresuradamente una reunión de los equipos de políticas y comunicación para debatir qué siente cada cual con respecto al resultado electoral. Me sorprende que a Joel y Elliot se les haya ocurrido programarla. Demuestra una sensibilidad hacia las emociones de las personas que normalmente brilla por su ausencia. Más tarde, Joel confiesa que la organizaron porque, tras la votación del Brexit unos meses antes, se vivió una situación desagradable en las oficinas de Londres. En su mayoría, el equipo de políticas estaba devastado y la situación no se gestionó bien. Los pocos que querían que Gran Bretaña saliera de la Unión Europea se sintieron atacados personalmente por el resto del equipo, y el ambiente fue empeorando hasta generar mala sangre entre ambos bandos. Joel quiere evitar que se repita algo así con el tema de Trump, entre los simpatizantes del Partido Republicano que predominan en su despacho y el resto de Facebook, integrado en su mayoría por demócratas y un puñado de liberales.

Todos los miembros de los equipos de políticas y comunicación del Silicon Valley se hacinan en una sala de reuniones demasiado pequeña, con la oficina de Washington proyectada en la gran pared blanca que hay al final de la estancia. Elliot se esfuerza por dar con el tono correcto para dirigirse a los agentes políticos congregados, algunos de los cuales han estado directamente implicados en la campaña electoral de Trump, y arranca con un monólogo inaugural vago acerca de la importancia de la democracia y la tolerancia. Joel está de buen humor (visiblemente contento por la victoria de Trump) y le cuesta reprimir su desdén por el pesar colectivo en las oficinas de Silicon Valley. Al entrar, todos hemos pasado al lado de empleados jóvenes que lloraban.

Un republicano del equipo de Washington me había comentado que Joel había hecho donaciones a todo el mundo, excepto para Trump. Y Joel aseguraba no haber votado por el candidato republicano. De manera que, más tarde, en una de nuestras reuniones cara a cara, le pregunto por qué estaba tan contento durante la videoconferencia cuando había manifestado públicamente su apoyo a Jeb Bush.

—No estás enfocando bien estas elecciones —me responde con un tono un tanto paternalista—. Si miras el programa de Trump, es el programa del Partido Republicano. Y coincide con lo que a nosotros nos conviene. Lo que a mí me conviene. Recortes de impuestos. Adelgazamiento del Gobierno. Trump lo hará. Tiene el Senado. Y tiene el Congreso. Es una victoria decisiva. Puede hacer cosas. Grandes cosas. Y no solo eso, va a ser genial para las tecnológicas y para los negocios. Se acabó la intervención, todo en marcha. —Hace una pausa, como para comprobar que entiendo que la suerte nos sonríe—. Por supuesto que meterá en el cóctel otras pequeñas cosas que a mí, personalmente, no me vuelven loco —concede—, pero el grueso del programa es lo que quiere el partido, y es lo que quiero yo.

Asiento con la cabeza, cosa que él interpreta como una aceptación de su explicación.

—Lo que más me preocupa de estas elecciones es que Trump no llegará lo bastante lejos en las cosas que realmente marcarían la diferencia.

—¿A qué te refieres? —pregunto, porque, aunque ya lo sé, quiero oírselo decir.

—El recorte de derechos —responde sin titubear—. El mayor punto débil de Trump es que, sin tocar la Seguridad Social, el Medicaid y el Medicare, no podrá introducir demasiados cambios. Eso es lo más decepcionante de este presidente. Pero, en general, el resultado es magnífico.

En contraste con Joel, algunos de los afligidos demócratas que ocupan altos cargos hablan de su pesar y su temor por lo que depara el futuro tras la victoria de Trump al dirigirse al grupo reunido. Cuesta pasar por alto las miradas de exasperación que intercambian algunos de los republicanos del equipo de Washington, que parecen haber olvidado que sus rostros se están proyectando ampliados en la pared.

Una de las empleadas más jóvenes de California levanta la mano y dice tímidamente:

—Me preocupan mis amigos negros e hispanos.

No menciona que el eslogan «All Lives Matter» ('Todas las vidas importan'), creado como contrarréplica al «Black Lives Matter» ('Las vidas negras importan'), continúa apareciendo grafiteado en las paredes de todo el campus de Facebook (ni que la respuesta de Mark y Sheryl a ello fue «tenemos que presuponer su intención positiva», y tampoco hace alusión a los carteles de bienvenida de los simpatizantes de Trump que se han materializado por todas partes. La mayoría de los empleados de las oficinas centrales tienen veintitantos años y se pasan la vida en Facebook publicando sus opiniones políticas, a raíz de lo cual hace ya meses que se vive una turbia tensión política en la empresa. Se produce un largo silencio, durante el cual

Elliot y Joel evitan todo contacto visual, antes de que un chico blanco y barbudo de veintipocos años se ponga en pie y diga:

—Yo quiero ser un aliado.

Mientras prosigue, haciéndonos partícipes de sus impresiones acerca de los comicios y de sus pensamientos acerca de ser negro, gay, musulmán o mujer en Estados Unidos en 2016, los rostros de la oficina de Washington proyectados en la pared hacen unos mohines memorables. Sin darme cuenta, establezco contacto visual con otros empleados de la sede central que, como yo, están escrutando la estancia, buscando como forenses una cara negra o hispana entre el mar de jóvenes rostros blancos, sudaderas y chalecos de la marca Patagonia. Apenas hay unas cuantas.

Joel se limita a zanjar estas inquietudes afirmando de manera tajante:

—La Administración Trump está llena de buena gente dispuesta a hacer lo que sea mejor para Estados Unidos.

Entonces, otra joven, que probablemente tenga una idea distinta de la de Joel acerca de qué es lo mejor para Estados Unidos, formula otra pregunta:

—Me preocupa qué va a pasar con la inmigración. ¿Qué hacemos con la gente que no tiene regularizada su situación como inmigrante?

Elliot le agradece la pregunta y contesta con unas cuantas evasivas. Yo me abstraigo pensando que parece haber muchos hombres en la oficina de Washington proyectada en la pared, mientras me pregunto si ellos también se describirían como «buenos tipos» y cuánto les está costando contener su deleite por el resultado electoral y, cuando vuelvo a sintonizar con la sala, escucho:

—Sarah seguramente tendrá una opinión formada al respecto, porque ha tenido que afrontar algunos problemas complicados con inmigración.

Sigue un momento de silencio. Todo el mundo se vuelve para mirarme. No respondo porque doy por supuesto que debe de referirse a otra Sarah cualificada para responder a la pregunta. Entonces caigo en la cuenta de que se refiere a mí. Me está pasando el testigo para no tener que seguir hablando acerca de los planes de inmigración de Trump.

—La verdad es que no creo que el problema sea la inmigración procedente de Nueva Zelanda —contesto yo—. Pero no lo sé...

Joel interviene, consciente de que me estoy saliendo por la tangente y le asegura a todo el mundo que Facebook indagará en esta cuestión.

Entre la multitud hacinada en uno de los rincones al final de la sala de la oficina central, alguien pregunta:

—¿Esto es culpa nuestra? Los comicios de 2016 son «las elecciones de Facebook».

Es un alivio escuchar a alguien expresar en palabras mis pensamientos. En la antesala de las elecciones, ese era el mensaje constante en el seno de la empresa. Internamente, las llamábamos «las elecciones de Facebook», y la empresa se había comprometido a dominar estos comicios como ningún otro. Todos sabemos las hordas de personas de los equipos de políticas públicas, comunicación, ventas, gestión de proyectos e ingeniería que han estado trabajando a jornada completa en las elecciones. Hace meses que en las presentaciones todo el mundo habla de lo potente que es Facebook y de su eficacia como herramienta para influir en las personas y cambiar opiniones. Nos vanagloriamos de ser «los paladines de la democracia». Y eso sin mencionar el apremio constante de Joel para que nuestros equipos aumenten los beneficios de la empresa vendiendo publicidad política.

Y, sin embargo, Elliot parece desconcertado. Desestima la pregunta como si fuera una idea disparatada.

—El papel de Facebook y nuestra función como empleados es hacer un mundo más abierto y conectado. Y ahora eso es más importante que nunca —concluye, tras lo cual pone fin a la reunión sin dar opción a que se plantee ninguna pregunta adicional.

Son los mismos sentimientos de los que Mark se hace eco desde el escenario de la conferencia de Techonomy días más tarde, donde afirma categóricamente que la insinuación de que las noticias falsas publicadas en Facebook hayan influido en las elecciones son «una idea descabellada», a lo que añade que «la sugerencia de que hayan tenido alguna repercusión en los comicios está bastante fuera de lugar».

35

Enfadado con la verdad

Mark Zuckerberg está furioso. La insinuación de que ha tenido alguna responsabilidad en el resultado de las elecciones le tiene echando humo cuando llega al aeropuerto. Estamos a punto de volar hacia Perú para asistir a la cumbre de la Cooperación Económica Asia-Pacífico (APEC, por sus siglas en inglés).

Estoy nerviosa. Ha sido idea mía que Mark viaje a Lima para la APEC. Durante mi baja por maternidad, me envió un email en el que tomaba finalmente la iniciativa en política internacional. Concretamente, había estado pensando en cómo se gobierna el mundo:

> Me gustaría saber más sobre el tema, sobre cómo se crearon las Naciones Unidas y las distintas instituciones de gobernanza internacional, qué poderes y mecanismos tienen para conseguir resultados, cuáles son sus límites y si esos límites son buscados o si se está marginando a esas organizaciones, por qué se crearon como una federación de naciones y no como un organismo internacional democráticamente elegido, etcétera.
>
> Una cuestión específica que me interesa es por qué nadie está abogando por un sistema o Gobierno internacional con más poder. Es decir, el sistema actual parece relativamente endeble: tiene un presupuesto reducido, depende de los países en lugar de ser elegido o controlado por las personas en todo el

mundo, etcétera. Hoy en día, parece que los países importantes, al interactuar con el sistema internacional, pueden decidir solo entre dos posiciones: seguir como hasta ahora o aumentar el aislacionismo. Tengo curiosidad por saber por qué no existe una tercera opción, la de reforzar el sistema, y qué se necesitaría, en teoría, para hacerla realidad. Busco cualquier recomendación sobre cómo saber más al respecto: recomendaciones de libros, personas con las que hablar o a las que invitar a cenar y otros recursos que consultar.

Lo que deduzco de todo ello es que Mark está notando cómo se incrementa la influencia de Facebook en todo el mundo. Hay políticos de todas partes que quieren venir a rendirle pleitesía del mismo modo que lo hacen, por ejemplo, con Rupert Murdoch. Dispone de una red global, de más capital político y más dinero del que puede gastar, y se pregunta en qué puede emplearlo. ¿Qué otras instituciones cruzan las fronteras nacionales? ¿Qué poderes tienen, si se comparan con Facebook? En sus discursos, Mark habla cada vez más de una «comunidad global». Sabe que Facebook tiene un presupuesto superior al producto interior bruto (PIB) de muchas naciones y que no «depende de los países». Podría comprar a todos los políticos de un país o de muchos países si decidiera ejercer su poder sin reservas.

Lo que pensé fue que, si Mark estaba pensando en utilizar Facebook para hacer algo distinto, algo mejor, en todo el mundo, y quería entender cómo funcionaba el sistema internacional —o cuáles eran sus defectos—, necesitaba verlo de cerca. Por eso le propuse ir a la APEC. Era más grande que la cumbre internacional a la que lo había llevado en Panamá. Vladímir Putin y Xi Jinping estarían allí, y en esta ocasión el papel de Mark no sería el de comercial, no estaría vendiendo Internet.org o Facebook. Quería ponerlo en situaciones en las que se encontraría si fuera un jefe de Estado. En cierto modo lo que esperaba era que esos líderes políticos lo regañaran un poco, le abrieran los ojos respecto a los problemas que tienen con Facebook, para que se viera obligado a verse frente a frente con los efectos perjudiciales que la plataforma tiene en muchos países.

Dándole vueltas a lo que Mark parecía estar imaginándose para sí mismo en el escenario mundial, se me apareció en la cabeza una visión de Mark presidiendo una reunión de jefes de Estado en la APEC. Una sesión en la que Mark y los líderes más poderosos del mundo ajustarían cuentas y llegarían a un acuerdo sobre una serie de reglas básicas para internet. Era absurdo incluso pensarlo. Nadie aceptaría poner al consejero delegado de una empresa al mismo nivel de los jefes de Estado más poderosos del mundo y que los presidiera. En la última gran cumbre a la que había asistido Mark, la Casa Blanca había rechazado incluso que subiera al escenario para participar en un panel. Pero me dije que era un buen punto de partida para las negociaciones con la APEC sobre la participación de Mark. Si pedía aquello, en cuanto dejaran de reírse al menos se plantearían concederme alguna de las otras cosas que sí tenía alguna posibilidad de obtener.

De modo que me sorprendió que, tras meses de negociaciones, aceptaran mi petición. Mientras nos preparamos para despegar hacia Perú, sigo sin creerme que aquello vaya a hacerse realidad, que Mark vaya a presidir una reunión de presidentes y primeros ministros, igual que en mi visión.

Aunque al parecer no vamos a despegar porque Mark no se ha traído el pasaporte.

Un pequeño grupo de ejecutivos de Facebook deambula por la anodina terminal beis, más parecida a un lugar del que salen coches de alquiler para cargos intermedios que aviones privados para titanes de la tecnología. Mark está cabreado. A estas alturas, ya no sé si es porque se culpa a Facebook del resultado de las elecciones, por la victoria de Trump, por el pasaporte olvidado o por tener que viajar a Perú en medio de toda esa situación. Me preocupa que sea lo último. Parecía tener ganas de ir cuando se lo propuse. Incluso propuso que averiguáramos si el matrimonio Obama querría ir al Machu Picchu con él.

Sea cual sea el motivo, Mark echa la culpa a otras personas de todos esos problemas, incluso de dejarse el pasaporte. Supongo que así es vivir en una burbuja, como hace él. Pero una burbuja presupone una transparencia poco sólida, un espacio diáfano que te permite ver una vida normal al otro lado. Mientras que el lugar en el que Mark habita es más bien una cúpula gruesa y opaca, una fortaleza tenebrosa que lo separa del resto del mundo. Cuando tienes a tantas otras personas haciendo cosas por ti, tanto en el ámbito profesional como personal, dejas de responsabilizarte de nada. Max Weber dijo que la responsabilidad política consiste en lidiar con las consecuencias no deseadas de tus acciones. Mark ni siquiera puede asumir la responsabilidad de dejarse el pasaporte en casa, por no hablar de la de influir en las elecciones de Estados Unidos.

Andrea decide cargar con el muerto y asegura que es culpa suya que el pasaporte no esté allí, y que debería estar más encima del «personal doméstico» de Mark. Brilla por su ausencia cualquier insinuación de que se le podría haber ocurrido a Mark que un pasaporte sería útil para un viaje a Sudamérica.

—Sarah, ¿podrías ponerte en contacto con el presidente de Perú para ver si Mark puede entrar en el país sin pasaporte? —propone Elliot.

—Sí —aprueba Mark de inmediato—, qué buena idea.

—Incluso Mark Zuckerberg necesita un pasaporte —regaño a Mark con cariño.

No le hace ninguna gracia. Por suerte, antes de que puedan seguir presionándome para llamar al presidente de Perú, Mark se da cuenta de que no lleva una medicación que necesita. Se toma la decisión de retrasar la salida del vuelo mientras alguien, no él, va a buscarla.

No es la primera crisis médica del viaje. Y no por mis continuos problemas de salud. Un domingo, varios meses antes, durante mi baja por maternidad, recibí una llamada urgente de Elliot.

—Es por Perú, la cosa peligra. Mark y Priscilla están intentando ser padres —me susurró, muy serio, pese a que era una llamada de teléfono y nadie podía oírnos.

A mí aquello enseguida me pareció demasiado íntimo. Como si fuéramos cortesanos y se nos permitiera entrar al dormitorio real para presenciar el momento de la concepción.

—Estupendo —dije con cautela.

—Bueno, ya puedes imaginarte el problema —murmuró en tono cómplice.

Interpreté que las fechas de la cumbre coincidían con las de la ovulación, pero no sabía si quería tener tanta información. Estoy segura de que los planes reproductivos del consejero delegado de mi empresa no forman parte de mi trabajo. No contesté.

—El zika —añadió Elliot, tras lo que dijo que era imposible que Mark se expusiera al zika o retrasara sus planes para un segundo hijo. Mark me había dicho en una ocasión que quería una «tribu» de hijos, así que entendí su reticencia a retrasarlo.

Elliot había estado hablando con Mark y las recomendaciones actuales hablaban de esperar tres meses tras viajar a una zona infectada por el zika antes de intentar concebir, así que o se cancelaba el viaje o había que tomar medidas drásticas para protegerlo de un posible contagio.

Por aquel entonces, en Lima apenas había zika. Ni Elliot ni yo mencionamos el hecho de que Facebook me había enviado a la zona cero del brote de zika estando embarazada, pero se palpaba en el aire. Elliot me pidió averiguar qué podía hacer la oficina del presidente peruano para evitar que Mark se contagiara de zika. Confidencialmente, claro.

Le aseguré que haría todo lo posible.

En realidad, ni siquiera sabía de qué manera se pide a los miembros de una oficina presidencial que protejan el esperma de tu consejero delegado. Sobre todo cuando ya les había pedido unas cuantas cosas últimamente. Se lo comuniqué en los términos más vagos e hice que pareciera que era yo la que estaba preocupada por el zika y las posibilidades de quedarme embarazada. Las encantadoras personas del Gobierno peruano con las que había estado trabajando se mostraron confusas, porque sabían que hacía muy poco que yo había dado a luz, que había estado muy enferma y que en ese momento se suponía que estaba de baja por maternidad... ¿Qué clase de persona era? Fue muy incómodo, pero opté por dejar que creyeran que era muy fértil y que quería tener un tercer hijo. Me pareció más fácil, pese a la vergüenza que pasé. Por supuesto, había poco que ellos pudieran hacer para ayudar, pese a sus buenas intenciones.

Así que Facebook se planteó medidas extremas, o la «operación Esperma Perfecto». Tras una reunión sobre el riesgo de zika en la que no se me incluyó, Andrea me envió una foto de un «traje antimosquitos» hecho de malla, que cubría de pies a cabeza, sacado de una tienda de suministros del Ejército, que el equipo creía que Mark debía ponerse. Me imaginé el encuentro entre Mark y el presidente Obama, con la cara de Mark oculta tras la rejilla del traje, y al presidente haciendo algún comentario sobre la textura de la malla y lo novedoso de un apretón de manos a través de ella, atreviéndose con algún juego de palabras malísimo del estilo de «eso sí que es trabajar en red». Contesté a la propuesta de Andrea como si fuera una broma y crucé los dedos para que lo fuera.

La situación fue a más después de que Mark hablara con el responsable de los Centros para el Control y la Prevención de Enfermedades de todos los posibles métodos para evitar el virus del Zika. Cambiamos nuestros planes para reducir el tiempo sobre el terreno al mínimo más absoluto y decidimos levantar una «estructura controlada» en el emplazamiento del encuentro de la APEC en el que la ventilación, la exposición a otras personas y la entrada de insectos pudieran ser supervisadas por Facebook. Hablamos de exposición limitada al exterior, habitaciones selladas y suministro de aire controlado. Al principio creí que aquello también debía de ser broma, pero antes de darme cuenta ya estaba negociando con los peruanos la cesión a Facebook de un terreno cerca del lugar donde se celebrará el foro.

Somos una empresa a la que se ha acusado de «colonialismo digital» y hace poco que un miembro del consejo de administración, Marc Andreessen, ha lanzado una serie de tuits en los que daba a entender que la India estaba mejor bajo el dominio colonial británico. Erigir una réplica de Silicon Valley en Perú, en el recinto de la cumbre de la APEC, para reunirse con los jefes de Estado de los países más poderosos del mundo no enviaba la mejor imagen. Pero nadie hizo caso a mis protestas.

Al final se ha levantado una estructura provisional de Facebook junto al lugar en el que se celebrará el foro. Es más lujosa que cualquiera de los sitios en los que van a reunirse los jefes de Estado. Reproduce la sala de reuniones de Mark en Menlo Park hasta el último detalle, incluidos los aperitivos almacenados en la minicocina. La burbuja en la que vive Mark, hasta ese momento metafórica, se convierte en real con aquella estructura provisional.

En el aeropuerto, tras unas cuantas horas, embarcamos finalmente en el avión privado. Mark ocupa su asiento de cuero, indignado. No puede parar de hablar de las elecciones. Estamos él, Elliot, una mujer del equipo de comunicación y yo, sentados en cuatro asientos enfrentados. Mark y Elliot discuten. Los demás ocupantes de la cabina apenas abrimos la boca.

El equipo de comunicación de Elliot había preparado a Mark para Techonomy, y Mark sigue subiéndose por las paredes por el modo en que lo que dijo allí —que es «una idea descabellada» que Facebook influyera en las elecciones— ha sido objeto de desdén universal, e incluso de burla. Un titular del *New York Times* de esos días lo resume muy bien: «Mark Zuckerberg se niega a aceptar la realidad». Estoy de acuerdo. Mark mantiene lo que dijo. ¡Se lo cree! Es fascinante que a alguien que ha fundado una de las empresas más poderosas del mundo, un negocio que parte de la idea de que es capaz de influir en la marca de pasta de dientes que compras, le cueste tanto aceptar que la plataforma en la que el presidente electo ha gastado ingentes sumas de dinero influyera en las elecciones. Pero de ahí no se mueve. Tras probar y renunciar al plan de comunicación de «dejar a Mark ser Mark», la misión de Elliot en este vuelo es sacarlo de su fase de negación y pactar cuál debería ser su posición en este tema de cara al futuro. Elliot es capaz de ver esta crisis de un modo en que Mark no.

A lo largo de las diez horas que dura el vuelo a Lima, Elliot le explica pacientemente a Mark todas las maneras en las que Facebook hizo posible que Donald Trump ganara las elecciones. Joder, es bastante convincente y bastante preocupante. Personal de Facebook se integró en el equipo de campaña de Trump en San Antonio durante meses, junto con programadores, redactores publicitarios, compradores de espacios en los medios, ingenieros de redes y científicos de datos. Un miembro del equipo de Trump llamado Brad Parscale dirigió la operación junto con el personal adscrito de Facebook, y básicamente se inventó una nueva forma de hacer una campaña política para llegar a la Casa Blanca a base de publicaciones basura: enviando información errónea a votantes seleccionados, publicando noticias incendiarias y lanzando mensajes para recaudar fondos. Boz, el responsable del equipo publicitario, la llamó la «mejor campaña digital que haya visto jamás por parte de ningún anunciante, y punto».

Elliot le explica a Mark una a una todas las maneras en las que el equipo combinado de Facebook y Parscale puso en el punto de mira a determinados usuarios y modificó los anuncios para conseguir más reacciones, utilizando herramientas de datos que habíamos diseñado para anunciantes comerciales. Según tengo entendido, la campaña de Trump había compilado una base de datos, llamada Proyecto Álamo, con los perfiles de más de 220 millones de personas en Estados Unidos. Incluía todo tipo de comportamientos *online* y *offline*, entre otras cosas, si tenían permiso de armas, si eran votantes registrados, su historial de compras y de tarjetas de crédito, qué páginas web visitaban, qué coche conducían, dónde vivían y la última vez que votaron. La campaña utilizó el sistema de Facebook de «destinatarios personalizados a partir de listas personalizadas» para emparejar a las personas de esa base de datos con sus perfiles de Facebook. Luego el algoritmo de «destinatarios parecidos» de la plataforma encontraba a personas en Facebook con «cualidades comunes» que se «parecían» a las de los seguidores de Trump. De modo que si a los votantes de Trump les gustaba, por ejemplo, un determinado tipo de camioneta, la herramienta buscaba a otras personas a las que les gustaran las camionetas, pero que aún no hubieran decidido su voto, a las que mostrar los anuncios.

A continuación, combinaban su estrategia de segmentación con datos de su investigación de mercado sobre la formulación de los mensajes. Las personas con más probabilidades de reaccionar en positivo a «construir un muro» recibían ese tipo de mensaje. Las madres preocupadas por el cuidado de sus hijos veían anuncios que explicaban que Trump quería «guarderías cien por cien desgravables». Luego hubo toda una operación consistente en ajustar una y otra vez el mensaje, las imágenes y el color de los botones de «Donar», porque, por lo visto, mensajes ligeramente distintos tiene impacto en públicos distintos. La campaña tuvo en todo momento decenas de miles de anuncios en marcha, que al final sumaron millones de variaciones. Todos ellos se testearon utilizando las encuestas de marca de Facebook, que miden si los usuarios han asimilado los mensajes del anuncio y los ajustan en consecuencia. Muchos de esos anuncios contenían desinformación incendiaria que disparaba las reacciones y reducía el precio del anuncio. Cuanta más gente reacciona a un anuncio, menos cuesta. Las herramientas de Facebook y el servicio de guante blanco a domicilio generó una segmentación increíblemente precisa tanto del mensaje como del público, el santo grial de la publicidad.

Trump gastó muchísimo más que Clinton en anuncios de Facebook. En las semanas previas a las elecciones, Trump fue, sistemáticamente, uno de los principales anunciantes de Facebook en todo el mundo. Pudo permitírselo porque la segmentación de datos le hacía recaudar millones cada mes en contribuciones a la campaña a través de Facebook. De hecho, Facebook fue la principal fuente de ingresos de la campaña de Trump.

El equipo de Parscale también llevó a cabo campañas de supresión del voto. Se dirigían a tres grupos distintos de demócratas: mujeres jóvenes, liberales blancos a los que pudiera gustarles Bernie Sanders y votantes negros. Todos ellos recibieron las llamadas publicaciones ocultas o *dark posts*, que no eran públicas y solo ellos podían ver. Serían invisibles para los investigadores o para cualquier otra persona que mirara su página. La idea era darles información que los disuadiera de votar por Hillary. Uno de esos anuncios, destinado al público negro, era una viñeta hecha a partir de una frase suya de 1996 diciendo que los afroamericanos eran «superdepredadores». Al final, la participación de los votantes negros fue inferior a lo esperado por los demócratas. En unas elecciones que se decidieron por un puñado de votos en varios estados clave, esas cosas importaban.

Mark lo va asimilando todo en silencio. Al principio se muestra escéptico y reticente, pero poco a poco su actitud empieza a ser de curiosidad. Comienza a hacer preguntas para tratar de entender la mecánica de lo ocurrido. No parece disgustarle que la plataforma se esté utilizando de ese modo, en absoluto. Si acaso, parece admirar lo ingenioso que resulta. Como si pensara que esas herramientas estaban allí desde el principio para que cualquiera las utilizara de ese modo y que es muy inteligente por su parte haberlo descubierto.

A mí me horroriza escucharlo expuesto así. Lo había oído antes, pocos días después de las elecciones, en la reunión de actividades comerciales de Sheryl, y tuve la misma reacción, una sensación de incómoda repugnancia personal al saber que trabajo en la empresa responsable de todo aquello. No puedo imaginarme cómo me sentiría si la hubiera fundado. Por un momento creo que va a darme un ataque de nervios allí mismo, en el avión privado, y que acabaré forzando un aterrizaje de emergencia en algún lugar de México. Qué feo todo. Qué triste estar detrás de algo así.

Cuando a Sheryl se le explicó todo aquello en la reunión de actividades comerciales, una vez que entendió lo que la campaña de Trump había hecho, su respuesta inmediata no fue horrorizarse, sino decir que aquello era brillante e innovador y «¿crees que sería posible contratar a ese Brad Parscale de Trump para que trabaje en Facebook?». Nadie dijo nada. Tras un momento incómodo, escarmentada, cambió de enfoque:

—No, claro, qué tontería. Podría conseguir cualquier empleo que quisiera ahora mismo. —Una pausa—. Pero ¿quizá haya otras personas de la campaña de Trump a las que podamos traer a Facebook?

Mark parece llegar a una conclusión más sombría, pero no de inmediato. Durante el vuelo sigue dándole vueltas a todo lo que Elliot le ha explicado. Continúa mostrándose reticente de vez en cuando, pero definitivamente está intrigado.

Sin embargo, antes de aterrizar en Perú, Elliot no solo necesita que Mark acepte lo fundamental y decisivo que ha sido

Facebook a la hora de hacerle ganar las elecciones a Trump; también tiene que convencerlo de que le diga al mundo que entiende el papel que Facebook ha desempeñado en la pugna electoral, y que las cosas van a cambiar. Elliot quiere que Mark lo haga público en su página de Facebook cuando aterricemos, y quiere que incluya un plan de acción concreto que enumere los cambios que la plataforma va a introducir para evitar la desinformación. Eso es lo que el mundo sabe y por lo que la gente está indignada: la presencia de noticias falsas en Facebook.

Mark está totalmente en contra de publicar nada, pero hacia mitad del vuelo de diez horas empieza a hablar con Elliot sobre lo que podría decir esa publicación, en caso de hacerla. Empiezan a elaborar un borrador. Cuando aterrizamos en Perú, Mark y Elliot siguen enzarzados en su discusión. Mark se resiste a todas las medidas que Elliot sugiere. Siguen discutiendo mientras bajamos del avión. Discuten en el coche de camino al hotel. Discuten en el ascensor de camino a la *suite* de Mark. Siguen discutiendo en la *suite*. A Mark, la idea misma de la publicación le parece una capitulación demencial. Un chantaje de la prensa, que culpa a Facebook de «robarles su sustento». Por lo que a él se refiere, la prensa se inventa un escándalo tras otro sobre Facebook e intenta de todo para perjudicar a la empresa por el modo en que ha diezmado su negocio, y en este asunto han encontrado finalmente algo a lo que agarrarse porque creen que podría funcionar.

Elliot le dice a Mark que si cree que ese es el problema de fondo, entonces deberíamos darles a los medios de comunicación un porcentaje mayor del reparto de beneficios de Facebook. Comprarlos. O al menos establecer un reparto más justo con ellos. Hace un año que Facebook ha creado algo llamado «Artículos instantáneos», que permite compartir los ingresos publicitarios con los periódicos que publican contenido en la plataforma. Podríamos ir mucho más allá, le dice Elliot. A Mark eso no le gusta.

Unos cuantos empleados los observan discutir y lanzan sugerencias. Yo, en cambio, no digo nada. ¿De qué serviría? Mark ha visto que Facebook ha inclinado la balanza hacia Trump en las elecciones y está discutiendo por una serie de posibles cambios en Facebook que tampoco llegarán al fondo del asunto.

Horas después de llegar al hotel, Mark sube una publicación y es tan poco sutil que resulta casi risible:

> En resumen: nos tomamos muy en serio la desinformación [...]. Llevamos mucho tiempo trabajando en este problema y nos tomamos nuestra responsabilidad muy en serio. Hemos hecho avances significativos, pero aún queda trabajo por hacer.

Es una publicación muy equívoca. En la siguiente frase, por ejemplo, la primera parte es de Mark y la segunda de Elliot: «Aunque el porcentaje de desinformación es relativamente pequeño, tenemos mucho trabajo por delante en nuestra hoja de ruta». Pero Mark deja claro en la publicación que Facebook tiene que mejorar a la hora de detectar la desinformación y que no puede depender de que los usuarios la denuncien primero. Elliot ha presionado a Mark para que anuncie que trabajaremos con periodistas y organizaciones de verificación de datos. Mark no se compromete a ello. En lugar de eso, formula una vaga promesa de «aprender» de esas organizaciones y de «trabajar con periodistas y otras personas del ámbito de la información para recabar su punto de vista», sobre todo sobre verificación de datos. Tampoco se compromete a etiquetar las noticias que sabemos que son falsas, pero dice que lo estamos «valorando». Cuando algunas de las reacciones mencionan la fecha y hora de la publicación, Mark decide hacer un comentario al respecto: «Para quienes se pregunten por qué lo he publicado a las 21:30, esa es la hora a la que aterricé y llegué en [*sic*] Lima anoche».

Uno de los argumentos con los que vendí el viaje a la APEC era la oportunidad de un encuentro de Mark con el presidente chino Xi Jinping. Mark lleva años tratando de reunirse formalmente con él, sin éxito, y su afán por conseguirlo no se ha visto más que acrecentado por la metida de pata de Seattle, cuando Mark publicó una foto de la nuca de Xi. Aunque no estuviera a favor de la estrategia de Facebook para entrar en China, sí le veía valor a un encuentro entre ellos dos, aunque solo fuera a modo de baño de realidad para Mark.

Una reunión bilateral formal era imposible, pero quizá pudiera conseguir algún tipo de «encuentro espontáneo» o «aparte».

Para lograr un encuentro espontáneo, tenía que situar a Mark cerca de donde estuviera el presidente Xi. Las cenas de Estado quedaban obviamente descartadas tras nuestra experiencia en Panamá. Y el presidente Xi, igual que el papa, no iba a hacer ningún gesto de aproximación hacia Mark. Pero he logrado conseguirle a Mark un hueco para una intervención justo antes de la que hará el presidente Xi y convencer a la APEC para que el tema sea la «revolución de la conectividad». Y, aún más importante, he conseguido que nos den camerinos contiguos. Eso nos brinda la mejor oportunidad en años de un encuentro entre Mark y Xi. Barajamos varias formas de conseguir que eso ocurra y llegamos al lugar del acto más temprano de lo razonable para tener el máximo tiempo posible para que se produzca el contacto. Estoy lista para volver a hacer de facilitadora, solo que esta vez sin los mojitos.

Cuando nuestro equipo de seguridad nos comunica que Xi está de camino, salimos del camerino y nos situamos en el espacio enorme en el que se celebrará el acto, a punto para nuestro encuentro «espontáneo». Mark se prepara —es uno de los momentos más trascendentales de su carrera— y en ese momento aparece el equipo de seguridad de Xi. Es un ejército de hombres en uniformes grises idénticos, que desfilan junto a nosotros. Mark los mira sin dar crédito, boquiabierto. Llegan por decenas. Es casi cómico. Justo cuando parece que no puede haber más, siguen apareciendo.

A medida que Xi se acerca, la tupida hilera de hombres se pone en formación. Crean una línea divisoria impenetrable entre su camerino y el nuestro que se extiende hasta la entrada. Una muralla china humana.

El presidente Xi avanza tan tapado que ni siquiera corre el riesgo de establecer contacto visual con Mark. Las tropas están ahora tan quietas y calladas que podemos oír sus pasos al llegar. Pronto está a salvo en su camerino, la puerta se cierra, y la muralla humana se retira en silencio, dejándonos a Mark, a mí y al resto del pequeño equipo de Facebook merodeando fuera del camerino y preguntándonos qué acaba de pasar.

Me cuesta no admirar a Xi por ganarnos tan limpiamente la partida. Está claro que la delegación china se dirigió a los organizadores, igual que yo, y les preguntó: «¿Dónde se pondrá al presidente entre bambalinas? ¿Quién más estará allí?». Y cuando supieron que esa persona sería Mark Zuckerberg, tomaron precauciones. Estoy a punto de alabar su capacidad de previsión y la dedicación necesaria —¡todos esos efectivos sobre el terreno!— para hacerlo realidad, porque no he visto nunca algo parecido, pero entonces me doy cuenta de que Mark se ha sentido insultado. Su orgullo está herido. No está acostumbrado a que la gente se esfuerce tan abiertamente por evitarlo.

—Bueno, supongo que no va a haber ningún aparte —lamenta torpemente.

Nadie sabe qué responder.

Mark pronuncia su discurso. Horas más tarde nos dirigimos a un escenario distinto, donde presidirá la sesión de jefes de Estado. Teníamos previsto volver a la burbuja entremedias para preparar la sesión, pero Mark no tiene ningún interés en ello. Atrás ha quedado la época en la que me acribillaba a preguntas sobre sistemas de votación, límites de mandatos, propósitos ocultos y motivos de presidentes y primeros ministros. Hemos vuelto a los tiempos en que Mark no toleraba más que una frase o dos susurradas al oído antes de entrar en la reunión, o un informe por escrito no más largo de lo que puede leer de un solo vistazo en la pantalla de su teléfono. Dentro de la burbuja de Facebook hay un ajetreo constante de presidentes y ejecutivos de empresas, y la charla gira en torno a las consecuencias de las elecciones. Nadie le hace el menor caso a Diego Dzodan, el vicepresidente de Facebook para América Latina, que merodea por allí a la espera de que alguien se percate de su presencia. Le pedí a Diego que viniera de Brasil en parte porque es nuestro empleado de mayor rango en la región, pero sobre todo porque fue a la cárcel en nombre de Facebook y se merece un encuentro cara a cara con el consejero delegado. Igual que en el caso del encuentro con la delegación china, yo le veo interés al hecho de que Mark se enfrente en persona a los problemas que Diego representa.

Cuando la sala de reuniones de Mark se despeja, hago entrar a Diego. Yo esperaba que Mark se acercara y lo saludara, pero enseguida queda claro que no tiene ni idea de quién es Diego. Se lo presento y Mark le dedica su clásica sonrisa lánguida. El pobre hombre literalmente se ha jugado el tipo y ha ido a la cárcel por Facebook en Brasil, pero Mark se lo queda mirando inexpresivo hasta que yo se lo recuerdo. Se genera entonces una situación extremadamente incómoda en la que Mark le da muy tieso las gracias a Diego, sin la pasión que le puso a su «conmovedora» publicación de Facebook. Pronto todo el mundo tiene claro que no le apetece lo más mínimo hablar con él.

Diego acaba pronto apartado por culpa de una nueva crisis en la que se requiere a Elliot. Alguien ha recordado que está previsto que Ivanka Trump entregue uno de los galardones de los premios Breakthrough, una gala organizada por

Mark que tiene como objetivo convertir a científicos en estrellas. De repente, tras la elección de Trump, Mark no la quiere allí, pero nadie sabe cómo desinvitarla. Están barajando varias formas de hacerle llegar un mensaje a través de Yuri Milner, del hermano de Jared Kushner y de la novia de este, Karlie Kloss. Diego vuelve a su rincón.

Cuando llegamos al salón principal para la mesa redonda con presidentes y primeros ministros, el primero que se nos acerca es, cómo no, el primer ministro neozelandés, John Key. Mucho ha cambiado en los cinco años transcurridos desde el día en que Mark salió de su sala de reuniones y nos dijo a John Key y a mí que no quería conocer a John Key. Mucho ha cambiado desde la época en que los líderes mundiales ponían nervioso y hacían sudar a Mark, desde que dudaba de que fueran importantes para él o para Facebook.

Key trata de interrumpir la conversación de Mark y Elliot sobre la publicación de Facebook sobre las elecciones. Parece que Mark tarda un rato en darse cuenta de que John Key está dirigiéndole la palabra, y no solo murmurando a su lado.

—¿Qué está diciendo? —me pregunta Mark, mientras John Key sigue hablándole, quizá con la intención de que le traduzca su acento neozelandés al inglés americano.

—Impuestos, Mark. Quiere que pagues impuestos en Nueva Zelanda.

—Oh. —Mark asiente lánguidamente y se vuelve de nuevo hacia Elliot.

El presidente de México se une a nuestro grupo.

—¿Conoce al presidente de México? —le pregunto a John Key.

—Llámame Enrique, Sarah, por favor —me riñe Peña Nieto, interrumpiendo a John Key en su intento de llamar la atención de Mark.

El presidente de México tenía otro compromiso para esta hora y ha venido para disculparse personalmente ante Mark por perderse la mesa redonda, y para hacerse una foto con él. El presidente canadiense Justin Trudeau se acerca y solicita también una foto, igual que el primer ministro de Australia, Malcolm Turnbull. Es como si Mark fuera un ungidor de reyes y ellos estuvieran allí para doblar la rodilla.

Arrastro a Mark al salón principal para la sesión que va a presidir. Es un espacio inmenso, con grandes pantallas rojas que recuerdan a la bandera china y que proyectan el logo de la APEC. En medio de la sala se ha instalado un círculo de mesas de madera con micrófonos, sillas y placas con los nombres de cada uno de los presidentes y primeros ministros. En el centro está Mark Zuckerberg. Me siento justo detrás de él, y Elliot se sitúa a mi lado.

Una vez instalados frente a todos los jefes de Estado, me sorprendo al ver tantas caras familiares. Son personas que he conocido con Mark o en el ejercicio de mi cargo. Sabemos que muchos de los líderes mundiales con los que hemos forjado una relación están llegando al final de su mandato; algunos ya se han ido, y en algún caso tenemos ya una buena relación con sus sucesores. Me choca comprobar lo transitorio del poder. Y, sin embargo, sería concebible que Mark siguiera ocupando ese mismo puesto ante los líderes mundiales durante otros cincuenta años. Verá pasar a todos esos presidentes y primeros ministros y a todos los que vendrán después. Como la reina de Inglaterra.

Tras las palabras introductorias de Mark, me dispongo a que los presidentes y primeros ministros reunidos nos hagan pasar un mal rato. Unos cuantos de ellos les han dicho a los periodistas que ven aquella sesión como una oportunidad de «hablar cara a cara con Mark Zuckerberg» sobre los impuestos, la desinformación, la desaparición del periodismo local, la privacidad y los efectos perjudiciales en la infancia. Y todo eso antes de que Donald Trump saliera elegido con ayuda de Facebook. Me preparo para un ajuste de cuentas.

Pero no solo no nos hacen pasar un mal rato, sino que aquello es un baño de espuma.

—¿Cómo creamos el próximo Facebook en nuestro país? —inquiere un primer ministro en una pregunta de lucimiento.

—¿Cómo ayuda la conectividad en el gobierno real del día a día? ¿Por qué debería ser una prioridad para la administración? —se interroga Michelle Bachelet, presidenta de Chile, una de las primeras en oponerse formalmente a Internet.org.

Antes de que Mark tenga la oportunidad de abordar la cuestión, el solícito primer ministro canadiense, Justin Trudeau, interviene para explicar cómo puede utilizarse internet para distribuir programas sociales por vía electrónica, cómo se gana en productividad si las prestaciones pueden abonarse directamente en cuentas bancarias, sin necesidad de ir a un banco, y cómo la infraestructura social se está trasladando al ámbito *online*. Está repitiendo algunos de los principales temas de discusión que les hemos hecho llegar en las conversaciones previas a la sesión.

Mientras varios primeros ministros y presidentes intervienen para mostrar su apoyo tácito a Mark, veo que el recién elegido presidente de Filipinas, Rodrigo Duterte —que atribuyó su triunfo electoral a Facebook— está echando una cabezadita sin disimulos.

Lo que es raro es que nadie menciona la victoria de Trump ni el papel desempeñado por Facebook. Más tarde me doy cuenta de que tiene sentido. Todos esos políticos lo que quieren es salir elegidos. Es probable que, al igual que Elliot, Sheryl y prácticamente todo el mundo excepto Mark (aunque también él parece estar cambiando de opinión al respecto), crean que Facebook ha tenido un papel fundamental en ello, y no quieran hacer enfadar al tipo que lo ha hecho posible. Estoy segura de que la elección de Trump ha agrandado a Mark a sus ojos.

Mark puede llevarte al poder y ellos quieren seguir teniendo poder. Entienden que uno de sus activos más importantes —su voz— es un capital político que, en última instancia, es Mark quien controla. Así que se pasan toda la sesión dorándole la píldora y proponiendo maneras de colaborar con Facebook.

Pero Mark no parece estar asimilándolo. Pese a estar presidiendo una sesión de jefes de Estado, es como si tuviera la cabeza en otra parte. Se lo ve ensimismado y apenas escucha. Y cuando lo hace, se vuelve hacia mí para preguntarme cuál es la respuesta y a veces incluso cuál es la pregunta. No le pone muchas ganas. De repente me veo moderando una sesión de preguntas y respuestas con los líderes del mundo libre. No me creo lo que está pasando.

Es raro, porque en lugar de disfrutar de lo que debería ser la cima de mi carrera, yo también estoy ensimismada. He dedicado mucho tiempo a intentar que Mark se sintiera cómodo con presidentes y primeros ministros, y a hacer que actuara como una pieza clave en el escenario global. Presidir un acto con las personas más poderosas del mundo debería ser el momento culminante de la carrera de ambos. Pero lo que veo es que, cuanto más cómodo se siente, menos le importa. A medida que su importancia se acrecienta, su preocupación disminuye. Transita por aquella sesión en la que tiene enfrente a algunas de las personas más influyentes del mundo como si nada de aquello importara. Con desinterés.

Obama no ha podido estar presente en la mesa redonda. Cuando le dijimos a Mark que tenía un compromiso previo, respondió: «Supongo que da igual, su mandato casi ha terminado». Lo que parecía indicar que le daba igual, pese a que los demás sabíamos que no era así. Cuando empezamos a planificar este viaje a Perú, Mark estaba obsesionado con ir a visitar el Machu Picchu con el presidente Obama a modo de «viaje por carretera de despedida». Como si fuera tan fácil añadirle a una mesa redonda con los líderes del mundo libre una excursión presidencial a una de las siete maravillas del mundo. Antes de tener tiempo para reaccionar, Mark se ofrece a salir de su burbuja libre de zika y cruzar Lima para reunirse con Obama.

Llegamos a la Pontificia Universidad Católica de Perú, donde Obama acaba de celebrar una sesión de preguntas y respuestas, uno de sus últimos actos públicos internacionales. Comparado con el sofisticado *pop-up* de Facebook en la APEC, aquel es un lugar gigantesco y destartalado, lleno de edificios de pintura desconchada y madera podrida. Con Obama a punto de dejar el cargo y Mark recién salido de la sesión con los jefes de Estado de la APEC, a Mark se lo ve bastante suelto al entrar. El equilibrio de poder está cambiando.

No se nos permite acompañar a Mark a la reunión. Estamos esperándolo fuera unos cuantos de nosotros cuando de repente sale del edificio a grandes zancadas, más indignado aún de lo que estaba al principio del viaje.

Hay un trecho de camino a través del campus universitario hasta donde los vehículos están aparcados. Mark avanza rápido, echando humo pero sin decir nada. Para cuando nos congregamos de nuevo en el monovolumen, está furioso. Nos cuesta volver a meternos todos otra vez dentro, pero nadie hace la clásica broma de «pero, pero, pero..., soy el presidente de Guatemala». Habíamos preparado a Mark para una reunión que se centraría en el legado de Obama, pero ha sido una reunión centrada en el de Mark.

—Noticias falsas, no paraba de hablar de noticias falsas y de desinformación —dice Mark echando chispas—. No entiende nada. Se equivoca muchísimo, no sabe cuánto. Ha dicho que Facebook está siendo una fuerza destructiva en todo el mundo. Y me parece que se lo cree de verdad.

Elliot sacude la cabeza para mostrar su incomprensión.

—«No os lo estáis tomando en serio», eso ha dicho. Que no me estoy tomando esas amenazas lo bastante en serio.

—Mark tiembla, furioso—. Le he dicho que las noticias falsas no han sido un problema grave en Facebook. Es menos del uno por ciento de lo que aparece en la plataforma. Que no han sido las noticias falsas las que han decantado las elecciones a favor de Trump. Y que, siendo realistas, es algo que no tiene una solución fácil. A ver, ¿qué quiere que haga yo?

Elliot coincide con él.

—Creo que nos veríamos enseguida ante problemas de libertad de expresión con cualquier medida que tomáramos.

—¿Y sabéis qué es lo más importante para Obama? —continúa Mark sin dar crédito—. Las próximas elecciones... ¡Ya está pensando en eso!

—Cuando acaban de perder estas —apunta Elliot.

—Sí, me ha dicho que «me avisa» de que tenemos que hacer cambios drásticos o las cosas van a ir a peor en la próxima campaña presidencial. Que «me avisa» —repite, indignado porque Obama haya criticado el papel que ha desempeñado Facebook en las elecciones y también en otros ámbitos.

Mark reproduce fragmentos de la conversación como si intentara disciplinarlos. Las críticas de Obama lo han pillado por sorpresa y lo han sacado de sus casillas, y no para de repetir que ya no es nadie, que está al final de su mandato, como si aquello fuera un bálsamo para la herida. Pero a mí me parece que justo eso es lo que le ha permitido a Obama hablarle con tanta libertad a Mark.

Bajo aquella rabia, se nota que Mark está sinceramente dolido. Creo que Obama le cae bien, y que lo respeta. Mark está muy poco acostumbrado a que alguien más poderoso que él lo critique. Porque, además, son pocos los que encajan en esa descripción.

36

Rosebud

Mark se pasa gran parte del vuelo dándole vueltas a lo ocurrido. Cuando propone jugar a un juego de mesa, acepto participar con la condición de no tener que dejarle ganar. Mark cree que estoy de broma. A continuación, le doy una paliza en *Aventureros al tren* y él me acusa de hacer trampas. Eso me molesta. A ver, entiendo que esté acostumbrado a que todo el mundo se lo ponga fácil, así que es lógico que piense que cualquiera que lo venza hace trampas, pero ¿de verdad cree que no soy capaz de ganarle con todas las de la ley?

Me reta a *Catan*. Un par de empleados más se nos unen. Gano. Vuelve a hacer lo mismo.

—Esta vez sí o sí has hecho trampas —dice en voz alta.

Veo a miembros del equipo que fingen estar durmiendo mientras prestan atención disimuladamente a lo que ocurre. Sé que Mark es competitivo y que no está acostumbrado a perder, y que está descargando conmigo su rabia porque Obama lo haya acusado de jugar con los resultados electorales de todo un país. Pero aun así...

—No he hecho trampas —me oigo decir antes de poder contenerme—. Y, de hecho, hasta ese último movimiento, ibas a ganar. Tenías varias formas de conseguirlo.

Hago una pausa para mostrarle sobre el tablero las jugadas que pensaba que él iba a hacer o, más bien, las jugadas que yo habría hecho en su lugar. Veo que se recuesta en el asiento, viendo cómo le paran los pies de manera inesperada por segunda vez ese día (o por tercera, si se incluye a Xi evitándolo) mientras asimila las distintas estrategias que le muestro.

—Pero esto es como todo —le digo imprudentemente—. Estás tan concentrado en ganar cada batalla que te olvidas de la guerra. Estabas tan concentrado en ese momento en ganar el camino más largo que no prestabas atención al resto de lo que pasaba en el tablero. —No soy capaz de parar—. A veces, hay que perder algo para ganar lo que es más importante. Si intentas ganarlo todo, acabas perdiendo. Se puede tener una actitud más estratégica a la hora de renunciar a ciertas cosas. Algunos lo llaman *hacer concesiones*, pero si no te gusta la expresión, puedes llamarlo *pérdida estratégica* o *retirada estratégica* o lo que sea. Pero es por eso por lo que seguimos teniendo tantos problemas. Estás demasiado acostumbrado a ser el ganador que se queda con todo.

—Un ejemplo —me reta—. Dame un ejemplo.

—Hay muchos.

Lo digo de corazón. Es como si constantemente los árboles no nos dejaran ver el bosque. Pienso en la negativa de Facebook a compartir ningún tipo de datos con los investigadores o a hacer la menor concesión en materia de impuestos o a enseñarles a los legisladores cómo funcionan nuestros productos en lugar de aprovecharnos de lo poco que saben sobre nuestra tecnología. Cosas todas ellas que, si las hiciéramos, nos harían ganar cierto grado de crédito y confianza.

—Elige uno —me insiste.

—Vale. ¿Qué te parece lo de cambiar el nombre de Internet.org? ¿Cuántas veces tuvimos que decirte que era un problema, que iba a hacer que los reguladores se lo miraran muy de cerca y que haría las cosas más difíciles de lo necesario? ¿Y cuántas veces te negaste a contemplarlo? No era más que un nombre, pero tenías tantas ganas de ganar esa batalla que, cuando al final te diste cuenta y aceptaste cambiarlo a Free Basics, ya era tarde. Habíamos agotado la buena voluntad de los reguladores y los teníamos a todos en contra. Si hubieras perdido esa batalla de entrada, si hubieras aceptado que los reguladores tienen poder real y hubieras aprobado el cambio de nombre, Internet.org habría tenido más posibilidades de hacerse realidad.

Se reclina en su asiento y reflexiona sobre ello. Se hace un silencio tenso. A esas alturas, quienes fingían dormir para evitar los juegos de mesa ya han dejado el fingimiento de lado. Me arrepiento de haberme metido yo sola en este enfrentamiento y de no haber mostrado la deferencia que suele esperarse de las mujeres que trabajan para Mark, pero la acusación de hacer trampas me ha sacado de quicio. Cuando al fin habla lo hace muy despacio.

—Es justo —dice.

Nada más. Así acaba la conversación.

De allí se pasa a hablar del legado. Es un tema habitual. Mark ha empezado a obsesionarse cada vez más por su legado en los últimos años. Por las cosas por las que se le recordará, más allá de Facebook. Eso es lo que lo ocupa gran parte del tiempo que paso con él, y el tema principal de sus conversaciones: no nuevos productos que quiera lanzar o nuevos lugares a los que quiera llevar Facebook, sino su fundación, la Chan Zuckerberg Initiative, que puso en marcha hace menos de un año.

—Quiero hablar de propósitos en el discurso de la ceremonia de graduación —anuncia.

Mark va a pronunciar el discurso de graduación en Harvard dentro de unos meses, y está más centrado en eso que en ningún problema o producto de Facebook. De hecho, lleva meses hablando de ese discurso. Parece ser lo único que lo hace feliz. Los miembros del Departamento de Comunicación empiezan a tomar notas mientras él va saltando de un gran tema a otro, desde la conexión mundial a la libertad. Eso parece animar a Mark. Para cuando menciona su reto personal, ya está disfrutando muchísimo.

Cada año Mark lleva a cabo un «reto personal» que recibe una fuerte promoción en Facebook. Entre los retos de años anteriores estaban aprender mandarín o comer solo carne de animales que hubiera matado él mismo. Este año, para su reto de 2016, ha creado un asistente de inteligencia artificial (IA) para su hogar. Para enseñarlo al final del año, quiere publicar un «vídeo humorístico» en el que la IA tenga la voz de un famoso. Cuanto más habla, más grande se hace la idea.

—Deberíamos grabar el vídeo desde mi perspectiva —declara—. Tendríamos que grabarlo enseguida, casi estamos a finales de año. Sería genial hacer otro vídeo desde...

—¿La perspectiva de Priscilla? —apunta Derick.

—Iba a decir la perspectiva de la IA, pero eso podría tener gracia. Quizá Priscilla podría enterarse de que la IA solo reacciona a mi voz. Podría intentar darle órdenes en distintos lugares de la casa y que la IA no le haga caso.

Tengo opiniones respecto a lo de que no se oiga la voz de Priscilla en su propia casa, pero sé lo bastante sobre lo que se espera de las mujeres en Facebook como para mantener la boca cerrada. A Mark le parece graciosísimo.

—Quizá podríamos hacer que los usuarios votaran quién debería ser la voz de la IA —dice mientras se le ilumina la mirada. El equipo intenta rebajar sus expectativas, dado lo ajustado del plazo.

La conversación vira hacia lo que Mark va a anunciar para su reto de 2017, que es algo que quiere hacer pronto. Siento muy poca curiosidad al respecto. ¿Quizá podría centrarse en todos los problemas acuciantes a los que se enfrenta Facebook? ¿Hacer algo sobre la forma en que se propaga la desinformación, o sobre cómo están utilizando la plataforma los populistas o sobre cómo los dos problemas se combinan dando forma a líderes autoritarios y populistas que utilizan la desinformación para hacer estallar la violencia en el mundo real, como en las Filipinas? Pero resulta que Mark ya lo ha decidido.

—Ya sé cuál va a ser mi reto de 2017 —anuncia con firmeza—. Voy a visitar tantos estados como sea posible. Pisar el terreno. Conocer a gente. Entender lo que buscan.

Mi antena se activa. Mark no es alguien que disfrute especialmente de viajar o, de hecho, de la gente. Y sé que le gustaría tener otro hijo en 2017, así que aquello no tiene ningún sentido como reto personal.

—¿Hay algún estado en concreto al que quieras ir? —pregunto tímidamente.

—Iowa, New Hampshire, Carolina del Sur, Ohio, Pensilvania.

¡Uf! Es el recorrido clásico de los candidatos presidenciales. Alguien pregunta si quiere ir a esos estados en alguna época en concreto y Mark responde que le gustaría empezar lo antes posible. No me atrevo a preguntarle directamente: «¿Vas a presentarte a las elecciones?», como si decirlo pudiera hacerlo realidad. Así que hago una pregunta solo un poco más sutil:

—No querrás ir a comer mantequilla frita o lo que sea a la Feria Estatal de Iowa, ¿no?*

—Sí. Voy a ir a Iowa. —Se produce un silencio mientras todo el mundo procesa aquello. Es como si alguien hubiera succionado el aire del avión—. ¿Podemos empezar por ahí?

Los miembros del equipo de comunicación empiezan a activarse de inmediato. Cuestiones logísticas: ¿con qué rapi-

* La Feria Estatal de Iowa, que se celebra en agosto, es el lugar en el que, cada cuatro años, se dejan ver los candidatos a las primarias de los dos grandes partidos políticos estadounidenses. La razón es que Iowa es el estado que primero convoca sus caucus, el proceso previo a la designación de los candidatos a las presidenciales de cada partido. *(N. de las t.)*

dez pueden poner en marcha el *tour*, cuántos de los estados que votan antes es posible cubrir, en qué orden, qué hacer en cada estado, a qué interlocutores dirigirse, qué imágenes quieren transmitir? Busco con la mirada a Elliot, pero él la elude. Me traslado al asiento vacío que queda a su lado.

—No puede presentarse a presidente —le susurro cuando creo que Mark está lo bastante distraído. Elliot es la única persona del avión con un aire de autoridad paternal; parece la persona más indicada para atajar aquello de inmediato—. Elliot, a ti Mark te hace caso, acaba de decirnos que quiere presentarse a presidente de Estados Unidos. Tienes que parar esto.

Elliot se recuesta en su asiento y sacude la cabeza.

—Es una idea terrible —insisto.

Elliot se encoge de hombros.

—Mark decide cuáles quiere que sean sus retos personales —dice—. No nos corresponde a nosotros intervenir, Sarah.

Creo que me está diciendo que me calle, que me olvide y que recuerde cuál es mi sitio. Y me doy cuenta de que todo el entorno de Mark es así. Nadie va a intentar sacarle esa idea de la cabeza.

Mark sigue molesto por lo que Elliot le ha hecho publicar en Facebook sobre las elecciones. No quiere que la plataforma haga ningún acercamiento al sector de los medios de comunicación ni permitir que asuma funciones equiparables a las suyas, como la edición o la verificación de hechos.

Mark empieza a decir que lo que debemos aprender de las elecciones de 2016 es que los grandes medios de comunicación se equivocaron y que culpar a Facebook no es más que oportunismo por parte de un ecosistema mediático que quiere hacer de la plataforma un chivo expiatorio de su propio fracaso y sus propios problemas.

De ahí, la conversación pasa a girar en torno a cómo lo solucionaría Mark. Quiere refundar los medios informativos estadounidenses. Lo que no dice es que ya ha refundado los medios informativos estadounidenses al colocar Facebook en su centro. Ha hecho bajar las tarifas publicitarias de los periódicos y ha utilizado la distribución de su contenido para incrementar el tiempo que los usuarios pasan en Facebook. Pero supongo que quiere más. Un mayor control sobre los medios seguramente sería útil en cualquier campaña presidencial. Mark no quiere limitarse a comprar un periódico como hacen otros multimillonarios. ¿Debería Facebook comprar Twitter? Mark se siente tentado. Al fin y al cabo, Facebook ya es una fuente informativa para casi la mitad de los estadounidenses.

—¿Por qué me estáis aconsejando que haga concesiones a los medios tradicionales? Es un sector herido de muerte. No necesitamos adaptarnos a ellos. Tenéis que pensar a lo grande —dice Mark, riñendo a Elliot por insistir en las colaboraciones y los modelos de reparto de beneficios con los medios, en hacerles favores a los culpables—. Estáis haciendo concesiones a un sector moribundo en lugar de dominarlo. En lugar de aplastarlo.

Mark siente la necesidad de imponerse a todo el mundo, y parece estar siempre tramando acabar con aquello que se interpone en su camino para asegurarse la supervivencia.

—No es buena idea declararles la guerra a esos tipos —dice Elliot.

Mark no está de acuerdo. No esconde su frustración con Elliot al explicarle que el camino que ha emprendido la tecnología digital acabará con el sector de los medios de comunicación tal como lo conocemos ahora.

—Tal como yo lo veo, tenemos tres opciones claras. Compro el «fallido»* *New York Times*, el periódico de referencia, y refundo el ecosistema informativo por ese medio, pero po-

* Epíteto con el que Trump se ha referido en más de una ocasión al *New York Times*. *(N. de las t.)*

niendo Facebook en su centro. Haciéndolo de verdad digital. Arreglando el problema desde dentro. Convirtiéndolo en la primera publicación digital eficaz. La otra opción es abordar por otro lado la idea de intentar refundar el cuarto poder. En lugar de comprar un periódico, hacerlo. Desde cero. Contratar a ingenieros y periodistas y rehacerlo desde Facebook. Refundaría todo el ecosistema informativo desde ahí. Podría poner algunas barreras internas para salvaguardar la independencia, o podría no ponerlas.

—Que lo digital fuera lo prioritario, pero de verdad —reflexiona Elliot, jugando distraídamente con la cremallera de la funda de mi sacaleches portátil.

—Sí. Nombraría a un director de Facebook, pero sería para hacer algo nuevo. No el cuarto poder, sino el quinto. Pero un quinto poder con Facebook en el centro. O sea, algo que reconozca y desarrolle el papel de Facebook junto con el de esas otras estructuras de poder de la sociedad.

—Un quinto poder digital. —Elliot cada vez está más entusiasmado—. Un hogar para todo el mundo, ahora que hemos eliminado los filtros que impedían entrar.

—O vuestra opción, el horrible *statu quo* actual. Facebook sigue, como hasta ahora, haciéndoles algunas concesiones a esos organismos informativos fallidos, seguimos desempeñando un papel cada vez mayor a la hora de controlar y dirigir el tráfico y esperamos a que algún día desaparezcan. No sé a dónde nos lleva eso. Es una pérdida de tiempo.

La magnitud del asalto al poder que se está planteando nos deja a todos en silencio. Mark controlaría cómo se hacen las noticias, además del algoritmo que las dirige y las distribuye. Lo que se publica y lo que no. Quién está en la plataforma y quién no. Lo que, sin duda, sería de lo más práctico en caso de presentarse a la presidencia.

Me esfuerzo por entender cómo hemos llegado a este punto en las menos de cuarenta y ocho horas transcurridas desde que emprendimos el viaje a Perú. Me quedo con lo siguiente: Mark no tenía la menor intención de presentarse a la presidencia cuando llegó al aeropuerto sin su pasaporte. Creo que le pilló de verdad por sorpresa la acusación de que Facebook era responsable de la victoria de Trump en las elecciones, y que la indignación porque lo culparan era real. Pero en el vuelo a Perú, mientras Elliot le explicaba paso a paso la manera en que la campaña de Trump utilizó Facebook para ganar, Mark se convenció de que la plataforma había desempeñado un papel decisivo en todo ello. Esa idea estuvo en primer plano en su mente mientras jugaba a hacer de líder mundial en la APEC, mientras presidía esa sesión de baño de espuma con todos los primeros ministros y presidentes, y se daba cuenta de hasta qué punto él y su plataforma podían de verdad hacer el papel de ungidores de reyes y cómo él podía sobrevivir a casi todos los presentes. Hombres que dirigían países le pedían selfis. Mark ya se consideraba la persona más conocida de nuestra generación en el mundo, y aquella situación había reforzado esa idea. La regañina de Obama había provocado en Mark una reacción de «pero quién se cree que es», había generado en él petulancia, más que introspección; ganas de enseñar músculo, más que contrición. Mark contempló su futuro —su legado y el reto personal del año siguiente— y creo que llegó a una conclusión sombría: si Trump podía hacerlo, él también.

Después de todo, Mark no solo dispone ahora del manual de estrategia de Trump, sino que es el dueño de las herramientas y quien establece las reglas. Y tiene algo que nadie más tiene: la capacidad de controlar el algoritmo, con cero transparencia o supervisión. El poder de controlar lo que ven los usuarios de Facebook. De echar a alguien como Trump de Facebook. Mark ya dispone de un equipo personal que «maximiza el alcance de sus publicaciones y las reacciones que generan» o cualquiera que sea el eufemismo apropiado para lo que hacen. Imagino que esa es la razón de que tenga cuatro veces más seguidores que Trump y más que ningún otro líder político en el mundo.

Además, está forrado. Podría presentarse a la presidencia sin tener que pedirle a nadie ni un céntimo.

Mark sigue planificando los diversos estados que quiere visitar. Quiere ir a una granja, una fábrica, una iglesia, un centro cívico. Quiere reunirse con líderes afroamericanos, adictos a los opioides, trabajadores del sector del automóvil. Quiere comer fritos en Iowa y barbacoa en Texas. Quiere ir a un rodeo, conducir maquinaria pesada, ponerse un casco.

La tripulación del avión nos avisa de que nos preparemos para el aterrizaje. Recupero mi asiento junto a Mark y, mientras el avión inicia el descenso, me pregunta qué opino. Noto cómo se me revuelve el estómago. Quiero decirle que esto es el principio del fin para mí. Me había engañado al pensar que la APEC supondría algún tipo de ajuste de cuentas. Ha sido, de hecho, justo lo contrario. He visto algunas verdades difíciles que no puedo ignorar, en relación con Mark y hacia dónde se dirige. Este es el último viaje al extranjero que me invento para él, la última vez que viajo con él. Llevo muchos años volando de un lado a otro y ayudándolo a desenvolverse por el mundo de los primeros ministros y los presidentes. No quiero que esto se convierta en lo que soy. Yo no vine aquí para ir hacia donde pretende ir él ahora. Sé que no puedo seguir con esto.

Ese viaje es uno de los muchos momentos en los que Mark podría haber ido en otra dirección, en el que se le podría haber convencido para ir por otro camino. Pero algo más se ha puesto en marcha. Tras todos esos titulares que lo acusan de negarse a aceptar lo ocurrido en las elecciones, tras la reprimenda de Obama, Mark se ha atrincherado. No está hecho para aceptar ese tipo de críticas y para tratar de entender y solucionar de verdad los problemas que las elecciones de 2016 han puesto al descubierto, para ejercer su poder de forma responsable. Él no es así. Les está plantando cara. Ya verán. Y en medio de todo eso, se sube a un escenario con las personas más poderosas del mundo y ellos le consienten, como si fuera una especie de niño rey. Todo eso se ha juntado y se ha solidificado en esa nueva visión de sí mismo que es a la vez reconfortante y emocionante. Se postulará al cargo con más poder de la tierra. Si Facebook puede llevar a alguien a la Casa Blanca, ¿por qué no a él?

Y ahora estamos sentados uno junto al otro en un avión y me ha preguntado qué opino. ¿Por dónde empezar? ¿Intento disuadirlo del plan de presentarse a presidente? ¿Le señalo todas las maneras en que es probable que eso ni le haga feliz ni acabe bien para nadie? ¿Le cuento cómo ha cambiado desde que lo conozco? Sí, antes era un maniaco obcecado, pero trataba de construir algo, de fabricar una herramienta para cambiar el mundo. Prefiero la forma en que veía a los políticos entonces —no tenía tiempo para ellos, no habría querido ser jamás uno de ellos— a cómo es él ahora. En estos cinco años siento que le he visto enfrentarse a muchas decisiones y perder de vista cualquier asomo de decencia humana fundamental que tuviera cuando empezamos. ¿Le digo eso? ¿Cómo? ¿Cómo podría decir ninguna de esas cosas?

El avión está descendiendo. Se acaba el tiempo. Aquí estamos. Mark me mira expectante. Me ha preguntado qué opino.

Lo miro a los ojos, me entra el pánico y digo:

—Rosebud.

Mark me mira sin comprender.

—¿De qué estás hablando?

—Ya sabes, «Roooooosseeeeebuuuuud».

Mark parece desconcertado. Oh, vaya. Esto ha sido muy mala idea.

—¿*Ciudadano Kane*?

Ninguna reacción por parte de Mark.

—*Ciudadano Kane*. Ya sabes, la película —apunta Elliot.

Está sentado frente a Mark. Estamos en un grupo de cuatro asientos enfrentados con el cinturón abrochado para el aterrizaje.

Mark sigue sin pillarlo.

—Hearst —añado a modo de explicación.

Mark inclina la cabeza y me mira extrañado.

Está claro que Elliot no puede creerse que yo haya tirado por ese camino, pero aun así intenta ayudarme.

—Creo que lo que está diciendo es que, si controlas los medios y te presentas a las elecciones, eso te convierte en un William Randolph Hearst moderno —explica—. Ya sabes, por su papel en los medios y en política y en...

—Oh —dice Mark suavemente—. ¿Es eso malo?

Menuda pregunta. Ninguno de los dos se atreve a responderla. Mark esboza una sonrisa lánguida, aún confundido, pero pasa página en el momento en que el avión toca tierra.

Volvemos a estar en la misma pista que hace cuarenta y ocho horas. Todo es igual pero diferente.

—Ha sido un buen viaje, equipo. Mucho que pensar —dice Mark.

Nos desabrochamos los cinturones y esperamos a que salga. Luego recogemos nuestras cosas y abandonamos el avión.

37

Un hombre del pueblo

En los meses siguientes, Mark emprende un viaje por carretera por los pueblos de Iowa; trabaja en una cadena de montaje de Ford a las afueras de Detroit, Míchigan; celebra el Día del Orgullo en Omaha, Nebraska; asiste al servicio dominical de la iglesia metodista episcopal africana Emanuel en Charleston, Carolina del Sur; conduce un tractor en un rancho de productos lácteos y carne de vacuno en Blanchardville, Wisconsin; visita un barco de pesca de gambas en Bayou La Batre, Alabama; da varias vueltas en un circuito de la NASCAR con Dale Earnhardt Jr. en Charlotte, Carolina del Norte; departe con un grupo de adictos a la heroína en rehabilitación en Dayton, Ohio, y visita una plataforma de perforación en uno de los principales emplazamientos de fracturación hidráulica en Williston, Dakota del Norte.

Un equipo avanzado prepara cuidadosamente cada visita, y uno de los fotógrafos de Mark lo documenta para la posteridad. Entre ellos está Charles Ommanney, cuyo trabajo durante nueve años fue fotografiar a George W. Bush y Barack Obama. Los resultados de todo ello se publican en la página de Mark de Facebook y luego se «optimizan» para asegurarse de que los vean sus muchos millones de seguidores. Mark también ha empezado a optimizarse a sí mismo: ha cambiado la comida rápida grasienta por la fruta fresca cortada y hace ejercicio a diario.

Oficialmente, niega que quiera presentarse a las elecciones presidenciales, pero ¿a qué se debe si no toda esta actividad adicional tan intensa? ¿Por qué tanta atención a los estados más disputados? Contrata para su fundación a David Plouffe y Ken Mehlman, los asesores que dieron la victoria a Obama y a Bush. Publica un manifiesto de seis mil palabras repleto de aspiraciones globales.

Sus discursos adquieren un tono nuevo, como el que adoptaría un niño que quisiera sonar presidencial:

> Nuestras mayores oportunidades son ahora globales, como extender la prosperidad y la libertad, promover la paz y el entendimiento, sacar a la gente de la pobreza y acelerar la ciencia. Nuestros mayores retos requieren también respuestas globales, como acabar con el terrorismo, luchar contra el cambio climático y evitar las pandemias. El progreso exige que la humanidad se una no solo en ciudades o naciones, sino también en una comunidad global.

Y:

> Es una misión llena de dificultades, y debemos estar a la altura. Nuestra situación es nueva, así que debemos pensar de una manera nueva y actuar de una manera nueva.

Si me quedaba alguna duda sobre las intenciones de Mark de convertirse en candidato presidencial, su forma de reaccionar a un caso de mala prensa en Hawái acaba de disiparla. Mark tiene bastantes terrenos en Hawái. Empezó con doscientas ochenta hectáreas en la costa en Kauai. Luego presentó una serie de demandas contra centenares de hawaianos que, en virtud de una antigua ley, tenían pequeñas parcelas dentro de su finca para obligarlos a venderle a él sus tierras. Muchos se resistían a hacerlo. Mark estaba haciendo todo aquello discretamente, a través de empresas fantasma, pero en un momento dado el *Honolulu Star-Advertiser* reveló quién estaba detrás de la operación. «Este es el rostro del neocolonialismo», sentenciaba un profesor de Derecho en uno de los artículos. «Mark Zuckerberg, hombre del pueblo, echa a nativos hawaianos de su finca de Kauai a fuerza de demandas», decía el titular de *Vanity Fair*. «Parece que Zuckerberg no solo demanda a una serie de nativos hawaianos por unos terrenos que llevan generaciones en sus familias, sino que demanda a personas MUERTAS. ¡Hay que ser imbécil!», señalaba un editorial de *Inertia*.

Es el tipo de cobertura mediática que hace unos meses Mark habría ignorado. Le he visto capear todo tipo de mala prensa, desde hace años, y nunca ha parecido importarle. Pero ahora está al teléfono con Elliot, muy nervioso. Los oigo hablar. Mark le pide a Elliot que haga algo con respecto a los titulares y Elliot le explica que será difícil porque parecen ser verdad (¡ja!). Luego Mark anuncia que va a desprenderse de toda la finca, que venderá todo lo que tiene en Hawái. Quiere dar carpetazo a todo aquello. Elliot está seguro de que cambiará de opinión: Mark no está acostumbrado a renunciar a las cosas que quiere. No le gusta perder ninguna batalla, y su casa de Hawái le importa mucho más que *Catan* o que *Aventureros al tren*.

Y sí, a los pocos días ha encontrado una solución. Mark anuncia oficialmente que retira las demandas y Elliot me cuenta que tienen un plan. Más adelante me entero de que un profesor jubilado ha comprado los terrenos en disputa a sus propios primos a cambio de millones de dólares. El hombre alardea abiertamente de que Mark Zuckerberg le paga 6.000 dólares al mes por cerrar los tratos y mantener a la gente lejos de esas tierras, según cuentan los primos a los periodistas.

Así que el intento de acallar la mala prensa no acaba de salir del todo bien. Pero Mark lo ha intentado. A lo largo de los años le he visto encajar muchísimas críticas, pero no lo he visto nunca tan preocupado por cómo lo percibe el público. En fin, igual que un político.

Hace también que el consejo de administración de Facebook apruebe una nueva estructura accionarial que le permitiría presentarse a las elecciones. La inscripción ante la Comisión de Bolsa y Valores permite explícitamente a Mark dejar Facebook durante un máximo de dos años sin perder el control de la empresa siempre que su ausencia «esté relacionada con el ejercicio de un cargo público». Imagino que los dos años cubrirían el periodo, seguramente de mucha dedicación por parte de Mark, de la campaña electoral para convertirse en presidente de Estados Unidos. Luego, en caso de ganar, dejaría su cargo de consejero delegado. Una demanda posterior revelará que algunos de los miembros del consejo de administración de Facebook estaban preocupados por cuánto tiempo iba a ocuparle aquella actividad adicional y le dijeron a Mark que les costaba «formular el asunto del cargo público» de manera que los accionistas no pensaran que su nivel de dedicación «vaya a verse afectado», pero Mark lo peleó y ganó. Va con su plan a por todas. El día en que el comité especial recomendó que el consejo de administración de Facebook aprobara el nuevo sistema, según los documentos legales, Marc Andreessen, miembro del consejo de administración, le dijo a Mark en un mensaje: «La liebre no solo no ha saltado, sino que no va a salir nunca de la madriguera».

«¿Eso quiere decir que la liebre está muerta?», respondió Mark.

«Misión cumplida», replicó Andreessen, tras lo que añadió una carita sonriente.

Y mientras Mark va pensando en otros trabajos, yo también lo hago. Llamo a personas que conozco y me hablan de puestos en Google, Cloudflare y varios laboratorios de ideas. Pero ninguno se concreta y no puedo dejar Facebook si no tengo otro sitio a donde ir, porque necesito el seguro de salud. En el año transcurrido desde el nacimiento de Xanthe, mi situación médica se ha vuelto alarmante. Me están apareciendo tumores precancerosos en el intestino. Los médicos los extirpan, pero, en cuanto lo hacen, se forman otros. Me extirparon doce tumores poco después del nacimiento de Sasha, pero siguen reproduciéndose. Me dicen que es algo que no debería estar pasándole a alguien de mi edad, y no entienden qué lo está provocando. Me pregunto si se trata de algún tipo de consecuencia del ataque de tiburón, porque me desgarró los intestinos, pero los médicos dicen que no.

Me envían a un «asesor genético», según el cual parece que tengo algo llamado síndrome de Lynch. Hacen falta más pruebas que lo confirmen, pero me dicen que, si no me extirpan los intestinos, padeceré cáncer colorrectal. Me dan unos folletos que empiezan diciendo:

> Un diagnóstico de cáncer suscita emociones y preguntas complejas. Entre ellas, preguntas como «¿qué es lo que ha provocado mi cáncer?, ¿tendré que volver a enfrentarme al cáncer?, ¿tienen los miembros de mi familia una mayor probabilidad de sufrir un cáncer?».

El modo en que los especialistas hablan tan a la ligera de la probabilidad de un cáncer hace que vivir sin seguro de salud sea inconcebible, sobre todo con dos niñas pequeñas.

38

Que coman pasteles

El día en que Donald Trump toma posesión de su cargo, estoy volviendo de Davos junto con Sheryl, Elliot, Sadie y otros empleados de Facebook.

Tom tiene ya para entonces una hoja de Excel. Cada vez que anuncio que tengo que dejarlos a él y a las niñas por otro viaje de trabajo, dice «bueno, eso va al Excel» muy decidido, antes de actualizarlo de forma ostentosa. Nunca me dice para qué es la hoja de Excel ni qué ocurrirá en caso de que haya demasiadas entradas. Pero sé que no va a gustarme. Para colmo, está preocupado por todo lo que está pasando en Facebook, pero no puede informar al respecto en su periódico porque supondría un conflicto de intereses. Ha fijado una fecha límite para dejar San Francisco, que los dos sabemos que en realidad quiere decir dejar Facebook, pero entre mis continuos problemas de salud, el trabajo incesante y las niñas tan pequeñas me cuesta encontrar tiempo para pensar una forma de salir de allí sin dejar de cumplir con lo que todo el mundo necesita en el día a día.

Por suerte, Davos ya es una rutina. Lo más difícil de esos días es gestionar las cada vez mayores ansias de protagonismo de Sheryl. Tras meses de negociaciones, he conseguido un programa con el que está satisfecha, que garantiza que estará en los paneles adecuados, que irá a las fiestas a las que hay que ir y que tendrá más tiempo al micrófono que sus amienemigas. Todos los que acompañamos a Sheryl ya sabemos a esas alturas que espera que nos sentemos en primera fila, aplaudamos mucho y comentemos con admiración sus palabras o, como las llamo para mis adentros, su traje de emperador. Incumplir con cualquiera de esas normas supone arriesgarse a una regañina posterior.

Sin embargo, en este viaje decido que ni me sentaré en primera fila ni cantaré sus alabanzas después de cada acto. Es uno de mis pequeños actos de resistencia. Mi forma de rebelarme. Sé que le molesta. Que alguien actúe de forma autónoma intranquiliza a cierto tipo de personas con poder, y Sheryl nunca ha tolerado la independencia entre sus asesores. Ni siquiera entre aquellos a los que ignora. Los miembros de su equipo corren para ser los primeros en hacer un comentario elogioso a las publicaciones de Facebook de Sheryl (pese a que las han escritos ellos), para compartir cualquier reacción positiva de «personas importantes» tras una de sus apariciones públicas y para actuar de la forma más obsequiosa posible sobre sus actos. Todo eso crea una extraña realidad a su alrededor.

Por eso me sorprende que en este Davos de 2017, durante el último panel de Sheryl, varios de sus asesores más cercanos creen un grupo de WhatsApp estando sentados en primera fila para quejarse de lo mucho que se aburren, y me incluyan a mí. Bromean con animar el debate preguntando por los filtros burbuja, por el papel de Facebook en la monetización de las noticias o por los demás temas candentes en relación con la plataforma. Pasan luego a criticar a Sheryl, su ceño fruncido y el modo en que siempre explica las mismas tres anécdotas inanes sobre las personas que utilizan Facebook, incluida la de una pequeña tienda india llamada Pigtails and Pony (Coletas y Poni). Me deja de piedra, porque hablamos de algunos de los colaboradores de más confianza de Sheryl, de sus animadoras más serviles.

Al finalizar el acto van corriendo hacia ella para cubrirla de elogios y asegurarle que ha eclipsado a Christine Lagarde, Meg Whitman y el resto de los miembros del panel.

En el tiempo que llevo en Facebook he visto cómo las personas que estaban en desacuerdo con Sheryl y Mark quedaban apartadas y se iban. Las personas que les dan cuerda se quedan y Sheryl las premia con una asombrosa cantidad de dinero. Quizá yo esperaba algún tipo de código de honor entre ladrones. No me daba cuenta de que sí que decían lo que pensaban, solo que no se lo decían a ella.

He ahí otra cosa que me pesa: el dinero. Como la mayoría de las empresas tecnológicas, Facebook ofrece participaciones accionariales. Y en los años transcurridos desde que empecé, antes de la salida a bolsa, han pasado a ser muy valiosas. Mis jefes ganan una cantidad pasmosa de dinero, la clase de dinero que garantiza que no tendrás que volver a trabajar nunca más. Mis participaciones sin duda no están a ese nivel (seguramente porque yo no sabía lo que eran las participaciones accionariales cuando entré en Facebook, así que ni negocié ni pedí más), pero tras años en la empresa valen mucho dinero. Posiblemente millones de dólares, repartidos en ciclos de cuatro años. Aunque solo si me quedo en la empresa. No es fácil asimilar algo así cuando además eres quien más gana en tu casa. Irme podría significar perderlo todo.

Quizá por eso lo hacen. En cualquier caso, discrepar abiertamente con Sheryl no es una opción. Muchos le esconden a propósito las malas noticias o las situaciones que no vayan a gustarle, porque saben que puede tomarla con el mensajero.

Por desgracia para Sheryl, Facebook está generado muchas malas noticias. Elliot y Joel no tardan en decirme que no debería mencionárselas a ella, ya sea el hecho de que no hemos resuelto el problema que condujo a su orden de detención en Seúl hace años o que aún no hemos encontrado una forma de lanzar Facebook para niños, el Proyecto Familia. Ninguno de los dos quiere que Sheryl la tome con él.

Volvemos de Davos en el avión privado de Sheryl. Es la primera vez que volamos juntas desde que hace un año me pidió que me metiera en la cama con ella. Su actitud conmigo ha sido muy fría desde entonces. He trabajado mucho menos con ella y cualquier interacción que mantenemos parece cargada de implicaciones.

Poco después de despegar, Sheryl se acerca a las mujeres más jóvenes —a Sadie, a otra de sus asistentes y a mí— para invitarnos a la habitación de la parte trasera del avión. Al principio ninguna de nosotras contesta. Luego, curiosamente, Elliot dice que no le importaría echarse una siesta. ¿Qué está haciendo? Cualquier cosa parece posible, incluso que le apetezca echarse una siesta.

Sheryl le pide a Sadie que se acerque. Intercambian unos cuantos susurros y luego Sadie vuelve y me explica que a Sheryl la da «mal rollito» Elliot, tras lo que recoge sus cosas, apaga su ordenador y se va hacia la habitación con Sheryl.

¿Sheryl dice que Elliot da mal rollito mientras les pide a sus subordinadas que se metan en la cama con ella?

Mientras trabajamos, en la toma de posesión de Donald Trump en Washington D.C. están viviéndose escenas extraordinarias. Hay centenares de miles de mujeres protestando en las calles, y muchas más en cientos de ciudades de todo el país. Es la mayor manifestación en un mismo día de la historia de Estados Unidos. Y todo empezó con una publicación de Facebook.

Cuando Sheryl sale de la habitación horas después, la pongo al día con entusiasmo de la mayor manifestación de mujeres que ninguna de nosotras ha vivido. Ella acaba de participar en un panel de Davos sobre liderazgo femenino en el que Elliot la ha llamado la «autoproclamada y extraoficial decana mundial de las mujeres».

Sheryl toma un poco de fruta recién cortada que han preparado para ella, vestida aún con su pijama sedoso y que le queda como un guante. Yo empiezo a hablarle, sin poder contener la emoción, de todo lo que ha pasado mientras dormía. Enseguida pone cara de aburrimiento. Yo sigo hablando de la Marcha de las Mujeres, de cómo la gente ha salido a la calle en todas partes, en ciudades pequeñas, en estados republicanos y demócratas, y no solo en Estados Unidos. Sheryl me interrumpe y se pone a hablar de sus planes del fin de semana, de quedar con amigos, de la posibilidad de salir a bailar algún día en el futuro, de redecorar su casa en la nieve, de su piso en Los Ángeles y de que Bobby, su novio, está intentando comprar un avión privado o de contratar a personal para un avión privado o algo así. Parece que no puede importarle menos.

Sadie hace circular el champán y los pasteles por este avión privado. Lo ha organizado una de las tres asistentes de Sheryl, para brindar por el «éxito en Davos». Sadie trabajaba antes en la fundación Lean In, y trato de que me ayude a conseguir que Sheryl muestre algún tipo de interés por la Marcha de las Mujeres.

—¿No te parece increíble? —empieza diciendo Sadie.

Pero Sheryl la hace callar. No muestra la menor curiosidad.

—Vas a venir a bailar con nosotras, ¿verdad, Sadie?

Sadie me dirige una mirada que significa que lo deje estar. Se produce un silencio durante el que Sheryl le da un sorbo a su champán y picotea un poco de pastel.

—¿Qué llevaba puesto? —pregunta Sheryl.

Siento tal alivio porque esté participando de la conversación que no acabo de entender del todo la pregunta. Empiezo a hablarle de los gorros rosas que están apareciendo en las marchas de todo el mundo. Sadie me dice con la mirada que me calle.

—No, no, no hablo de eso —me regaña Sheryl—. ¿Qué llevaba puesto Melania?

Aquí está en su avión privado, con champán en la mano y de espaldas a una gran pantalla de televisión que muestra a miles de mujeres con pancartas y carteles. Debo recurrir a todo mi autocontrol para no exclamar: «¡Que coman pasteles!».

—No lo sé —respondo. No se me ha ocurrido mirar lo que llevaba puesto Melania Trump.

—¿Podrías averiguarlo, Sadie? —dice Sheryl.

Me retiro a la parte de atrás del avión y no abro la boca durante lo que queda de vuelo.

39
El Club de la Lucha Feminista de Facebook

Resulta que no soy la única que se ha percatado del silencio de Sheryl en relación con la Marcha de las Mujeres. Ni mucho menos. Casi doscientas empleadas que trabajan a las órdenes de Sheryl acaban de crear un grupo secreto de Facebook, el Club de la Lucha Feminista (CLF).

La existencia del CLF es un alivio. No estoy sola. Los lugares de trabajo infelices son conspiraciones de silencio. Pero fuera de la burbuja de adulación a la directiva, el descontento aquí campa a sus anchas. Los valores de Facebook, como los de Estados Unidos, son los del individualismo más desaforado, empezando por el propio producto, que personaliza, atomiza y se convierte en arma arrojadiza, pese a estar basado en la comunidad y las redes. Todo lo relacionado con Lean In también se basa en la responsabilidad personal frente a los problemas estructurales. Pero el CLF es distinto. Qué ingenuo por mi parte pensar que estaba sola en esto. Trabajo con personas muy inteligentes que se enfrentan a los mismos problemas sistémicos que yo. Claro que va a formarse algún tipo de grupo o colectivo. En este, puede verse cómo sus integrantes tratan de reconciliar el Facebook que habían imaginado con el Facebook que viven.

El CLF consigue hacer el ruido suficiente sobre los problemas que sufren las mujeres que la dirección se ve obligada a responder y, por supuesto, lo hace de la forma más Facebook posible. Anuncian un bot #aliade, que «permite que les des las gracias a tus compañeros por ser aliades, para promover esos comportamientos dentro de la empresa». Uno de los principales ayudantes del director tecnológico explica que es un bot pensado para que lo utilicen los hombres cuando vean a otros hombres apoyando a una mujer. «Si estoy en una reunión y veo a otro hombre ser un aliade puedo decir: "Eh, eso ha estado muy bien, sigue así".» El bot «concede al destinatario del elogio una reluciente nueva insignia de aliade en su perfil interno de Facebook» una vez que su nombre se ha añadido con el *hashtag* #aliade al bot #aliade.

El bot lleva un registro de todo y está vinculado al sistema de evaluación de desempeño, lo que significa que el mecanismo relacionado con los salarios, los ascensos y las opciones sobre acciones de esos hombres recibirá un influjo muy visible, y también que es fácil de manipular por parte de los hombres que decidan concederse unos a otros *hashtags* de #aliade en beneficio mutuo. Cuando el CLF se da cuenta de aquello, de que la operación está pensada para incentivar y premiar a los hombres y no a las mujeres, los comentarios adoptan un tono de incredulidad y desesperación. «¿No os parece que es darles un crédito inmerecido a los hombres por hacer lo mínimo exigible?», publica una mujer.

«No deberían darte una medalla por no ser un cabrón», señala otra integrante del CLF.

«¿Dónde está mi insignia de "he sido víctima de acoso sexual en el trabajo"?», añade otra.

Gracias al CLF, las mujeres empiezan a hablar más abiertamente del acoso en Facebook. En un viaje de trabajo a una de nuestras oficinas en el extranjero, una de mis compañeras hace un aparte conmigo en cuanto llego. Llevamos años trabajando juntas y he notado cómo ha cambiado su carácter alegre desde que le han puesto un nuevo jefe, un hombre pálido y calvo de más o menos la misma edad que Joel. Cierra la puerta y me lanza una rápida advertencia sobre él.

—No te quedes a solas con él —me dice enrojeciendo mientras habla—. Quédate siempre en la zona de oficina abierta y no dejes que te hable de temas sexuales.

Más adelante, ese mismo hombre tendrá una aventura con una joven trabajadora que quería unirse al equipo que él lideraba. Ella acabará dejando la empresa. Él sigue allí.

Sé que una oficina abierta o incluso estar a miles de kilómetros de distancia no hará que nadie se libre de aguantar que su jefe le «hable de temas sexuales», y gracias al CLF sabemos que eso está pasando en todas y cada una de las oficinas. He oído hablar de incidentes desde Corea hasta la India, desde Australia hasta California. En los peores se han visto involucrados hospitales e informes policiales, junto con declaraciones preparadas de que «Facebook se toma estos asuntos muy en serio». El grueso del resto de los casos ha quedado protegido por el silencio. Un silencio que nace de saber lo que les pasa a las mujeres que se atreven a hacer algo más que lanzar apresurados susurros de advertencia. No las ayuda a ascender, que digamos. De ahí que hayan surgido los susurros de advertencia. Creer que quienes actúan así tendrán la protección de la empresa es parte de lo que permite que las personas con poder sigan abusando de ese poder. Existe una conciencia cada vez mayor entre las integrantes del CLF de que quienes nos salvarán no serán los capitanes de Facebook, sino la tripulación. Si es que vamos a salvarnos, claro.

Decido que tengo que hacer algo en relación con cómo me hace sentir Joel. Escucho tantas historias de otras mujeres sobre quejas que han presentado, que me preocupa que otras se hayan quejado sobre Joel y que mi silencio las perjudique y haga que nada cambie. No puedo no hacer nada. Quiero poder hacer mi trabajo sin tener que buscar en Google «Dirty Sánchez».

Decido hablar con Elliot. Sé que Recursos Humanos protegerá a Joel. Mark sigue con su campaña presidencial. ¿Y qué hay de Sheryl, que defiende a las mujeres en el lugar de trabajo día tras día por medio de libros superventas, charlas TED y paneles por todo el mundo? Recuerdo que una vez escribió en un mensaje:

> Siempre pienso que cuando las empresas y las personas tienen que decir las cosas una y otra vez es porque quieren que sean verdad, pero no lo son. Cuando estaba en McKinsey, siempre decían que eran «no jerárquicos», porque lo eran mucho. Google es «no político». Uno de nuestros candidatos favoritos, que casi acaba formando parte de nuestro equipo, era «tremendamente ético».

Así que está claro que va a ser complicado.

Le hablo a Elliot del comportamiento de Joel, de que durante mi baja de maternidad me programaba reuniones y me asignaba trabajo y de los problemas sistémicos de acoso sexual en su departamento. Elliot no parece ni sorprendido ni preocupado. Me escucha, asiente y apenas abre la boca. Cuando acabo de hablar, me dice que está seguro de que todo esto es solucionable y que se arreglará solo. Y hasta ahí reunión. No puede dejar más claro que no quiere saber nada de todo aquello. Me levanto y me dirijo hacia la puerta. Elliot empieza a teclear en su portátil.

—¿Y si no se arregla solo? —pregunto.

Elliot levanta la vista de su portátil y me mira a los ojos.

—Bueno, sería una pena, pero estaría encantado de escribirte una carta de referencia.

Lo vivo como un golpe físico.

Pasan varias semanas y me preocupa que Elliot vaya a despedirme en cualquier momento. Luego entreveo otra forma de pasar a la acción. Los abogados de Facebook están investigando por aquel entonces algunas de las cosas que la empresa está haciendo en Filipinas, después de que yo haya alertado de la posibilidad de que la plataforma esté infringiendo la ley de prácticas corruptas en el extranjero. Durante esa investigación, me doy cuenta de que es mi oportunidad de dejar constancia de algunas cosas ante los abogados de la empresa, por si me despiden.

Les hablo del comportamiento de Joel y del hecho de que me hizo trabajar durante la baja por maternidad. Les digo que he informado a Elliot.

A los pocos días, una persona del equipo de Joel me invita a ir a tomar una copa. Esa persona suele hablar por boca de Joel, así que la invitación me da mala espina, pero decido aceptarla, porque entiendo que el mensaje va a hacérmelo llegar de una forma u otra. Quedamos en un bar que no está lejos de donde vivo. Enseguida va al grano.

—¿Cómo va la investigación? —me pregunta como quien no quiere la cosa.

Se supone que la investigación es estrictamente confidencial, así que me hago la tonta y espero que mi cara de póker haga el resto.

—Joel es leal a los suyos —dice impasible—. Los cuida. Es un marine. Para él la lealtad es importante.

El mensaje parece ser que Joel no me despedirá si mantengo la boca cerrada.

Días después, la persona responsable de la investigación me pregunta qué quiero que hagan con lo de Joel. ¿Deseo que se investiguen las cuestiones relacionadas con Joel que he hecho constar? Me sorprende la pregunta, porque suponía, ingenuamente, que una vez que los abogados de Facebook supieran del comportamiento de Joel tendrían algún tipo de protocolo que les diría si había que investigar o no. Que no tendrían que preguntármelo a mí.

Antes de responder al investigador, vuelvo a hablar con Elliot. Se lo pregunto directamente: «¿Acabará el siniestro comportamiento de Joel si doy carpetazo a esta investigación ahora mismo?». Asiente con la cabeza.

Vuelvo al investigador y le cuento que Joel me ha hecho llegar un mensaje sobre la investigación y sobre la importancia de la «lealtad» y de «cuidar de quienes son leales» y que, por esa razón, si de mí depende, no quiero que se ponga en marcha una investigación.

Las represalias por parte de Joel son casi inmediatas. Me informa de que va a partir mi trabajo por la mitad. Puedo escoger entre llevar Asia o llevar Latinoamérica, pero no puedo llevar las dos. No me da ninguna explicación, más allá de que ha tomado una decisión, aunque para mí está claro lo que está pasando.

De las dos opciones, no hay duda de cuál es la de mayor responsabilidad, crecimiento e importancia para el negocio. Es Asia. Pero Joel insiste en que, si elijo Asia, tendré que ocuparme también de China. Sabe que estoy en contra de la política de Facebook en China y que no quiero tener nada que ver con aquello.

No me veo capaz de trabajar en China. Dejo de piedra a Joel y a Elliot eligiendo llevar Latinoamérica y Canadá. Conllevan menos responsabilidad y tienen menos importancia.

Aquello los sorprende. Esperaban de verdad que aceptara llevar China. Quieren obligarme a que me someta. Contestan diciendo que solo me darán el trabajo de menor responsabilidad si dirijo la búsqueda de una persona que se encargue Asia. Así que, por el momento, yo sigo llevando Asia.

Sin embargo, la verdadera sorpresa es China. Incluso en esta fase interina, insisten en que trabaje en China.

40

Saludos desde Pekín

En el pasado, cuando expresé mis discrepancias acerca de lo que Facebook se proponía en China, me excluyeron del equipo que se ocupaba de las operaciones allí. Ahora, en un movimiento totalitario que sospecho que el liderazgo chino admiraría, a resultas de mi desacuerdo en otros aspectos, me asignan a dirigirlo en contra de mi voluntad. Una prueba de lealtad al régimen.

China siempre ha ocupado la primera posición en la lista «de cosas de Facebook que no quiero saber». Prefiero no estar al corriente de la peor cara de este lugar al cual he consagrado tantos años de mi vida. Mi plan es contratar a alguien y largarme de Facebook.

Estamos en enero de 2017. Hace apenas unas semanas del viaje de Mark a Perú y de su decisión de iniciar una gira política por Estados Unidos. Joel, Mark y Vaughan van y vienen de Pekín, llevan años haciéndolo. Joel enviaba correos electrónicos con el asunto «Saludos desde Pekín». Yo no les prestaba demasiada atención. Salvo en los momentos en los que copaban titulares, como cuando Mark salió a correr por una plaza de Tiananmén sepultada en contaminación y lo publicó en su perfil.

Sé que el negocio de la publicidad de Facebook en China va en aumento (aunque estemos bloqueados allí) porque las empresas chinas contratan anuncios con nosotros. A través de intermediarios, consiguen colocar publicidad dirigida a público ubicado en el extranjero y a personas que viajan a China. De hecho, China es el segundo mayor mercado de Facebook; se calcula que representa 5.000 millones de dólares de sus ingresos en estos momentos y aproximadamente el 10 por ciento de los ingresos totales de Facebook, solo por detrás de Estados Unidos... y eso estando prohibido. Por eso tengo claro que China es importantísima para Facebook.

Sin embargo, cuando sustituyo a Joel al frente de la dirección diaria de las políticas de Facebook en China, descubro que nuestra estrategia allí es completamente opaca, que es imposible documentar en ninguna parte qué ha sucedido hasta el momento. Después de tomarme un café con Vaughan sin sonsacarle prácticamente información, concluyo que mi única alternativa es tamizar documentos aleatorios para intentar hacerme una composición de lugar de la situación.

Así que me siento a leer.

En los tres años transcurridos desde que Mark envió su email a los altos directivos exponiendo que entrar en China era la máxima prioridad de Facebook, su deseo de que así sea no ha hecho más que exacerbarse, según reflejan los documentos.

Para hacerlo realidad, Facebook ha puesto a gente importante en nómina, incluido un antiguo vicesecretario del Tesoro, Bob Kimmitt, que ahora ejerce como el principal director «independiente» de la junta de la empresa. Mark está asesorado por Henry Kissinger y Hank Paulson.

Siento curiosidad: ¿por qué iba China a autorizar la entrada a Facebook? No tardo en dar con un conjunto de documentos que recogen la estrategia de Facebook. El primero se titula «China, nuestra propuesta de valor». Son sobre todo paparruchas corporativas en clave optimista sobre «cómo impulsaremos su economía y los ayudaremos a prosperar». Se comprometen a ayudar a China a potenciar su influencia a escala global y a promover «el sueño chino», a apoyar la innovación y la generación de puestos de trabajo, y a anunciar productos chinos a público de todo el mundo.

Con todo, la oferta «clave» consiste en que Facebook ayudará a China a «promover un orden social seguro». ¿Y qué significa eso? Vigilancia. Señalan que, en Facebook, los perfiles representan a personas reales, con sus nombres reales, y que «nos adherimos a la legislación vigente en los lugares en los que operamos y entablamos relaciones estrechas con las autoridades y los Gobiernos».

En la interpretación más benévola que puede hacerse, Facebook les está diciendo: «Millones de sus ciudadanos publicarán información acerca de sí mismos que ustedes podrán revisar y recopilar a su antojo». En la interpretación más insidiosa, por la que yo me decanto, Facebook les pone delante la zanahoria de conceder a China un acceso especial a los datos de sus usuarios. Los Estados autoritarios necesitan información acerca de todo el mundo, en todos los estratos de la sociedad, y, en este sentido, Facebook puede ser un cofre del tesoro.

Esa estrategia deja clara la intención de Facebook de colaborar estrechamente con el PCCh para ayudarlo a imponer su voluntad al pueblo:

> Facebook aspira a crear un entorno en línea a la par «civilizado» (lo cual nos lleva a respetar la legislación social) y «armonioso» (motivo por el cual eliminamos el contenido ofensivo). Coincidimos con las palabras del funcionario estatal Lu Wei de que «debemos ceñirnos a lo esencial y gobernar de acuerdo con la ley» y con que «libertad significa orden. Ambas cosas están intrínsecamente ligadas. [...] No puede haber libertad sin orden».

No me imagino a Mark diciéndoles eso a los ciudadanos estadounidenses.

¿Y quién se encargará de llevar a cabo esa vigilancia en Facebook en China? ¿Quién será responsable de revisar las publicaciones de los usuarios y los mensajes privados en busca de cualquier contenido que el Gobierno chino pueda querer eliminar o borrar? ¿Se incluyen también los mensajes privados entre ciudadanos estadounidenses y chinos? ¿Quién usará la tecnología de Facebook para detectar rostros a petición del Gobierno? ¿Quién entregará a esas personas? ¿Quién rendirá cuentas ante el PCCh? ¿Quién se ensuciará las manos? Las implicaciones de todo esto son inquietantes. El apoyo a las opiniones prohibidas puede derivar en hostigamiento, arresto o algo peor.

Facebook puede recibir instrucciones del Gobierno chino y ejecutar estas labores de vigilancia sobre sus propios usuarios. O bien puede hacerlo una compañía china, estableciendo algún tipo de empresa conjunta con Facebook en la que nosotros proporcionemos la tecnología. No tardo en hallar un documento en el que nuestro equipo en China sopesa los pros y los contras de que sea el propio Facebook quien se encargue de hacerlo.

Por el lado de los pros, la cúpula de Facebook cree que mantendría una comunicación más directa con el Gobierno, que la coordinación sería más sencilla, porque no tendría que lidiar con un socio comercial, y que Facebook sería propietario de una mayor parte de sus operaciones en China. Esto último es importante para Mark, porque prefiere no ceder capital o propiedad de sus operaciones en el país si puede evitarlo.

El lado de los contras es más complicado. Enumeran unos cuantos:

- «El Gobierno puede ser menos claro en su comunicación con nosotros» que con un socio chino.
- Habría un «aumento de las denuncias públicas y de los medios de comunicación por vulneración de los derechos humanos, censura y prácticas cuestionables con los datos de los usuarios».
- «El Congreso puede exigirnos hacer visibles los requisitos de moderación de contenidos.» En otras palabras, los legisladores estadounidenses pueden querer saber qué figura en la lista negra de las cosas que el Gobierno chino no quiere permitir en Facebook.
- Podría suponer una «mayor capacidad de influencia de otros Gobiernos que buscan un trato similar».

Sin embargo, lo que de verdad me indigna es que la dirección afirme que uno de los «contras» de que Facebook se encargue de moderar el contenido sea el siguiente:

- Los empleados de Facebook serán responsables de facilitar datos de usuarios que pueden derivar en muerte, tortura o encarcelamiento.

Y si de por sí ya suena bastante mal, aún consigue empeorar. En las notas corregidas, veo que Joel ha borrado la parte sobre la muerte, la tortura y el encarcelamiento y, en el documento final, la ha reemplazado por el texto siguiente:

- Los empleados de Facebook serán responsables de responder directamente a las peticiones de datos de un Gobierno que no observa los estándares internacionales del respeto a los derechos humanos.

Aun así, a pesar de que nuestros empleados serán responsables de muertes, torturas y encarcelamientos (independientemente de cómo prefiera expresarlo Joel), el consenso al que llegan Mark y los directivos de Facebook es que esto es lo que ellos preferirían:

> Preferiríamos tener más control sobre el contenido/los datos y mayor comunicación con el Gobierno, en lugar de las limitadas protecciones que obtendríamos al poder afirmar que nuestro socio es responsable de borrar el contenido polémico y responder a las solicitudes del Gobierno de datos de usuarios.

Qué asco.

Sabía que los máximos responsables de Facebook podían ser completamente indiferentes a las consecuencias de sus decisiones, pero jamás se me había ocurrido que pudieran llegar tan lejos.

41
Nuestro socio chino

Aldrin fue el nombre en código que se asignó al proyecto para entrar en China. Se lo pusieron en honor a Buzz Aldrin, el astronauta que aterrizó la primera nave espacial tripulada en la Luna. Después de que el Gobierno chino decidiera que Facebook precisaba un socio nacional si quería operar en el país, Hony Capital —una firma de capital privado china— se sumó al proyecto con el nombre en código de Júpiter.

Hony almacenaría todos los datos de usuarios chinos en China y establecería un equipo de moderación de contenidos que sería responsable de trabajar con el Gobierno nacional. El equipo supervisaría una lista negra de contenido prohibido y facilitaría los datos de usuarios que el Gobierno solicitase. Hony monitorizaría todos los contenidos en China y tendría autoridad para borrar incluso aquel que no se originara en el país. Facebook se encargaría de crear funciones de reconocimiento facial, etiquetado en fotos y otras herramientas de moderación para facilitar la censura. Dichas herramientas permitirían a Hony y al Gobierno chino revisar todas las publicaciones públicas y los mensajes privados de los usuarios chinos, incluidos los que recibieran de usuarios ubicados en el extranjero. Esto es especialmente indignante. Lo que siguió fueron años de visitas y conversaciones entre Facebook y los representantes chinos para ultimar las particularidades del reconocimiento facial, el etiquetado en fotos y otras herramientas de moderación. Y reuniones informativas a cargo de expertos de Facebook en IA, realidad virtual y realidad aumentada. Facebook invita a Huawei, una empresa a la que suele acusarse de ser una herramienta de vigilancia del Gobierno chino, a sumarse a su Proyecto Open Compute. Y se ofrece a enseñar a China a tender infraestructura para internet con el fin de que las empresas de ese país puedan competir mejor con compañías estadounidenses, como IBM y Cisco (la tecnológica estadounidense que creó el cortafuegos de internet de China).

Bajo la dirección de Mark, Facebook constituyó un amplio equipo, el cual incluía a algunos de sus ingenieros más antiguos y respetados, para que desarrollara lo que el PCCh quisiera. Empiezan a programar nuevas herramientas de censura que permitan a Hony rastrear los mensajes y las publicaciones de la gente, convirtiéndolo todo a chino simplificado.

Encuentro herramientas de moderación de contenido y censura detalladas. Por ejemplo, se prevé habilitar un interruptor de emergencia para desconectar cualquier región específica de China (como Sinkiang, donde habitan los uigures) e impedir que interactúe con cualquier usuario, sea chino o extranjero. E instalar un «interruptor de contenido para emergencias extremas» que elimine el contenido viral originado tanto dentro como fuera de China «en momentos de potencial inestabilidad, incluidas efemérides importantes» (como el aniversario, el 4 de junio, de las protestas a favor de la democracia en la plaza de Tiananmén y la represión subsiguiente).

Se pacta configurar herramientas de censura para examinar automáticamente cualquier contenido con más de diez mil visualizaciones publicado por usuarios chinos. Una vez que se habilita este «contador de viralidad», los documentos indican que Facebook lo despliega en Hong Kong y en Taiwán, donde se ha ejecutado en todas las publicaciones.

Y hay un borrador de una carta de Mark dirigida al jefe de la Administración del Ciberespacio de China (ACC) en la cual se muestra solícito:

> Ya hemos colaborado con el consulado chino en San Francisco para eliminar sitios de terroristas potencialmente peligrosos para China y estaremos encantados de trabajar de manera más estrecha con sus embajadas y consulados en todo el mundo para combatir el terrorismo en el planeta.

Lo que me horripila es que el tipo de sitios web que China considera «terroristas» son páginas que abogan por los derechos humanos, de los uigures, del movimiento religioso Falun Gong o de personas que apoyan al Tíbet. El PCCh incluso compra publicidad en Facebook para difundir propaganda diseñada para sembrar dudas acerca de las vulneraciones de los derechos humanos cometidas contra los uigures. Facebook no debería ser un aliado en la guerra de China contra lo que esta considera «terrorismo». Espero que esa carta no llegara a enviarse.

En el otro lado de la balanza, encuentro un email en el que un miembro del equipo admite que gran parte de la censura podría responder a intereses espurios:

> ¿Cuánto y qué tipo de contenido generado por los usuarios chinos estamos impidiendo ver al mundo? Es muy probable que gran parte de ese contenido no vulnere nuestras Normas comunitarias y ni siquiera sea ilegal en China, sino simplemente cuestionable para las autoridades (por ejemplo: nombres y comentarios que proyectan sobre altos funcionarios del partido y sus familias una luz desfavorable).

Saltarse los principios básicos de Facebook sobre el contenido es una cosa; el tema de los datos es otra muy distinta. Tal como Vaughan escribe a Elliot: «Filtrar contenido es importante, pero tener un servidor/datos en China lo es incluso más para que el Gobierno chino pueda verlo/controlarlo».

Desde el principio, el equipo acuerda que Facebook almacenará los datos de los usuarios chinos en China, con sus condiciones. Cuando otros países han solicitado algo parecido, por ejemplo Rusia, Indonesia o Brasil, Facebook se ha negado. Yo misma les he subrayado en persona a presidentes y autoridades gubernamentales del máximo nivel que nunca haríamos tal cosa, y he apostillado con tono de reproche que solo ubicamos nuestros servidores y centros de datos en países cuyos Gobiernos creemos que nunca intentarán acceder a ellos o confiscarlos.

En cuanto a que el Gobierno chino tenga acceso a todos los datos del almacén de Facebook, un informe recoge escuetamente: «Va a pasar». Es el tipo de acceso gubernamental a información de los usuarios que nos negamos en redondo a proporcionar a la Administración estadounidense, incluso después de recibir cartas del Departamento de Seguridad Nacional en las que nos la solicitaban para casos específicos. Cuando Edward Snowden reveló que la Agencia de Seguridad Nacional se había colado en Facebook para espiar a sus usuarios en 2013, Mark telefoneó al presidente Obama para transmitirle su indignación por la vigilancia gubernamental y «el daño que el Gobierno está infligiendo al futuro de todos». Él y Joel fueron a la Casa Blanca a reunirse con el entonces presidente para hablar del tema, y Mark dijo: «El Gobierno lo ha echado todo a perder. Se ha pasado de la raya». Poco después estaba ofreciendo a los chinos un trato mucho más favorable.

La escala de la infraestructura que apuntala internet —centros de datos y cables submarinos— es tan descomunal que requiere una inversión, planificación y ejecución significativas. Cuando Facebook puso en marcha sus grandes proyectos para penetrar en China, también empezó a colaborar con Google y una empresa china llamada Pacific Light Data Communication en la construcción de un cable submarino que desembarcaría en China para sostener sus operaciones en el país. Facebook sería el pionero en tender el primer cable submarino que conectara directamente China y Estados Unidos. Los riesgos de que China interceptara estos datos eran más que evidentes. Y no solo los datos de Facebook. El cable estaba diseñado para transportar una gran porción de todo el tráfico de internet. Por eso nadie había conectado hasta entonces ambos países de ese modo. Facebook lo sabía y le dio igual. Bueno, a decir verdad, era imprescindible para alcanzar la prioridad número uno de Mark: China. Facebook invirtió grandes sumas de dinero en construir un conducto de datos que conectara con China, un proyecto que el Gobierno estadounidense bloqueó años después, preocupado por el acceso a los datos por parte del PCCh.

Una de las pocas supuestas líneas rojas de Facebook es que China no tenga acceso a los datos de los usuarios ubicados en el extranjero. Pero, sorprendentemente, los documentos revelan una historia distinta.

Facebook «desplegará servidores de puntos de presencia —PoP, por sus siglas en inglés— con el objetivo de acelerar la experiencia de los usuarios en China». Facebook tiene servidores PoP de esta clase en todo el mundo. Básicamente, aumentan la velocidad del servicio ubicando los datos más cerca de los usuarios. Por lo que yo entiendo, los datos de cualquiera fuera de China que esté en contacto con alguien dentro de China podrían almacenarse en un servidor PoP. De acuerdo con la legislación china, el Gobierno podría acceder a dichos servidores.

Y esa no era la única incertidumbre relativa a que los datos de usuarios de fuera de China quedaran expuestos al PCCh.

Otro documento, titulado «Riesgos de seguridad de Aldrin», subraya el peligro de que los moderadores de contenido chinos proporcionen datos de usuarios extranjeros al Gobierno bien de manera directa o bien compartiendo sus credenciales. Esto, combinado con un espionaje que se adentre cada vez más en la red de Facebook, suponía una verdadera preocupación. La cúpula de Facebook estaba al corriente de actividad reciente atribuida al espionaje chino, inclusive intentos de intervenir en las redes corporativas de WhatsApp y otros servicios de mensajería instantánea, así como de tentativas de vulnerar las contraseñas de cuentas de Facebook, penetrar en grupos clandestinos e instalar *malware* en dispositivos móviles y ordenadores de sobremesa. Los expertos en evaluación de riesgos de Facebook afirman que no solo es posible que todo esto ocurra, sino que es muy probable.

La connivencia con el Gobierno chino es tan amplia que el equipo concluye que es altamente probable que la Administración estadounidense contemple el almacén de datos de China como un objetivo para su propia recopilación de datos de inteligencia y que se infiltre en él. Me quedo perpleja al leerlo. ¿Facebook mantiene una colaboración tan estrecha con China que ahora su propio Gobierno pirateará sus sistemas como si fuera un adversario extranjero? ¿Y eso se considera un mero aspecto de hacer negocios, en lugar de una bandera roja contundente que señala que avanzas por el camino equivocado?

Mientras leo página tras página, topo con el tipo de informes que harían las delicias de todos los Gobiernos con los que trabajo. Nunca compartimos ese tipo de información, y ten por seguro que nos la han pedido, y no una sola vez. En cambio, aquí hay explicaciones detalladas de cómo funciona exactamente la tecnología, de los algoritmos y del etiquetado de fotos y el reconocimiento facial: todos los secretos corporativos que yo pensaba que nunca se revelarían a nadie de fuera de Facebook. Facebook proporciona incluso a los ingenieros para que demuestren cómo funcionan estas herramientas y aporta ideas sobre cómo adaptar esos ajustes para satisfacer las necesidades del Gobierno chino. Es un servicio exclusivo para el PCCh.

Lo más deplorable de todo es que muchas de estas cosas se corresponden con las que Facebook ha declarado sencillamente imposibles de facilitar cuando se las ha solicitado el Congreso estadounidense o su propio Gobierno —sobre contenidos, uso compartido de datos, privacidad, censura y encriptación— y, sin embargo, la cúpula de la empresa se las está entregando en bandeja de plata a China.

Saben que todo esto tiene mala pinta. A Facebook le preocupa tanto que haya alguna filtración que ha buscado un contacto en la ACC para «coordinar posibles filtraciones». Porque «si se filtra, no podremos seguir operando como estamos operando». Un documento de evaluación de riesgos plantea un supuesto al respecto:

> Un empleado o exempleado descontento filtra detalles adicionales acerca de cómo tratamos los datos, recalcando las diferencias entre lo que le decimos al público y lo que hacemos.

Pero ¿qué es lo que de verdad les preocupa con respecto a esas «diferencias entre lo que le decimos al público y lo que hacemos»?

42

Con todos mis respetos, senador

Necesitaban un plan para lidiar con los problemas que tendrían si el mundo descubría lo que están haciendo en China. El problema es que sabían que no podían decir toda la verdad. ¿Y cómo solucionar este dilema en situaciones complejas, por ejemplo, en un interrogatorio ante el Congreso? Eso es lo que hace estos documentos tan fascinantes.

Estuvieron muy cerca de lanzar la red social en China. Hay un plan de despliegue detallado sobre la llegada de Facebook al gigante asiático. Empieza con el anuncio del establecimiento de una Oficina de Representación de Facebook en el país, apoyada por una columna que esperaban que Nicholas Kristof escribiera para el *New York Times* con un «argumento sencillo y discreto»: internet no cambiará China; en cambio su conexión con el resto del mundo sí puede hacerlo, y lo que nosotros estamos haciendo es contribuir a eso.

El equipo de Facebook parece ser consciente de la mala pinta que tienen sus planes en China; tanto, de hecho, que cuando redactan algunos titulares hipotéticos de la posible cobertura en prensa, incluyen las siguientes perlas:

> «El Gobierno chino usa Facebook para espiar a sus ciudadanos»

«Facebook proporciona datos de ciudadanos chinos al Gobierno chino»

«Facebook garantiza el acceso por una puerta trasera a los datos de los usuarios chinos»

«China tiene acceso a los datos de todos los usuarios de Facebook»

Como están preocupados por dañar la imagen de marca de Facebook ante sus usuarios, sus anunciantes y los legisladores, organizan grupos de discusión para tratar estos titulares y otros con usuarios de Facebook en Atlanta, Phoenix, Londres y Berlín. Mi hallazgo favorito de todos los estudios entre consumidores es el siguiente:

> La idea de que a Facebook le preocupa la privacidad de sus usuarios ha dejado de ser creíble.

Se canalizan millones de dólares a las iniciativas de lanzamiento en China. Hay dinero para repartir entre grupos que nos darán su apoyo, grupos a los que están dispuestos a financiar para «neutralizar» a las organizaciones que puedan criticar a Facebook, como Human Rights Watch, Reporteros Sin Fronteras o Freedom House.

Cuando el equipo le pregunta qué consideraría un lanzamiento con éxito en China, Mark da una respuesta conservadora:

> Si tomamos como referencia uno de los países en los que tenemos un peor rendimiento (Rusia), conseguir solo un 20 por ciento de la población internauta en China equivaldría a tener más usuarios que en Rusia.

Al Congreso le interesaría tener conocimiento acerca de qué avances tecnológicos está proporcionando Facebook información al PCCh y qué información tecnológica se ha transferido desde que ambos empezaron a colaborar en secreto en 2014. China es conocida por desarrollar tecnologías propias que imitan a otras. El Congreso necesita información precisa para elaborar normativas y políticas sobre seguridad nacional y tecnología. Hay mucho en juego. Y Joel lo sabe. Por eso identificó las «oportunidades de gestión en China con consecuencias para la marca, las relaciones con el Gobierno e internet» como uno de los mayores desafíos de su trabajo.

Con el objetivo de anticipar la reacción de los legisladores en Washington, el equipo de Joel elaboró un análisis de impacto en Estados Unidos, en el cual advierte de que, «en términos políticos, es oportuno que los miembros del Congreso sean duros con China y parezca que están protegiendo "a más del 50 por ciento de los electores de cada congresista que utiliza Facebook"».

> Nos enfrentamos a recibir fuertes críticas del Capitolio y a tener que comparecer, al menos, ante los tribunales y comisiones de Asuntos Exteriores, Comercio, Inteligencia y Seguridad Interior, tanto ante el Congreso como ante el Senado, así como a recibir cartas de múltiples parlamentarios.

El equipo señala que «los miembros de los servicios de inteligencia con quienes discrepamos en el tema de la reforma de la vigilancia nos acusarán de hipócritas», quizá recordando la llamada de indignación de Mark al presidente Obama tras las filtraciones de Snowden y sus otras protestas acerca de la vigilancia del Gobierno de Estados Unidos.

> Alegarán que revertimos acciones de los servicios de inteligencia estadounidenses que implicaban protección de la privacidad y que no derivaron en vulneraciones de los derechos hu-

manos, y en cambio ahora estamos dispuestos a entregar datos al Gobierno chino si podemos obtener beneficios a cambio.

Con estas y otras críticas en mente, se preparan los puntos de discusión de Mark. Básicamente, argumentaría «que nuestro servicio en China opera con las mismas limitaciones que otras redes sociales chinas». Los usuarios chinos saben perfectamente que no deben publicar nada peligroso en Facebook ni nada que no quieran que su Gobierno vea, lo cual puede ser cierto en algunos casos. Pero ¿quién sabe? Ni Mark ni Joel ni Vaughan han pasado el tiempo suficiente en China para saber con seguridad que la gente se autocensurará en sus publicaciones en las redes sociales o en los mensajes privados que se envíen entre sí.

Y, además, se pasa por alto un problema mucho mayor. Los regímenes totalitarios desplazan a su antojo la línea sobre lo que se considera admisible. Algo que hoy puede parecer seguro publicar en Facebook, como el apoyo a una idea, un dirigente, un libro, un músico o una película, podría cambiar mañana o dentro de un año, y los usuarios pagarían un precio muy alto por ello. Lo que sea que nosotros y ellos creemos hoy podría no ser aplicable mañana. Nadie puede tener seguridad tratándose de un régimen como este.

La obligación de las empresas es, a mi entender, responder a las preguntas del Congreso sin cometer perjurio. Mark se prepara las preguntas que probablemente tendrá que responder en la pantomima de la audiencia ante el Congreso, que han bautizado como «sesiones de la Junta de Asesinos». Son preguntas duras, y el equipo le asesora sobre cómo esquivarlas casi todas. Pero Vaughan no está de acuerdo ni siquiera con este enfoque elusivo y da la siguiente instrucción al equipo: «En general, creo que deberíamos ser menos enfáticos acerca de lo claras que serán nuestras declaraciones».

El consejo del equipo es que Mark no admita directamente que Facebook programó el *software* de censura en colaboración con el PCCh.

> **¿Es cierto que programan, controlan y aplican *software* de censura?**
>
> i) No, eso es una imprecisión absoluta. Nuestro socio, Júpiter, tomará las decisiones sobre las restricciones de contenidos de acuerdo con las leyes y obligaciones chinas. [*Júpiter es el nombre en código de Hony Capital, el socio de Facebook en esta empresa conjunta.*]
>
> ii) Por la seguridad de nuestros usuarios en todo el mundo y la integridad de nuestro servicio, Facebook será el propietario de la tecnología y Júpiter la usará para gestionar la revisión de contenidos en China. Es el mismo tipo de tecnología que usamos para velar por el cumplimiento de nuestras normas comunitarias en todo el mundo.

No es el mismo tipo de tecnología que Facebook utiliza en todo el mundo.

La respuesta, en su conjunto, es una distorsión de la realidad, porque las normas comunitarias aplicadas internacionalmente no requieren de un «editor jefe» ni de centenares de empleados para aplicar la censura gubernamental y proteger a las familias de los líderes en un *software* creado por Facebook.

En la pregunta que sigue, Mark tenía que responder que no era lo que él habría preferido, pero que la misión de Facebook es lo primero.

> **¿Por qué están dispuestos a facilitar a China *de facto* un acceso a datos masivos de los usuarios chinos, pero, en cambio, se oponen con agresividad a las solicitudes de Estados Unidos, incluso cuando dichos datos podrían servir para proteger la seguridad nacional?**

> Facebook se opone a facilitar el acceso a datos masivos a cualquier Gobierno. [...] Aunque la legislación relativa a esta cuestión en China, así como en otros países, no es la que preferiríamos, creemos en nuestra misión de tender puentes y conectar a la gente en todo el mundo. Y para ello ofrecemos nuestro servicio en países cuyas políticas, en ocasiones, consideramos cuestionables. [...]

Sigue una serie de preguntas en las que se elucubra acerca de qué hará Facebook si China adopta ciertas medidas. Por ejemplo, ¿cómo reaccionará si solicita código o claves de encriptación? Una de las preguntas dice: «¿Existe alguna "línea roja" que no estén dispuestos a cruzar?». A todas estas cuestiones, a Mark le asesoran que responda, básicamente, que Facebook evaluará tales situaciones si se producen, y cuando se produzcan.

En respuesta a la incisiva pregunta: «¿No proporciona esto una puerta de acceso a su red y hace que los datos de todos los usuarios, no solo los chinos, sean más vulnerables de ser pirateados?», sugieren a Mark que conteste con evasivas. Debe decirles que los únicos datos que se guardarán en los almacenes chinos serán los de usuarios chinos, y que China no tendrá acceso al resto de los datos de Facebook. Pero, obviamente, se pasa por alto todo el tema del acceso a los datos de ciudadanos estadounidenses y de otras nacionalidades almacenados en servidores PoP. En caso de que el Congreso pronuncie esas palabras mágicas y pregunte directamente si se guardará algún dato de usuarios extranjeros en China, Mark admitirá la existencia de los servidores PoP:

> Como la mayoría de las empresas que operan una gran red mundial que da servicio a millones de personas alrededor del mundo, utilizamos sistemas diversos para acelerar nuestro servicio, y algunos de dichos sistemas estarán desplegados en Chi-

na. A resultas de ello, pueden darse casos en los que parte del contenido de usuarios ubicados fuera de China se almacenen en estos sistemas durante breves periodos de tiempo.

Pero ¿lo dirá? Joel menciona estos puntos en un comentario que precede con un «no estoy seguro de que tengamos que decir esto todavía», lo cual significa que quizá no convenga admitir tal extremo. Y luego añade: «Para discusión futura». Nadie sugiere contar la verdad: que sus propios expertos en seguridad y temas legales han advertido de que China tendrá acceso a los servidores PoP y que Facebook no hará nada por proteger de ello a los ciudadanos estadounidenses ni de cualquier otro país extranjero.

Parecen ser capaces de engañar al Congreso sin escrúpulos. Seguramente lo hagan porque el equipo cree que no los pillarán. Los senadores tendrían que formular preguntas con un grado de especificidad excepcional para aproximarse siquiera un poco a la verdad.

En un momento dado, el equipo se plantea en serio la posibilidad de que el Congreso de Estados Unidos compare la llegada de Facebook a China con la complicidad con el nazismo. Si le preguntan a Mark si está encubriendo crímenes de lesa humanidad, se supone que debe responder, básicamente: «La mera insinuación de ello me ofende».

¿En qué se diferencia esto de ser cómplice con el nazismo?

Con todos mis respetos, senador, esa comparación es injusta y la inferencia de que hacer negocios en China sea comparable a encubrir crímenes de lesa humanidad me ofende. China es uno de los mayores socios comerciales de Estados Unidos y ha sacado a millones de sus ciudadanos de la pobreza, además de hacer prosperar su economía a gran velocidad.

A Mark acaban interrogándolo sobre China en una comparecencia ante el Senado en abril de 2018. La senadora Catherine Cortez Masto, representante del Partido Demócrata por Nevada, le pregunta:

> El Gobierno chino no autoriza el uso de redes sociales, ni nacionales ni extranjeras, en China, a menos que estas se avengan a acatar la ley. Para empezar, la red social debe acceder a censurar los contenidos y las conversaciones de acuerdo con las directrices dadas por las autoridades de la información china. En segundo lugar, las empresas que recopilan datos de ciudadanos chinos solo pueden almacenarlos en China, donde, supuestamente, al Gobierno del país le resultará más fácil acceder a ellos, sea mediante mecanismos legales o de otro tipo. No es ningún secreto que desean que Facebook vuelva a estar disponible en China. ¿Podría revelar a esta comisión si están dispuestos a acceder a alguno de estos requisitos?

La respuesta de Mark es básicamente mucho blablablá acerca de cómo, precisamente porque Facebook está bloqueado en China, «no estamos en posición de saber exactamente cómo pretende aplicar el Gobierno sus leyes y normativas» en la plataforma. No es verdad. El PCCh les ha indicado de manera explícita cómo aplicará la legislación. Y Facebook ha desarrollado tecnología y herramientas para satisfacer sus requisitos y las ha comprobado en colaboración con el PCCh. Acto seguido, Mark añade:

> No se ha tomado ninguna decisión sobre las condiciones en las que se ofrecerá un posible servicio futuro en China.

Miente.

Después de la comparecencia ante el Congreso, el precio de las acciones de Facebook sube.

43
Muévete rápido e infringe la ley

Cuando el equipo de China le pregunta a Mark durante cuánto tiempo Aldrin será una prioridad para Facebook, él responde: «Cuanto más tardemos en entrar en el país, más importante será esta prioridad para la empresa, aunque tengamos que aparcar otros temas prioritarios».

Tengo que contratar a alguien lo antes posible y largarme de aquí.

Pero ¿cómo se contrata a alguien para este cargo? No paro de darle vueltas. Quien entre a ocupar mi puesto será la persona que trabajará de forma más estrecha con los contactos del Gobierno chino en todo lo relacionado con Facebook. Vivirá en China. De hecho, lo ideal es que sea un ciudadano chino.

Uno de los documentos que encontré determinaba que uno de los riesgos de este proyecto es que «el Gobierno chino detenga a un empleado de Facebook que tenga acceso a la lista negra y se lo acuse de compartirla, amparándose en la Ley de Secretos de Estado. El empleado de Facebook se pasaría el resto de su vida en la cárcel, o algo peor».

Es más que evidente que la persona a quien se supone que tengo que contratar estará en riesgo. ¿Debería preguntarle si está dispuesta a afrontarlo? Se aprovechan de nosotros. Y, a estas alturas, sé bien lo poco que Mark tiene en cuenta los intereses de los empleados de Facebook encarcelados.

Creo que Vaughan intuye cuáles son mis planes. Ni siquiera se me informa cuando su equipo mantiene reuniones periódicas con la ACC para debatir la llegada de Facebook al país, si bien más tarde hallo notas de dichos encuentros. El funcionario con quien se habían estado reuniendo antes de que todo saltara por los aires en 2015 ya no está. Se llamaba Lu Wei y era el máximo responsable de la ACC. Mark lo apodaba «nuestro hombre» y pensaba que sería quien introduciría Facebook en China. Vaughan le dijo a todo el mundo que Lu Wei se había apostado la carrera por el pacto con Facebook y el equipo de Asia lo secundó afirmando: «Lu Wei se aferra a esta iniciativa tanto como Mark. [...] Esta decisión dará forma a su carrera, para bien o para mal». Pero Lu Wei dimitió de manera abrupta en 2016 y al poco fue encarcelado acusado de corrupción. La fotografía de Lu Wei visitando las oficinas centrales de Facebook y contemplando el libro del presidente Xi en el escritorio de Mark se incluyó entre la cobertura en los medios de comunicación estatales de su caída. Es el mismo libro, *La gobernación y administración de China*, que Mark les regaló a varios de sus colaboradores más estrechos.

Al parecer, a Facebook le falta tiempo para reemprender las negociaciones con el nuevo director de la ACC, Zhao Zeliang. Según lo enmarca Sheryl, el objetivo de las operaciones de Facebook en esos momentos es reforzar «nuestras relaciones en el Gobierno» con el PCCh. Se elaboran presentaciones detalladas para informar a miembros del partido sobre las nuevas herramientas que estamos programando para ellos. Zhao quiere saber cómo colaborará Facebook con el Gobierno chino en la «detención de malhechores si Facebook no tiene capacidad para determinar si una persona ha cometido un delito o no». Ante tal situación, Facebook necesita «colaborar con la ACC en el bloqueo de contenido procedente de malhechores cuyo delito aún no se haya sentenciado y evitar que se muestre en su muro». El equipo se pone a trabajar en ello, consciente de que dicho contenido probablemente solo protege a miembros del PCCh y a sus familias. Al poco, satisfacen la petición de Zhao de demostrar que la herramienta de censura es capaz de bloquear palabras clave y entidades, una de las múltiples comprobaciones que el PCCh impone a Facebook.

Zhao no parece tan fan de Facebook como Lu Wei y reprocha al equipo que «desde las elecciones estadounidenses del año pasado [2016], muchos afirman que las redes sociales, sobre todo Facebook, influyen en los resultados mediante la difusión de noticias falsas». Les traslada que China no es como Estados Unidos y que no quiere que fuentes de información no verificadas afecten a sus procesos políticos.

Lo que sí quiere es a Guo Wengui. Guo es un empresario multimillonario chino convertido en activista político que suele criticar al Gobierno de su país. Zhao pregunta si el contenido publicado en la página de Facebook de Guo cuenta como noticias falsas. En caso afirmativo, y si se presenta una queja, ¿se adoptarán medidas? Le dice al equipo de China que hay gente a la que no le interesa que Facebook opere en China:

> Tenemos que tomar medidas y esforzarnos más en tales situaciones para demostrar que podemos satisfacer nuestros intereses mutuos.

Le exige a Facebook que le indique qué opciones hay en el caso de Guo y le plantea tres respuestas posibles:

1. No podemos hacer nada.
2. Podemos hacer algo.
3. Podemos hacer incluso más de lo que se espera.

Por si no quedara claro, Zhao añade sin ambages que, si Facebook no puede hacer nada acerca de la página de Guo, «tendrá repercusiones en nuestra cooperación», mientras que «bien gestionado, este asunto puede impulsar nuestra colaboración». Indica que hay quien le pregunta por qué apoya el pacto con Facebook si la red social no puede hacer nada en el caso de Guo. A continuación, las actas de la reunión enumeran tres opciones posibles:

1. Cerrar la cuenta de Guo.
2. Bloquear el contenido de Guo para los usuarios chinos.
3. En el caso de publicaciones de artículos o vídeos específicos, si una organización china los denuncia, ¿podemos eliminarlos o hacer algo?

Zhao le habla al equipo sobre GitHub, un sitio web con foros de discusión muy activos propiedad de Microsoft. Les dice que está al corriente del liderazgo de GitHub y explica que cuando alguien «empezó a calumniar» al presidente Xi, la ACC presentó una denuncia ante el CEO de GitHub, el contenido se eliminó y GitHub les hizo saber que había procedido así por su relación con el Gobierno chino.

Me pregunto por qué se molesta siquiera Zhao en reunirse con Facebook. Pero en esta reunión en concreto expresa en voz alta lo que hasta ahora había callado. Guo escapa a su control, y «es solo un ejemplo». Explica:

> El año pasado, un artículo de la BBC afirmaba que la empresa más influyente en la actualidad no es ni un diario ni ningún canal de televisión. Facebook no es solo una plataforma tecnológica. El contenido que se publica en Facebook encauza el discurso público.

Y amplía su argumento:

> Facebook es la red social (o, digamos, el medio de comunicación) más influyente del mundo, de manera que China debería tener acceso a él.

Para China, esa es la ventaja de mantener las negociaciones con Facebook para habilitar su acceso al país. Con ello obtienen una palanca sobre «el medio más influyente del mundo» que pueden accionar para desactivar lo que no sea de su agrado, incluida la libertad de expresión de activistas que residen en el extranjero. Porque Facebook servirá a sus intereses. En el caso de Guo, están usando esa palanca, vinculándola directamente con la capacidad de Facebook de penetrar en China.

Facebook bloquea la página de Guo en abril de 2017. Yo me entero por el *New York Times*. Facebook no le habla al *Times* de las presiones —ni del *quid pro quo*— del responsable de la ACC. Relatan el cierre de la cuenta de Guo como un acto fortuito de Dios. Lo justifican diciendo que se trata de un error aleatorio del *software* que, casualmente, afecta a la página de la persona que China dijo que habría que suspender para propiciar su «colaboración con Facebook». Eso, claro está, hasta que el *Times* empieza a hacer preguntas:

> Una portavoz de Facebook aseguró que los sistemas automatizados de la empresa habían suspendido la cuenta de Guo por error y que, una vez determinadas las causas de dicho error, la empresa restableció el perfil. El motivo preciso para la suspensión resulta difícil de determinar, de acuerdo con la portavoz, que añadió que hacer públicas las razones podría permitir a terceras personas manipular el sistema.

Quizá ironizaban sobre el tema de hablar en público acerca de la manipulación del sistema.

El *Times* también señala: «Algunos activistas chinos han denunciado la suspensión esporádica de cuentas en Facebook y otros sitios web sin explicación». ¡Caramba...!

En esta ocasión, la cuenta de Guo se restaura al cabo de los pocos días.

Transcurren cinco meses, tras los cuales Guo es expulsado de manera permanente de Facebook. Ocurre en septiembre de 2017, en torno a una semana después de que China bloquee WhatsApp, una de las apuestas de expansión internacional más importantes de Facebook. Sé de buena tinta el desafío fundamental que representa para Mark que un país importante bloquee Facebook. Un miembro del equipo de China me dice que la eliminación del perfil de Guo de Facebook fue decisión de Mark. En un principio apostaba por una acción intermedia, como una suspensión temporal, pero, dadas las demandas de China y lo que había en juego, finalmente se decidió por suspender por completo su cuenta.

Semanas más tarde, la Comisión de Inteligencia del Senado estadounidense interroga al responsable legal de Facebook bajo juramento acerca del tratamiento que ha recibido la cuenta de Guo.

> SENADOR RUBIO: Mi pregunta, es decir, lo que quiero que me aclare, es si el Gobierno chino ejerció alguna presión para bloquear la cuenta.
>
> COLIN STRETCH: No, senador. Revisamos un informe sobre dicha cuenta y la analizamos mediante los canales habituales, aplicando nuestros procedimientos normales. La cuenta no se bloqueó por completo, lo que se bloqueó, según tengo entendido, son publicaciones específicas que vulneraban nuestra política.

Rubio lo intenta de nuevo:

SENADOR RUBIO: Entonces, ¿está en disposición de testificar hoy que no recibieron presiones del Gobierno chino ni de ninguno de sus representantes ni de personas que trabajaran para ellos para bloquear esa cuenta o lo que fuera que bloquearon?

COLIN STRETCH: Quiero asegurarme de ser preciso y claro. Recibimos un informe de representantes del Gobierno chino acerca de la cuenta. Analizamos el informe tal como haríamos con cualquier otro y adoptamos medidas basadas, exclusivamente, en nuestras políticas.

Esto no es ni preciso ni claro. Facebook estaba recibiendo presiones directamente del Gobierno chino. De hecho, este le había indicado de manera explícita que habría un *quid pro quo*, que la gestión que se hiciera de la cuenta de Guo afectaría a la posible entrada de Facebook en China. Esos informes no se analizaron como se haría «con cualquier otro». Ni se adoptaron medidas «basadas, exclusivamente, en nuestras políticas» [las de Facebook]. China exigió acciones. Puso en la picota el proyecto de Facebook en el país. Y Mark bloqueó la cuenta de Guo sin pestañear.

En mayo de 2017 me informan de que Facebook ha lanzado dos aplicaciones en China. Me sorprende saberlo, porque ni Facebook ni sus aplicaciones tienen licencia ni autorización para operar en China, pese a los ingentes esfuerzos efectuados por Mark y el equipo. Con todo, lo más sorprendente es que el único motivo por el que me informan de ello es porque un periodista del *New York Times* ha descubierto su lanzamiento y está preparando una noticia. Se supone que debo ayudar al equipo de comunicación a determinar qué le explicamos. Cuando Vaughan nos expone algunos de los hechos en un email que nos envía, una de mis personas favoritas del equipo de comunicación me escribe solo a mí diciéndome:

«Dios Santo. Acabo de leerlo. ¡Joder! ¿Qué se supone que tengo que hacer con ESTO?».

Facebook llevaba años intentando en vano obtener una licencia como empresa de propiedad totalmente extranjera (conocidas como WFOE, por sus siglas en inglés) o una oficina de representación que le permita operar en el país. Al parecer, esto no disuade al equipo. Han creado una empresa fantasma registrada en Delaware llamada Leaplock. Leaplock establece una filial en China. La llaman IvyCo, en referencia a Ivy Zhang, la responsable de desarrollo comercial de Facebook en China, una ciudadana china que apenas lleva unos meses trabajando para nosotros. Ocultan la vinculación laboral de Ivy quitándola de la nómina de Facebook y convirtiéndola en empleada de una empresa de Recursos Humanos china. Ni Leaplock ni IvyCo tienen licencia como WFOE ni una oficina de representación. Oficialmente, Ivy es la propietaria de IvyCo, y su única empleada.

Facebook toma dos aplicaciones que ha desplegado alrededor del mundo —Moments y Flash— y hace pequeños ajustes para eliminar el nombre de Facebook de todos los puntos en los que aparece, así como de las condiciones del servicio. Y después las lanza en China.

Moments es un programa para compartir fotografías que en China se rebautiza con el nombre de Colorful Balloons. Flash es el clon de Snapchat de Facebook. Modifican los logotipos de las aplicaciones, pero no demasiado, pese a que Vaughan afirme que estas aplicaciones «se diseñaron para China».

No está claro si almacenan datos de los usuarios de estas aplicaciones en China, pero lo dudo. Facebook ya dispone de una infraestructura mundial para servir Moments y Flash. Moments recopila datos de reconocimiento facial de todos sus usuarios, pero no parece haberse pensado en cómo se iban a facilitar dichos datos al Gobierno chino en caso de solicitarlos, ni tampoco si censurarían contenido a petición de este. Si estoy en lo cierto, el nivel de ilegalidad es flagrante. Significaría que los datos de los usuarios se almacenan en servidores de Facebook en el extranjero, lo cual supone un incumplimiento de la legislación china. Y también significaría que Facebook ha lanzado aplicaciones en China sin informar previamente de ello a sus inversores, a sus empleados, a la Comisión Federal del Comercio o siquiera al Congreso de Estados Unidos, todos los cuales habrían tenido mucho interés en sus operaciones y habrían formulado preguntas acerca de qué pretende Facebook en China. Facebook sigue alegando que «está estudiando y recabando información sobre China», en lugar de decir la verdad: que está desplegando aplicaciones en el país.

En cuanto me entero de todo esto, voy directa a ver a Joel, asumiendo que tampoco está al corriente de lo ocurrido. La ristra de decisiones que han conducido a una tentativa tan bufonesca de subterfugio me resulta incomprensible. Y no soy la única. Sé que uno de los abogados de perfil más alto de Facebook ha manifestado su inquietud acerca del lanzamiento de estas aplicaciones en China. Pero Joel no parece tener ningún problema al respecto.

—¿A Mark y a Sheryl les parece bien? —pregunto.

Confiesa que no estaban al corriente de ello. Le digo a Joel que tienen que saberlo. Joel le pide a Vaughan que redacte una nota interna dirigida a Mark y Sheryl. El borrador empieza así: «En el último par de meses hemos publicado de manera discreta Moments y Flash en China». Resulta que ni siquiera son las primeras aplicaciones que desplegamos en ese país. Facebook también ha puesto a disposición de los usuarios chinos Boomerang, Layout, Hyperlapse y MSQRD. De nuevo, en todos los casos, lo han ocultado por completo.

Me sorprende leer: «Lo hemos hecho con la aprobación y el aliento tácitos de la ACC», a lo cual añade:

> La ACC recomendó verbal y extraoficialmente que no usáramos el nombre de Facebook y que la distribuidora fuera una entidad china de aplicaciones para redes sociales. La ACC ha dado a entender de manera implícita que quiere que nuestras operaciones sean fructíferas, pero no le interesa que las aplicaciones atraigan una atención pública indebida, y podría cerrarlas si tal fuera el caso.

Al leer estas palabras, me pregunto si será verdad que los chinos están al corriente del lanzamiento de estas aplicaciones; es perfectamente posible que lo supieran y estén conchabados en este subterfugio. Pero también es plausible que esa «aprobación tácita» de la ACC sea un asentimiento de cabeza de un funcionario al azar que se ha interpretado de manera errónea. Vaughan me cae bien, pero a veces se comporta como un vaquero del lejano Oeste.

La nota interna dirigida a Mark y Sheryl se envía. En mi reunión semanal periódica con Joel, pregunto: «¿Todavía no han despedido a Vaughan?». Joel me dice que Mark y Sheryl están de acuerdo con lo que Vaughan está haciendo.

Por supuesto.

A continuación, el lanzamiento secreto de Flash se convierte, en palabras de Vaughan, en «una prioridad para Mark». A su entender, «el mayor riesgo es que Facebook se quede varado con pequeños negocios en China y todos los costes fuera del país», de modo que acciona con agresividad todas las palancas para entrar en el país, por más sospechosas que sean.

Por cómo plantea la situación la nota interna de Vaughan, el mayor escollo que tienen que salvar estas aplicaciones no es el Gobierno chino, sino la «crítica de los medios de comunicación y la prensa occidentales». Para estar preparados y hacerle frente, el equipo de comunicación urde un plan.

Este plan de reacción del equipo de comunicación anticipa el peor escenario posible, consistente en tener a periodistas de investigación husmeando en busca de información sobre los puntos siguientes.

El plan recoge algunos titulares posibles que podríamos afrontar cuando salte la noticia:

> «Facebook establece empresas pantalla dudosas con el objetivo de penetrar en China»
>
> «Nada detendrá los intentos de Zuckerberg de llegar a China. Conozca la trama de engaños que Facebook ha hilado para llevarse un pedazo del mercado más lucrativo del mundo»
>
> «Facebook hará lo que sea por entrar en China, salvo usar el nombre Facebook»

Suena mal. Y va a peor. Cuando el periodista del *New York Times* está a punto de publicar su reportaje, averiguo dos cosas: alguien de dentro de Facebook le está filtrando información y la documentación utilizada para registrar la empresa que está lanzando estas aplicaciones en China dista mucho de ser correcta. Contacto directamente con el equipo legal de Facebook. Les explico que el *New York Times* ha descubierto que la dirección utilizada en los documentos del registro para la aplicación Moments/Colorful Balloons es falsa. Allí no hay ninguna oficina. Y hay otro problema aún más grave que atañe a la documentación. La filial de IvyCo Youge Internet Technology, que es la que oficialmente está lanzando este producto de Facebook, tiene registrado como director al marido de Ivy. Por increíble que parezca, han asentado esta empresa fantasma como pareja. No tengo ni idea de quién es el marido de Ivy, pero desde luego no es ningún empleado de Facebook y nadie en Facebook parecía conocer su involucración en todo este asunto. Señalan que está intentando entablar relaciones de negocios con Facebook, y supongo que registrarse como director de un producto que se está lanzando de manera ilegal te concede cierta ventaja en este sentido.

En las horas previas a la publicación del artículo del *New York Times* cunde el pánico más absoluto entre todos los implicados en el proyecto de China. Debbie me envía un mensaje: «¡Joder! Menudo circo se ha montado con lo de China».

«Sí, ¿puedo ayudar en algo?», le respondo.

«Uno: represéntame cuando mate a Vaughan. Dos: trae un rosado a mi casa.»

Una de esas instrucciones es más fácil de cumplir que la otra. Se publica el artículo. Pero no contiene algunos de los detalles clave y no es tan malo como se temía en Facebook.

Me cuentan que las autoridades chinas están descontentas por la filtración al *New York Times* y que instan a Facebook «a poner orden en su casa». Se cierran las aplicaciones. Aun así, meses después el nombre de Ivy se añade a más aplicaciones creadas por Facebook en colaboración con el Gobierno chino: se presentan solicitudes para obtener una licencia para Oculus en China y Facebook establece una incubadora de *start-ups* en 2018 para repartir 30 millones de dólares entre pequeñas empresas del país. Al fin y al cabo, la estrategia les ha funcionado hasta el momento. Esto ocurre después de que Facebook haya lanzado Oculus y sus aplicaciones en 2014, con la táctica de no solicitar una licencia y «hacerse el loco». China acaba concediendo una licencia a Oculus años después, cuando Ivy solicita y recibe la aprobación para registrar una filial de Facebook concebida para distribuir decenas de millones entre pequeñas empresas chinas, si bien el registro de dicha filial desaparece de los archivos públicos en circunstancias misteriosas. No sé qué pasó con esos 30 millones de dólares.

Aparte de todo esto, el representante financiero de Facebook ha señalado que el equipo fiscal ha planteado serias preocupaciones con respecto a las declaraciones públicas que la empresa está efectuando acerca de los ingresos de Facebook por publicidad en China, su segundo mercado principal después de Estados Unidos. Y a Vaughan no le queda más remedio que aceptar que «supone un problema» porque «lo que hagamos con la contabilidad redundará en la importante negociación tributaria que esperamos mantener en breve». Al director financiero también le preocupan las contrataciones que Facebook está haciendo en China.

Esto me lleva a descubrir un nuevo problema, en este caso relacionado con nuestros empleados en Pekín. El representante en jefe de Facebook en China, que antes rendía cuentas ante Joel y ahora lo hace ante mí, trabaja allí de manera ilegal. No cuenta con el permiso laboral correcto y, además de eso, Facebook está obligado a tener una filial local si quiere emplear a cualquiera en China, cosa que no hace. Le pido a una de nuestras abogadas que examine el tema y me escribe explicándome que, si el representante en jefe de Facebook en China decide revelarles a las autoridades del país las infracciones de la ley que está cometiendo Facebook, la empresa podría sufrir «un daño considerable».

> A mi modo de ver, podrían «desmoronar el castillo de naipes» con solo recibir una denuncia, o cualquier queja relacionada con su trabajo en China, como por ejemplo, por el hecho de que Facebook no pague las aportaciones debidas a la Seguridad Social, que esté presentando declaraciones de impuestos incorrectas, o por la ausencia de regulaciones corporativas, o por la reclamación de bonificaciones adicionales, etcétera.

Lo más raro es que nadie parece haberse planteado que contratar al representante en jefe de Facebook en China de este modo podría «desmoronar el castillo de naipes».

Supongo que nadie lo ha pensado porque el máximo representante de Facebook en China no es un caso aislado;

otros departamentos de la empresa están dotando de personal a equipos en China. Hace años que Facebook tiene oficinas para sus empleados en China. En respuesta a las inquietudes del director financiero de Facebook, Vaughan asegura que todo esto está «bendecido» por el equipo legal, pero los principales abogados de Facebook se apresuran a desmentirlo aclarando que «NO han bendecido» nada al respecto.

Facebook está operando de manera ilegal en China. Una de las mayores empresas cotizadas de Estados Unidos juega absolutamente al margen de las reglas.

44
Segmentación emocional

A estas alturas, da la sensación de que el día a día en Facebook va de circo en circo. Mark y Sheryl parecen vivir en otro planeta, centrados en carreras presidenciales, en promocionar nuevos libros, en dar discursos inaugurales o en lo que sea.

En abril de 2017 se filtra un documento confidencial que revela que Facebook está ofreciendo a sus anunciantes la oportunidad de dirigir publicidad al segmento de usuarios de entre trece y diecisiete años en todas sus redes, incluida Instagram, durante los momentos de vulnerabilidad psicológica, cuando se sienten «inseguros», «estresados», «derrotados», «ansiosos», «tontos», «inútiles», «fracasados» y «sin valor alguno». O cuando están preocupados por sus cuerpos o pensando en adelgazar. Básicamente, cuando un adolescente se encuentra en un estado emocional frágil.

El equipo de publicidad de Facebook ha preparado para un cliente australiano una presentación que explica que Instagram y Facebook supervisan las publicaciones, fotografías, interacciones, conversaciones con amigos, comunicaciones visuales y actividad en internet de los adolescentes tanto en la plataforma de Facebook como fuera de esta, y utiliza dichos datos para ofrecerles contenido específico cuando se sienten más desvalidos. Además de los momentos de vulnerabilidad enunciados, Facebook detecta épocas en las que a los adolescentes les preocupa tener «confianza en su cuerpo» y «hacer deporte y adelgazar».

A simple vista, ya se antoja bastante grave tamizar la información privada de los adolescentes con el fin de identificar los momentos en que pueden sentirse más insignificantes y vulnerables para que un anunciante los fustigue con una infusión para conseguir un vientre plano o cualquier otra sandez.

Pero, según parece, Facebook se enorgullece de ello. Han distribuido un artículo en Australia en el que explican que la empresa usa la publicidad dirigida basada en las emociones: «Cómo pueden conectar las marcas con las emociones de los australianos y los kiwis* [*sic*]: estudio de investigación de Facebook». En él se jactan de que Facebook e Instagram utilizan «detonantes emocionales de conductas» para permitir a las marcas «establecer una conexión» mediante su publicidad. El sector publicitario ha detectado que compramos más cuando nos sentimos inseguros, y se contempla como una ventaja que Facebook sepa cuándo ocurre esto y pueda ofrecernos publicidad dirigida en momentos de indefensión.

A un periodista de un diario australiano le ha llegado a las manos uno de estos documentos internos que explica cómo lleva a cabo este proceso Facebook y se pone en contacto con nosotros para obtener una declaración al respecto antes de publicar su artículo. Es entonces cuando yo me entero. Ni el equipo de políticas de Australia ni yo sabíamos nada de este asunto. Es cosa del Departamento de Publicidad. Me incluyen en un equipo de respuesta integrado por especialistas en comunicación, miembros de los equipos de privacidad y medición y expertos en políticas de seguridad que se supone que debe determinar qué tenemos que declarar ante la opinión pública.

* Apelativo informal con el que se designa a los neozelandeses. *(N. de las t.)*

Nadie de dicho grupo, más allá de mi equipo australiano y yo, parece sorprendido de que Facebook haya elaborado una presentación de su estrategia publicitaria de esta índole. Uno de los miembros nos envía el mensaje siguiente: «Tengo el presentimiento de que no es la única investigadora de mercados que está haciendo esta labor —en referencia a la empleada australiana que preparó la presentación—. ¿Qué hacemos entonces? ¿Estamos dispuestos a abrir la caja de Pandora?». Tiene razón. Al principio, pensamos que Facebook había elaborado el documento filtrado para presentárselo a un fabricante de chicles vendiéndole que podía dirigirse a los adolescentes durante sus estados emocionales vulnerables. Pero acabamos averiguando que no es así, que el documento filtrado iba dirigido a un banco. Y caemos en la cuenta de que no es más que una de muchas presentaciones de estas características.

El empleado del equipo de privacidad explica que hacen ese tipo de trabajo personalizado para otros anunciantes, con el fin de aprovechar las inseguridades para ofrecer publicidad dirigida, y que existen presentaciones para otros clientes que se dirigen específicamente a un público adolescente. Debatimos la posibilidad de que esto pueda derivar en investigaciones por parte de los fiscales generales estatales o de la Comisión Federal de Comercio, porque podría darse a conocer que Facebook comercializa y se aprovecha de sus usuarios más jóvenes con fines lucrativos.

A mi modo de ver, este tipo de vigilancia y monetización de la baja autoestima de los adolescentes es un paso muy concreto hacia el futuro distópico sobre el que los críticos de Facebook llevan tanto tiempo advirtiéndonos.

Enseguida se redacta un borrador de declaración y el equipo de respuesta debate si Facebook puede incluir la frase «nos tomamos este tema muy en serio y estamos poniendo todo nuestro empeño en remediar la situación», ya que, en realidad, según parece, estamos ante una práctica habitual de la empresa. Un miembro del equipo de comunicación señala que debería ser obvio que «no podemos decir que estamos poniendo todo nuestro empeño en remediar la situación si no es así».

Otros integrantes del equipo expresan su acuerdo y revelan otros ejemplos de los que están al corriente. Facebook también presenta publicidad dirigida a madres jóvenes basándose en su estado emocional, así como a grupos raciales y étnicos específicos, como por ejemplo: «Hispanos y afroamericanos que se sienten superoptimistas». Facebook trabaja para una empresa de productos de belleza rastreando cuándo borran sus selfis las chicas adolescentes entre trece y diecisiete años con el fin de presentarles un anuncio de productos de belleza justo en ese momento.

No sabemos qué les pasa a las adolescentes cuando se les ofrecen anuncios de productos de belleza justo después de borrar un selfi. Nada bueno, seguro. Existe un motivo por el cual una borra una fotografía. Un motivo por el que una adolescente tiene la sensación de que no puede compartir esa imagen. Y seguramente Facebook no debería aprovechar ese momento para bombardearla con anuncios de adelgazamiento extremo o publicidad de productos de belleza o lo que sea que embuchen a las adolescentes que se sienten vulnerables. Lo raro es que al resto de nuestros colegas de Facebook todo esto no parece preocuparles.

Mi equipo y yo estamos horrorizados; alguien me envía el mensaje siguiente: «Me estoy planteando preguntarles a estos colegas en la bancarrota moral qué más saben. El empleado del equipo de publicidad de Facebook que mencionan en el artículo [australiano] tiene tres hijos (me explicó que a uno de ellos le hacían *bullying*). ¿Cómo se les ocurre hacer algo así? ¿Es que no piensan, o qué?».

Sigo intentando hacerme una composición de lugar más precisa de a qué nos enfrentamos exactamente. Planteo solicitar una auditoría independiente a una empresa externa para entender qué ha hecho Facebook a escala global en esta línea —es decir: dirigiendo publicidad específica a personas vulnerables— e intentar detenerlo. ¿Quién dispone de esa información y con cuántos anunciantes se ha compartido? El equipo no parece entusiasmado con la idea. Elliot veta cualquier auditoría e incluso advierte en contra de usar la palabra *auditoría* en una pregunta como la mía, alegando que «los abogados han desaconsejado el uso de esa descripción en contextos similares». No aclara el porqué, pero intuyo que no quiere dejar un rastro en papel plasmado en un informe con detalles condenatorios que pudiera filtrarse o citarse como prueba en un juicio. Años después me entero de que una adolescente británica, Molly Russell, había guardado publicaciones en Instagram, incluida una de una cuenta llamada Feeling Worthless,* antes de suicidarse. «Baja autoestima» es precisamente uno de los campos que se utilizan para ofrecer publicidad dirigida. Si se supo fue gracias a una demanda judicial que sacó a la luz documentos internos en los que se identificaba un «riesgo palpable» de «incidentes similares».

La declaración inicial que Facebook hace al periodista australiano que destapó la vigilancia y presentación de anuncios específicos en 2017 no reconoce que este tipo de publicidad dirigida sea moneda corriente en la empresa. De hecho, la pretensión es justo la contraria: «Hemos abierto una investigación para entender este fallo en el proceso y mejorar nuestra supervisión. Adoptaremos los procesos disciplinarios y de otro tipo que estimemos apropiados».

Se despide a la joven investigadora de Australia, aunque seguramente lo único que la pobre estaba haciendo era lo

* En métrica de datos, este término suele traducirse literalmente como 'sentirse sin valor', si bien una traducción más interpretativa y adecuada para este contexto sería 'baja autoestima'. *(N. de las t.)*

que sus jefes querían. No es más que otra muchacha anónima a quien la empresa trata como carne de cañón.

Al ver que eso no apacigua el interés de los medios de comunicación, Elliot dice: «Tenemos que revertir la idea de que permitimos a los anunciantes presentar publicidad dirigida en función de las emociones de los usuarios. ¿Puedes compartirlo con el grupo para que Sheryl *et al* (i) lean el artículo y (ii) entiendan los pasos siguientes?». Joel quiere que redactemos una nueva declaración, más contundente, en la que afirmemos que nunca hemos presentado publicidad dirigida basada en las emociones. Da la instrucción de que «nuestras comunicaciones desmonten esa idea sin fisuras», pero le dicen que no es posible. A lo que Joel responde: «¿No podemos confirmar que no ofrecemos publicidad dirigida basada en la inseguridad o los sentimientos de una persona?». El subdirector de privacidad de Facebook responde: «Me temo que no, por desgracia». Elliot pregunta si es posible presentar publicidad específica vinculada a palabras como *depresión* y el subdirector de publicidad confirma que, en efecto, Facebook puede hacer esa personalización para los anunciantes. Explica que Facebook no solo vende este tipo de publicidad conductual dirigida y personalizada, sino que hay un equipo de producto trabajando en una herramienta que permitirá a los anunciantes hacerlo por sí mismos, sin la ayuda de Facebook.

Pese a ello, Elliot, Joel y muchos altos ejecutivos de Facebook pergeñan una coartada. Facebook publica una segunda declaración que es una mentira descarada: «Facebook no ofrece herramientas para dirigir publicidad a sus usuarios en función de su estado emocional». La nueva declaración se hace circular entre un gran grupo de los máximos directivos que saben que se trata de una falacia, lo cual no los frena a la hora de aprobarla. Dice así:

> El 1 de mayo de 2017, *The Australian* publicó un artículo relativo a una investigación de mercado efectuada por Face-

book que posteriormente se compartió con un anunciante. La premisa del artículo es engañosa. Facebook no ofrece herramientas para canalizar publicidad dirigida a las personas basándose en su estado emocional.

El análisis elaborado por una investigadora de mercados australiana tenía por objetivo ayudar a los anunciantes a entender cómo se expresan las personas en Facebook. En ningún caso se utilizó para presentarles publicidad dirigida y se basaba en datos anónimos y agregados.

Me tomo un par de días de vacaciones para hacer un viaje en familia y celebrar el cumpleaños de Xanthe, y el equipo de respuesta continúa trabajando sin mí. Me alegra no participar en ello.

Uno de los máximos ejecutivos del equipo de publicidad de Australia me llama una noche, a altas horas, para quejarse. Quiere saber por qué estamos haciendo ese tipo de declaraciones públicas. «Nuestro negocio funciona así, Sarah. Y nos enorgullecemos de ello. Lo gritamos a los cuatro vientos. Eso es lo que nos llena de dinero el bolsillo. Y esas declaraciones hacen que suene como si fuera algo infame.» Queda mal delante de nuestros anunciantes, continúa, que Facebook finja que no está haciendo publicidad dirigida. Él se pasa el día promocionando la precisión de esas herramientas que aspiran multitud de datos específicos tanto de Facebook como de otros sitios web para poder ofrecer el anuncio oportuno al cliente oportuno en el momento oportuno. Y, en cambio, la oficina central se dedica a decirle lo contrario al público. «¿Cómo pretendéis que lo explique?», me pregunta. ¿Y qué pasa con las chicas de trece a diecisiete años? «Es un público superimportante. Los anunciantes se mueren por acceder a ellas. ¡Y las tenemos! ¿Por qué fingimos que no lo hacemos?»

Como si pretendiera respaldarlo, apenas tres días después del falso desmentido, en una presentación de resultados,

Sheryl alardea de la capacidad de Facebook para canalizar publicidad dirigida en función del sexo y de la edad, afirmando: «Creemos que la segmentación y la métrica de datos nos ofrecen una importante ventaja competitiva. [...] Solo en publicidad dirigida básica, segmentada solo por edad y género, somos un 38 por ciento más precisos que la publicidad general, según Nielsen, en Estados Unidos. Y eso contando solo la edad y el género».

Sé que estoy de vacaciones y tengo una excusa válida para mantenerme al margen de todo esto, para no echar leña al fuego ni perjudicar mi imagen ante la cúpula de la empresa. Sé que nada de lo que diga o haga llegados a este punto cambiará las decisiones que está tomando la dirección. Sé que lo que más me conviene es guardar silencio. No autosabotearme.

Pero, sin pensármelo dos veces, me enfrento a Elliot. Le explico la llamada que he recibido de un ejecutivo de publicidad y le transmito mis propias inquietudes acerca de estar mintiendo a la opinión pública. Lo hago en un tono más enojado del que pretendía. ¿Por qué no dejamos de presentar publicidad dirigida a adolescentes deprimidos o a cualquiera que se encuentre en un estado emocional vulnerable?, le pregunto a Elliot. Aun así, ganaríamos muchísimo dinero. No puede representar una porción tan importante de nuestro negocio.

Elliot parece divertido.

—Si tú y él estáis tan enfadados por este tema (por motivos contrapuestos), es que hemos dado en el clavo.

45

El pez empieza a oler mal por la cabeza

Ya no queda ni rastro de confianza entre el personal y la dirección de Facebook. El descontento persistente por el papel de la plataforma en la victoria de Trump en las elecciones, el asunto del Club de la Lucha Feminista y, en general, el silencio y la falta de remordimientos por el daño que Facebook está haciendo en todo el mundo han cambiado la manera en que muchos ven su trabajo aquí. Antes de todo eso, uno se sentía orgulloso de trabajar en Facebook. Ahora ya no.

Muchos tienen la sensación de estar siendo partícipes de todo aquello. En los grupos internos de Facebook empiezan a verse mensajes de empleados que preguntan si pueden cambiarse a otro equipo para «intentar no estar moralmente implicados». Ya no es tan fácil contratar a nuevos trabajadores. De hecho, posibles candidatos les están diciendo a las responsables de selección de personal que no vuelvan a ponerse en contacto con ellos nunca más, que jamás trabajarán para Facebook. Eso antes no pasaba.

Pero la dirección de Facebook no parece pillarlo. Sheryl sale desesperada de una reunión con el nuevo plantel de internos, de los que dice que se están centrando en las preguntas equivocadas con su insistencia en la moralidad y los valores. Parece no ser consciente del cambio generacional que supone la incorporación al mercado laboral de la generación Z.

—¿Por qué no preguntan por el negocio? —Sheryl echa chispas—. No han hecho ni una sola pregunta sobre eso.

En las reuniones de la dirección se habla ahora de forma regular sobre cómo gestionar los problemas de salud mental y de moral del equipo. Elliot da una «charla junto a la chimenea» (pero sin chimenea) para levantar la moral de su equipo, del que ahora forman parte cientos de personas. Durante esa arenga, que tiene lugar pocas semanas después de Davos, asegura que las élites del FME han perdido el contacto con la realidad, pero que Mark y Sheryl se distinguen de otros empresarios por su «autoridad moral». Se ha dado cuenta de que la cuestión de la autoridad moral es algo de lo que los trabajadores de Facebook hablan, pero lo que se le escapa es que se preguntan dónde está. Hasta ese punto parece no enterarse de cómo nos sentimos. «El pez empieza a oler mal por la cabeza», me susurra una amiga que me ve poner los ojos en blanco.

Tras el inicio del mandato de Trump, Joel y Elliot comienzan a convocar «reuniones informales sobre diversidad» para abordar el descontento cada vez mayor sobre los sesgos raciales y de género. Cuando Joel asiste a esas sesiones, se muestra visiblemente incómodo. Él suele ocupar mucho espacio, con su voz autoritaria y su postura indolente, pero aquí está rígido y tenso, emplea un tono deferente y vuelve a ser el Tío Anguloso de Bush. Se trata por lo general de reuniones muy poco interesantes. Los temas se plantean de la forma menos beligerante posible, si es que se plantean. Es una sala llena de personas muy políticas que no tienen un pelo de tontas. No es un foro en el que hablar sin rodeos de los problemas de diversidad a los que se enfrenta el departamento, sino una pantomima de lo que podría ser un foro así.

Por eso resulta tan sorprendente cuando, en medio de una de esas reuniones informales, una integrante del CLF toma la palabra:

—¿Qué responsabilidad tiene Facebook cuando uno de sus empleados ha acosado sexualmente a otro?

Es como si una corriente de electricidad recorriera la sala. Joel parece abatido. Las integrantes del CLF se miran unas a otras como diciendo «venga, ahora sí».

Antes de que Joel pueda responder, uno de los otros altos cargos de la sala interviene.

—¿Cuándo se centrarán de una vez las mujeres en el trabajo y dejarán de hablar de diversidad?

Aquello finiquita el tema. La sala parece deshincharse. Alguien de Recursos Humanos suelta una perorata aburrida sobre a quién dirigirse en caso de acoso sexual y sobre lo muy en serio que Facebook se toma esas cuestiones, y luego se pasa a otro tema. Nada va a cambiar.

Creo que a muchos de los empleados les parece bien. Gran parte de la plantilla de la empresa está formada por hombres blancos y asiáticos que no parecen tener ningún problema con cómo se han hecho las cosas hasta ahora. El privilegio en las oficinas de Facebook campa tan a sus anchas como el vino del barril de *prosecco* instalado en una de las cocinas de las oficinas de Facebook. Cuando hay quejas sobre la gentrificación en el entorno del campus de Menlo Park —han subido los alquileres y se está obligando a los residentes de toda la vida a marcharse—, publican cosas que parecen sacadas de *La rebelión de Atlas*, como «me niego a pensar que soy parte del problema, no dejaré que se me demonice por tener éxito en la vida» y «esa gente solo quiere tener tanto dinero como nosotros».

En Facebook, el velo del civismo es muy fino.

Cuando se produce el atentado de Charlottesville —con neonazis manifestándose y una mujer asesinada—, unas cuantas personas plantean preguntas a Mark sobre en el tema en la sesión semanal de preguntas y respuestas. Mark contesta a las cuestiones que consiguen más votos, y una sobre la masificación del gimnasio del campus de Facebook consigue muchos más que Charlottesville, el ascenso de la derecha alternativa y los nuevos retos que ello supone para Facebook. Un año antes, el Centro Legal contra la Pobreza en el Sur había proporcionado a Facebook una lista de doscientos grupos extremistas con páginas en la plataforma. La mayoría de ellos infringían los términos y condiciones de uso de Facebook, que prohíben el discurso de odio. Pero Facebook apenas había hecho nada. La página de Facebook Unite the Right (Unamos a la Derecha), que promocionaba la manifestación de Charlottesville, estuvo activa durante todo un mes antes de que Facebook la eliminara, un día antes del acto. El CLF quiere que Mark aborde todas esas cuestiones, pero no obtenemos votos suficientes para conseguirlo. La mayoría de los empleados prefieren hablar del gimnasio.

Mark y Sheryl, entretanto, responden al clamor popular contra Facebook —el aluvión de titulares que dicen que estamos haciendo del mundo un lugar peor— diciendo que se trata de una «caza de brujas» o de un intento de «convertirnos en chivo expiatorio». Las personas que critican a los empleados de Facebook «no entienden nada». Actúan como si fuéramos nosotros las víctimas.

Me recuerda a la manera en que los movimientos nacionalistas reaccionan a las críticas. El nacionalismo empieza siempre alegando estar del lado de los principios, la moral y la justicia. Eso se da por hecho en Facebook. Si estás aquí, eres una persona con información privilegiada. Se sigue hablando con muchísima autocomplacencia del modo en que estamos conectando al mundo y de que no todos entienden nuestra misión. Y Mark utiliza a menudo la sesión semanal de preguntas y respuestas, que algunos querían rebautizar como Pregúntale a Mark,* para mitificar el pasado. Cuenta

* El original, *Question Mark*, tiene el doble sentido de 'pregúntale a Mark' y 'signo de interrogación'. *(N. de las t.)*

anécdotas sobre cómo todo el mundo pensaba que estaba loco por no vender Facebook cuando Yahoo le ofreció 1.000 millones de dólares, o sobre cómo la empresa introdujo el *feed* de noticias y a la gente no le gustaba, pero al final aprendió a apreciarlo. Sobre lo inteligente que fue comprar WhatsApp (no menciona el programa espía Onavo, que le proporcionó datos confidenciales de uso, lo que hizo que saber qué comprar fuera pan comido). Somos nosotros contra los de fuera y contra los *haters*, ya sean los medios de comunicación, los intelectuales u otras empresas. Somos nosotros contra ellos. Y, como ocurre con el nacionalismo, hay algo purificador en esa narrativa impulsada desde arriba, algo reconfortante en tener la razón, una inocencia organizada.

Así que el cisma se agranda entre los trabajadores que sienten que Facebook está siendo tratado injustamente y aquellos que sienten que Facebook debe corregir sus errores en el mundo.

Pese a declarar públicamente lo contrario, Facebook hacía tiempo que era consciente de que sus estudios, modelos y programas buscaban optimizar la participación de los usuarios a toda costa. Facebook empleaba una serie de funcionalidades «diseñadas para generar adicción», especialmente dirigidas a aprovecharse de las vulnerabilidades de los usuarios jóvenes, al mismo tiempo que ocultaba la naturaleza peligrosa y perjudicial de dichas funcionalidades. Estaban dando a todas las palancas para impulsar la participación y aumentar esa adicción.

Pero hay una esperanza. Los potentes algoritmos que contribuyen a atomizar la sociedad podrían amortiguarse, porque tienen tanto potencial para causar daño que perjudican el balance final. En un memorando interno titulado «Cartografiar un espacio vectorial en movimiento», el director tecnológico de Facebook, Andrew Bosworth, instaba a la dirección a dejar de tener la participación como objetivo primordial porque, señalaba, influye de forma irresponsable en los comportamientos, incluidos los negativos, y reconocía el papel central de Facebook en todo ello.

> Nosotros [Facebook] movemos los hilos [...].
>
> Sin embargo, últimamente hemos estado reflexionando más a fondo acerca de qué modo el contenido que mostramos no solo responde a afinidades existentes, sino que también refuerza o configura afinidades futuras, potencialmente, a fuerza de agrupar a la gente y excluir determinados puntos de otros puntos de manera prematura [...]. Hemos estado optimizando prematuramente y nos dirigimos hacia un máximo local y [...] lo que tenemos que hacer es moderar un poco la optimización, aceptar que eso tendrá un impacto en el tiempo invertido y la participación, y dejar que las cosas fluyan con una mayor exploración.

Boz demostraba que la dirección sabía muy bien lo que estaba haciendo Facebook. Alegaba a continuación que Facebook debía dar un paso atrás en «optimización y aceleración», y dejar que la gente tuviera un mayor control sobre el contenido que veía.

Pero nada cambió.

Tras las elecciones, y con todos los demás problemas saliendo a la luz, podrían haber decidido hacer limpieza a fondo. Pero, en lugar de eso, crean unas «alianzas de verificación de datos» de cara a la galería y, al poco tiempo, dos de los principales «socios», Snopes y Associated Press, se retiran. «Nos han utilizado para lavar su imagen», le dice al *Guardian* Brooke Binkowski, ex redactora jefe de Snopes. «No se toman nada en serio. Solo les interesa quedar bien y eludir la responsabilidad [...]. Está claro que les da igual.» Otro verificador de datos que había trabajado hacía tiempo para Facebook descarga su frustración en el *Guardian*: «Son una empresa y, en el plano personal, no quiero tener nada que ver con ellos».

Incluso en la oficina reina un ambiente distinto. Un día se produce un revuelo en el amplio espacio abierto donde trabaja el equipo de políticas. Voy corriendo desde mi mesa y veo a una mujer convulsionando en el suelo. Echa espuma por la boca y le sangra la cara. Debe de haberse dado un golpe con algo al caerse de su mesa. Y todo el mundo la está ignorando por completo. Está rodeada de mesas y de personas delante de sus ordenadores y nadie la ayuda. Todo el mundo sigue tecleando afanosamente y finge que no pasa nada. La mujer sufre espasmos violentos que la impulsan peligrosamente cerca de unos archivadores con ruedas de afiladas esquinas metálicas.

Junto con dos integrantes del CLF relativamente nuevas en el equipo, apartamos el mobiliario y llamamos al teléfono de emergencias, pero no somos capaces de proporcionarle al operador la información que necesita. ¿Ha tenido otras crisis? ¿Cuántos años tiene la mujer? ¿Cómo se llama?

—¿Eres su jefa? —le pregunto a una mujer que está en una mesa cercana y que parece muy concentrada en su ordenador.

La otra mujer convulsiona a sus pies.

—Sí, pero estoy muy ocupada —dice secamente.

—¿En serio? ¿Cómo se llama esta mujer? ¿Es epiléptica? ¿Cómo podemos ayudarla?

La mujer parece sorprenderse.

—Es una trabajadora externa. No dispongo de ese tipo de información. Su contrato está a punto de finalizar. Deberías llamar a Recursos Humanos.

Lo hacemos. Nos remiten a la empresa que se encarga de las subcontratas. El representante de esa empresa no coge el teléfono. La mujer sigue convulsionando.

Las cosas no eran así cuando yo empecé a trabajar aquí en 2011. El lugar rezumaba una energía bulliciosa y alegre. La idea de que alguien pudiera estar sufriendo, retorciéndose a tus pies, y que los demás lo ignoraran era inconcebible. Los chicos de la oficina tal vez fueran unos pelmazos o unos inmaduros, pero no tengo dudas de que habrían intervenido ante algo así. Tenían ese mínimo de decencia humana. Pero ahora todos los que me rodean parecen completamente indiferentes. Encerrados en sí mismos. Miran ansiosamente sus pantallas, con los ojos fijos en su trabajo. Yo no quiero acabar así.

46
Myanmar

No solo nos tratamos mal entre nosotros en las oficinas centrales, sino que también estamos haciéndole daño de verdad al mundo. Y yo estoy fracasando en el intento de hacer que quienes están al mando se interesen por ello.

Veamos, por ejemplo, el caso de Myanmar. A estas alturas no es que espere nada bueno o responsable de la dirección de Facebook. Hubo un tiempo en el que yo podía conseguir algunas de esas cosas, pero sé que ahora no puedo influir en nada importante. No es fácil para mí saber cuándo perseverar y cuándo tirar la toalla. Sigo diciéndome a mí misma que puedo hacer más para cambiar las cosas desde dentro que desde fuera. Así que trato de gestionar un sistema corrupto para conseguir lo poco que puedo para que todo vaya mejor. En este caso, lo que intento es muy sencillo: quiero contratar a un experto en derechos humanos para que se encargue de Myanmar. Pero ni eso está yendo bien.

Myanmar ejemplifica el daño que puede hacer Facebook. Pero para entender eso y también por qué no puedo contratar a alguien para solucionarlo tenemos que viajar atrás en el tiempo. Desde mi viaje a Myanmar hace cuatro años, las cosas allí han ido a peor. Y Facebook ha desempeñado un papel importante en esa deriva.

Myanmar es el único país en el que el sueño de Mark de Internet.org se hizo en cierto modo realidad. Desde mi viaje allí en 2013, ha pasado de no tener prácticamente internet a que toda la población tenga móvil, saltándose el paso de los ordenadores de sobremesa. Y en los móviles, internet, para casi todo el mundo, quiere decir Facebook. La plataforma llegó a acuerdos con las operadoras telefónicas locales para que Facebook apareciera preinstalado en los dispositivos y en muchos planes de telefonía el tiempo que pasabas en Facebook no descontaba minutos.

Así que, en Myanmar, si tienes internet estás en Facebook, y por ese motivo, Myanmar es la demostración palpable de los estragos que puede causar la plataforma cuando es de verdad omnipresente. La mejor forma de describir lo que ha ocurrido allí es como una especie de indiferencia letal. A cada paso, cuando la dirección de Facebook ve que la plataforma exacerba tensiones y hace empeorar aún más una situación política inestable y aterradora, su reacción es... no hacer nada.

Vimos por primera vez lo mal que podían ir las cosas en 2014, casi un año después de que yo me reuniera con la junta. En abril, varios miembros del equipo de políticas y yo nos enteramos de que corría por Myanmar un violento discurso de odio. La mayoría se dirigía contra la minoría musulmana del país, los rohinyás. Las turbas estaban incendiando mezquitas. Hablamos con el equipo de contenidos responsable de eliminar los discursos de odio y le preguntamos si podíamos hacer algo más para solucionarlo, y nos dijeron que no. Acababan de contratar a un nuevo trabajador externo birmano para gestionar el asunto; estaba todo controlado. El responsable de políticas de contenidos de Facebook dijo: «Puedo confirmar que nuestro representante birmano está muy capacitado». Insistimos para que nos dieran más detalles y nos proporcionaron un desglose que mostraba que solo tenían cuatro o cinco denuncias por incitación al odio en la cola, lo que no es nada.

Pocos meses después de ese intercambio de mensajes con el equipo de contenidos, se desencadenaron unos disturbios a raíz de una publicación en Facebook, y el 4 de julio de 2014 la junta bloqueó la plataforma. La publicación aseguraba que una mujer budista había sido violada por un hombre musulmán, el propietario de una tetería. Más adelante, un informe de las Naciones Unidas llegaría a la conclusión de que la historia era falsa. Se hizo viral después de que la compartiera Ashin Wirathu, un monje budista al que a menudo se describía como el «Bin Laden birmano». Wirathu había pasado por la cárcel por incitar al odio por motivos religiosos y estaba empezando a descubrir cómo instrumentalizar Facebook (y sí, sé que la expresión *monje budista* evoca una imagen muy distinta a la de *terrorista* para la mayoría de la gente, pero miembros de la mayoría budista en Myanmar han perseguido a los musulmanes rohinyás durante décadas).

Recibí un email en el que se me informaba de que la junta quería que elimináramos las publicaciones de Wirathu sobre esa presunta violación. Estaban provocando violencia real —seguía habiendo disturbios, las turbas budistas estaban atacando los negocios musulmanes, había muertos—, así que parecía estar claro que infringían nuestros estándares. Pero el equipo de operaciones de contenidos, con sede en Dublín, no quería eliminar las publicaciones. La responsable del caso me dijo que no creía que infringiera nuestras normas, pero que no podía encontrar a nadie que hablara birmano y Google Translate no traducía del birmano, así que no podía asegurarlo a ciencia cierta.

Recurrí a su superior, un hombre que se puso en contacto con el mismo trabajador externo que habían contratado hacía unos meses —un birmano con residencia en Dublín— para que revisara el material. Pasaron cinco horas.

«¿Cuánto crees que tardará?», pregunté. Había disturbios en las calles por culpa de aquello. Necesitaba que se eliminaran esas publicaciones.

«Me temo que no lo sé —respondió mi contacto en Dublín—. No está conectado. Le he mencionado en Facebook y espero que lo vea y se ponga en contacto conmigo.»

«¿Tienes su número de teléfono? —le escribí—. Esto es una emergencia.»

Mi compañero de Dublín lo llamó. El birmano estaba en un restaurante; me dijeron que se iría a casa y «debería tener acceso a un ordenador en quince minutos». Revisaría las publicaciones para ver lo que se estaba diciendo y si actuábamos o no. Pasaron casi dos horas y el responsable me confesó que el trabajador externo no tenía su ordenador de trabajo consigo y que él mismo también estaba fuera de la oficina, pero que se pondría con ello en cuanto llegara más tarde a casa. Me sentí a la vez responsable y completamente impotente.

«¿Cuándo estarás en posición de hacerlo? Tenemos que actuar lo antes posible», le insté.

Tras no recibir respuesta alguna, busqué la manera de que otras personas eliminaran las publicaciones desde California, pero para hacerlo necesitaba que el responsable de Dublín enviara los enlaces de los que nos habían informado. Al final lo hizo, las tres publicaciones se eliminaron y cuatro minutos después recibimos la notificación de que Facebook había quedado desbloqueado en Myanmar, pese a que allí eran las 4:30 horas de la madrugada.

Cuando hay gente muriendo, ese no puede ser el sistema al que tenga que recurrir Facebook. Si hay publicaciones que están provocando disturbios en las calles, no podemos depender de un trabajador externo cualquiera en Irlanda que ha salido a cenar y no encuentra su portátil.

A partir de aquello y de la experiencia de los meses anteriores, propuse, tanto a la dirección como a los equipos de contenidos, que le diéramos una vuelta a cómo gestionar Myanmar, y que averiguáramos qué habíamos hecho mal y cómo arreglarlo. Aquello no sentó nada bien. La responsable de contenidos escribió un email diciendo que su equipo «hizo exactamente lo que tenía que hacer. El contenido, a primera vista, no infringía nuestras normas [...]. Las tres publicaciones incluían información objetiva y llamamientos a la acción política; no incitación al odio». Señalé que eso daba igual bajo nuestras propias directrices, que dejaban claro que eliminamos contenidos «cuando percibimos un riesgo real de daño físico, o una amenaza directa a la seguridad pública». Provocar estallidos de violencia, como disturbios, en el mundo real infringe nuestras normas. Creyeron que podían ignorarlo porque estaba ocurriendo en Myanmar, pero, como pasa con la elección de déspotas, si Facebook lo propiciaba en un sitio, el patrón sin duda se repetiría, a menos que se impidiera de forma activa. No me sirvió de nada. La responsable de contenidos no quiso hacer ninguna formación más y no vio nada malo en la forma en que se manejó el asunto. De hecho, quisieron enviar «un email rápido para tranquilizar a la gente de OC —operaciones de contenidos— asegurando que hicieron lo correcto en este caso». A la dirección le explicaron que, «para dejar claras las responsabilidades de OC en este caso [...], el equipo hizo exactamente lo que se suponía que tenía que hacer. Este contenido, a primera vista, no infringía nuestras directrices».

Yo no estaba de acuerdo. A aquellas alturas de 2014, Myanmar era un polvorín que lidiaba con incitaciones al odio, noticias falsas y violencia callejera, en medio de un difícil proceso de transición a la democracia. No podíamos tratarlo como cualquier otro país. Para millones de birmanos, Facebook era internet, mientras que nosotros teníamos a un solo hablante de birmano en el equipo de operaciones. Eso era todo. Uno solo. Frente a los cientos que teníamos para China, un solo hombre en Dublín, que ni siquiera formaba parte de la plantilla, para poner remedio a todo el discurso de odio que agitaba Myanmar.

Pese a ello, el correo dando las gracias al equipo de operaciones de contenidos por su forma de gestionar este asunto se envió igualmente.

Tal vez el equipo de operaciones no quisiera averiguar qué estaba pasando con el contenido del que se informaba en Myanmar, pero al menos mi equipo y yo haríamos el intento. A las pocas semanas nos enteramos de lo precariamente que está funcionando Facebook en Myanmar. Por ejemplo, no se habían publicado nuestras normas comunitarias en birmano, así que era imposible que nadie supiera lo que estaba permitido y lo que no. La arquitectura básica de la página web —el botón de «Me gusta» y, sobre todo, el de «Reportar contenido» que utilizarías para alertar a Facebook de una publicación problemática— no estaban traducidos al birmano (o aparecían como caracteres corruptos). Y lo principal y más sorprendente era que Facebook era incompatible con el birmano. La página web de Facebook podría haberse traducido a ese idioma en cualquier momento. Solo que... no era una prioridad.

Por si fuera poco, Myanmar era uno de los pocos países que no funcionaba con Unicode, que es el estándar universal de codificación de caracteres en los ordenadores. Como resultado, si estabas en Myanmar podías escribir publicaciones en Facebook y leerlas en caracteres birmanos reconocibles. Pero para cualquiera fuera de Myanmar, las letras no eran más que un batiburrillo ilegible.

¿Cómo moderas un contenido que no puedes leer? Acudimos a la responsable de internacionalización de Facebook, que nos contó que tanto los ingenieros como ella eran muy conscientes del problema que tenían con el birmano, y que era claramente solucionable. De hecho, ella misma había intentado que se abordara hacía un año, pero nadie la había escuchado. Solo necesitaba que alguien le diera prioridad y asignara a unos cuantos ingenieros. Myanmar era un mercado potencial enorme para Facebook, con más de 60 millones de habitantes. Pocos meses después de los disturbios, me planté ante Elliot, Javi y el responsable de políticas de contenidos, entre otros, para exponer la situación. Tras lo ocurrido, estaba claro lo letal que podía ser Facebook en Myanmar. Teníamos que mejorar nuestra forma de monitorizar el discurso de odio en la plataforma. Así que necesitábamos que todo estuviera en Unicode. A nadie le preocupó lo más mínimo. «Nos encantaría darle prioridad —me dijeron—, pero no creo que podamos justificarlo teniendo en cuenta todos los asuntos que tenemos en marcha.» En cambio, no había ningún problema en constituir enormes equipos de ingenieros muy bien remunerados para desarrollar una herramienta de Facebook que facilitara la censura china.

Aquello se convertiría en una cantinela constante siempre que mi equipo y yo pedíamos algo para Myanmar.

Viéndome frente a la absurda situación de que Facebook no podía publicar en birmano en su propia plataforma, mi equipo tradujo las normas comunitarias y una hoja de recomendaciones sobre cómo denunciar contenido cuestionable y lo imprimimos en formato de folleto. Una octavilla. Como si estuviéramos en 1776 y a Thomas Paine se le hubiera ocurrido la muy razonable idea de independizarse del Reino Unido. Así era como íbamos a hacer que se corriera la voz. Le pedimos al equipo de comunicación que nos ayudara a que aquello llegara a la población de Myanmar, pero nos dijeron que no: «Myanmar no es un país prioritario en el Sudeste Asiático, lo que significa que no tenemos a nadie de relaciones públicas sobre el terreno».

La sorpresa llegó en junio de 2015: mientras intentábamos ayudar a organizaciones y activistas a informar de contenidos violentos en Facebook, mi equipo empezó a notar que los usuarios parecían estar utilizando aplicaciones no oficiales de Facebook que no tenían la función de «Reportar contenido». Aquello era algo que la sociedad civil había intentado decirnos, pero nos parecía tan absurdo que al principio no les creímos. Luego nos enteramos de que la aplicación oficial de Facebook seguía sin estar disponible en Myanmar y, como consecuencia, se compartían versiones no oficiales de la aplicación a través de amigos y tiendas de móviles. Parecía imposible informar de la presencia de discursos de odio, publicaciones racistas o contenidos dirigidos a desencadenar la violencia aun solucionando los problemas del idioma y de la codificación.

Aquello explicaba por qué habíamos tenido un flujo constante de reclamaciones de la junta, la sociedad civil, los activistas y demás, todos ellos quejándose de noticias falsas, cuentas pirateadas y contenidos racistas, violentos y amenazadores en Facebook. Decían que era imposible informar de esas publicaciones y, en los pocos casos en los que conseguían hacer llegar la denuncia, nadie tomaba medidas. Le daban a un botón y no pasaba nada. Eso también explicaba por qué el equipo de contenidos me había asegurado con tanto convencimiento en 2014 que los usuarios de Myanmar no estaban informando de contenidos inapropiados. Claro que no lo estaban haciendo. Claro que nosotros no tomábamos medidas. Nuestros usuarios no estaban utilizando aplicaciones capaces de nada de todo eso.

Como si no fuera lo bastante preocupante, en mayo de 2015 salió a la luz otro problema. Tras revisar con detenimiento las decisiones tomadas por los ahora dos trabajadores externos birmanos que se encargaban de moderar desde Dublín los contenidos de los que los usuarios conseguían informar pese a todas las dificultades, mi equipo y yo empezamos a sospechar que uno de ellos estaba permitiendo que una gran cantidad de contenidos racistas llegaran a la página. Estaba autorizando que apareciera un insulto muy ofensivo para los musulmanes, *kalar*, y defendiendo su uso incluso en publicaciones que llamaban al derramamiento de sangre, y eliminaba más publicaciones de grupos de la sociedad civil y activistas por la paz que de cuentas gubernamentales y antimusulmanas. Nos preocupaba que pudiera estar actuando en connivencia con la junta, así que denunciamos la situación al equipo de contenidos, que nos dijo que no había de qué preocuparse.

Informamos a nuestros jefes y les rogamos que hicieran algo, lo que fuera, para que el equipo de contenidos se ocupara del tema, pero no sirvió de nada. Les pedimos que prohibieran la palabra *kalar*, si no querían encararse con el moderador. Se negaron (años después, tras daños incalculables, Facebook finalmente prohibió el insulto).

Agotadas todas las opciones, mi equipo se dedicó a organizar reuniones clandestinas con organizaciones no gubernamentales de Myanmar que monitorizaban lo que se publicaba en Facebook, para recabar información con la que poder defender nuestra posición internamente. Nos resultaba raro y desleal colaborar con grupos ajenos a Facebook para resolver un problema con Facebook, pero no veía qué otra opción teníamos. Uno de los grupos había estado supervisando las publicaciones y cuentas que Facebook suprimía, llevando el registro en grandes hojas de Excel, y confirmaba que nuestros moderadores no estaban eliminando contenidos racistas y nacionalistas que debían retirarse, y que sí eliminaban otros contenidos que no deberían.

Creamos grupos secretos de Facebook con los que las organizaciones de la sociedad civil podían comunicarse directamente con nosotros para tratar los problemas que no se estaban abordando en la plataforma. Nos enviaban ejemplos de publicaciones en las que ministros del Gobierno difundían discursos de odio y hablaban de cómo iban a asegurarse de que los musulmanes no pudieran votar en las siguientes elecciones, o de candidatos avalados por la junta que animaban a sus seguidores a quemar una mezquita hasta los cimientos.

La situación se fue tensando a medida que Myanmar se encaminaba hacia sus primeras elecciones plenamente libres y plenamente disputadas en décadas, convocadas para noviembre de 2015, unas elecciones en las que millones de personas votarían por primera vez. Un mes antes de las elecciones, los grupos de la sociedad civil utilizaron un grupo secreto para contarnos que los perfiles de los candidatos liberales contrarios a la junta habían sido eliminados de Facebook en bloque. Sus cuentas habían quedado suspendidas en respuesta a un aluvión de denuncias que decían que eran falsas. Nuestra plataforma es tan disfuncional en Myanmar que no hay manera de verificar las cuentas. Mi equipo consiguió reinstaurarlas.

Al mismo tiempo, la junta empezó a detener a miembros de la sociedad civil por sus publicaciones en Facebook.

El problema, sobre todo, era que teníamos la sensación de avanzar a ciegas. Estábamos frente a un país extremadamente frágil que se dirigía hacia unas elecciones muy conflictivas mientras batallaba contra los discursos de odio, la violencia y las tensiones étnicas que Facebook parecía estar propiciando. Era como un recién nacido que necesitaba cuidados extras. La dirección había asignado a aquel país en el que para la mayoría de la gente internet era Facebook solo a dos trabajadores birmanos a tiempo completo, que no quedaba claro si estaban en plantilla o eran externos (más dos trabajadores externos en la semana de las elecciones), y que estaban en Dublín, es decir, en un huso horario que no era el adecuado para monitorizar todas las publicaciones. Para que el país hubiera estado tan bien cubierto como, por ejemplo, Alemania, habríamos necesitado centenares de moderadores cualificados. Y en China habíamos prometido en un inicio cuatrocientos, que habían acabado siendo dos mil empleados de Facebook. Sabía que la plantilla dedicada a Myanmar era tristemente insuficiente, así que mi equipo y yo hacíamos lo que podíamos. En la antesala de las elecciones, un compañero de trabajo de Australia y yo nos turnamos para que hubiera siempre alguien de nuestro equipo supervisando cualquier contenido del que se informaba a través de Facebook o de nuestros grupos secretos, incluso en mitad de la noche, con el miedo a una catástrofe siempre presente.

Al final, las elecciones transcurrieron de forma pacífica, con solo algunos incidentes violentos aislados en los días previos. La victoria aplastante de la Liga Nacional para la Democracia acabó con el gobierno de la junta, aunque a comienzos de 2016 seguía sin estar claro si los militares respetarían los resultados electorales y cederían el poder.

Tras las elecciones, el discurso de odio y las noticias falsas siguieron estando presentes en Facebook mucho más de lo que habíamos visto en ningún otro lugar. Se suponía que el país estaba en plena transición hacia la democracia, pero la junta parecía volver a las andadas, y nosotros no teníamos nada claro cuál era su postura en relación con todo aquello. A veces nos pedía nuestra colaboración para luchar contra los discursos de odio, pero no sabíamos si era una petición sincera o si lo hacía como método solapado de acabar con sus rivales políticos. Aquello nos superaba. No entendíamos el papel que estaba desempeñando Facebook en el país. Y la plataforma, en gran parte, seguía sin funcionar como debía en Myanmar. Necesitábamos tener a alguien sobre el terreno que ideara soluciones con emergencia y empezara a trabajar en ellas, día a día. O al menos eso era lo que yo pensaba. La dirección de Facebook no podía mostrarse más indiferente.

Entonces tuve lo que me pareció un golpe de suerte. Conseguí encontrar a una persona con la experiencia adecuada. Y cuando digo «la experiencia adecuada» no me refiero solo a su amplia experiencia en Recursos Humanos. Para entonces yo ya sabía que, para contratar a alguien para un cargo importante en Facebook, había que cumplir determinadas reglas tácitas. Si quería que alguien influyera en las decisiones políticas que en última instancia tomaban Joel y Elliot, tendría una mayor posibilidad de éxito si contrataba a un hombre, mayor, blanco y licenciado en Harvard. Los líderes de Facebook querían a alguien que se les pareciera. La baza definitiva sería que fuera amigo de Joel, Elliot, Marne, Sheryl o, sobre todo, Mark. Unos años atrás, uno de los republicanos de la oficina de Washington D. C., un veterano del Capitolio con un sentido del humor cáustico, tuvo la paciencia de explicármelo.

—Sarah, ya sabes que tu jefe Joel es un judío que estudió en Harvard.

—Sí —dije inquieta, preocupada por si aquello derivaba en una conversación antisemita de la que no quería formar parte.

—Y su jefe.

—Elliot.

—Sí. Un judío que estudió en Harvard; y su jefa..., una judía que estudió en Harvard. Y su jefe...

—¿Un judío que fue a Harvard pero no acabó? —aventuré.

—Veo que lo vas pillando —dijo—. Así que, como ves, hay un elemento que no es como los demás.

—¿Te refieres a mí?

—Sí —dijo—. Tú no eres como todos ellos. Y nunca lo serás. Y cuanto antes lo comprendas, mejor.

Facebook es un producto de élite, surgido en una universidad de élite y dirigido por licenciados de élite de Harvard a los que les interesan otros licenciados de élite de Harvard, que a su vez son quienes toman las decisiones en todo tipo de sitios. Una persona pragmática lo acepta y sigue adelante. Así que, ya en 2016, decidí que, hasta que saliera por última vez por aquella puerta, trataría de sacarle algún partido a esa situación, porque durante mucho tiempo seguí pensando que podía hacer más desde dentro que desde fuera, por ejemplo, contratando a buenas personas. Acepté que no había conseguido hacer realidad los cambios que Myanmar necesitaba, y que probablemente se me seguiría ignorando, pero puse en marcha el proceso para contratar a un hombre de Harvard que quizá sería capaz de resolver los problemas de Facebook en Myanmar de una forma en que que yo no podía. Que podría concentrarse en exclusiva en ese país, y no tendría que responsabilizarse de otros centenares de cosas. Que se levantaría todos los días y dedicaría todos sus esfuerzos a los problemas que Facebook estaba provocando en Myanmar. A quien la dirección escucharía. Estaba claro que contratar a alguien con responsabilidad para Myanmar era lo adecuado.

Mi candidato era un experto en derechos humanos que vivía en Tailandia, con un máster en Harvard y —¡bingo!— amigo de Elliot. Años atrás, Elliot me había sugerido que intentara encontrarle trabajo en Facebook. Había salido con una integrante del equipo de políticas y ella respondía por él, lo que satisfacía la exigencia de nepotismo de baja intensidad propia de gran parte del equipo directivo, y teníamos una vacante en Tailandia que podía ampliar para que incluyera Myanmar, sorteando la triste realidad de que sería imposible convencer a la dirección de Facebook de contratar a alguien solo para Myanmar.

El proceso de contratar a aquel hombre se alarga durante meses. Vayamos a una de mis reuniones semanales con Joel de febrero de 2017. Todos los demás han aprobado la contratación del candidato. Le digo a Joel que ha llegado la hora de hacer aquello realidad. La situación en Myanmar es más sombría y confusa cada día que pasa. Estamos listos. El candidato está listo. Hagámoslo.

Por primera vez desde el inicio de este largo proceso de intentar contratar a alguien para Myanmar en 2015, y a este licenciado en Harvard en concreto desde mayo de 2016, Joel se sincera conmigo.

Me dice que ha llegado la hora de pasar página y superarlo. Se inventa una razón burocrática para negarse: no estaría bien «colocar a mi hombre» en ese puesto, porque yo solo me estoy encargando temporalmente de Asia. Olvídate del hecho de que yo hubiera puesto en marcha esta contratación mucho antes de que se diera a entender que mi situación era temporal. Olvídate de que necesitemos a alguien sobre el terreno y sea imposible encontrar a un candidato más cualificado. Joel me pide que no vuelva a sacar el tema.

A lo largo de los meses siguientes, los discursos de odio y las publicaciones incendiarias en Myanmar no hacen más que ir en aumento. Hay periodistas y activistas detenidos por las publicaciones en Facebook. Los grupos de la sociedad civil alertan del galopante uso indebido de los servicios de Facebook en Myanmar, diciendo cosas como...

> Creo que es crucial darse cuenta de que Facebook se está utilizando de forma deliberada, sistemática y muy eficaz para poner en el punto de mira no solo a activistas por la paz y a favor de la pluralidad religiosa, sino también a periodistas y a cualquiera que se desvíe de la narrativa dominante [de la junta].

El equipo de seguridad de Facebook registra un patrón generalizado de pirateo y apropiación de cuentas en Myanmar. Descubre a un grupo secreto de Facebook con 571 miembros que parece ser un lugar en el que planificar y compartir información para llevar a cabo ciberataques contra páginas y usuarios verificados. Dicho grupo parece estar haciendo otra de las cosas sobre las que los activistas de la sociedad civil nos alertaron: apoderarse de cuentas verificadas de cualquiera en Myanmar con muchos seguidores y utilizar su perfil para lanzar contenidos, fotos escabrosas, noticias falsas, memes incendiarios y propaganda haciéndose pasar por esa persona. Propagan rumores entre grupos tanto musulmanes como budistas de que un ataque por parte del bando rival es inminente; cualquier cosa que pueda extender el odio y el miedo, y hacer que la gente se sienta vulnerable y deseosa de la protección del Ejército. Y, por supuesto, Facebook prioriza todo ese contenido porque genera muchísimas reacciones.

De modo que Facebook sabe que eso está pasando, pero no hace nada al respecto. Cuando mi equipo recomienda eliminar las publicaciones desestabilizadoras o que son una incitación solapada al odio —o publicaciones que podrían derivar en violencia en el mundo real—, el equipo de operaciones de contenidos suele echarse las manos a la cabeza y decir que las publicaciones no infringen las leyes locales, por lo que no hay razón para suprimirlas. En 2017 se hace viral una noticia falsa que dice que el presidente del país, elegido democráticamente, va a dimitir, y mi equipo recomienda, como de costumbre, que la eliminemos, por temor a que desestabilice aún más el país. Y, como de costumbre, el equipo de contenidos y el equipo jurídico optan por dejarla donde está. En su frustración, la persona de mi equipo responsable de Myanmar responde:

> Mucha gente cree que los militares o alguien está intentando erosionar la democracia en Myanmar. Hemos identificado centenares de cuentas que tratan de desestabilizar la situación. El equipo de operaciones de seguridad está ahora mismo revisándolas [...]. ¿Vamos a dejar que utilicen nuestro servicio para desestabilizar [un país]?

La respuesta al parecer es que sí.

Lo impensable acaba sucediendo. A finales de agosto, los militares lanzan una campaña de violencia contra la población musulmana que las Naciones Unidas califican *a posteriori* de genocidio y crímenes contra la humanidad. Al menos diez mil personas mueren asesinadas. El frío lenguaje del informe de las Naciones Unidas hace que, de algún modo, todo parezca aún más horrible. Entrevistaron a más de ochocientos testigos presenciales y víctimas de la violencia.

> Mataron a niños delante de sus padres, y hubo niñas víctimas de violencia sexual [...]. Se perpetraron violaciones y otros tipos de violencia sexual a gran escala [...]. En algunos casos, hasta cuarenta mujeres o niñas fueron violadas, o violadas en grupo, a la vez [...]. Las violaciones se llevaron a cabo muchas veces en espacios públicos y delante de sus familias o de su comunidad, para mayor humillación y trauma. Hubo madres a las que se violó en grupo delante de sus hijos pequeños, los cuales sufrieron heridas de gravedad y en algunos casos murieron [...]. Mujeres y niñas fueron sistemáticamente secuestradas, detenidas y violadas en recintos militares y policiales, en situaciones equiparables a la esclavitud sexual. Las víctimas sufrieron heridas de gravedad antes y durante las violaciones, y a menudo quedaron marcadas con mordeduras profundas. Sufrieron heridas graves en los órganos reproductivos, en algunos casos por violaciones con cuchillos y palos. Muchas de las víctimas fueron asesinadas o murieron a consecuencia de las heridas [...].
>
> Otros [mujeres y hombres] murieron en incendios provocados, quemados vivos en sus propios hogares, sobre todo personas mayores, discapacitados y niños muy pequeños, incapacitados para escapar. En algunos casos, se obligó a personas a entrar en casas en llamas o se las encerró en edificios a los que se prendió fuego.

Más de setecientos mil musulmanes huyeron del país.

Lo que el mundo sabría después es que los militares habían puesto en marcha una operación a gran escala —formada al menos por setecientas personas— para propagar la desinformación y el odio en Facebook. Lo reveló un periodista llamado Paul Mozur en el *New York Times*. Fuentes de la operación militar secreta le contaron cómo crearon y se apropiaron de cuentas verificadas con una gran cantidad de seguidores —cuentas de fans de estrellas del pop y de famosos, la página de Facebook dedicada a un héroe militar— y las utilizaron para lanzar publicaciones falsas e incendiarias: «Cuentas trol operadas por los militares ayudaron a difundir el contenido, acallar a los críticos y avivar discusiones entre quienes comentaban la noticia para crispar a la población».

Tal como señala Mozur: «Estas acciones del Ejército birmano son uno de los ejemplos más claros de cómo un Gobierno autoritario aprovecha las redes sociales en contra de sus propios ciudadanos».

¿La respuesta de Facebook a Mozur? La empresa declaró haber «encontrado pruebas de que los mensajes estaban siendo difundidos de forma intencionada desde cuentas no auténticas y eliminó algunas. [Facebook] no investigó por entonces si había algún vínculo con los militares».

Lo que lleva a plantearse la pregunta de cuál fue el papel de Facebook en todo aquello. El informe de las Naciones Unidas sobre las violaciones de derechos humanos en Myanmar dedica más de veinte páginas al rol crucial que desempeñó Facebook en la difusión del odio. Cataloga los distintos tipos de términos despectivos que los investigadores encontraron en publicaciones, memes y caricaturas; entre ellos, unas cuantas variaciones de *kalar*, el insulto racista que no habíamos sido capaces de convencer a quienes tienen la última palabra en Facebook de que se prohibiera. Enumera los diversos mitos antimusulmanes vistos en Facebook: publicaciones que retratan a los musulmanes y a los rohinyás como una amenaza para el carácter budista del país y la pureza racial birmana; otras que los describen como terroristas, criminales y violadores; y otras más que aseguran que se «reproducen como conejos» y que superarán en número al resto de la población. Organizaciones con un programa explícitamente racista como MaBaTha, liderada por el monje extremista Wirathu, tienen una presencia activa en Facebook. Las amenazas de muerte, el acoso y los llamamientos a la violencia no están dirigidos solo contra los musulmanes, «sino también contra articulistas moderados, defensores de los derechos humanos y personas corrientes con puntos de vista que difieren de la línea oficial». Cuestiones, todas ellas, de las que Facebook es consciente desde hace años.

Los investigadores de las Naciones Unidas señalan muchos de los otros problemas que habíamos intentado, sin éxito, que la dirección de Facebook abordara: la tristemente inadecuada moderación de contenidos de Facebook en Myanmar, la falta de moderadores que «entiendan el idioma de Myanmar y sus matices, además del contexto en el que se realiza cada comentario», el hecho de que el birmano sea un lenguaje que pueda representarse en Unicode, la falta de un sistema claro para informar de los discursos de odio y la alarmante ausencia de respuesta cuando se denuncian. Los investigadores lamentaron que Facebook dijera que no podía proporcionar datos por países sobre la difusión de los discursos de odio en su plataforma, algo que era imprescindible para evaluar el problema y la idoneidad de su respuesta. Aquello era sorprendente, teniendo en cuenta que Facebook había estado guardando un registro de discursos de odio. El equipo de operaciones comunitarias había escrito un informe interno en el que señalaba que cuarenta y cinco de las cien cuentas de incitación al odio más activas del Sudeste Asiático estaban en Myanmar.

La verdad aquí no se le escapa a nadie. Myanmar habría estado mucho mejor si Facebook no hubiera llegado nunca allí.

He dedicado mucho tiempo a pensar en lo que pasó a continuación en Myanmar y en la connivencia de Facebook. No fue por algún objetivo más amplio o por inquina hacia los musulmanes en el país. Ni por falta de dinero. Mi conclusión es que a Joel, Elliot, Sheryl y Mark les importaba una mierda. Joel era un veterano de la Casa Blanca de George W. Bush. A cualquier cosa que pasara en Siria reaccionaba agitando la mano y diciendo: «Lánzales una bomba. Me da igual». Era una broma, pero también dejaba claro cómo era. Él era el hombre al cargo de esos países para Facebook. Y en cuanto a Myanmar, todas esas personas a él no le preocupaban lo más mínimo. No le quitaban el sueño. Nunca ofreció ningún otro gran motivo.

Quienes no trabajan para grandes empresas a veces se preguntan y especulan acerca de cómo se toman ese tipo de decisiones. Así era cómo se tomaban en Facebook.

Y no era solo Joel. Ningún alto cargo —Elliot o Sheryl o Mark— pensó en aquello lo suficiente como para poner en marcha los sistemas que habríamos necesitado en Myanmar y en otros países. Al parecer, les daba lo mismo. Fueron pecados de omisión. No fue lo que hicieron, sino lo que no hicieron.

47

No tenía por qué haber sido así

Las cosas están mal, pero lo que me ha salvado hasta el momento es que Joel y yo no estamos en la misma oficina; ni siquiera estamos en el mismo estado. Así que su comportamiento hasta ahora se ha visto limitado por la geografía a preguntas peculiares y a que las reuniones entre ambos por videollamada él las conteste desde la cama. Pero Elliot ha convocado a todos los que trabajamos para él a unas jornadas fuera de la oficina y estoy preocupada. Temo que vaya a pasar algo.

Joel ha sido entrevistado hace poco para un puesto en el gabinete de Trump, pero se ha quedado en Facebook como enlace fundamental con la Administración del nuevo presidente. Con el encumbramiento de Trump, se ha vuelto cada vez más poderoso. Más cercano a Mark. Con voz y voto no solo en cuestiones políticas, sino de producto, que son claves para la empresa. Eso significa que todas las decisiones sobre discurso político, contenido y algoritmo pasan ahora por Joel. A mí me parece que es ahondar en el conflicto de intereses inherente que siempre ha sustentado su trabajo. Joel es responsable tanto de ejercer presión sobre el Gobierno como de tomar decisiones cruciales sobre contenidos y sobre el producto que hagan que la Administración Trump siga mirando con buenos ojos a Facebook.

No se toma su nuevo estatus a la ligera.

A lo largo de dos días de presentaciones, comidas y actividades de grupo, la situación con Joel se vuelve muy incómoda. Se le cae una servilleta en la recepción de la noche inaugural y se me queda mirando hasta que me doy cuenta de que espera que me arrodille en el suelo y se la recoja. Hace comentarios extraños sobre Tom: «¿Va a dejarte salir Tom esta noche?», «¿Ahora te vas a casa con Tom?».

Tras una presentación de un famoso inversor de capital riesgo de Silicon Valley que nos dice que es fabuloso que los Gobiernos de todo el mundo hayan empezado a regular la tecnología porque eso consolidará la ventaja de Facebook, las jornadas concluyen con un banquete y una sesión de karaoke en el Museo de Aviación Hiller. Llego deliberadamente tarde, para limitar el tiempo que paso en presencia de Joel al mínimo necesario. Ya casi hemos terminado con las fotos de equipo cuando noto que me observa fijamente. Estoy junto a varias mujeres de nuestro equipo.

—Sarah Wynn-Williams está hoy muy sexi —señala Joel.

Me paralizo. No es verdad. De hecho, me cuesta pensar en una época de mi vida en la que haya tenido un aspecto menos sexi. La falta de sueño me hace parecer un vampiro. Estoy despierta a horas intempestivas para atender a llamadas desde Asia, y tengo una niña de un año y otra de tres en casa a las que no les gusta dormir. La vida laboral y la vida familiar son agotadoras. No he perdido los kilos que gané con el segundo embarazo. Voy vestida como una monja y no llevo maquillaje para evitar cualquier atención no deseada por parte de mi jefe. Pero supongo que esa no es la cuestión. Esto va más de poder que de otra cosa. De hecho, Sheryl lo dirá en una publicación más adelante:

> En 1992, la campaña de las elecciones presidenciales se resumió en una ocasión con una frase mordaz: «Es la economía,

estúpido». Hoy en día, cuando los titulares están dominados por historias de acoso sexual y agresiones sexuales en el trabajo, me viene a la cabeza una frase similar: «Es el poder, estúpido».

Y en esa situación, yo no tengo ninguno.

Intento alejarme de él todo lo que puedo y me dirijo al centro de la pista de baile. Los fans blancos y libertarios de Ayn Rand y los republicanos del equipo de políticas se turnan en el escenario interpretando versiones bochornosamente forzadas de raps de *Hamilton*.

Una de las responsables de nuestro equipo se me acerca.

—¿Has oído a Joel llamarte sexi? —dice con expresión preocupada.

—Sí, estoy tratando de fingir que no ha pasado —le digo, pero es un alivio saber que otras personas pueden ver lo que es evidente y está pasando delante de sus narices.

Ella, comprensiva, dice algo que apenas puedo oír por encima de la batalla de raps sobre no estar segura de si le cae bien Joel cuando está borracho, y me apoya una mano en el hombro. Se lo agradezco. Luego se aleja hacia otra parte de la pista de baile.

Entonces se acerca Joel, con una cerveza en la mano y haciendo unos movimientos de baile pasados de moda bastante bochornosos. No tarda demasiado en situarse detrás de mí y ponerse a perrear.

Me siento como un objeto abyecto. Me disocio por un momento y en mi mente me transporto a los vagones abarrotados del metro de Nueva York en uno de esos días de mucho calor, con todos esos cuerpos embutidos juntos, cuando te lleva un rato aislar las distintas partes del cuerpo apretadas contra ti, y un rato más aún para que te salte una alarma.

Huyo tan rápido como puedo al lugar más seguro que se me ocurre, que es al lado de Stacey, de Recursos Humanos, que está de pie junto a la barra con una copa de vino en la mano. Me confiesa que no es la primera y me invita a seguir bebiendo en su casa tras la fiesta. Luego me indica que mire a mi alrededor.

Es una masa bamboleante de lobistas corporativos y empleados borrachos. Stacey me atrae hacia ella.

—No te creerías las cosas que me cuentan —me confiesa—. Como yo sé exactamente cuánto cobra cada uno, creen que tienen que contármelo todo. Cosas increíbles. Te imagines lo que te imagines, es peor. Son cosas que no deberían contar, ni a mí ni a nadie.

Puede que se haya tomado unas cuantas copas de vino y esté a punto de soltar el mejor cotilleo de todos los tiempos. O quizá haya intuido lo que yo quería contarle a ella. Quizá nos haya visto a Joel y a mí en la pista de baile y me está disuadiendo de que se lo cuente, porque no quiere hacer lo que tendría que hacer si se lo dijera. Sea lo que sea, aquello me convence de que no es el momento de hablarle de Joel.

Pero no puedo dejarlo pasar. Se me revuelven las tripas. Sé que no va a parar. Hay algo inevitable en todo aquello. Si Joel se comporta así delante de nuestros compañeros de trabajo, si me llama sexi y se frota contra mí delante de todas las personas con las que trabajamos, eso significa que habrá más. Solo puede ir a peor. Esto no es el final. De pie, al borde de la pista de baile, decido que tengo que marcharme de inmediato. Basta de posponerlo.

Redoblo mis esfuerzos para encontrar trabajo en otro sitio y entretanto le pregunto a Javi si puedo incorporarme a su departamento, el de Crecimiento. A Javi la idea le encanta y me programa entrevistas con su equipo, que se muestra entusiasta y deseoso de que empiece lo antes posible. Apenas han pasado unos meses desde la victoria electoral de Trump y les propongo que nos centremos en arreglar los sistemas que Facebook pone en marcha en los comicios —para moderar contenidos, geobloquear, etcétera— antes de las elecciones en

Alemania, para las que queda poco. A nadie le preocupa demasiado por aquel entonces el choque entre la tecnología y las elecciones. Como cuando me postulé para mi puesto ante Marne, ellos ni siquiera ven aquello como un trabajo. Pero les preocupa que Facebook no esté cumpliendo con la ley electoral alemana. Son problemas que sé que puedo ayudar a solucionar, y convenzo a Javi y a su equipo de que puedo aportar valor a su equipo más allá de las elecciones alemanas.

Me doy cuenta de que algo está pasando cuando veo que las cosas no avanzan.

Al mismo tiempo que propongo ese traslado, en Silicon Valley solo se habla del informe de Eric Holder sobre el acoso sexual en Uber. Surgió a raíz de las revelaciones de una informante, una ingeniera llamada Susan Fowler, que escribió una entrada en un blog que explicaba cómo la habían tratado sus jefes en Uber, y la incapacidad del Departamento de Recursos Humanos para ayudarla. Una de las grandes recomendaciones de Holder era precisamente permitir a las empleadas un traslado de departamento, lejos de los jefes cuyo acoso estaban denunciando. En Uber, los supervisores bloqueaban los traslados, lo que dejaba a aquellas mujeres atrapadas junto a las personas contra las que habían presentado quejas. Supuse que, con todo aquello aún en las noticias y siendo Sheryl Sandberg una de nuestras caras más visibles, mi traslado se aprobaría.

Me equivocaba.

Javi y yo lo intentamos todo para que la incorporación se lleve a cabo cuanto antes, pero al final Javi me dice que solo queda suplicarle directamente a Elliot que la desbloquee. No sé si es Joel o es Elliot quien está obstaculizando el traslado, pero nunca llega a hacerse realidad.

Elliot y yo nos reunimos en su despacho. Dice que sabe que «las cosas no han sido fáciles» para mí con Joel. Luego me sorprende preguntándome si mi nueva posición con Javi implicará trabajar de algún modo con el equipo de políticas, porque «eso podría ser un problema».

Es entonces cuando entiendo que no va a dejar que me vaya.

—No quiero ponerte en una posición difícil —le digo—. Trato de hacer lo mejor para todo el mundo. Tú me conoces. Solo intento hacer mi trabajo. He actuado con integridad a lo largo de todo este proceso, algo que no creo que pueda decirse de todo el mundo, y me parece injusto que tenga que dejar mi trabajo sin tener a dónde ir por el comportamiento de Joel.

Lo estoy diciendo en serio. No me parece justo tener que vender nuestra casa, que compramos contando con las participaciones que se me habían concedido pero que no recibiría si me despidieran; cambiar a las niñas otra vez de sitio después de mudarnos aquí a petición de Mark; volver a la inseguridad del alquiler. Perder las participaciones es un duro revés económico. Y no me parece justo tener que preocuparme por el seguro médico con todos mis problemas de salud, de los que Elliot es muy consciente. Me parece que es pagar un precio demasiado elevado por el comportamiento de otra persona. Pero sé que estoy completamente a merced de Joel y de sus jefes.

—Sabes que voy a tener que comunicárselo a Recursos Humanos —me dice Elliot, lo que quiere decir, supongo, que va a despedirme.

Le digo que pensaba que teníamos un trato. Yo seguiría haciendo mi trabajo, no diría nada sobre el comportamiento de Joel para que no prosperara la investigación de Recursos Humanos, y Elliot se encargaría de ponerle fin a ese comportamiento. Pero las cosas han ido a peor.

Elliot no muerde el anzuelo. Durante toda esta conversación, se cuida mucho de decir gran cosa.

Le digo que no soy solo yo. Que hay un problema mucho más amplio en la empresa.

—Necesito entender qué ha pasado aquí —responde Elliot, lo que resulta sorprendente, porque él sabe muy bien lo que ha estado pasando.

Elliot me da la espalda para que me marche. Fin de la conversación.

Salgo de esa reunión y, en un acto de derroche, cojo un Uber para ir a Sonoma, donde unos amigos han organizado un fin de semana largo con nuestras familias. Tom y las niñas ya están allí.

El conductor me deja en el sitio indicado y aún no he acabado de teclear el código de seguridad de la verja cuando noto un dolor punzante en la parte posterior de la rodilla izquierda. Le sigue enseguida otro, y otro, y otro, como si unos cuchillos se me clavaran repetidamente en la carne blanda y desprotegida que queda justo debajo de uno de mis mejores vestidos para ir a la oficina, que he elegido con toda la intención para mi reunión con Elliot. Es de un blanco roto; buscaba la asociación visual con la inocencia y la pureza que evoca el blanco.

Me palpo la zona y noto unos cuerpos firmes y unas alas crujientes, y me doy cuenta de que estoy siendo atacada por un enjambre de avispas concentradas ahora en la parte de atrás de mis dos rodillas. Intento apartarlas y me pican en la mano. Luego trato de sacármelas de la piel una a una, pero me arrollan y me desplomo en el suelo, retorciéndome de dolor. He sufrido humillaciones de todo tipo, pero son las avispas las que me ponen de rodillas. O más bien están en mis rodillas, o detrás de mis rodillas, y no me queda otra que caer aún más bajo. Me revuelco en mi bonito vestido blanco sobre el suelo de tierra campestre, sacudiendo las piernas en el aire y gritando.

Al final oigo con alivio movimientos detrás de la verja. Tom camina hacia mí rodeado de niños que gritan y lloran.

Se sube él solo a nuestro destartalado coche y sale despacio por la puerta principal. Intuyo que va a abrir la puerta del vehículo y a meterme dentro para alejarme de las avispas. El dolor atroz en las dos rodillas me impide caminar, no me deja ni ponerme en pie. Así que me arrastro por el suelo hacia el coche, en parte humana, en parte enjambre de avispas.

Justo cuando llego hasta el coche, Tom acelera, alejándose por el estrecho camino de tierra. Las grandes puertas metálicas se cierran con eficiencia automática, dejando a los niños atrás, con sus gritos aún en el aire.

A estas alturas me parece perfectamente plausible que Tom ya se haya hartado de intentar apoyarme en situaciones penosas que están fuera de su control y haya decidido empezar de nuevo en otro sitio. Casi ni lo culpo.

Las avispas no cejan en su ataque y el veneno de sus picaduras en la parte posterior de las rodillas hace que la piel enrojezca, se hinche y palpite de dolor. Me permito plantearme si esto es tocar fondo. Dejo de intentar apartar a las avispas o evitar sus picadoras. Da igual lo que haga; estoy sobrepasada, vencida y arrollada.

Por fin vuelve a aparecer el coche. Tom conduce el vehículo hasta mí y se inclina para abrir la puerta. Por lo visto, la única forma de que pudiera abrir la verja y se quedara abierta el tiempo suficiente para que entráramos era llevar el coche hasta cierta distancia de la verja y pulsar el mando a distancia. Me ayuda a subirme a rastras al asiento de delante, con avispas y todo. Cierro rápidamente la puerta del coche, dejando a algunas de las avispas atrapadas dentro.

—Lo siento, quería avisarte antes de que llegaras de que había un nido de avispas muy agresivo, pero he estado liado con las picaduras de los niños y con un amago de ahogo infantil.

Absorbo el hecho de que esto podría haberse evitado y me vuelvo despacio hacia él.

—¿Te puedes creer que esto ni siquiera es lo peor que me ha pasado hoy? —respondo.

La verdad de esas palabras me golpea y se me escapa una lágrima. Tom me mira, incrédulo, y luego baja la mirada hacia mi cuerpo sucio, hinchado y enrojecido, hacia mi vestido blanco cubierto de mugre. Asimila lo que acabo de decir y ambos nos echamos a reír. Se me siguen saltando las lágrimas. Ya no estoy segura de si río o lloro.

Amigas que se han tragado la milonga del *Vayamos adelante (Lean In)* de Sheryl me recomiendan muy en serio que acuda a ella. Entiendo por qué lo dicen: este es un tema en el que Sheryl ha optado por tener un perfil alto. En torno a esa época se la cita en un artículo de Bloomberg en el que recomienda una política de tolerancia cero al acoso y señala: «Me parece estupendo que haya personas que pierdan su trabajo cuando algo así ocurre, porque creo que eso es lo que hará que la gente deje de hacerlo en el futuro. Y creo que es un reto para quienes lideran. Como dirigente de una empresa, no hay que tolerarlo. La gente responde a lo que se tolera y a lo que se fomenta». Pero habiendo sido testigo de cómo trata a su propio personal —por no hablar de los años que hace que conoce a Joel, que siempre se aloja en casa de Sheryl cuando viene a Silicon Valley— y de la frecuencia con la que sus acciones difieren de sus palabras, sé que eso no es viable.

Heidi Swartz, la abogada responsable del área laboral de la empresa, me dice que van a abrir una investigación sobre mi experiencia con Joel. Poco después, Elliot me hace saber que le preocupa mi rendimiento. Yo estaba preparada para la posibilidad de que denunciar lo que había pasado conllevara esto, pero aun así me duele.

Curiosamente, Elliot y Stacey dicen que el principal problema de rendimiento es que no he contratado a demasiadas personas ni he ampliado mi equipo con la rapidez suficiente. A lo largo de los años, he contratado a mucha gente y he formado un gran equipo por todo el mundo sin mayores problemas, pero últimamente Joel, que es quien tiene la última palabra, ha estado bloqueando activamente mis contrataciones. No solo la vacante de derechos humanos en Myanmar, sino media docena más.

Preparo un documento con todas las contrataciones que Joel ha bloqueado y se lo hago llegar a Elliot y Stacey. Cuando me reúno con ellos, Elliot reconoce que no se lo ha mirado, como tampoco las actualizaciones periódicas de contratación que le he enviado, y me doy cuenta de hasta qué punto esto es una farsa. Ya está todo decidido de antemano.

La investigación va todo lo mal que cabría imaginar. De ser una investigación sobre Joel, o sobre los hechos, enseguida pasa a ser una investigación sobre mí. Por ejemplo, el comentario de que yo estaba «sexi»: personas que estaban allí confirman que Joel lo dijo, pero luego la investigadora me dice, en tono acusador, que Joel estaba mirando una foto mía cuando lo dijo. Como si eso lo hiciera menos raro, y yo fuera culpable por no saber o no revelar ese hecho.

Empiezo a hacer llegar a los investigadores documentos y nombres de testigos con los que pueden hablar. Así que me deja de piedra que la investigadora me envíe por email sus conclusiones y me haga saber que la investigación ha absuelto a Joel. Lo que dicen es que la evaluación de desempeño que me hizo no era en realidad una evaluación de desempeño, sino que él compartía sus sensaciones sobre el periodo anterior al comienzo de mi baja por maternidad (pese a que casi todo lo que hablamos ocurrió durante mi baja por maternidad, y pese a que Joel reconoció que el momento elegido no era «ideal»). Como yo había pedido «seguir involucrada» en determinados asuntos al principio de mi baja, se vio bien que se me pidiera trabajar durante la baja (estoy bastante segura de que la mayoría de los jefes no habrían seguido poniéndose en contacto conmigo tras casi morirme y estar en coma, pero ¡quién sabe!). Por lo visto, Joel no recordaba haberme preguntado por la lactancia o por mis hemorragias (y yo que habría dicho que eran unas conversaciones difíciles de olvidar) y, como no había pruebas de esos comentarios, «¡circulen, aquí no hay nada que ver!». ¡Ah!, y por lo visto hacía años que se hablaba de la posibilidad de separar Asia-Pacífico de Latinoamérica, así que el hecho de que solo se tomara esa medida después de que yo me quejara no se consideró que mereciera una investigación. En resumen, mis «problemas» con Joel se consideraron resultado de malentendidos y «dudas sobre mi rendimiento». No doy crédito.

Le digo a la investigadora que me sorprende que hayan dado por terminado el proceso antes de haber recibido o revisado toda la documentación e información que dije que aportaría, o de haber hablado con las personas que corroborarían dicha información. Ni siquiera les he hecho llegar aún el email de «Dirty Sánchez». La velocidad a la que han cerrado la investigación y la manera en que han pasado por alto mis quejas sobre determinados comportamientos sin duda dan a entender que nada que les hubiera hecho llegar habría cambiado nada.

Poco después de recibir el informe de la investigación, llega la hora de mi evaluación de desempeño semestral. Esta es con Elliot, no con Joel, como suele ser habitual, y veo que Heidi también se nos une. Al principio no me cuadra. Luego caigo en la cuenta de por qué la abogada responsable del área laboral de la empresa está presente en mi «evaluación de desempeño».

Más que una crítica feroz a mi carrera es una rápida eutanasia. Elliot y Heidi me despiden sin muchas solemnidades al poco de empezar la reunión. Elliot ni siquiera parece avergonzado. Me confiscan el portátil. No se me permite volver a mi mesa a recoger los objetos personales que he acumulado a lo largo de los años que he pasado en la empresa. Pido una carta de recomendación. Me dicen que eso es algo que debo solicitar a mi jefe, Joel. Pido despedirme de mi equipo y de mi asistente, a la que adoro, y me dicen que no. Un guarda de seguridad me acompaña hasta fuera.

De pie, frente al edificio, mientras espero un taxi que me lleve a casa, mantengo una conversación incómoda con el jefe de seguridad de la empresa, Alex Stamos, que no tiene ni idea de por qué estoy allí pasmada. Me pregunta si he encontrado la manera de dejar de trabajar en la llegada de Facebook a China. Sabe cuál es mi opinión sobre los planes de la empresa allí.

—Podríamos decir que sí —le digo.

—¡Enhorabuena! —exclama, y el taxi frena frente a mí.

Me subo y el taxista se mete enseguida en Bayfront Expressway. A través del retrovisor echo una última y prolongada mirada a la gigantesca sede de Facebook mientras pasamos junto a las marismas cubiertas de maleza que la rodean y entramos en la autopista 101.

Estoy atónita por el despido. Era consciente de que podía pasar, claro. Pero ha sido muy abrupto.

Sobre todo, estoy asustada por lo que nos espera a mí y a mi familia.

48

Solo negocios

Así es como acabaron las cosas para mí en Facebook. Me enfrenté al comportamiento al que tantas mujeres, allí y en otras empresas tecnológicas, se han enfrentado. No estuve lo suficientemente callada. Pero si no me hubieran echado, tampoco habría durado mucho en la empresa de todas formas. Me había dicho a mí misma que podía ser más útil dentro que fuera, pero, siendo realistas, ser la mosca cojonera no estaba funcionando.

Pienso a todas horas sobre cómo veía yo la empresa antes de incorporarme. En las posibilidades, en la promesa de conectar a todas las personas del planeta. En lo segura que estaba de que Facebook cambiaría el mundo a mejor. El Facebook que veía entonces se ha corrompido.

En los primeros tiempos, cuando viajaba por todo el mundo con Mark, muchos se nos acercaban y nos explicaban historias muy sentidas sobre cómo la plataforma les había cambiado la vida; cómo habían reconectado con una persona que se había convertido en su marido o su mujer; cómo habían encontrado nuevos amigos que les habían cambiado la vida; cómo los había ayudado a poner en marcha su negocio; cómo estaban solos —inmigrantes en un país nuevo como yo, niños gais en ciudades conservadoras, personas con enfermedades raras sin nadie con quien hablar sobre sus cuidados— y habían encontrado una comunidad en Facebook. Parecía prometedor e inmenso; a veces, incluso histórico.

Ahora me obsesiona lo peor que tiene. El dolor y la tristeza que contiene. El modo en que Facebook está ayudando a algunas de las peores personas del mundo a hacer cosas terribles. El hecho de que sea una máquina asombrosamente eficaz de enfrentarnos unos a otros. Y de vigilar a otras personas a una escala que nunca antes había sido posible. Y de manipularlas. Es una herramienta muy valiosa para los regímenes más autocráticos y dictatoriales, porque les da justo lo que esos regímenes necesitan: acceso directo a lo que la gente está diciendo en todos los estratos de la sociedad.

No tenía por qué haber sido así. No me cansaré de repetirlo. Si tuviera que resumir lo que me han enseñado siete años de observar a quienes dirigen esta gigantesca empresa global, es que otra cosa era posible. Podrían haber optado por hacerlo todo de otro modo y solucionar gran parte de lo que había de destructivo de Facebook. En cada encrucijada, se pudieron tomar decisiones distintas: China, Myanmar, elecciones, discursos de odio, adolescentes vulnerables. Podrían haber vuelto a arreglar todas esas cosas. Otro camino era posible. Y, a largo plazo, podría haber jugado a su favor. Facebook, el negocio, la marca y la empresa, habrían salido mejor parados. Todos habríamos salido mejor parados.

Parecía que a mis jefes nada de todo aquello les preocupaba lo más mínimo. De hecho, al contrario: lo fomentaban a cada paso. En China, crearon un *software* a medida. En Estados Unidos, pusieron a trabajadores de Facebook a disposición de la campaña de Trump para ayudarlo a organizar la guerra de la desinformación, el troleo y las mentiras que le dieron la victoria en las elecciones. Y, en Myanmar, autorizaron publicaciones que llevaron a terribles actos de violencia sexual y a un genocidio. Una irresponsabilidad letal.

Así es esta empresa, y yo formé parte de ella. Fracasé en mi intento de cambiarla, y eso me pesa.

Sería normal esperar que las personas que amasan la clase de poder que tiene Facebook acabaran desarrollando algún sentido de la responsabilidad, pero ellos no muestran señales de haberlo hecho. Más bien lo contrario, me parece a mí. Cuanto más ven Mark y la dirección de Facebook las consecuencias de sus actos, menos les importan. En lugar de ponerse manos a la obra a arreglar todo aquello, todo ese sufrimiento continuado que han provocado, se muestran indiferentes. Son felices enriqueciéndose y les da todo igual. Es un poco descarnado decirlo así, pero es verdad. Se benefician de los actos crueles y odiosos que cometen. Lo cual parece una locura. Podrían haber intentado solucionar todo aquello y seguir siendo increíblemente ricos y poderosos. Estaban en esa rara situación en la que el dinero estaba allí en abundancia. Podrían haberse permitido hacer lo correcto. Podrían haber dicho la verdad. Podrían haber mostrado un poco de decencia humana. Estaba a su alcance. En lugar de eso, pensaron solo en discursos de graduación, campañas políticas de lucimiento personal, casas de vacaciones, carne de wagyu artesanal de vacas alimentadas con macadamia, o cualquiera que fuese su último juguetito.

Y parecía que ninguna de esas elecciones, de esas decisiones, de esas concesiones morales, les resultaba demasiado trascendental a quienes dirigían Facebook.

No parecía que les quitaran el sueño.

Era lo que hacían cada día.

Eran solo negocios.

Epílogo

No volví a ver a Joel hasta casi un año después... en la audiencia de ratificación de Brett Kavanaugh al Tribunal Supremo. La misma donde el Congreso acribilló al magistrado a preguntas acerca de los cargos de abusos sexuales presentados contra él. Christine Blasey Ford estaba testificando cuando la cámara de televisión se alejó y mostró una imagen panorámica. Joel estaba sentado dos filas por detrás de Kavanaugh; su esposa, Laura, estaba en primera fila. Joel estaba allí mostrando su apoyo a Kavanaugh. En horario laboral, por supuesto. No fui la única que vio la cobertura de la audiencia en los medios y que se percató de su presencia. Su imagen provocó indignación entre las bases de Facebook. De ahí que Joel se disculpara y añadiera que agradecía las críticas de los empleados. Luego, un día después de su disculpa, Laura y él dieron una fiesta para celebrar la elección de Kavanaugh en su palaciega mansión. Algunos amigos de Facebook se pusieron en contacto conmigo para preguntarme cómo estaba. Los abogados de la empresa me contactaron para advertirme de que mantuviera la boca cerrada. Joel sigue en Facebook, la actual Meta. Lo han ascendido y es incluso más poderoso, central para la adopción de decisiones fundamentales, como qué permitir publicar en Facebook en la fase previa a los disturbios del 6 de enero en el Capitolio o cuál debe ser la participación de Facebook en las iniciativas para prohibir TikTok, un rival en ascenso. Dirige la mayor campaña de presión que ha protagonizado nunca una empresa privada en Estados Unidos. Es el consejero principal de Mark en Washington D. C.

Elliot ha dejado la empresa. Asumió su culpa cuando salieron a la luz informes que revelaban que Facebook había contratado a una consultora de la oposición republicana, Definers, para influir de manera encubierta en la opinión pública en contra de la competencia, de activistas y de expertos en política que se han manifestado acerca de Facebook. Formaba parte de las amplias iniciativas de Facebook para echar tierra sobre quienes se atreven a criticar a la empresa. Atacaron a George Soros, mancillándolo con teorías de la conspiración antisemitas. Más tarde se supo que, pese a negar todo conocimiento de estas sucias prácticas de relaciones públicas y a pesar de que Elliot asumió toda la responsabilidad por ellas, Sheryl Sandberg había estado implicada en la campaña dirigida contra Soros.

Sheryl tampoco está ya en Facebook. Tratándose de alguien que ha construido su perfil apoyándose en su carrera profesional, no está claro cuál será su próximo paso ni por qué se fue. Se filtró que, en los meses antes de su partida, en junio de 2022, estaba siendo sometida a «escrutinio interno» por diversos asuntos, incluido su uso de recursos corporativos para proyectos personales como su fundación Lean In o la participación de empleados de Facebook en la escritura y promoción de su libro. El *Wall Street Journal* lo calificó como «una amplia revisión del uso personal por parte de Sandberg de recursos de Facebook a lo largo de muchos años». Al parecer, las denuncias investigadas también incluían el uso de Sheryl de recursos de Facebook para evitar la publicación de un artículo sobre su entonces pareja, el CEO de Activision, Bobby Kotick, que habría hecho aflorar denuncias de acoso (que Kotick siempre había negado) y una orden de alejamiento temporal (que se suspendió al poco de dictarse). Desde los atentados del 7 de octubre de 2023 en Israel, Sheryl hace campaña en contra de silenciar el acoso sexual.

¿Y Mark? Mark ha dejado de disculparse. En lugar de eso, ahora lleva camisas lisas o con su propio emblema bordado en latín, encarga esculturas de su mujer «al estilo tradicional romano» y se ha comprometido a enfrentarse a Elon Musk en un combate cuerpo a cuerpo en una jaula. Aparte de eso, su principal ocupación ha sido el metaverso, la apuesta de Facebook en la construcción y colonización del próximo territorio digital, la realidad aumentada y virtual. Mark se lo ha jugado todo al metaverso; está tan comprometido con el proyecto que incluso le cambió el nombre a su empresa y ha invertido decenas de miles de millones de dólares en su creación. Ahora que es su marca, cosa curiosa, el metaverso se parece mucho a Internet.org, a los proyectos de *hardware* de Facebook —el teléfono de Facebook, Facebook Portal, Building 8— o a la criptomoneda de Facebook. Aunque la creación de Facebook hace más de dos décadas demostró que Mark podía tener la idea oportuna en el momento oportuno, estas iniciativas posteriores (las que crea en lugar de adquirir a partir de datos obtenidos mediante *software* espía) demuestran que también es capaz de lo contrario.

Por supuesto, como todo el mundo, se ha volcado en la IA, y las acciones de Facebook, ahora Meta, ruedan aupadas por la burbuja.

Es un tema importante. Pero ya lo abordaré en otro momento.

En cuanto a mí..., otro bebé. Ya lo sé. Los médicos estaban horrorizados. Me decían que «no había literatura», lo cual no fue una señal para escribir este libro, como pensé en un principio, sino una manera de hacerme saber que no existen estudios de investigación científicos sobre cómo practicar un parto tras un embolismo amniótico. O, tal como dijo un ginecólogo sin rodeos: «Todas las personas que han sufrido lo que usted sufrió están muertas y, si no lo están, de ningún modo tendrían otro hijo». Evidentemente, Tom no se alegró al saberlo, porque, egoístamente, estaba en contra de que me muriera, así como de cualquier decisión que pudiera aumentar las probabilidades de ello, como un embarazo de alto riesgo. Y, como el zika, el embarazo me hizo sentir que llevaba una granada dentro, además de un bebé. El nacimiento de este bebé es otra historia. Pero ya está aquí. Y está sano. Y nos ha traído muchísima alegría. Una alegría extenuante.

¿Qué más? Después de que mi amiga y excolega de Facebook Ifeoma Ozoma corredactara y copatrocinara la ley Silenced No More (No Más Silenciados) de California, una legislación que protege a los empleados que denuncian el acoso y la discriminación en el trabajo, aunque hayan firmado un acuerdo de confidencialidad, me puse en contacto con ella. Colaboramos con las organizaciones de defensa de derechos Open MIC y Whistle Stop Capital para promover propuestas sobre esta materia entre el accionariado de las grandes empresas tecnológicas, incluidas Apple, Google, Amazon, Microsoft y, por supuesto, Facebook, con el fin de someterlas a votación en sus juntas generales. El objetivo es obligar a las empresas a responsabilizarse. Asimismo, promoví una propuesta entre los accionistas sobre temas relacionados con la connivencia de Facebook con China en la pasada década. Pero es muy difícil conseguir nada cuando una empresa tiene el poder tan centralizado. Mark posee un control mayoritario inexpugnable gracias a una estructura de acciones de doble clase.

También presenté una extensa denuncia como informante interna ante la Comisión de Bolsa y Valores. Creía que el Gobierno debía saber la verdad: que mintieron al Congreso de Estados Unidos, a los accionistas, a los empleados y a todo el mundo sin excepción. Esa es otra historia. Pero, a riesgo de dejarla incompleta, prefiero no entrar en ella aquí.

¿Qué más? Como me ocurrió en los primeros tiempos de Facebook, ahora me he volcado en la IA, donde abundan los aspectos conflictivos relacionados con la legislación, la política y la geopolítica. Será la protagonista de la próxima gran confrontación entre la tecnología y los Gobiernos. En cuanto dejé de trabajar en Facebook, me lancé a explorar distintas cuestiones de la legislación de la IA. Entre ellas, la que más conflictos aparentes presentaba se daba entre China y Estados Unidos.

Me incorporé a algo llamado Diálogo de Segundo Nivel sobre la IA en la Seguridad Nacional: Desarrollo y Aplicación de Sistemas Militares Habilitados por IA. La jerga camufla un trasfondo mucho más interesante: se trata de negociaciones extraoficiales entre Estados Unidos y China sobre armas que incorporan IA. Intentamos responder a algunas de las preguntas existenciales más fundamentales, como ¿debería un ser humano participar en la toma de decisiones previa al lanzamiento de armas nucleares?, ¿deberían las armas habilitadas por IA, tanto las letales como las no letales, funcionar bajo supervisión o control humanos?, o ¿qué reglas deben estar en vigor para evitar una escalada accidental derivada del uso de sistemas armamentísticos habilitados por IA en una guerra?

Hasta ahora, los humanos no habían tenido que responder a estas cuestiones.

Pero es vital hacerlo, porque el ritmo de desarrollo de sistemas armamentísticos con IA ha superado cualquier acuerdo sobre cómo deberían usarse. Y nos hallamos en un momento en el que las tensiones geopolíticas se han intensificado sobremanera.

Cualquiera que haya trabajado estrechamente con tecnología sabe lo plagada de errores que está, que un fragmento de código inocuo puede desarmar un sistema robusto, que la tecnología puede comportarse de modos que los humanos al cargo no han previsto y provocar daños inesperados.

Y eso significa una cosa cuando hablamos de una red social que da servicio a más de 3.000 millones de personas y otra muy distinta cuando hablamos de la capacidad de represalia nuclear en el mar de la China Meridional. Es decir, de la capacidad automatizada de lanzar un ataque nuclear de represalia devastador tras asimilar una primera agresión apabullante.

Vivimos en una época en la que las armas inteligentes están capacitadas para identificar y matar a objetivos humanos de manera autónoma, sin necesidad de que intervenga nadie.

Con todo, antes de esta guerra caliente se está librando una fría batalla por la IA. El debate principal es si el mejor camino para la humanidad son los modelos cerrados o de código abierto, defendidos, entre otros, por Mark y Meta.

No cabe duda de qué preferiría China. Como el equipo de Facebook en China solía decir: «A los chinos les encanta el código abierto».

Algunos expertos en IA en Occidente consideran esencial que se trabaje con un modelo cerrado. Creen que un modelo abierto como el de Facebook permitirá a China arrebatar el predominio a Estados Unidos en materia de inteligencia artificial. Sam Altman ha afirmado: «China forzará a las empresas estadounidenses y de otros países a compartir los datos de sus usuarios, utilizará la IA para concebir nuevas maneras de espiar a sus propios ciudadanos o creará ciberarmas de próxima generación para usarlas contra otras naciones».

Mark no está de acuerdo: «Hay quien defiende que debemos cerrar nuestros modelos para evitar que China obtenga acceso a ellos, pero, a mi parecer, esta estrategia no funcionará y solo irá en detrimento de Estados Unidos y sus aliados. Nuestros adversarios son ases del espionaje, robar modelos que caben en un disco duro del tamaño de un pulgar es relativamente fácil y "la mayoría de las empresas están muy lejos de funcionar de un modo que lo haga más difícil"».

Para determinar cuál es el camino más seguro por el que avanzar, debemos entender la relación que Facebook mantiene con China, su segunda mayor fuente de ingresos, por detrás de Estados Unidos. Disponer de información veraz y accesible sobre qué tecnología y qué datos han compartido ya.

Siguen siendo gente descuidada. Le han cambiado el nombre a la empresa, de Facebook a Meta. Pero los leopardos no cambian de manchas. El ADN de la empresa sigue siendo el mismo. Y cuanto más poder tienen, más irresponsables se vuelven. Estuve presente en los primeros encuentros de tanteo entre Mark y los mandatarios mundiales. Y fui testigo de la exploración y del acopio de un poder que ha seguido expandiéndose. En la actualidad, Meta es una de las empresas más poderosas del mundo. Y avanzamos por la dirección que ha señalado. Vivimos en un mundo al que han dado forma estas personas y su indiferencia letal.

Por no hablar del futuro. Si no abordamos lo que ya se ha encubierto, repetiremos los errores de Facebook.

Y esta vez las apuestas son demasiado altas.

Agradecimientos

Gracias a todas las personas que decidieron que esto les importaba e hicieron lo necesario para que se hiciera realidad.

A Christy Fletcher, que sorteó con destreza más curvas de las que serían de justicia, junto con su equipo de UTA: Claire Yoo, Melissa Chinchillo y Yona Levin. Gracias por vuestros consejos y vuestro apoyo incondicional.

A Cathryn Summerhayes y al brillante equipo de Curtis Brown: Edina Imrik, Georgie Mellor, Annabel White y Katie Harrison.

A Megan Lynch, por su profunda convicción en este proyecto desde la primera palabra. Su determinación, ambición y experiencia hicieron posible lo imposible.

Sea cual sea la versión editorial de la diplomacia, Megan y su equipo de Flatiron —Marlena Bittner, Malati Chavali, Kara McAndrew, Kate Keating, Morgan Mitchell, Chris O'Connell, Tim Greco, Jennifer Edwards, John Edwards, Christine Jaeger, Tom Stouras, Louis Grilli, Jon Yaged y Deb Futter— la han perfeccionado.

A Mike Harpley y al sobresaliente equipo de Macmillan: Poppy North, Kim Nyamhondera, Ríbh Brownlee, Lyndon Branfield, Stuart Dwyer y Joanna Prior.

Al profesor David Runciman, que defendió en todo momento el libro, incluso cuando yo no tenía fe en él. Gracias por la anécdota de Tocqueville y por tu pericia.

A mis amistades de Facebook, gracias por vuestra decencia durante tiempos aciagos y más allá.

A Ifeoma Ozoma, por hacer algo al respecto.

A Catherine Nicol, porque gran parte de esto surgió de vivencias del trabajo que me encantaba y al mismo tiempo odiaba contarte. Y que continuaron a lo largo de todo el proceso, durante el cual tu fiel consejo fue esencial. Gracias por ser tan gran amiga durante todo este tiempo.

A mis amigos y primeros lectores, Tamineh Dhondy, Katharine Smales, Jamie Joseph, Rebecca Jenkin, Chloë Østmo y Ruth Wynn-Williams, porque tanto mi vida como este libro son mucho mejores gracias a vosotros.

Y, por supuesto, gracias a Tom y a nuestros tres pistoleros, gracias por todo.